2013年度国家出版基金项目

国家出版基金项目
NATIONAL PUBLICATION FOUNDATION

中国文化发展史

总主编 龚书铎

魏晋南北朝卷

韩昇 主编

山东教育出版社

目　　录

导论

一、魏晋南北朝文化的界定

文化，是一个充满魅力，也带来迷惘和困惑的名词。

我们今天所说的文化，并不是我国古典意义上文治教化的文化，而是西语 civilization 的翻译词汇。从宽泛的意义上说，文化系指人类在社会历史实践过程中所创造的物质与精神财富的总和。在使用上，文化和文明并没有严格的区分。一部人类历史，就是一部文明史。

这样一部百科全书式的文化史，并不是本书撰写的目标。在这本不厚的小书里，我们只能探讨狭义的文化，介绍魏晋南北朝所创造的精神财富，主要包括思想、宗教、学术、教育、文学、艺术和科学方面的变化与成就。

在中国古代史的研究上，魏晋南北朝史成就斐然。陈寅恪、严耕望、唐长孺、王仲荦、周一良、韩国磐、田余庆等先生的杰出研究，使得这一片天空星光灿烂。这些研究彻底改变了以往对魏晋南北朝历史的总体认识。

过去，魏晋南北朝史给人以黑暗和野蛮的印象。尤其是在华夷观念的影响下，旧学者片面强调胡族入据中原所带来的破坏，过度赞颂"大一统"，把少数民族建立的政权描写得一团漆黑。这种史观，建立在价值判断的基础之上，有悖于客观地进行研究的原则，容易把历史变为作者宣泄感情的地方，而不能对历史的进程进行有意义的考察。陈寅恪、严耕望等先生对魏晋南北朝史开展了多层面的研究，让我们看到该时代所发生的翻天覆地的变化，以及这种变化对中国历史进程所带来的深刻影响，犹如为我们打开了殿堂的大门。

诚然，从物质生产的发达水平、社会生活的富裕程度来看，魏晋南北朝，尤其是北方地区，出现了相当程度的倒退，处于汉唐之间，该时代正是一个漫长的"U"型谷底时期。然而，我们应该如何来理解这个时代呢？

国家必须建立在一定的物质基础之上，然而，国家更是这种物质基础之上所形成的精神文明的象征。国家的繁荣昌盛欣欣向荣，源于其高度的凝聚力和感召力。西汉的董仲舒为王朝建构了"天人感应"统治理论，把社会政治道德与家族伦理同自然现象相协调，用神学化的儒学让王朝的统治获得神圣的正统，从理论上，皇权代表着正义和公正。而汉朝文明程度远远高于周边地区，这种地位加强了其唯我独尊的文化陶醉，从而产生了强大的感召力，即使周边民族也不能不承认汉朝的优越。这时候，国家更具有文化的意义。饱受儒家思想浸熏的士大夫秉持"以夏变夷"的立场，而具有高度的文化使命感。

这种现象，在西方也曾经出现过。崛起于地中海的罗马帝国，代表着古代西方文明的辉煌。最让罗马人深自陶醉的不是勇士拱卫的皇宫，而是一句简单而响亮的话语："我是罗马公民！（Civis Romanus Sum）"从罗马人口中一板一眼地说了出来，帝国的荣誉、罗马人的自豪和对周边民族的吸引力，尽在其中。多少沧海桑田的岁月流逝，这句话依然让后人萦怀，刻骨铭心。美国国际政治学家布热津斯基在其著作《大棋局》中，感慨万千道："这种文化上的优越感使罗马帝国的使命感成为合情合理。它不仅使罗马的统治合法化，并且使它的臣民愿意受到同化和被包括在帝国的框架之中。统治者认为文化优越感是理所当然的，而被统治者也承认是这样。这样，文化优越感便加强了帝国的力量。"

这种文化的活力，在东汉时代逐渐枯竭。从政治方面看，官僚腐败、外戚宦官当政和边疆民族的反叛，内外交攻，把帝国的活力侵蚀殆尽。在东汉灭亡的诸多因素中，政治人事的腐败是最根本的。魏晋南北朝文化史的序幕，就是在东汉帝国的崩溃中拉开的。

一个王朝的灭亡，实是其制度文化衰竭的结果。从制度上说，主要是国家的公共职能逐渐萎缩，甚至基本失去作用，从而在社会资源配置和利益分配上，利归权门，社会不公，贫富悬殊，强梁横暴，贫弱受欺。从文化上说，则是思想的禁锢、学术的僵化和社会凝聚力的丧失。这是一个问题的两个方面，其起源始于官僚的私利对公权的侵蚀。

在长期和平的农业社会，生产的增长相当缓慢。维持现状，小富即安，官吏难有什么远大志向。相反，追求升官发财，封妻荫子，却是现实的诱惑。国家的文化创造力，在安逸与奢靡中一点点地丧失。自上而下，官员们醉心于利用手中的权力谋取私利，国家公共权力逐步演变为官僚餐桌上的蛋糕。没有权势的民众不但投诉无门，反而要遭到公权的进一步压榨。因此，社会基层自然形成自我保护的私人势力，他们多为乡村宗族大姓，而不堪官吏侵渔的农民，以及破产的贫民，不断地被置于大姓门下。国家公共权力与强宗大族垄断乡曲，中央统治与地方势力，此消彼长，东汉王朝在离心离德中逐渐衰败。

面对严峻的局面，强烈主张大一统的儒家士人痛心疾首，奋然而起，针砭时弊，要求整顿吏治，扶大厦于将倾。出乎这些理想主义斗士意料之外的，竟是他们视为神圣的皇帝并不支持他们，反而将他们贬黜流放，禁锢乡里。两次的"党锢"，使他们不能不痛心地面对公正之神坠失的严酷事实，理想的世界在眼前轰然倒塌，在精神炼狱中煎熬，失落迷惘，不知乡关何处。

从官吏腐败到舆论钳制，国家政权在恶性循环中丧失的是表现为凝聚力的文化精神，这是我们必须予以高度关注和探讨的文化层面。

事实上，东汉王朝并不是亡于黄巾军。利用社会精神崩溃，挟鬼神法术聚众而起的黄巾军，最多只能提出正义与公平的诉求，而不具有创建国家的文化力量。可怕的现实是，被朝廷解除禁令而重新活跃于政坛的儒士，借助地方势力，迅速扑灭黄巾军之后，已经不打算重建腐朽的东汉王朝了。当然，对于未来国家的蓝图，他们也是一片惘然。这种迷惘，带来了群雄并起、军阀割据的局面，东汉王朝早已是名存实亡，等待它的只是谁来决定"禅让"的时间。

曹操、刘备和孙权，都起于基层，在镇压黄巾军中壮大。他们都想革除东汉弊政，借助地方力量重建国家。然而，他们都没有成功。摘得胜利果实的司马懿祭出儒家的忠孝旗帜，企图用过时的政治伦理来收拾残局，当然只能事与愿违，文化上毫无建树，政治上得过且过，官场更加腐败，风气日益颓靡。其以权诈夺取天下的做法，为子孙所继承，毫无道义的"八王之乱"，把儒家忠孝伦理也彻底践踏了。没有活力的虚伪政治，同样在文化上采取高压政策，士人遭到迫害，知识分子的心灵再一次受到凌辱和鞭笞。西晋的灭亡证明，不能树立具有号召力的文化精神，就无法建构新的国家。

国家沉沦，士人激愤，他们以逆反的形象出现于历史舞台，用乖张的行为，向黑暗的政治进行激烈的批判。对政治的绝望，激起对儒学的鄙弃，他们热心于《老子》、《庄子》和《周易》"三玄"，主张"贵无"，用"无"作为有力的批判武器，高谈阔论，冷嘲热讽，《无君论》、《钱神论》、《物理论》、《神灭论》、《声无哀乐论》……一篇篇闪烁着思想光芒的文章，把儒家精心构造的君权统治理论冲击得土崩瓦解。早期的"玄学"，是政治高压下非正常生长的思想解放与革新运动。

在世界观方面，玄学士人主张"越名教而任自然"，挣脱儒教的束缚，追求真实自然的人生。他们身着宽袍大衣，服食药饵，欲求成仙。

经历国家崩溃、社会动荡的乱世，士人对现实政治的批判，逐步转向重新建构新的文化内核。各种思想的交锋与碰撞，各民族的斗争与融合，对批判的再批判，开始形成更具有理性与包容的文化精神。从"贵无"到"崇有"，乃至三教合一，从文化整合的过程中，我们看到新时代的文化精神逐渐显现出来，隋唐文明的盛大景象，其多元文化的兼包并蓄和高度开放的特征，都是魏晋南北朝各种文化交融的结晶。这一文化重建的过程，无疑是我们必须予以重视的课题。

魏晋南北朝文化发展的动力，源于国家和文化重建过程中对各种途径的大胆探索。旧的意识形态被打翻在地，文化统治权威失坠，各种思想冲破牢笼，勃然生长。不仅是儒家学说经历了被怀疑摈弃到重新建构的更生，其他各种思想都在理性批判的审视下被读解、扬弃和吸收。兵荒马乱之世，对人生与世界的现在和未来的思索，显然具有特殊的感受，更容易激起对宗教的向往。

玄风炽盛，助长道教流行。登仙的渴望，寄托着人们脱离乱世，追求太平世界的梦想。道教组织能给人以现实的帮助，其登仙的目标，正可弥补儒家对鬼神敬而远之的不足。然而，道教所追求的未来，只是现世升华性的延长，还不足以构成宗教意义的来世。印度传来的佛教，便以其严整的宗教理论迅速普及。佛教世界观与中国人的认识差距颇大，但它遇到难得的机遇，玄学主张"贵无"，佛家借此谈"空"，一时之间，"格义"佛教附托着玄学道教迅速传开。在北方，胡族统治者力图用外来文化取代中国传统文化，因此积极奖掖佛教。佛教"轮回"的教说，向世人展现出前所未闻的未来世界。先是用道家的观念去"格"佛教之"义"，到积极翻译佛教，直接读取佛教思想，物换星移，佛教广为流行，反超出道教之上。尽管曾经出现过借助政治权力排除佛教的事件，但此时佛教早已深入人心，难以动摇。这时期，宗教已经成为构成新文化的基本要素，想要脱离道、佛两家来把握南北朝乃至隋唐文化，已是不可能的。因此，宗教的成长，是该时代文化史的重要方面。

魏晋南北朝勇于探索的精神，难能可贵。它促使各个领域生机盎然，出现前所未有的进展。崇尚自然，对世界的探索，促进了数学、天文、地理等学科的进步。服食药饵与炼丹求仙，刺激医药与化学的发达。战争的需要和各种新作物的栽培，造成机械、手工业和农学的发展……在中国历史上，魏晋南北朝时代的科学进步还算不上是最快的。但是，它确实是在思想解放的思潮中蓬勃生长起来的，因此具有十分重要的意义。

这种意义还在于该时代无论是旧文化的批判者还是新文化的建设者个性的高昂与自觉。汉代的统治思想体系，强调个人对整体的归依。国家的公正神话破灭之后，激起的是个性的自觉，对个体生命价值的重视，尊重个人的社会存在方式和崇尚自然。在此基础上探索社会的整合与重构，突出的是人文的关怀。

然而，人格重塑方面，魏晋士人陷入尴尬的困境。早期的"竹林七贤"以偏激的逆反形象出现，固然产生强烈的批判的震撼力，却没能建构新的人格标准。在他们心中，人格的完善仍是儒家的身心修齐，他们所要摈弃的是压抑人性、阻碍个人发展的虚伪说教。不管他们是否意识到，从骨子里说，他们仍未跳出儒家的框框。在思想战线冲锋陷阵的嵇康，临刑前遗命其后人要循规蹈矩做人，就是很有说服力的例证。所以，尽管他们发出阵阵启蒙式的呐喊，然而，却对社会道德伦理的重建提不出多少具有实质意义的东西。这就为将来向儒家价值体系回归种下近似宿命之因。

从后来发展的结果，后人可以看出其悲剧之所在，但是，他们不屈不挠的批判精神，是必须予以高度评价的。一个民族、一个国家，能够经久不衰，其最深刻的内在活力，在于思想观念的解放，勇于对人生、社会和自然的无限的可能性进行不懈的探索。魏晋南北朝文化能够在乱世中大放异彩，其魅力正在于此。

魏晋南北朝，是中国社会从崩溃走向重建的时期，是古代文化更生的时代。从传统价值体系土崩瓦解的失落与迷惘中站立起来，在批判的喧哗中摸索未来，吸收各种纷至沓来的文化养分，用理性的审视建构未来的社会，是该时期文化史所必须予以最大关怀的主线。在这种精神引领之下，教育、科技、文学等领域都出现创新与突破性的发展，史学从经学的笼罩下独立，建筑向着追求个性与自然的方面突破等等，这些新的趋向与成果，我们都将予以介绍。

二、几多源头几多变

错综复杂、流动多变，是该时期文化的基本特点。

在中国历史上，魏晋南北朝近四百年的分裂，是空前绝后的。

造成这种局面的一个重要原因，是当汉帝国崩溃，新的社会及其文化正在摸索创建之际，发生了大规模的边疆民族入据中原的情况，打断了重构社会的进程，带来了前所未有的矛盾与冲突，当然也带来了形态各异的多民族文化因素。

五胡十六国时代，最为突出的是民族矛盾与斗争。胡族以少数统治多数，同时也为了树立其统治的正当性，就必须利用民族矛盾，挑动民族仇恨，大力扶持和推广胡族文化。如前所述，佛教在北方的兴盛，与胡族统治者的大力提倡有着密切的关系。

在胡族统治的区域，汉人饱受欺凌，汉文化也遭到压制。胡语成为官方语言，胡人的生活方式大为流行。数百年间的胡族统治，对中原社会产生的影响极其深刻而广泛。对魏晋南北朝社会生活史的研究无不表明，该时期胡化的程度相当高。胡饼、胡床、胡几、胡琴……衣食住行的方方面面，都可以找到胡族习俗的影响。

而且，统治中原的胡族远不止一支，所谓的"五胡"，就有匈奴、羯、羌、氐和鲜卑，这还是其大者，此外的少数民族还有许多。因此，所谓的胡化，涵盖面很广，因素很多，不能一概而论。

还需引起注意的，是这些胡族基本上属于游牧民族，他们不仅带来自身的生活习俗，更由于游牧民族活动区域的广阔，以及从事商贸活动而来往于东西之间，所以还传入了许多来自西方的文明。

以往的学者颇以为胡族文化粗犷，尚不能与汉族文化比肩。这种见解，并不全面。在某些领域，胡族的文化水准，令人刮目相看。以后来的隋朝为例，在中央六部尚书中，胡人所占比例最高者，并不是兵部，而是工部，高达57%。① 实际上，从这时期乃至隋唐时代，著名的工程设计者，多为胡族出身。这说明，在建筑工程方面，胡人具有很高的水平。我们还可以再看看音乐舞蹈方面的事例。隋开皇二年（582），颜之推上书道：

> "礼崩乐坏，其来自久。今太常雅乐，并用胡声，请冯梁国旧事，考寻古典。"高祖不从。

可知胡乐影响巨深。后来，隋朝定乐时，倚重郑译。郑译上言：

> "先是周武帝时，有龟兹人曰苏祗婆，从突厥皇后入国，善胡琵琶，听其所奏，一均之中间有七声。因而问之，答云：'父在西域，称为知音。代相传习，调有七种。'以其七调，勘校七声，冥若合符。"……译因习而弹之，始得七声之正。……译遂因其所捻琵琶，弦柱相饮为均，推演其声，更立七均。合成十二，以应十二律。律有七音，音立一调，故成七调

---

① 参阅韩昇：《隋文帝传》，第262～267页，北京，人民出版社，1998。胡族出身的尚书，在兵部和民部中均占43%弱，在禁军卫府大将军中占46%，都没有工部所占比例高。

十二律，合八十四调，旋转相交，尽皆和合。①

这段记载让我们深切感受到西域音乐对当时乃至后世影响之大。外来乐器中，一为羯鼓，一为琵琶，十分流行，极大地改变了传统音乐的面貌。隋朝重新定乐时，郑译所依据的乐器就是琵琶。而七声、八十四调及转调，明显都受到外来乐理的影响。至于隋朝的伎乐，《隋书》卷十五《音乐下》记载：

> 始开皇初定令，置七部乐：一曰国伎，二曰清商伎，三曰高丽伎，四曰天竺伎，五曰安国伎，六曰龟兹伎，七曰文康伎。又杂有疏勒、扶南、康国、百济、突厥、新罗、倭国等伎。

外来的乐伎占绝对多数。这种情况，即使在中国统一之后也没有改变，隋炀帝重新确定的九部乐为：清乐、西凉、龟兹、天竺、康国、疏勒、安国、高丽、礼毕，唐朝的情况也基本相同。

魏晋南北朝时代，大量外来文化的涌入，是文化发展中最为显著的特点。

随着胡族统治逐渐稳固，民族压迫的政策逐渐被民族融合的趋势所改变，于是出现了文化融合的现象，典型的情况是北魏孝文帝推行的"汉化"改革。需要强调的是"汉化"并不是"用夏变夷"的文化大转换，而是以"汉化"之名进行的文化整合，固然整合的基调是采行文明程度较高的汉制，但在许多方面吸收了胡族文化的养分。

这时也出现了区域文化的发生与融合。西晋王朝的灭亡，造成中原人口的大迁徙。流民的去向大致有三：第一是大规模向南方移动，数量以百万计。第二是向东北地区转移，大量的士人托庇于鲜卑慕容氏，帮助燕国强盛起来。第三是向西北地区迁徙，特别是在凉州一带建立起汉人政权，造就西北地区文化的发达。

国家分裂，士人辗转各地，造成中央文化失落而地方文化兴起的局面。流传于各地的文化，又与当地风俗相结合，而具有各个地区的特色。在南方，中原文化与江南文化相结合，洛阳音韵流行于建康地区，终于孕育出"永明文学"的奇葩，出现齐、梁文化的盛况。在西北地区，魏晋制度得到保存，大放异彩于乱世，以至后来南朝和北朝无不通过凉州地区迎回典籍旧制，使得传统

---

① 《隋书》卷十四，《音乐中》，第345～346页。

的礼乐文明得以赓续。

陈寅恪先生在其名著《隋唐制度渊源略论稿》中指出，北魏汉化改革，得益于南朝萧梁新制的传入。而隋唐统一之后，其文化制度之源，一为北齐，一为南朝。且不论其论述是否完全成立，但他指出了隋唐文化是建立在各个区域文化融合的基础之上，十分重要。这些具有区域特色的文化，成为未来重新统一的源泉。

此时期士人由中央向地方流散，以及社会基层强宗大族的崛起，造成学术中心由官学向私学的转变，打破官方用行政权力筛选和评定学术的局面，各家学说并存，各种学科摆脱经学的笼罩而独立生长。学术成为天下望姓赖于存续的根基。士族不同于武断乡曲的豪强，就在于其文化的门风。各支士族坚守私学家法，代代相传，终使传统文化在兵荒马乱中顽强地保存下来，不绝如缕。

私家学术，比起粉饰太平的官学，具有更加强烈的现实关怀。这时期，私家撰史的盛况，前所未见，不仅获得史学从经学下独立出来的成果，更表明当时文化主流重视研究现实问题的趋势。在此学术潮流中，地理学、方志学、谱学、民族学、目录学、宗教著述与翻译……各种学科不断衍生出来，蓬勃发展，成就斐然。这些学科极大地丰富了学术园地，蔚为大观。思想的解放必然带来个性的解放和学术的自由，带来文化更新、充满活力的结果。

民族文化、外来文化、区域文化和私家学术，形态不同，异彩纷呈。魏晋南北朝时代，各种文化并存，相互竞争、渗透乃至融合，汇聚成隋唐文明的壮阔波澜。

三、本时期文化的基本特征与总体评价

魏晋南北朝是一个社会激烈变化的时代，数十个国家政权，骤兴旋亡。南北各种民族，接踵而至。社会矛盾、民族冲突，一波未平一波又起。正是这样一个翻天覆地、无以复加的动乱，使得中国社会发生最为深刻的变化。毫无疑问，这是中国历史的一大转折时代。

种种变乱的发生，是由于政治中心崩溃而引起的。我们不能离题去探讨汉晋帝国崩溃的原因，但我们可以清楚地看到，汉晋帝国的崩溃与其统治意识形

态倾覆同时发生，造成政治真空与信仰阙失，影响之深远广阔，可想而知。

因此，该时期的文化，是在没有官方文化权威，缺乏严格的意识形态价值标准的状态下发展起来的。这是非常重要的。没有威权的意识形态价值评判，便难于进行严格的思想钳制，给了思想自由发展的天地。

这并不是说该时期没有发生对士人的迫害，然而，在所发生的事件里，我们看到的并不是思想文化的钳制，而是政治权力的迫害。

不用一种简单的框框去限制文化发展的空间，必然会形成文化的繁荣。唐朝文明的繁盛烂漫，就在于没有强制性的意识形态标准。

与此相应的，是士人在批判儒家经学中激起的自我觉醒，个性张扬与人格重塑，自觉地探索人生观、世界观等具有本质意义的精神世界，这一点，前面已有介绍。

因此，我们把这个时代视为思想解放、士人自觉与文化更新的时代。

边疆民族相继崛起与各种文化涌入同步，形成文化的多元发展。该时期文化的另一个特点就在于其开放性。广泛接受各种外来文化，使得中国社会的生活方式与精神风貌都发生了深刻的变化。最重要的是，文化与民族的融合，彻底改变了华夷区别的标准，胡汉之分不依据血统种族，而基于文化的高下。这种情况，在世界上并不多见，它是使中华民族日益壮大兴盛不衰的一大要因。

文化的开放，促进文化的融合。从而形成了对各种文化兼收并蓄的宽广胸怀。这种包容，犹如巨大的海绵，吸收四面八方的养分，哺育出似锦繁花。文化创新及其持久活力的渊源，就在于此。

当然，魏晋南北朝是一个变动转型的时代，是一个披荆斩棘的耕耘期，而不是丰收的季节。政治动荡、社会分裂给其发展以多方面的制约，故其所达到的文化高度，远远不能和隋唐相提并论。但是，隋唐文化发达的基本条件，却是在魏晋南北朝时代形成的。

因此，魏晋南北朝是一个变秦汉而启隋唐的文化转型时代，历经挫折，却充满希望。

第一章
社会动荡与文化的多元发展

一、专制暴力拉开的沉重序幕

魏晋南北朝文化史的序幕，是在东汉帝国的崩溃中拉开的。

一个王朝的灭亡，实是其制度文化衰竭的结果。从制度上说，主要是国家的公共职能逐渐萎缩，甚至基本失去作用，从而在社会资料配置和利益分配上，利归权门，社会不公，贫富悬殊，强梁横暴，贫弱受欺。从文化上说，则是思想的禁锢、学术的僵化和社会凝聚力的丧失。

东汉后期发生的"党锢"事件，是东汉社会矛盾的大爆发，使得金玉其表的东汉王朝业已彻底腐败的原形毕露，权威扫地，人心丧尽，可以说，"党锢之祸"是旧时代结束的标志和新时代诞生的阵痛。

冰冻三尺，非一日之寒。东汉从建立当初，就对勋贵豪族广占田宅束手无策。光武帝刘秀曾一度实行"度田"，企图清丈土地，核实户口，却遭到豪族强有力的抵制，最后不得不中途而废。开国即如此，以后的情况可想而知，仲长统描述当时地主庄园道："豪人之室，连栋数百，膏田满野。奴婢千群，徒附万计。船车贾贩，周于四方；废居积贮，满于都城；琦赂宝货，巨室不能容。马牛羊豕，山谷不能受。"① 政治权利能够轻而易举地转化为现实经济利益，当权者便肆无忌惮地对社会财富大加掠夺，腐败迅速蔓延，攫取权力成为当官的目的。

东汉的皇帝，除了前三代的光武帝、明帝和章帝外，都在幼年即位。因此，东汉的政治便以十分畸形的形态出现，亦即外戚和宦官轮流坐庄，互相倾轧。皇帝幼年靠外戚继承皇位，长大后靠宦官夺回大权。延熹二年（159），汉桓帝利用宦官清除外戚梁冀等朝官，封单超、左悺、徐璜、具瑗、唐衡等五人为侯，宦官势力几乎达到垄断政坛的地步。"天朝政事，一更其手，权倾海内，宠贵无极，子弟亲戚，并荷荣任，故放滥骄溢，莫能禁御。凶狡无行之徒，媚以求官，恃埶怙宠之辈，渔食百姓，穷破天下，空竭小人。"②

于是，鲠直的名士朝官与代表社会良知的知识分子挺身而出，与腐朽黑暗的宦官势力展开英勇的斗争。他们相互标榜激励，抨击朝政，针砭时弊，品评人物，造成巨大的舆论力量，"自公卿以下，莫不畏其贬议，屣履到门"③。清流派的领袖人物，在社会上拥有莫大的影响。郭林宗自京师洛阳回归乡里太原，"衣冠诸儒送至河上，车数千两。林宗唯与李膺同舟而济，众宾望之，以为神仙焉"④。

专制主义的行为特点，是不依法律规则的黑箱操作。因此，"品核公卿，裁量执政"，是皇帝与宦官断不能容者。延熹九年（166），交结宦官，并曾为桓帝占卜的术士张成指使其子杀人，被河南尹李膺收斩。张成的弟子牢修上书

① 王先谦：《后汉书集解》卷四十九，《仲长统传》，北京，中华书局，1984。
② 王先谦：《后汉书集解》卷四十三，《朱穆传》，北京，中华书局，1984。
③ 王先谦：《后汉书集解》卷六十七，《党锢列传》，北京，中华书局，1984。
④ 王先谦：《后汉书集解》卷六十八，《郭太传》，北京，中华书局，1984。

诬告李膺"养太学游士，交结诸郡生徒，更相驱驰，共为部党，诽讪朝廷，疑乱风俗"。桓帝借故诏令全国搜捕党人，执拿李膺、陈实等二百余人，下狱拷打治罪，此为第一次"党锢之祸"。翌年，迫于舆论，桓帝将党人赦归田里，禁锢终身。"自是正直废放，邪枉炽结。"①

但是，政治高压并没有使清流士人屈服，反而促使群情激奋，李膺被放逐乡里时，"天下士大夫皆高尚其道，而污秽朝廷"；范滂从京城狱中出来，"汝南、南阳士大夫迎之者数千两"。"海内希风之流，遂共相标榜，指天下名士，为之称号。"②窦武、刘淑、陈蕃被称作"三君"，成为众望所归的领袖；李膺等八人被称作"八俊"（俊杰），郭林宗、范滂等八人被称作"八顾"（德行感人），张俭、刘表等八人被称作"八及"（导师），度尚等八人被称作"八厨"（乐施救济）。地方名士也起而仿效，各立名号，激浊扬清。全国上下左右舆论的士人清议，打破宦官对政治的垄断，对君主专制主义构成强有力的挑战。

永康元年（167），桓帝死，灵帝即位，太后父亲窦武辅政，与陈蕃谋除宦官，事泄被害。宦官侯览趁机指使朱并诬告张俭结党谋反，灵帝大兴党狱，李膺、范滂等百余人，皆死狱中。其他受牵连、被陷害、遭冤枉的，以及公报私仇的，比比皆是，死、徙、废、禁者六七百人，此为第二次"党锢之祸"。这次党狱持续了很长的时间，灵帝与宦官对清流士人恨之入骨，必欲尽行诛除而后快。熹平元年（172），窦太后死，有人在洛阳朱雀阙上书写反对黑暗政治的文字，宦官因此再兴冤狱，捉拿太学生一千余人。即便如此，腐朽的统治者仍不解气。熹平五年（176），灵帝诏令"州郡更考党人门生故吏父子兄弟，其在位者，免官禁锢，爰及五属"③。株连之广，几乎包括整个知识阶层，达到没有理性的程度。

"党锢之祸"是东汉社会危机的政治表现。王仲荦《魏晋南北朝史》曾对东汉后期的民变进行统计，指出：

> 东汉安帝统治的十九年中，农民起义一共发生了四次；顺帝统治的十九年中，农民起义一共发生了十三次；冲、质两帝一共在位不满两年，农民起义却发生了四次；桓帝统治二十一年，农民起义一共发生了十四次；

---

① ② ③ 王先谦：《后汉书集解》卷六十七，《党锢列传》，北京，中华书局，1984。

灵帝即位（公元一六八年），一直到公元一八○年，农民起义一共发生了六次。①

也就是说，东汉王朝后期，民变发生的频度大幅度增多。就桓、灵二朝来说，更具有重要意义的变化是民变规模出现飞跃式的扩大，从安、顺朝的数千人，飚升到数万人，甚至达到十余万人规模。显而易见，社会危机已经到了总爆发的边缘。

面对如此严峻的社会形势，一部分具有政治良心、坚持儒家道德理想的官员，以及代表社会良知的知识分子，忧心如焚，企图力挽狂澜，救弊济世。他们清醒地看到，东汉王朝病入膏肓，已经不能靠经济关系的调整来医治，而必须从病根上彻底进行整治。那么，什么是病根呢？他们认为最根本的是政治腐败，因此，惩治贪官污吏乃当务之急。他们一旦为官，便"共同心志，纠罚奸佞"。廷尉冯绲、大司农刘祐、河南尹李膺等人"执法不挠，诛举邪臣，肆之以法，众庶称宜"。魏朗任彭城令，"时中官子弟为国相，多行非法，朗与更相章奏"。范滂上任，"及至州境，守令自知臧污，望风解印绶去。其所举奏，莫不厌塞众议"；"奏刺史、二千石权豪之党二十余人"。②

惩治腐败的行为，受到太学生为代表的知识阶层的拥护，他们通过臧否时政、品评人物，掀起舆论，给予清正官员以支持，表达自身对政治的企盼，建立基于儒家理想的政治评价标准。清流官员与知识阶层的结合，造成巨大的声势，企图扭转东汉王朝的政治走势。然而，这种努力从根本上说几乎是徒劳无望的。和专制暴力相比，士大夫官员和太学生只有知识和舆论的力量，而在传播极不发达的古代，对舆论的扼杀易如反掌。

范滂出任清诏使时，"登车揽辔，慨然有澄清天下之志"。他为之奋斗的目标，清楚地表现在其政治举措上，"严整疾恶。其有行违孝悌，不轨仁义者，皆扫迹斥逐，不与共朝"。范滂的事例颇具代表意义。他们这些清流士人，行事固然悲壮，实际上，并没有能够解决社会危机的良策，其所坚持的是濒临破产的儒家学说，而变革政治的目标是"忠臣除奸，王道以清"③；"权去外戚，

---

① 王仲荦：《魏晋南北朝史》上册，第11页，上海，上海人民出版社，1979。
②③ 王先谦：《后汉书集解》卷六十七，《党锢列传》，北京，中华书局，1984。

政归国家"①。所以从表面上看，他们和宦官所代表的腐败政治有着截然不同的政治理念，构成政治异己势力，其实，从骨子里他们却是君主专制主义的热心拥护者，他们的前途，在于皇权的加强。他们是一批书生意气的理想主义者，根本不可能对专制体制提出挑战，而只想加强这个体制，通过人事的整顿，维护王朝的长远政治利益。

他们是可爱的，也是可悲的。他们人格高尚，却看不到政治腐败的根子就是君主专制主义，或者他们根本不愿意看到这一点，而只想把责任简单地归于外戚、宦官和贪官污吏，自欺欺人。因此，他们被腐败透顶的君主专制主义当作牺牲品，用以实行政治高压，震慑社会，恐怕也是必然的结局。

然而，朝廷对于清流士人的镇压，后果却是极其严重的。《后汉书·党锢列传》指出："凡党事始自甘陵、汝南，成于李膺、张俭，海内涂炭，二十余年，诸所蔓衍，皆天下善士。"所谓"天下善士"，是社会良知、政治公正、道德正义的象征，他们对邪恶的抨击和惩治，曾经激起人们的希望，鼓起勇气，追求光明，哪怕这一切是虚幻的。对他们的镇压，踩碎了知识分子的心，浇灭了理想的烛火，宣告儒家学说破产，暴露出统治者伪善的真面目，留给整个社会是无底深渊般的信仰幻灭、迷惘、怀疑而无所适从。范滂被统治者推上断头台时，对其子说道："吾欲使汝为恶，则恶不可为；使汝为善，则我不为恶。"那种无奈、绝望的心声，让闻者无不泪下。"党锢之祸"不但标志着一个王朝的灭亡，同时也标志着一个历史时期的结束，是中国古代社会史上具有重要转折意义的里程碑。"士类歼灭而国随以亡，不亦悲乎！"②

王朝的灭亡首先是统治意识形态的崩溃，公平、正义等价值体系的瓦解，逼使个人必须依靠自己而生存，用自己的头脑去感知、认识、分析和批判，在怀疑中重构道德价值体系。魏晋时代在东汉精神崩溃的废墟上艰难启程，步履蹒跚。

---

① 王先谦：《后汉书集解》卷六十三，《李固传》，北京，中华书局，1984。
② 《资治通鉴》卷五十六，"灵帝建宁二年（169年）"条司马光所做的评论，北京，中华书局，1983。

二、名教不振与君臣之义的歧变

东汉末年的政治危机，与意识形态的危机一并出现，相互激荡，把东汉王朝推入深渊。

国家代表着社会凝聚力，是精神文明的集中体现。作为统治的意识形态，起着维系国家社会的巨大作用。因此，意识形态危机的出现，对国家政权造成的破坏几乎是致命的。

东汉统治意识形态的危机，主要表现为谶纬迷信的破产和儒家学说的衰落，在政治上则表现为君臣观念动摇和地方割据势力的抬头。

汉朝成功地建立起统一的大帝国，到汉武帝时代，文治武功俱臻昌盛，统一思想，建立绝对化的统治意识形态便成为巩固中央集权体制的紧迫任务。当此之际，董仲舒应运而生，被汉武帝尊为儒学大师，从此开始了"废黜百家，独尊儒术"的局面。

董仲舒（前179—前104），广川（今河北景县）人，是西汉著名的公羊学家。

公羊学发源于《公羊传》对《春秋》的解释。我们知道，孔子整理的《春秋》强调正名分、诛乱臣，维护"君君臣臣父父子子"的政治秩序和等级制度，通过对历史的记述，定是非，寓褒贬，微言大义，为现实政治服务。如所谓"微言大义"所示，《春秋》的文字简约而隐讳，因此，需要通过注释才容易读懂。一般的注家多从史实方面补充说明《春秋》，如《春秋左氏传》；或从字的音、义和礼制典故等方面加以解释，后来演变为东汉以后专重文字训诂的古文经学，在学术上居于主流地位。但是，在这之外，还有一家专门从义理方面阐述《春秋》的公羊学派，致力于推演"微言大义"，穿凿附会，以使《春秋》最大限度地适应于当时的社会，成为政治学说，孔子也被塑造为政治家。

公羊学对《春秋》最重要的发挥，在于强调"大一统"观念，要求全体臣民从思想到个人生活都必须绝对服从于"天子"。这种思想正好符合汉武帝开拓疆域、加强皇权的政治需要，因此自然而然地被抬了出来，作为儒家正统学说倍受尊崇，而公羊学家董仲舒也就被推上了"令学者有所统壹，为群儒首"① 的至高无上地位。

董仲舒对公羊学进行了巨大的加工，以儒学为中心，整合战国以来的各家学说，以及儒家各派，尤其是把阴阳五行、名、法各家杂糅在一起，充分吸收当时天文、历数、物候等自然科学的新成果，在"大一统"思想基础上，完整系统地建构一套天人合一的君主集权政治理论。

董仲舒理论的特色，在于用阴阳五行学说对儒家学说进行神秘主义改造，把自然现象拟人化，认为"天"具有意志和感情，是世间万物的主宰；另一方面，则把社会现象神学化，用天上的宗教权威来强化地上的君主权威。两者之间，"事各顺于名，名各顺于天，天人之际，合而为一"。从而建立起"天人合一"的理论基础。因此，"治天下之端，在审辨大"②。其所谓"大"者，莫过于"天"，"是故仁义制度之数，尽取之天"。"天人感应"的现实政治框架搭了起来，以此来比附人事，阐扬社会伦理关系，提出："君臣、父子、夫妇之义，皆取诸阴阳之道。君为阳，臣为阴；父为阳，子为阴；夫为阳，妻为阴"③，进而论证"君权神授"，说道："天子受命于天，诸侯受命于天子，子受命于父，臣妾受命于君，妻受命于夫。诸所受命者，其尊皆天也。虽谓受命于天亦可。"④

这种"天人合一"的君主集权政治理论，自然大得汉朝统治者的青睐。经过轰轰烈烈的绿林、赤眉大起义，从战乱中重建的东汉王朝，其社会的基础并不稳固，因此，统治者更有必要利用宗教权威来为现实政治服务。于是，他们对董仲舒为代表的儒家学说进一步做神秘主义的改造，造成东汉谶纬迷信甚嚣尘上的局面。

"谶"源出巫师和方士，是神对人间祸福吉凶的预言或启示，多为政治性的内容。"纬"乃相对经而言，是对儒家经书的解释，其特点是假借孔子的名义，用天文历数、神话传说、地理风俗、历史自然、文字训诂、占卜算卦、解

---

① 王先谦：《汉书补注》卷五十六，《董仲舒传》，北京，中华书局，1983。
② 苏舆撰、钟哲点校：《春秋繁露义证·深察名号》，北京，中华书局，1992。
③ 苏舆撰、钟哲点校：《春秋繁露义证·基义》，北京，中华书局，1992。
④ 苏舆撰、钟哲点校：《春秋繁露义证·顺命》，北京，中华书局，1992。

说礼制、推演经义，旁及神仙方术、驱鬼镇邪等五花八门的知识法术，对经书做神学的解释，其核心仍在于论述社会政治问题。

刘秀建立东汉时，曾经利用谶纬收买民心。《后汉书·光武帝纪》记载，刘秀曾引述："谶记曰:'刘秀发兵捕不道，卯金修德为天子'"，作为受命的根据。故其登基后，大力宣扬谶纬，中元元年（56），甚至"宣布图谶于天下"，使得谶纬取得官方正统地位，成为神圣。在此背景下，东汉谶纬大为流行。章帝曾召集儒者官员在白虎观开会，撰就《白虎通》一书，确立"天人合一"政治理论为王朝的统治意识形态，构成君主专制统治的精神文化支柱。至哀平之世，随着社会矛盾极端尖锐，谶纬迷信也达到泛滥的地步，沦为各派政治势力相互倾轧的工具。

这种情况表明，东汉王朝的维系人心的文化精神已经枯竭，儒学被谶纬所掩盖而堕落。此时发生的党锢事件，把士人最后一层自我编织的理想主义面纱也给无情地撕碎了，代表公平正义的"天"，作为士人最后希望的神明，最后竟也倒向了黑暗的统治当局，这不啻宣告统治意识形态的破产。

于是，匹夫抗愤，处士横议，出现了对天命迷信和儒家学说的正面批判，以及对传统价值体系乃至以前被视为天经地义的思想观念的大胆怀疑。

对"天人合一"观念的质疑，从根本上动摇了东汉神学政治理论的根基。东汉末年的政论家荀悦（148—209），因宦官专权，隐居不仕。后应曹操征召，于献帝时任黄门侍郎，秘书监等职。著《申鉴》，反对谶纬，主张清明政治，力图恢复儒家学说本来的面貌。在《申鉴》首篇，他开宗明义，提出："夫道之本，仁义而已矣"，"故凡政之大经，法教而已矣"。把治国之本建立在"仁义"上，进而提出治理国家要做到：

> 惟修六则，以立道经：一曰中，二曰和，三曰正，四曰公，五曰诚，六曰通。以天道作中，以地道作和，以仁德作正，以事物作公，以身极作诚，以变量作通。《易传》曰：通其变。又曰：变则通。是谓道实。

不难看出，他的治国理念完全属于传统儒家，对天道的解释也不是神秘主义。因此，他对当时流行的登仙术之类的迷信，直斥其邪妄，说道："诞哉！末之也已矣。圣人弗学，非恶生也。终始，运也；短长，数也。运数非人力之为也。"他所提倡的"正"、"公"、"诚"，更是对腐败政治的批判。其思想具有强烈的人本倾向，所强调的是人事，对神秘主义的谶纬学说无疑是一大冲击。

在汉魏之际的思想家当中，仲长统（179—220）是杰出的代表。他是山阳高平（今山东邹城市西南）人，"少好学，博涉书记，赡于文词。年二十余，游学青、徐、并、冀之间，与交友者，多异之"。献帝时，尚书令荀彧推荐他为尚书郎，后参曹操军事，为人"性俶傥，敢直言，不矜小节，默语无常，时人或谓之狂生"，"每论说古今及时俗行事，恒发愤叹息，因著论名曰《昌言》，凡三十四篇，十余万言"。①

《昌言》一书固已散佚，但从严可均辑录于《全后汉文》的遗文来看，他反对谶纬迷信和强调人本的立场，十分鲜明。对于笼罩于人间社会的"天道"，他根据历史事实指出，刘邦、刘秀以及萧何、曹参等兴安社稷的君臣，"二主数子之所以震威四海，布德生民，建功立业，流名百世者，唯人事之尽耳，无天道之学也"。这些开国君臣获得成功，并非依恃"天道"，而是"尽人事"而已。这样，他就把至高无上的神权打翻在地，高举起人本的旗帜，提出要"人事为本，天道为末"：

> 然则王天下作大臣者，不待于知天道矣。所贵乎用天之道者，则指星辰以授民事，顺四时而兴功业，其大略也。吉凶之祥，又何取焉！故知天道而无人略者，是巫医卜祝之伍，下愚不齿之民也；信天道而背人略者，是昏乱迷惑之主，覆国亡家之臣也。

在这里，他用"天之道"以区别"天道"，并重新给予解释。所谓"天之道"，亦即客观自然规律，因此，治理国家的关键在于顺乎自然规律，顺乎"人略"，强调人本。不重人事而去敬鬼神、信天命者，他斥之为昏君乱臣。

难能可贵的是，他将神学的批判与社会的批判结合起来，不但具有理论深度，而且具有现实政治意义。他指出，统治者耽于敬事鬼神，却在政治上倒行逆施，是注定要灭亡的。他说道：

> 王者所官者，非亲属则宠幸也，所爱者，非美色则巧佞也，以同异为善恶，以喜怒为赏罚，取乎丽女，怠乎万机，黎民冤枉类残贼，虽五方之兆不失四时之礼，断狱之政不违冬日之期，著龟积于庙门之中，牺牲群于

---

① 王先谦：《后汉书集解》卷四十九，《仲长统传》，北京，中华书局，1984。

丽碑之间，冯相坐台上而不下，祝史伏坛旁而不去，犹无益于败亡也。从此言之，人事为本，天道为末，不其然欤？

仲长统的批判，影响所及，远远超出了知识界，而传播到东汉末新崛起的政治势力。我们注意到，新崛起的政治家大多对谶纬迷信持批判的态度，曹魏政权创始人曹操就是很典型的例子。

曹操（155—220），字孟德，沛国谯（今安徽亳州市）人，魏国的创始人。祖父曹腾，中常侍，是桓帝时代重要的宦官。但他能够推荐"海内名人"，故与那些腐败透顶的宦官有所不同。其养子曹嵩，也就是曹操的父亲，因家势而当上司隶校尉、大司农等高官要职，后来在灵帝"西园"卖官时，出钱一亿万文，当上三公之一的太尉。由此可知，曹操家族在政治和经济上颇有势力。另一方面，由于其祖父为宦官，父亲出自不明，故为清流士人所轻。亦即曹操家族既不同于以出身自傲的名门世族，也有别于一味专横贪黩的权势之家。这种不尴不尬的地位，对养成曹操反抗与怀疑的鲜明个性，应颇有影响。《三国志·魏书·武帝纪》说他"少机警，有权数，而任侠放荡，不治行业"。其任官，痛恨腐败，大有清明政治的志向。黄巾兵起，曹操被任命为骑都尉，迁济南相，"国有十余县，长吏多阿附贵戚，赃污狼藉，于是奏免其八，禁断淫祀；奸宄逃窜，郡界肃然"。

"禁断淫祀"，表明了曹操坚决反对天命迷信的立场。他在《让县自明本志令》中，称自己"性不信天命之事"①，这应是可信的。《文选》卷二十四所收曹植《赠白马王彪诗》李善注，引用曹操《善哉行》中的两句诗："痛哉世人，见欺神仙。"所以他当官，对丁禁断鬼神淫祠，雷厉风行：

太祖到，皆毁坏祠屋，止绝官吏民不得祠祀。及至秉政，遂除奸邪鬼神之事，世之淫祀由此遂绝。②

在他看来，人是最为宝贵的，故在《度关山》诗中，他吟咏道："天地间，人为贵"；《秋胡行》唱到："二仪合圣化，贵者独人不？"这些篇章，都表现其以人为本的思想。

东汉末期的士人知识分子和政治家，特别是像曹操这种领导时局的政治领

---

① 曹操的诗文，引自《曹操集》，北京，中华书局，1959。

② 《三国志·魏书》卷一，《武帝纪》注引《魏书》，北京，中华书局点校本，1959。

袖，以其政治地位和影响，对谶纬迷信进行大胆的怀疑和批判，揭开了魏晋思想解放的序幕，具有划时代的意义。

从以上所述可知，魏晋思想解放，首先是从批判神学化儒学开始的，剥去谶纬迷信的外衣，把人从神的笼罩下解放出来，恢复其为人的本来面貌。其次，是强调人本思想，以此作为新的出发点。在此人本思想的引导下，强加在人身上的各种桎梏必然要被打破。仲长统在《昌言》中说：

> 父母怨咎人不以正，己审其不然，可违而不报也；父母欲与人以官位爵禄，而才实不可，可违而不从也；父母欲为奢泰侈靡，以适心快意，可违而不许也；父母不好学问，疾子孙为之，可违而学也；父母不好善士，恶子孙交之，可违而友也；士友有患，故待己而济，父母不欲其行，可违而往也。

父母有错，子女不必听从，可以按照正确的去做。在"三纲法天地"的当时，这种说法无疑是对三纲的挑战。在统治伦理中，孝是根本，有孝才能尽忠，君臣父子，强调的是绝对服从，不允许有疑义。仲长统主张对父母也应择善而从，那么，对于君主当然也不应盲从，这等于从根本上动摇了三纲六纪，具有巨大的进步意义。

从批判天命谶讳，强调人本，到批判三纲伦理，君主专制主义的理论基础被冲出一大缺口，对君臣之义的怀疑和批判，随之而起，日益高涨，以至出现对君权的直接批判，主张无政府主义的思潮，君臣伦理受到严峻的挑战。

而这种批判，不仅限于理论，还直接反映在现实政治之中。兹分两个方面加以论述。

在现实政治中，君臣伦理的动摇，具有深刻的社会原因和基础，其后果是严重的。实际上，东汉王朝并非为黄巾起义所推翻，而是被通过镇压黄巾起义崛起的各支地方势力所瓦解。

众所周知，黄巾起义一开始就因为走漏风声而不得不临时仓促起事，故声势虽大，但准备并不充分。东汉王朝为了迅速镇压黄巾军，宣布解除"党锢之禁"，起用清流士人，组织新军，全力扑救。所谓清流士人，实为地方望族，具有相当的号召力。在朝廷和地方士族的共同打击下，黄巾军的主力当年就被消灭了。散布在各地的黄巾军也先后被镇压，或者被收编，成为各路统帅的政治、军事资本。

黄巾起义当然给予腐朽的东汉王朝以沉重的打击。就统治阶层各种政治势力消长的情况来看，起义还造成了统治集团内部的更新，原来遭贬黜的清流官僚崛起，在地方上握有实权。镇压黄巾起义的果实，大多落入他们手中，袁绍、刘表、公孙瓒等人①，即为其例。在他们之后主导时局者，也都是在这场战争中成长起来的地方豪杰，如曹操、刘备、孙坚等。② 如果按时序排列，可以看出东汉末年政局主导者由外戚向宦官，再向清流士族，最后向地方豪杰的推移过程。

这些政治新进完全可以复兴东汉王朝，但是，他们并没有这样做，而是利用手中的实力争夺天下。这是因为"党锢之祸"不但伤透了他们的心，而且也让他们感到东汉政权的凝聚力已经枯竭，无论是在社会政治层面，还是在精神文化层面，都已经腐败透顶，毫无希望了。因此，他们中的保守者如刘表，拥兵荆州，"以观时变"③；积极者如袁绍、曹操等，志在号令天下。《三国志·诸葛亮传》注引时人张俨《默记·述佐篇》论诸葛亮致司马懿书道：

> 汉朝倾覆，天下崩溃，豪杰之士，竞希神器。魏氏跨中土，刘氏据益
>
> 州，并称兵海内，为世霸主。

曹操在《让县自明本志令》中也说：

> 设使国家无有孤，不知当几人称帝，几人称王。

这些话，无疑都是当时政治局面的真实写照。

无论是出自宗室的刘表，还是作为清流领袖的袁绍，乃至崛起于地方的曹操、刘备等人，都想自立，东汉君臣伦理显然已经破产，而建立在这种统治伦理上的国家，不亡何待？

当然，东汉统治意识形态破产，也有其深刻的社会、制度方面的原因。

---

① 袁绍家族四世担任三公大官，门生故吏遍于天下。他少有清名，在镇压黄巾起义后，被视为清流领袖。刘表出自宗室，为清流士人称为"八顾"之一。所谓"顾"，指以德行引导人，可知刘表为清流领袖。公孙瓒出自官宦之家，为大儒卢植门生，郡举其为孝廉。

② 东汉王朝为镇压黄巾起义而组建新军，设"西园八校尉"，曹操任典军校尉。刘备在乡里接受大商张世平、苏双钱财，招募士卒，后效力于公孙瓒麾下。孙坚少为县吏，在郡招兵买马，随朱俊镇压黄巾军。

③ 王先谦：《后汉书集解》卷七十四，《刘表传》，北京，中华书局，1984。

从制度方面来说，汉代地方官拥有很大的权力，主持一方政务，自辟属官，审判案件，荐举人才，劝课农桑，理财考功。建武六年（30），省诸郡都尉、郡守权力更大，兼治地方军政。掌握人、财、兵大权，地方官俨然就是一方之君。实际上，他们也确实被其僚属称为君，顾炎武《日知录》卷二十四"君"条称：

> 汉时曹掾皆称其府主为君。

"府君"条称：

> 府君者，汉时太守之称。《三国志》："孙坚袭荆州刺史王睿，睿见坚，惊曰：'兵自求赏，孙府君何以在其中？'""孙策进军豫章，华歆为太守，葛巾迎策，策谓歆曰：'府君年德名望，远近所归。'"

由于郡吏都由太守署辟，故他们之间，从感情上到名分上，也都是君臣关系。在地方僚属心中，中央和地方截然有别，地方长官重于君主。《后汉书·刘表传》记载，刘表据荆州，谋士劝其归顺曹操，刘表甚感犹豫，拟派遣从事中郎韩嵩入朝观望虚实，韩嵩对他说道：

> 嵩至京师，天子假嵩一职，不获辞命，则成天子之臣，将军之故吏耳。在君为君，不复为将军死也。

地方官的属吏义故对长官有着恩义关系，甚至为之赴死不辞。东吴创建者孙策杀吴郡太守许贡，自己却被许贡的旧属所杀害，亦是一证。

地方长官与其属员之间的主从恩义，同汉朝的察举制度密切相关。汉代地方察举，权在太守。所举之人，或因权门大族请托，或取知恩图报者，尤其是后者。地方长官，多出自世家大姓，故举人多取大族。即便如此，亦重视私人间的恩义关系。《三国志·公孙瓒传》注引《英雄记》说：

> 瓒统内外，衣冠子弟有材秀者，必抑使困在穷苦之地。或问其故，答曰："今取衣冠子弟及善士富贵之，皆自以为职当得之，不谢人善也。"所宠遇骄恣者，类多庸儿。

东汉士族风尚，重视朋友交情，讲究知恩图报。著名的清官第五种任兖州刺史，收捕贪污横行的大宦官单超侄儿单匡，弹劾单超，因此遭到诬陷，流放朔方。朔方太守是单超的外孙，故第五种一旦落入其手中，难逃一死。第五种旧日僚属孙斌知道这一情况，装扮成侠客，于半道杀掉押送的兵卒，携第五种逃匿。报恩重义，为时人所称颂。社会上对国家和君主的观念相当淡薄，更重视的是家庭朋友和门生义故情谊。因此，当国家权威坠落，凝聚力丧失之世，儒家所灌输的绝对化的君臣理念顿生歧变，且与社会重视私人恩义的风气相激荡，动摇了东汉王朝的政治基础，促成豪杰并起，天下分崩的局面。

至高无上的君权在现实政治中的动摇，具有十分重要的意义。因为主宰政局的政治家对恢复东汉皇室持消极态度，就使得国家政权对怀疑绝对君主观念的异端思想难以像以前那样进行镇压，因此，思想界从对神学的批判逐步演进为对君主专制的批判，便是一个自然的发展过程。从政治层面而论，曹操对魏晋思想解放运动的贡献是巨大的，堪称新时代的政治领袖。

政治高压解除了，儒家独尊的权威溃决了，各家学说就兴盛起来，怀疑的精神勃发，批判与探索的风气高扬，一场思想解放的运动蓬勃兴起。汉魏之际，是思想言论最为自由的黄金时代。

另一方面，这种思想解放是随信仰崩溃而兴起的，因此，士人的内心充满失落、困惑、迷惘和痛苦。而且，动荡不安的政局变化和翻来覆去的政治斗争，以及血腥残忍的战乱兵燹，使得他们的心灵受到很大的伤害，个性被强烈地扭曲。与社会背离的个人，独行于荒郊野岭，回首人间尘世，政治的阴暗面在追求完善人格的镜片下审视，益显其丑。因此，他们对君主政治体制深恶痛绝，给予最彻底的批判，并走向另一个极端，崇尚起无政府主义。阮籍在《大人先生传》中，痛斥王权为万恶之源，说道：

> 君立而虐兴，臣设而贼生，坐制礼法，束缚下民。欺愚诳拙，藏智自神。强者睽视而凌暴，弱者憔悴而事人。假廉以成贪，内险而外仁，罪至不悔过，幸遇则自矜……

> 今汝尊贤以相高，竞能以相尚，争势以相君，宠贵以相加，驱天下以趣之，此所以上下相残也。竭天地万物之至以奉声色无穷之欲，此非所以养百姓也。于是惧民之知其然，故重赏以喜之，严刑以威之，财匮而赏不供，刑尽而罚不行，乃始有亡国戮君溃败之祸。此非汝君子之为乎？汝君子之礼法，诚天下残贼、乱危、死亡之术耳，而乃目以为美行不易之道，

不亦过乎!①

阮籍对君主专制主义的批判猛烈而无情,不仅对现实弊政展开分析,而且用朴素的历史观阐述君主政治的起源及其祸害,他认为"无贵则贱者不怨,无福则贫者不争",因此,"无君而庶物定,无臣而万事理"。据此,他想象出一个类似远古的朴素和谐的理想社会,来否定纷乱的现实社会。这种社会只是阮籍的一种寄托而已,根本无法实现。但是,他对君主专制主义的批判,给予摇摇欲坠的统治意识形态以致命的一击。

阮籍(210—263),字嗣宗,陈留郡尉氏县(今河南尉氏县)人,与嵇康、山涛、向秀、刘伶、阮咸和王戎被称为"竹林七贤"。嵇康(224—263),字叔夜,祖籍会稽上虞(今浙江上虞县),避怨迁居于谯郡铚县(今安徽淮北市临涣集)。阮籍和嵇康都是魏晋时代杰出的思想家和文学家,思想解放运动的先锋。

嵇康同样对君主专制体制深恶痛绝,认为君主体制是因为"大道沉沦"才出现的。他在《太师箴》中说:"季世陵迟,继体承资。凭尊恃势,不友不师。宰割天下,以奉其私。故君位益侈,臣路生心。"君主制改变了上古时代纯朴与善良的风气,"昔为天下,今为一身",成为社会罪恶的渊源。

然而,嵇康并没有单纯停留于对专制主义的批判上,从尊重自然与人性的立场出发,他并不反对追求富贵,认为"富与贵是人之所欲也,但当求之以道"。只是他根据《易·系词》,对富贵加以解释,说道:"贵则人顺己以行义于下,富则所欲得以财聚人。"因此,他提出君主要"穆然以无事为业,坦尔以天下为公",表达了澄清政治的愿望和具有民主意识的政治思想,难能可贵。

阮籍和嵇康对君主专制的批判,给予后世以深远的影响。沿着他们对君主专制主义批判的道路,鲍敬言写下了著名的政论文《无君论》,进一步分析了政治暴力和压迫制度产生的根源,指出:

夫强者凌弱,则弱者服之矣;智者诈愚,则愚者事之矣;服之,故君臣之道起焉;事之,故力寡之民制焉。然则隶属役御,由乎争强弱而校愚智。

---

① 陈伯君校注:《阮籍集校注》,北京,中华书局,1987。

他认为，君主制度是违反民意的，正是由于其存在，才造成了"谷帛积则民有饥寒之俭，百官备则坐靡供奉之费，宿卫有徒食之众，百姓养游手之人。民乏衣食，自给已剧，况加赋敛，重以苦役，下不堪命，且冻且饥"。因此，他热切希望能仿古改制，建立一个安祥平和的乌托邦：

> 曩故之世，无君无臣，穿井而饮，耕田而食，日出而作，日入而息。泛然不系，恢尔自得。不竞不营，无荣无辱。山无蹊径，泽无舟梁。川谷不通，则不相并兼；士众不聚，则不相攻伐。

鲍敬言的《无君论》，表达了知识分子和下层民众对腐朽政府的绝望和对美好生活的憧憬，具有时代的进步意义。显而易见，是不受制约的政治权力乖离了社会生活的基本准则并凌驾于一切，才激起了个人与社会的疏远和对抗，君主专制体制不但不能增进社会的凝聚力，而只会加深政治的黑暗，造成人心的涣散。另一方面，无政府主义的鼓吹者虽然看到政治的弊端，却缺乏向前看的勇气，他们退缩于"古者无君，胜于今世"的幻想之中，其无政府主义思想，是老庄复古和虚无论的必然归宿。向后看是没有出路的，因此，无政府主义思想并不能对社会进步产生积极的作用，反倒加剧了社会的分崩离析，使社会在迷茫中沉沦。

三、独立人格的高扬与主体意识的觉醒

东汉末年的清议，起于对政治腐败的不满，而力图扶大厦于将倾。东汉名教危机，主要表现在两个方面。政治方面是人事制度腐败，诠选名不副实，所谓"汉末之世，灵、献之时，品藻乖滥，英逸穷滞，饕餮得志，名不准实，贾不本物"[1]。有气节的清流人士起而抨击，他们相互标榜，品评人物，制造舆论，鼓荡民心，力图改变选人不实的局面，由是有"月旦评"产生。《后汉书·许劭传》记载：

> "初，劭与（从兄许）靖有高名，好共核论乡党人物，每月辄更其品题，故汝南俗有月旦评焉。"

---

① 杨明照：《抱朴子外篇校笺》卷二十，《名实》，北京，中华书局，1991。

此后，品评人物蔚然成风。这种企图左右诠选的行为，引来统治者的反感，视为异己，最后遭致严厉的镇压。经过血腥的"党锢之祸"，以及后来一系列政治斗争的教训，士人逐渐明白，作为统治者，没有人喜欢体制外的舆论批评，无不对此加以镇压，曹操杀孔融，司马懿父子诛何晏、夏侯玄及嵇康等名士，都一再证明了这一点。于是，士人也不得不改变谈论的内容，从人事政治转为宇宙人生，从儒家伦理变为老庄玄理。阮籍博览群书，尤好《老》、《庄》，"本有济世志，属魏晋之际，天下多故，名士少有全者，籍由是不与世事，遂酣饮为常"①。此事例可视为汉魏之际士人谈论内容变化的象征。这种对宇宙人生本体论的探讨，被称为"清谈"。

名教危机的另一方面发生在学术方面。东汉以谶纬为特征的经学，流于迷信和烦琐。今文经学家注释经文，或一经百余万字，或一字数十万言，只见树木，不见森林，不但烦琐无比，而且经义支离蔓衍，号称"通人"都不胜其烦，遑论青年学子。至于迷信，穿凿附会，到了荒诞无稽的地步，其怪诞的事例，多不胜举。

名教强调忠孝，讲求实学笃行。然而，社会现实恰好相反。选举靠门阀势力，学问靠吹嘘浮夸，名实相悖，察举不实，真才实学者沉沦不显，轻浮躁进者飞黄腾达，政治败坏必然带来学术堕落，急功近利竟成风气，以至"章句渐疏，而多以浮华相尚，儒者之风盖衰矣。党人既诛，其高名善士多坐流废，后遂至忿争，更相言告，亦有私行金货，定兰台桼书经字，以合其私文"②。这种情况表明经学已经穷途末路。

打破虚伪的名教礼法的桎梏，便成为追求人性自由与思想解放的当务之急。于是，阮籍奋起，写下了著名的《大人先生传》，把道貌岸然的儒家君子比作裤中的虱子，在冷嘲热讽之中，对名教礼法予以彻底的揭露和批判：

> 汝独不见乎虱之处乎裤中，逃乎深缝，匿夫坏絮，自以为吉宅也。行不敢离缝际，动不敢出裤裆，自以为得绳墨也。饥则啮人，自以为无穷食也。然炎丘火流，焦邑灭都，群虱死于裤中而不能出。汝君子之处区内，亦何异夫虱之处裤中乎？

---

① 《晋书》卷四十九，《阮籍传》，北京，中华书局点校本，1974。
② 王先谦：《后汉书集解》卷七十九，《儒林传》，北京，中华书局，1984。

今汝造音以乱声，作色以诡形，外易其貌，内隐其情，怀欲以求多，诈伪以要名。……汝君子之礼法，诚天下残贼、乱危、死亡之术耳，而乃目以为美行不易之道，不亦过乎？

另一位思想解放的斗士嵇康，则更加直截了当地贬抑儒家圣贤。他在《与山巨源绝交书》中说自己：

每非汤、武而薄周、孔，在人间不止此事，会显世教所不容，此甚不可一也。刚肠疾恶，轻肆直言，遇事便发，此甚不可二也。

在《难自然好学论》中，他指出，人类从质朴的远古进入强者压迫弱者的社会之后，才需要建立名分仁义，以维护社会上下秩序。儒家的《六经》就是为适应这种需要而出现的，"故六经纷错，百家繁炽，开荣利之途，故奔骛而不觉"。从社会演变分析儒学的起源，剥下其身上所披的历史神话外衣，加强了批判的力度和深度。他甚至斥《六经》为毒草，说道：

执书撆句，俛仰咨嗟，使服膺其言，以为荣华。故吾子谓六经为太阳，不学为长夜耳。今若以明堂为丙舍，以讽诵为鬼语，以六经为芜秽，以仁义为臭腐，睹文籍则目瞧，修揖让则变伛，袭章服则转筋，谭礼典则齿龋。于是兼而弃之，与万物为更始，则吾子虽好学不倦，犹将缺焉。则向之不学，未必为长夜，六经未必为太阳也。

如上所述，魏晋思想家对名教的批判，颇集中于其虚伪上。在他们看来，仁义礼制都属于矫情虚伪，有虚伪，便有匿情。嵇康在《释私论》中说："夫私以不言为名，公以尽言为称。""公"和"私"的区别就在于有没有隐匿私情。这一点，实际上正打在名教的痛处。所以，嵇康在《与山巨源绝交书》中说自己"每非汤、武而薄周、孔"时，西晋统治者便对他动了杀机。鲁迅对此评论道：

最引起许多人的注意，而且于生命有危险的，是《与山巨源绝交书》中的"非汤武而薄周孔。"司马懿因这篇文章①，就将嵇康杀了。非薄了汤武周孔，在现时是不要紧的，但在当时却关系非小。汤武是以武定天下的；周公是辅成王的；孔子是祖述尧舜，而尧舜是禅让天下的。嵇康都说

---

① 应为"司马昭"。文见鲁迅《而已集·魏晋风度及文章与药及酒之关系》，北京，人民文学出版社，1973。

北魏时期泥塑人像　河南洛阳出土

三国时期持簸箕陶俑

西晋时期骑马陶俑

仕女出游图
南北朝时期砖刻浮雕
河南邓县出土

狩猎图
北魏时期敦煌壁画

列女古贤图
北魏时期屏风漆画

不好，那么，教司马懿篡位的时候，怎么办才是好呢？没有办法。在这一点上，嵇康于司马氏的办事上有了直接的影响，因此就非死不可了。嵇康的见杀，是因为他的朋友吕安不孝，连及嵇康，罪案和曹操杀孔融差不多。魏晋，是以孝治天下的，不孝，故不能不杀。为什么要以孝治天下呢？因为天位从禅让，即巧取豪夺而来，若主张以忠治天下，他们的立脚点便不稳，办事便棘手，立论也难了，所以一定要以孝治天下。但倘只是实行不孝，其实那时倒不很要紧的，嵇康的要害是在发议论。

　　鲁迅点到了君主专制制度的要害之处，这种制度的特点，就是统治者所标榜的与所做的恰好相悖，其所鼓吹的伦理道德是用来约束庶民的，而其自身不但不受约束，而且经常带头加以践踏。魏晋以孝治天下，而统治阶层内部不孝不忠的事例，令人咋舌。西晋重臣贾充，出身于市井寒门，其父受曹操重用，藉此登上政治舞台。晋移魏祚，贾充投靠司马懿，率部刺杀魏帝曹髦[1]，既为司马氏夺权扫除最后障碍，又为司马氏保全了儒家名节。他的长女贾南风，身材短小，皮肤青黑，性格残忍，奇妒好淫。然而，就是所谓的孝子荀颉力荐她温柔美貌，使她成为惠帝皇后。贾皇后野心勃勃，虐待成狂，发作起来，要亲手剖杀孕妇，看着腹中孩儿随刀落地，方解心头之恨。洛阳有位抓盗贼的俊俏小吏，藏有华丽珍贵的衣服，上司怀疑他作贼，捉来审问，才知道是被贾皇后派人勾入宫中，作成好事而得到的奖赏。[2] 惠帝登基，贾皇后图谋夺权，指使楚王玮和东安王繇诛杀杨太后的父亲杨骏，废太后为庶人，又处太后母亲庞氏极刑。临刑前，杨太后抱着母亲嚎啕痛苦，磕头剪发，上书贾后，称妾乞怜，请求保全母亲一命，但贾皇后置之不理。杨太后曾有恩于贾皇后，她万万没想到贾皇后只是为了夺权，就如此狠心地残害她的家族，所以庞氏被杀后，她也就绝食自杀。[3] 从晋王朝标榜的儒学来说，皇后诛太后，属犯上作乱；媳妇杀婆婆，更是大逆不孝。就是这个残害魏晋两朝皇室的贾家，把儒家孝道肆意蹂躏践踏。面对这一事实，西晋皇室世族，竟没有一个人出来卫道护教。相反，宗室诸王却借机发动内战，骨肉相残，谋篡帝位，把道貌岸然的门阀世族极端

---

[1]《晋书》卷四十，《贾充传》。

[2]《晋书》卷三十一，《后妃上·惠贾皇后》。

[3]《晋书》卷三十一，《后妃上·武悼杨皇后》。

虚伪、贪婪、自私、残忍的真实面目暴露无遗，丧尽人心，宣告了其统治伦理的彻底破产。

但是，对于统治阶层的虚伪，是不能予以戳穿的。正如鲁迅所说的，可以不孝，但不能说破。于是又多了一重虚伪。在这种社会，最痛苦的无疑是坚持理性与良知立场的知识阶层。自从东汉末年以来，他们由品题人物，抨击时政，到探究伦理道德，批评儒家圣贤，都遭到无情镇压，为此付出血的代价。"竹林七贤"中个性狂放的阮籍也不得不钳口，所谓"阮嗣宗口不论人过"①，正是这种痛苦与无奈的真实写照。

统治伦理破产下的政治高压，虽然把士人探索政治、社会的道路给堵死了，但是，却逼使他们转向人和宇宙本体的探求，而正是这种研究，使其批判具有深厚的理论根基和意义，唤起了独立人格的高扬和主体意识的觉醒，翻开魏晋思想文化史具有革命性的一页。

魏晋的人生观，建立在反对东汉礼法名教基础上，因此具有截然不同的价值取向。如阮籍、嵇康对名教的批判所示，破虚伪乃为求真，去除人为的束缚，还事物本来的面目。那么，世界的本原是什么呢？阮籍在《通老论》中说：

> 道者，法自然而为化，侯王能守之，万物将自化。《易》谓之"太极"，《春秋》谓之"元"，老子谓之"道"。

老子说"道法自然"，阮籍继承这一思想，说道：

> 天地生于自然，万物生于天地。……人生天地之中，体自然之形。

在基于自然主义的人生观下，他们认为，人的生活也应该顺其天性，不应为功名利禄、名教虚荣所束缚，而抑制情欲、扭曲个性。因此，批判名教，反对礼法，是魏晋士人的基本倾向。当时人所作的《列子·杨朱篇》言辞激烈地说②：

> 欲尊礼义以夸人，矫情性以招名，吾以此为弗若死矣。……且若以治

---

① 嵇康：《与山巨源绝交书》，戴明扬校注《嵇康集校注》，北京，人民文学出版社，1962。

② 《列子》是魏晋人所作之书，先贤考证已详，杨伯峻先生说："《力命》、《杨朱》两篇更是晋人思想和言行的反映。"关于《列子》的考证和以下《列子》引文，均见杨伯峻撰《列子集释》，北京，中华书局，1979。

国之能夸物，欲以说辞乱我之心，荣禄喜我之意，不一鄙而可怜哉？

根据这种认识，他们对于儒家提倡的克己修身、建功立业，不屑一顾，对于儒家树立为人间榜样的圣贤，丝毫不觉得值得钦慕，甚至颇加嘲讽。《列子·杨朱篇》说：

> 天下之美归之舜、禹、周、孔，天下之恶归之桀纣。然而舜耕于河阳，陶于雷泽，四体不得暂安，口腹不得美厚；父母之所不爱，弟妹之所不亲。行年三十，不告而娶。及受尧之禅，年已长，智以衰。商钧不才，禅位于禹，戚戚然以至于死，此天人之穷毒者也。鲧治水土，绩用不就，殛诸羽山。禹纂业事仇，惟荒土功，子产不字，过门不入；身体偏枯，手足胼胝。及受舜禅，卑宫室，美绂冕，戚戚然以至于死，此天人之忧苦者也。武王既终，成王幼弱，周公摄天子之政。邵公不悦，四国流言。居东三年，诛兄放弟，仅免其身，戚戚然以至于死，此天人之危惧者也。孔子明帝王之道，应时君之聘，伐树于宋，削迹于卫，穷于商周，围于陈蔡，受屈于季氏，见辱于阳虎，戚戚然以至于死，此天人之遑遽者也。凡彼四圣者，生无一日之欢，死有万世之名。

在其笔下，儒家四大圣人被描写得可怜巴巴，奋斗在困苦屈辱之中，全然没有生活的情趣，因此，他们虽然死后有万世之名，却全然不如被视为恶人的桀纣来得风光，放情纵欲，享尽人生欢乐。而且，身后之名，死后全然不知道，无论圣人恶人，死时全然没有区别：

> 万物所异者生也，所同者死也。生则有贤愚、贵贱，是所异也；死则有臭腐、消灭，是所同也。……万物齐生奇死，齐贤齐愚，齐贵齐贱。十年亦死，百年亦死。仁圣亦死，凶愚亦死。生则尧舜，死则腐骨；生则桀纣，死则腐骨。腐骨一矣，孰知其异？且趣当生，奚遑死后？

《列子》一书，学者们一直认为是魏晋时人托名列子拼凑出来的伪书，反映了该时期士人的思潮。从现存魏晋诸子文献来看，当时人确实颇有与上述《列子》思想相符者。例如陶渊明在《神释》诗中写道：

> 三皇大圣人，今复在何处？
>
> 彭祖爱永年，欲留不得住。
>
> 老少同一死，贤愚无复数。

日醉或能忘，将非促龄具。

立善常所欣，谁当为汝誉。

甚念伤吾生，正宜委运去。

纵浪大化中，不喜亦不惧。

应尽便须尽，无复独多虑。①

大有看破红尘的味道。在战乱频仍，政治诡谲，士人多遭凶险，世道变幻无常的时代，柔弱的士人知识分子产生厌世情绪，明哲保身，是十分自然的现象。因此，功名利禄的外在追求让位于内在本体性的探索，是该时期思想认识的基本倾向。《列子·杨朱篇》说道：

夫善治外者，物未必治，而身交苦；善治内者，物未必乱，而性交逸。以若之治外，其法可暂行于一国，未合于人心；以我之治内，可推之于天下，君臣之道息矣。

根据"治内"的原则，人们正常而理想的生存方式应该是：

太古之人知生之暂来，死之暂住，故从心而动，不违自然所好；当身之娱非所去也，故不为名所劝。从性而游，不逆万物所好；死后之名非所取也，故不魏刑所及。名誉先后，年命多少，非所量也。

这种生活态度，嵇康作了颇有哲理的阐述，《释私论》说道：

夫称君子者，心无措乎是非，而行不违乎道者也。何以言之？夫气静神虚者，心不存乎矜尚；体亮心达者，情不系于所欲。矜尚不存乎心，故能越名教而任自然；情不系于所欲，故能审贵贱而通物情。物情顺通，故大道无违；越名任心，故是非无措也。

"越名教而任自然"，成为魏晋人生观的基本诉求，成为冲破名教桎梏、号召解放人性的旗帜。

魏晋士人颇以自己的行为，表达对人生的态度，争取个性的解放。我们试看几个例子：

魏末阮籍，嗜酒荒放，露头散发，裸袒箕踞。其后贵游子弟阮瞻、王澄、谢鲲、胡毋辅之之徒，皆祖述于籍，谓得大道之本。故去巾帻，脱衣

---

① 龚斌校笺：《陶渊明集校笺》，上海，上海古籍出版社，1996。

服，露丑恶，同禽兽。甚者名之为通，次者名之为达也。

王平子、胡毋彦国诸人，皆以任放为达，或有裸体者。乐广笑曰："名教中自有乐地，何为乃尔也！"①

刘伶恒纵酒放达，或脱衣裸形在屋中，人见讥之。伶曰："我以天地为栋宇，屋室为裈衣，诸君何为入我裈中？"

诸阮皆能饮酒，仲容至宗人间共集，不复用常杯斟酌，以大瓮盛酒，围坐，相向大酌。时有群猪来饮，直接去上，便共饮之。

阮仲容先幸姑家鲜卑婢。及居母丧，姑当远移，初云当留婢，既发，定将去。仲容借客驴重服自追之，累骑而返。曰："人种不可失！"

阮籍嫂尝还家，籍见与别。或讥之，籍曰："礼岂为我辈设也？"

阮公邻家妇有美色，当垆酤酒。阮与王安丰常从妇饮酒，阮醉，便眠其妇侧。夫始殊疑之，伺察，终无他意。（王隐《晋书》曰："籍邻家处子有才色，未嫁而卒。籍与无亲，生不相识，往哭，尽哀而去。其达而无检，皆此类也。"）②

（谢鲲）邻家高氏女有美色，鲲尝挑之，女投梭，折其两齿，时人为之语曰："任达不已，幼舆折齿。"鲲闻之，傲然长啸曰："犹不废我啸歌。"③

嗜酒、裸露与魏晋名士流行服用"寒食散"之类药物，互相关联。服寒食散后，要脱掉衣服，用冷水浇身，吃冷食，热的东西唯有温酒可饮，饮后踊跃起舞，舂磨出力，身体变暖。"因为皮肉发烧之故，不能穿窄衣。为豫防皮肤被衣服擦伤，就非穿宽大的衣服不可。现在有许多人以为晋人轻裘缓带，宽衣，在当时是人们高逸的表现，其实不知他们是吃药的缘故。"④

根据《寒食散论》记载，寒食散在汉代已有，但鲜见服用。曹魏尚书何晏服食后，神明开朗。何晏是声闻海内的大名士，故仿效他服寒食散的人源源不断，遂成风气。余嘉锡《寒食散考》考证出寒食散的处方，指出翩翩贵公子何

---

① 余嘉锡笺疏：《世说新语》卷上之上，《德行第一》注引王隐《晋书》。
② 《世说新语》卷下之上，《任诞第二十三》。
③ 《晋书》卷四十九，《谢鲲传》。
④ 鲁迅：《魏晋风度及文章与药及酒之关系》。

晏"盖因荒恣于色，体为之弊，自觉精神萎顿，妄以为服石可补精益气，则并五石服之，当更有力，于是取（张）仲景紫石散及侯氏黑散两方，以意加减，并为一剂，既而体力转强，遂以为大获神效，譬如饮鸩止渴，谓之神效可乎"①。

脱衣裸露，饮酒服药，追求美色，捉尘谈玄，"以任放为达"，是魏晋名士风度。其行为的确过于怪异偏激，但是，如果我们将他们放在冲破礼教桎梏的背景里加以认识，则此矫枉过正是可以理解的。嵇康明确说过："六经以抑引为主，人性以从欲为欢。抑引则违其愿，从（纵）欲则得自然。然则自然之得，不由抑引之六经；全性之本，不须犯情之礼律。"② 魏晋名士许多过激行为，是有意识同礼法名教针锋相对的，故史称礼法之士，对阮籍疾之如仇。③当然，阮籍本人对自己的"荒放"心里一清二楚，故其子阮浑长大后，也想学乃父风度，却被阮籍所止。同样是饮酒纵情，阮籍、嵇康等人是有所为而发，而后来仿效他们者，却多为东施效颦，流为追求低级的感官刺激，如"（晋）惠帝元康中，贵游子弟相与为散发倮身之饮，对弄婢妾"④，两者之间有着质的区别，须加深察。阮籍、嵇康等人所为，诚如刘大杰先生所论：

> 他们反对人生伦理化的违反本性，而要求那种人生自然化的解放生活。生活伦理化的结果，只是用许多人为的制度法则，把人性压制得不能动弹，日趋于虚伪与束缚，一切阴谋诈力的罪恶，都由此而生。人类自然得本性，与这种伦理生活正是相反。我们要使人生有趣味，必得从这种虚伪束缚的生活，返到真实自由的生活方面去。这种人生观的特征，我们可以名为人性的觉醒。⑤

魏晋所谓"人性的觉醒"，所追求的是人生自然化的解放生活，其理论基础为老、庄哲理。魏晋士人以读老、庄为时尚，其例繁多。最典型表达其哲学思想者，当数王弼。《晋书·王衍传》说：

---

① 载《辅仁学志》第七卷第一、二期合刊，转引自贺昌群《魏晋清谈思想初论》，北京，商务印书馆，1999。
② 嵇康：《难自然好学论》。
③《晋书》卷四十九，《阮籍传》。
④《晋书》卷二十七，《五行上》。
⑤ 刘大杰：《魏晋思想论》第五章，上海，上海古籍出版社，1998。

魏正始中，何晏、王弼等祖述老庄，立论以为："天地万物皆以'无'为本。'无'也者，开物成务，无往不存者也。阴阳恃以化生，万物恃以成形，贤者恃以成德，不肖恃以免身。故'无'之为用，无爵而贵矣。"

"无"是魏晋思想解放的出发点，具有极其重要的现实与理论意义。以"无"为本，就应该顺应自然，就必须破除人为强加于自然和社会的东西，还其以本来的面目，不要自作聪明，也不要自作多情。从这一基本点出发，我们就能够完整而系统地理解魏晋思想家摧枯拉朽式的批判精神：在政治上批判君主专制主义，在思想上批判谶纬迷信，在生活上批判礼法制度，在学术上批判神学束缚，冲决限制人类自由发展的堤坝，使人性得以自在地发扬，思想得以自由地驰骋，人本精神占据主导地位，个人主义和自然主义因此蓬勃生长。

在此思想与人格解放过程中，法自然的"无"成为最为锐利的批判武器，王弼以《老子》《庄子》注释《易》，建立起新的学术规范，把《易》从方士腐儒的手中解放出来，使之由迷信占卦的经典变为社会自然的哲理名著；而建安以后的文学思想及其实践，则将文学从经学的附庸下解放出来，曹丕在《典论》中就公开提出："盖文章经国之大业，不朽之盛事。"这一切，都以人的解放为依归。

"无为"的生活态度，必须使人从旧伦理道德体系中挣脱出来，独立于超脱现实功利之外的自由世界当中。《列子·杨朱篇》说："生民之不得休息，为四事故：一为寿，二为名，三为位，四为货。有此四者，畏鬼，畏人，畏威，畏刑：此谓之遁民也。可杀可活，制命在外。不逆命，何羡寿？不矜贵，何羡名？不要势，何羡位？不贪富，何羡货？此之谓顺民也。天下无对，制命在内。"人　且被功名福寿所牵累，就成为违反自然天性的"遁人"，为外在事物而生活，而受制于人。相反，只要顺从自然，不去追逐身外之物，便是得自然生理的"顺人"，自己把握自己，自由自在。幸福的生活在于我们的生活态度能否翩然超脱，顺应自然，是对名教功利主义生活态度的否定，人生因此而别开生面，充满生机。魏晋士人怡情山水，琴诗自乐，享受着多姿多彩的人生。陶渊明《饮酒诗》描绘了一幅诗情画意般的理想生活场景：

> 结庐在人境，而无车马喧。
>
> 问君何能尔？心远地自偏。

采菊东篱下，悠然见南山。

　　山气日夕佳，飞鸟相与还。

　　此中有真意，欲辨已忘言。

　　诗中"欲辨已忘言"，用的是《庄子》的语典。《庄子·齐物论》说："辨也者，有不辨也"，"夫大道不称，大辨不言。"《庄子·外物》说："言者所以在意，得意而忘言。"《庄子·知北游》说："夫知者不言，言者不知，故圣人行不言之教。"不难看出，魏晋人的超脱，颇受庄子的影响。其主张的顺情适性，源自《庄子》的逍遥。向秀、郭象注《庄子·逍遥游》道：

　　夫大小虽殊，而放于自得之场，则物任其性，事任其能，各当其分，逍遥一也。

　　夫大鹏之上九万，尺鹖之起榆枋，大小虽差，各任其性，苟当其分，逍遥一也。

　　这里所强调的不是大小的区别，而是要适性任能，做到这一点，无论是大鹏，还是尺鹖，都能自在逍遥，竞相自由。故人们的生活自由，不在于外表的大小、高低、贵贱、贫富，而在于能否满足人自身的性情。因此，他们在《庄子·齐物论》的注释中说：

　　苟足于天然，而安其性命，故虽天地未足为寿，而与我并生。万物未足为异，而与我同得。则天地之生又何不并，而万物之得又何不一哉？

　　所以，自由世界，在于心性的同一，是内在超越的境界。从外在的追求转向内心世界的修炼，变物欲为精神超越，足于天然，安于性命，超凡脱俗，独立于世，实现自我人格的完成，使个性得以充分发扬，一个与天地同在的逍遥世界便展现在人们面前。

　　要实现自我的人格，就必须顺情适性，这是一个十分重要的命题。只有让人类自然之情从礼教的束缚下挣脱出来，才有真正意义的个性解放，才会给个人以广阔的创造空间。为此，向秀对"情"做了具有理论意义的阐述：

　　有生则有情，称情则自得。若绝而外之，则与无生同，何贵于有生哉！

　　且生之为乐，以恩爱相接，天理人伦，燕婉娱心，荣华悦志，服飨滋味，以宣五情；纳御声色，以达性气，此天理自然，人之所宜、三王所不易也。①

对情感的肯定，引起了一系列巨大变革，人们的激情得以宣泄，创造精神得以发挥，整个世界充满活力，生意盎然。

在文学领域，陆机的《文赋》提出"诗缘情而绮靡，赋体物而浏亮"的命题，阐述了文学的特性和"情"在创作中的重要作用，指出文学创作不能没有"情"，如果"六情底滞，志往神留"，则"兀若枯木，豁若涸流"。因此，应该是"思风发于胸臆，言泉流于唇齿"。② 陆机的文学理论，突破儒家将文学作为政治附庸、片面强调政教功能的框框，确立了文学的独立性。

在音乐领域，嵇康的《声无哀乐论》认为："劳者歌其事，乐者舞其功。夫内有悲痛之心，则激哀切之言。言比成诗，声比成音。"音乐的和谐完美，乃"情欲之所钟"。同时，嵇康猛烈批判儒家所谓音乐具有教化功能的观点，奠定了音乐独立发展的理论基础。

在艺术领域，魏晋六朝书家的行书、草书，创造出飞动流畅的线条，如行云流水，飘逸传神。"书圣"王羲之模仿自然百态以挥毫运笔，自称"点画之间皆有意，自有言所不尽，得其妙者，事事皆然"③。个性潇洒的神韵，化作书法流动的美，"晋人的书法是这自由的精神人格最具体最适当的艺术表现"④。在绘画方面，晋末形成独立的山水画，自然是魏晋士人以山水陶冶性情的艺术表现。王微主张"殊不师古，而缘情弃道"⑤。法自然，重情感，使得中国的艺术取得了划时代的突破，奠定了悠远流传的中国美感，而在世界艺术之林中独树一帜。

从名教束缚中获得解放的巨大创造热情，促使人们求真、求善，在个性张扬和自然主义高涨之中，进一步促进文化艺术进入追求美的世界。其玄学的精神与审美的价值观，铸造了中国知识分子的心灵世界。

---

① 《黄门郎向子期难养生论》，收于《嵇康集校注》。
② 陆机：《文赋》，收于严可均辑《全上古三代秦汉三国六朝文》，北京，中华书局，1958年影印版。
③ 王羲之：《与人书》，收于严可均辑《全上古三代秦汉三国六朝文》。
④ 宗白华：《论〈世说新语〉和晋人的美》，收于其著《艺境》，北京，北京大学出版社，1989。
⑤ 王微：《笔阵图》，收于严可均辑《全上古三代秦汉三国六朝文》。

当然，玄谈任情的思潮，也出现不同的走向与流派。举其大者，有纵欲和养生两类。

纵欲论者从破除名教走向极端，把世事人生皆视为极度空虚，因此，他们并不是要获得心灵的满足，而是要追求官能的物质刺激，享尽眼前的欢乐，其思想典型反映在《列子·杨朱篇》里：

> 太古之人知生之暂来，知死之暂住，故从心而动，不违自然所好，当身之娱非所去也，故不为名所劝。从性而游，不逆万物所好，死后之名非所取也，故不为刑所及。名誉先后，年命多少，非所量也。

> 为欲尽一生之欢，穷当年之乐。唯患腹溢而不得恣口之饮，力惫而不得肆情于色，不遑忧名声之丑，性命之危也。

东汉末年的士人在政治高压下，由品评时政人物的清谈转向以"三玄"为主的清谈之后①，不少名士在政治幻灭中转向追求生活享受，终日玄谈，不着边际，对浮华之风推波助澜，遂造成"学者以《庄》、《老》为宗而黜六经，谈者以虚薄为辨而贱名检，行身者以放浊为通而狭节信，进仕者以苟得为贵而鄙居正，当官者以望空为高而笑勤恪。……其倚仗虚旷，依阿无心者，皆名重海内"②。

失去希望，没有目的地随波逐流，使人的身体直至心灵都沦落了，内心的空虚只能用物质的占有和官能的享受去填补，败坏了社会风气，士人谈无，官人望空，醉生梦死，政治荒怠。《列子·杨朱篇》塑造了公孙朝、公孙穆兄弟和端木叔等嗜酒纵欲的人物。其实，在当时社会里，真实的事例数不胜数，尤以西晋为最。

晋武帝开国，每与大臣朝见，唯说平生常事，关心的是广采美色，以至后宫万人，晚上乘羊车，任其所往，随意停宿。皇帝如此，则上行下效，一片腐败。这里略示几个名士的例子。

何劭，西晋太尉何曾之子，善谈论，喜奢靡，"衣裘服玩，新故巨积。食必尽四方珍异，一日之供以钱二万为限。时论以为太官御膳，无以加之"③。

---

① 清谈以《易》、《老子》和《庄子》为主，称作"三玄"。
② 干宝：《晋纪总论》，收于严可均辑《全上古三代秦汉三国六朝文》。
③ 《晋书》卷三十三，本传。

王戎，"竹林七贤"之一，西晋中书令，尚书左仆射，司徒，可谓位极人臣，但"性好兴利，广收八方园田水碓，周遍天下。积实聚钱，不知纪极，每自执牙筹，昼夜算计，恒若不足。而又俭啬，不自奉养，天下人谓之膏肓之疾。……家有好李，常出货之，恐人得种，恒钻其核。以此获讥于世。"①

为官奢侈敛财，行为放荡，且不理庶务。胡毋辅之性嗜酒，任乐安太守，"与郡人光逸昼夜酣饮，不视郡事"②。王澄为荆州刺史，"日夜纵酒，不亲庶事。虽寇戎急务，亦不以在怀"③。西晋朝廷内外，充斥着这等官员，不亡何待。西晋末年最重要的政治人物王衍，在东海王越死后，被推为元帅。面对塞外胡族大举南下，他竟率晋军主力南逃，导致洛阳沦陷，西晋灭亡，本人也被石勒俘虏。死到临头，他才有所醒悟道："呜呼！吾曹虽不如古人，向若不祖尚浮虚，戮力以匡天下，犹可不至今日。"④所谓"清谈误国"，即是指此。

纵欲论本身并没有什么文化史的意义，更无可赞扬。其出现，是社会居统治地位的意识形态崩溃，而新的思想道德尚未确立的特殊时期下一种特殊的现象。古今中外，颇为相似，不足为奇。只是在特定的历史背景下，其对于冲破名教的牢笼，使思想和人性获得解放，起到一定的作用。

另一类士人，他们既要反抗名教束缚人性的一面，但也反对恣情纵欲，在强调顺情适性的同时，也主张有所节制。其所谓节制，亦以养生来表现。嵇康在《养生论》中说：

> 善养生者，清虚静泰，少私寡欲。

在《答难养生论》中说：

> 故世之难得者，非财也，非荣也，患意之不足耳！意足者虽耦耕畎亩，被褐啜菽，莫不自得；不足者虽养以天下，委以万物，犹未惬然。……故《老子》说："乐莫大于无忧，富莫大于之足。"

养生必须知足，对于一味追求物质享受，嵇康认为：

> 此皆无主于内，借外物以乐之。外物虽丰，哀亦备矣！有主于中，以内乐外，虽无钟鼓，乐已具矣！故得志者，非轩冕也；有至乐者，非充屈也，得失无以累之耳。……故被天和以自言，以道德为师友，玩阴阳之变

---

① ③ ④《晋书》卷四十三，本传。
②《晋书》卷四十九，本传。

化，乐长生之永久，因自然以托身，并天地而不朽者，孰享之哉！

从以上所论可以看出，嵇康所谓的养生，早已超出生理的范畴，更是一种生活的态度，人生的立场。他认为养生重在知足，知什么"足"呢？那就是要"有主于内"，有主见，自得自在，既要遵从自然，也应该"以道德为友"。显然，他不赞同人完全随自然沉浮，犹如动物；而应能够自主，独立于世。因此，他对名教的破，是有限度的，并不是要彻底加以摧毁，而是予以扬弃。

这种情况，在阮籍身上也有表现。《世说新语·任诞》记载：

> 王孝伯问王大："阮籍何如司马相如？"王大曰："阮籍胸中垒块，故须酒浇之。"

阮籍胸中有何"垒块"，以致要经常以酒浇之呢？前面已经引用了不少阮籍的语录，可以明白他对名教是不满的，他反对君主专制，主张个性解放，甚至采取一些偏激的行为。但是，下面的例子，可以使我们进一步了解其思想复杂的一面。《世说新语·任诞》记载：

> 阮籍遭母丧，在晋文王坐进酒肉。司隶何曾亦在座，曰："明公方以孝治天下，而阮籍以重丧，显于公坐饮酒食肉，宜流之海外，以正风教。"文王曰："嗣宗毁顿如此，君不能共忧之，何谓？且有疾而饮酒食肉，固丧礼也！"籍饮啖不辍，神色自若。

同书另外两段记载：

> 阮籍当葬母，蒸一肥豚，饮酒二斗，然后临诀，直言"穷矣"！都得一号，因吐血，废顿良久。

> 阮步兵丧母，裴令公往吊之。阮方醉，散发坐床，箕踞不哭。裴至，下席于地，哭吊唁毕，便去。或问裴："凡吊，主人哭，客乃为礼。阮既不哭，君何为哭？"裴曰："阮方外之人，故不崇礼制；我辈俗中人，故以仪轨自居。"

阮籍丧母之际，公然在君王大臣面前饮酒食肉，表现出对名教的蔑视。其实，他的内心是最痛苦的，以至吐血，大病一场。他所反对的是做表面文章的礼制形式，哀者自哀，不必做作给众人看。下面一段《世说新语·德行》的记载，颇为传神：

> 王戎、和峤同时遭大丧，俱以孝称。王鸡骨支床，和哭泣备礼。武帝

> 谓刘仲雄曰:"卿数省王、和不? 闻和哀苦过礼,使人忧之。"仲雄曰:
> "和峤虽备礼,神气不损;王戎虽不备礼,而哀毁骨立。臣以为和峤生孝,
> 王戎死孝。陛下不应忧峤,而应忧戎。"

哭泣备礼者,神气不损。王戎虽悖于丧礼,《晋阳秋》说他甚至"不拘礼制,饮酒食肉,或观棋弈",可他却伤心得要拄着杖才能站起来。名教用形式来桎梏人心,其虚伪足见一斑。而阮籍他们所反对的是什么,亦可见其一斑。《晋书》本传都说阮籍和王戎"性至孝",并非虚美。

再说嵇康,他对名教的批判不遗余力,可在给其幼子遗留的《家诫》里,却一再要求儿子要向伯夷、叔齐、柳下惠和苏武那样固守心志,随和处世,"非义不言,详静敬道",言之谆谆,全然不像是一位勇敢激烈的反礼教斗士。

以上事例最值得深思,它们深刻地反映出那些追求心灵满足的士人进退失据的内心世界。

当一个社会的信仰体系崩溃的时候,最痛苦的是知识分子。他们在旧伦理道德中浸淫已久,无形之中已经铸就了他们的价值观念。所以,当他们看穿旧伦理道德已经沦为虚伪,看透道貌岸然的政客实际上正在干着毁坏礼教的勾当,看破统治者利用名教借刀杀人,不由得受激而奋起抗争,痛斥名教,用具有自然主义思想的老庄哲学为武器,力图冲破名教的牢笼,争取个性的解放。然而,他们所追求的政治社会,其实并没有完全跳出儒家的框框,他们要求社会公平正义,政治清明廉洁,而这些也是传统儒家所追求的。实际上,他们使用老庄的武器剥去汉儒强加于儒学之上的附加物,但他们对于老庄的虚无任情也并不满意。他们苦苦寻觅失落的理想,求真、求善,追求自我人格的实现,但这一切到底是什么,他们还是一片茫然,在相当程度上,他们寻找的是其心中传统道德理想的影子。这其实是矛盾的,因此,他们必然是痛苦的。但这种矛盾和痛苦,奠定了今后意识形态重建的基础。

因此,他们在批判名教的同时,又尽量想把孔子拉入自己的体系内。《世说新语·文学》记载:

> 王辅嗣弱冠诣裴徽,徽问曰:"夫无者,诚万物之所资,圣人莫肯致
> 言,而老子申之无已,何邪?"弼曰:"圣人体无,无又不可以训,故言必
> 及有;老、庄未免于有,恒训其所不足。"

王弼的论述，看似矛盾，其实是可以讲得通的。他透过表象看本质，认为孔子之所以强调"有"，是因为他认为世界终极是"无"，至少是人所无法把握的，因此，他避谈鬼神彼岸，而专注于我们可以把握的现世，力图用现世的"有"去克服未可知的"无"。相反，老子认为世界有其自在的规律，因此，人们不必自作聪明地想把自己的想法强加于世界，而应该顺从自然，故而讲"无"。亦即王弼不是在讨论"所以"，而是在探讨"之所以"的问题，因此，孔子和老子的思想可以在深层次上得到圆满的解释。同时，他也达到调和儒与道的目的。

另一位玄学大家何晏也尝试这种努力。《世说新语·文学》记载：

> 自儒者论以老子非圣人，绝礼弃学，晏说与圣人同，著论行于世也。

何晏当然是在抬高老子，但可以看出其思想意识中难以彻底摆脱的儒家窠臼。

这样，我们可以看到魏晋士人背负着沉重的传统，以偏激的行为，力图挣脱名教，挣脱自我，获得心性的解放，人格的独立。然而，他们无法真正跳出儒家伦理的笼罩，也无法摆脱自己的影子，这当然是因为他们必须生存于这片既定的土地与社会当中。因此，在他们尖锐的批判中，也不时流露出继承与调和的另一面，其慷慨激昂的人格塑造，自然具有两面性。

四、胡汉文化的对立与杂糅

魏晋时代的复杂性，还由于民族问题而更加深刻。在文化上，对现实的批判，对名教的怀疑，和对宇宙人生的哲学探讨尚在继续高涨，思想家们正试图摸索建构新的社会伦理道德之际，空前规模的民族斗争猛然爆发，给这时期的文化带来全新的内容，也在相当程度上改变了上述思想重建的方向。

给中原社会带来巨大劫难的民族斗争，是由于西晋统治者的腐败无能，甚至为抢夺权力而不惜勾引外族而造成的。

西晋末期，爆发皇室内部争权夺利的"八王之乱"，这场内战，把中原大地糟踏得哀鸿遍野，统治者也打得筋疲力尽，于是他们竟然想起勾引胡族为帮凶，继续打下去。首先勾结胡族的是成都王司马颖和东海王司马越。司马颖以匈奴左贤王为援，司马越则招引鲜卑和乌桓为羽翼，就这样，毫无道义可言的"八王之乱"演变为各民族之间的相互仇杀，统治阶级的内讧发展成为民族对抗。

永嘉五年（311），匈奴部将石勒统率的骑兵在苦县（今河南省鹿邑东）聚歼西晋主力，随后，刘曜攻破洛阳，俘虏晋怀帝，焚烧洛阳，这就是历史上有名的"永嘉之乱"。经此一役，西晋王朝已经名存实亡。五年之后，也就是建兴四年（316），遭受匈奴刘曜长期围困的长安城陷落，晋愍帝出城投降，西晋王朝灭亡。先后有匈奴、羯、鲜卑、氐和羌等五个少数民族建立了十六个国家政权，史称"五胡十六国"，开启了各个民族之间矛盾冲突与碰撞融合的时代。

从民族斗争与多元文化融合的角度考察，可以将五胡十六国到隋朝统一近三百年的历史，分为三个阶段。第一阶段为五胡十六国时代，民族斗争占据主要地位，胡汉文化冲突也相当激烈。第二阶段为北魏政权时代，尤其以北魏孝文帝"汉化运动"为标志，民族矛盾趋于缓和，文化趋于融合。第三阶段以北周政权为代表，民族与文化的融合真正走向深入，并奠定了隋唐时代兼收并包的恢弘文化局面。下面举其大要概论之。

第一阶段，民族斗争极其尖锐复杂，有时甚至达到丧失理性的地步。

西晋时代，边疆少数民族首领及其子弟，多在洛阳接受汉文化教育，汉化程度颇深。匈奴王刘渊曾经拜汉儒崔游为师，学过《毛诗》、《京氏易》、《左氏春秋》、《孙子》、《史记》、《汉书》和诸子等。其后的刘聪也读过许多汉籍，且工于书法，能写诗赋。羯族君王石勒，虽然不识字，却也努力学习汉文化，经常让儒生读史书给他听。鲜卑君主慕容氏、氐族君主苻氏，以及羌族君主姚氏等子孙几代，均喜史籍，博闻好学，汉化程度颇高。这些人既了解汉文化的博大，又深察其弊，应该说，他们对于汉文化并无仇恨，相反，甚至还有所向往。因此，他们挑起民族仇恨和执行民族压迫的政策，是出于争夺天下的目的。

他们要以民族仇恨为号召，用狭隘的民族主义凝聚本族，追随他们打江山，创基业。文明发达的汉族，首先成为他们的目标。他们通过抢掠和打倒汉族来鼓舞士气，激发自身创建国家的民族自觉和信心。在这种情况下，民族问题不是低层次的、现实生活中的民族纠纷或矛盾，也不是统治者个人好恶的问题，而是该时期刻意制造出来的、必要的恶。明白这一点，许多看似没有理性的事件就不难理解了。

在以民族斗争为号召的形势下，民族冲突空前残酷。胡族首领以屠杀汉人为能事，从永嘉之乱起，短短一二十年间，中国的人口从二千三百万锐减至一千余万[1]，整个中原沦为废墟，惨绝人寰。东晋孙绰曾满怀悲凉地控诉道：

> 自丧乱已来六十余年，苍生殄灭，百不遗一，河洛丘废，函夏萧条，井堙木刊，阡陌夷灭，生理茫茫，永无依归。[2]

当民族矛盾掩盖了阶级斗争之后，所有的政治斗争无不以民族斗争为旗号，劳动者平时受压迫的苦难和胸中的积愤也在民族仇杀中得到宣泄。为了反对胡族的入侵和屠杀，汉族也曾进行过针锋相对的报复，最典型的事例如后赵冉闵于都城驱杀胡人。

> （冉闵）令城内曰："与官同心者住，不同心者各任所之。"敕城门不复相禁。于是赵人百里内悉入城，胡羯去者填门。闵知胡之不为己用也，班令内外赵人，斩一胡首送凤阳门者，文官进位三等，武职悉拜牙门。一日之中，斩首数万。闵躬率赵人诛诸胡羯，无贵贱男女少长皆斩之，死者二十余万，尸诸城外，悉为野犬豺狼所食。屯据四方者，所在承闵书诛之，于时高鼻多须至有滥死者半。[3]

这种残杀，使得各个民族相互仇视，民族之间的文化自然也以对抗为主。这种对抗，不但是民族斗争所必须，也是民族自我激励、乃至自我保存的最后依托。

我们先来看看胡族对汉族的歧视。南宋陆游《老学庵笔记》卷三记载：

> 今人谓贱丈夫曰"汉子"，盖始于五胡乱华时。北齐魏恺自散骑常侍迁青州长史，固辞之。宣帝大怒，曰："何物汉子，与官不受！"此其证也。承平日，有宗室名宗汉，自恶人犯其名，谓"汉子"曰"兵士"，举宫皆然。其妻供罗汉，其子授《汉书》，宫中人曰："今日夫人召僧供十八阿罗兵士，大保请官教点《兵士书》。"都下哄然传以为笑。

---

① 赵文林、谢淑君：《中国人口史》第四、五章，北京，人民出版社，1988。
② 《晋书》卷五十六，《孙楚附孙绰传》。
③ 《晋书》卷一百七，《石季龙载记下》。

以"汉"为贱称，在胡人中非常流行，诸如"汉狗"、"汉家"、"汉辈"、"汉儿"、"贼汉"、"痴汉"、"恶汉"、"汉子"、"一钱汉"、"卑劣汉"、"无赖汉"、"汉妇人"等等，不一而足。

当然，汉族因其文化上的优势，坚持对胡族文化的蔑视。以下几个事例，可以看出在胡族统治之下汉士族的文化心态。《晋书·慕容廆载记附高瞻传》记载：

> 高瞻字子前，渤海蓨人也。……随（崔）毖如辽东。……及毖奔败，瞻随众降于廆，廆署为将军，瞻称疾不起。廆敬其姿器，数临候之，抚其心曰："君之疾在此，不在余也。今天子播越，四海分崩。……君中州大族，冠冕之余，宜痛心疾首，枕戈待旦，奈何以华夷之异，有怀介然？且大禹出于西羌，文王生于东夷，但问志略何如耳，岂以殊俗不可降心乎！"瞻仍辞疾笃，廆深不平之，瞻……遂以忧死。

《晋书·周虓传》记载：

> （周虓）领梓潼太守。宁康初，苻坚将杨安寇梓潼，虓固守涪城。……为（苻）坚将朱肜邀而获之，虓遂降于安。……每入见坚，辄箕踞而坐，呼之为氐贼。坚不悦，属元会，威仪甚整，坚因谓虓曰："晋家元会何如此？"虓攘袂厉声曰："戎狄集聚，譬犹犬羊相群，何敢比天子！"

即使在胡族政权任官者，也颇有人不以为荣，反以为耻。《晋书·卢谌传》记载：

> 值中原丧乱，（谌）与清河崔悦、颍川荀绰、河东裴宪、北地傅畅并沦陷非所，虽俱显于石氏，恒以为辱。谌每谓诸子曰："吾身没之后，但称晋司空从事中郎尔。"

如果不论政治因素，则这种文化对立是农业社会与游牧社会生产形态、生活习俗迥然不同所致。因此，在胡族统治中原初期，要把这样两种文明社会纳入一个国家框架内，的确费了一番心思，遂有"胡汉分治"的制度出现。此制度初创于匈奴族所建立的前赵，《晋书·刘聪载记》记其大略道：

> 置左右司隶，各领户二十余万，万户置一内史，凡内史四十三。单于左右辅，各主六夷十万落，万落置一都尉。

《晋书·刘曜载记》记载：

置单于台于渭城，拜大单于，置左右贤王已下，皆以胡、羯、鲜卑、氐、羌豪杰为之。

汉人与胡人分属不同部门，汉人以户为单位，成为国家的编户齐民，归皇帝之下的左右司隶管辖；而胡人则属单于台，置于京邑，实行胡族原有的制度，于大单于下设单于左右辅、左右贤王，领六夷之众。这是两个不同的系统，皇帝往往兼大单于，总领胡汉。胡汉分治体制延续了很长时间，几乎成为中国少数民族建立的国家政权的统治模式。对于胡汉的不同，北齐高欢有一段堪称经典的论述：

(高) 欢每号令军士，常令丞相属代郡张华原宣旨，其语鲜卑则曰："汉民是汝奴，夫为汝耕，妇为汝织，输汝粟帛，令汝温饱，汝何为陵之？"其语华人则曰："鲜卑是汝作客，得汝一斛粟、一匹绢，为汝击贼，令汝安宁，汝何为疾之？"[1]

胡人为征服者，任战士，掌握国家机器和武装力量。汉人是被征服者，耕田织布，纳贡输租，侍奉胡人。因此，民族压迫是主要的，则文化上的对抗自然也占据主导地位。

第二阶段，经过半个多世纪的仇杀对抗，以及胡人大量迁入中原而定居下来，各族之间的生活习俗逐渐融合，继续无休止的对抗不但没有意义，而且给社会带来无法承受的大破坏，为了各自的生存与发展，民族之间的关系进入调整时期，在此过程中，具有代表性的是北魏政权的政治举措。

登国元年 (386)，拓跋珪建立北魏，其"离散诸部，分土定居，不听迁徙。其君长大人，皆同编户"的政策固定下来，促进进入中原的胡族适应中原地区的生产方式，提升其社会发展水平。生产方式、社会基层的演变，从根本上决定社会发展的方向。从游牧向农耕生产过渡的进程一旦开始，就势不可当，终于迎来北魏孝文帝汉化改革的高潮。

第一，孝文帝汉化改革从土地分配与国家租税制度的改革开始。太和九年 (485) 下令颁行均田制，对农村现有的土地进行调整，在原有土地的基础上，

---

① 《资治通鉴》卷一百五十七"梁武帝大同三年（537年）九月"条。

对无地或少地的农民进行授田①，劝课农耕，使整个社会全面农业化。而租庸调的改革，则把按大家族或部落等单位贡纳色彩颇浓的赋役变为以编户齐民为单位的国家税收体制，与农业生产方式相适应。

第二，太和十七年（493）孝文帝以南征为名，开始其迁都的壮举。用两年的时间，把首都从靠近边塞草原的平城（今山西大同市）迁到中原腹心的洛阳，以利于汉化的推进。

第三，孝文帝下令改革官制，将以前用草原飞禽走兽命名的职官改为汉官名，依魏晋制度设官，颁发官吏俸禄，严惩贪污腐败。

第四，在朝廷等正式场合禁止说胡语，而必须使用汉语。而且还禁胡服，提倡穿汉装。

第五，改鲜卑姓为汉姓，将帝室贵胄等八大著姓首先改为汉姓，规定他们相当于汉族大姓高贵者，充任清要官职，"使鲜卑贵族和汉族名门在仕宦中结合起来，消除两者间的矛盾"。同时，禁止鲜卑同姓相婚，使鲜卑贵族与汉人著姓通婚，"使双方在血统上融合起来，共同支持北魏的封建政权"。②

第六，参照南朝礼乐刑法等制度进行厘革，改变旧习，采用汉制。

孝文帝的汉化运动，在政治、经济、法制、文化和社会习俗等多个层次上广泛进行，涉及面很广，目的在于促使胡汉民族从血缘到文化高度融合，肯定胡族在中原社会享有的崇高地位，消除汉族对胡人的文化歧视，以求国家政权的长治久安。

孝文帝的文治政策，的确取得相当成效。在当时，南朝政权以中国正统自居，颇为轻视北朝。南齐永安二年（500），也就是孝文帝逝世后的第二年，萧衍派陈庆之到洛阳，与北魏官员宴饮时，陈庆之说道："魏朝甚盛，犹曰五胡。正朔相承，当在江左，秦皇玉玺，今在梁朝。"

北魏中大夫杨元慎反驳道："我魏膺箓受图，定鼎嵩洛，五山为镇，四海为家。移风易俗之殷，与五常而并迹；礼乐宪章之盛，凌百王而独高。"

---

① 实际上，均田制并非将农村的土地全部收回，再行分配，而是在原有土地基础上予以一定的补充授田，并纳入国有的体制下。韩昇《桑田考释》（《平准学刊》第五辑上，北京，光明日报出版社，1989）通过对均田制下私有因素最多的"桑田"进行深入的分析，进而对均田制的性质做出判断，请参阅。

② 韩国磐：《魏晋南北朝史纲》，第431页，北京，人民出版社，1983。

显然，北魏的汉族士人对其文化成就已颇感自负。而陈庆之在实地考察北魏后，也不由得心感折服，故回南朝后，"钦重北人，特异于常"，并对同僚介绍道：

自晋、宋以来，号洛阳为荒土，此中谓长江以北，尽是夷狄。昨至洛阳，始知衣冠士族，并在中原。礼仪富盛，人物殷阜，目所不识，口不能传。所谓帝京翼翼，四方之则。如登泰山者卑培塿，涉江海者小湘、沅。北人安可不重？[1]

北方所取得的文化成就，不但被南方士人所承认，甚至对他们发生影响，达成南北文化交流，故《洛阳伽蓝记·景宁寺》接着说道："(陈)庆之因此羽仪服饰，悉如魏法。江表士庶，竞相模楷，褒衣博带，被及秣陵。"

然而，由于胡族的汉化主要不是由其社会发展而产生的内在需要所促成，而是由于身处汉族区域而产生的政治统治需要所驱使的，因此，在许多方面与其发展水平不相适应，而造成脱节与自身的分化。概言之，统治集团深深感到汉化的必要而身体力行。胡族的中下层，尤其是仍然生活在边疆塞外的胡族，反而感到自身的利益因汉化而受到损害，故起而反对。在胡族进入中原以后，汉化与反汉化的斗争一直十分尖锐，只是从总趋势上说，汉化的趋势日益加强。但是，对汉化的反抗，却经常以极端的形式出现，让社会付出相当沉重的代价。

北魏末年，镇守北方的六镇鲜卑军士不满当权者的压迫而起来反抗，爆发了北魏最大规模的反抗运动。但是，这批军士出自塞上鲜卑，其反抗同时也带着浓厚的民族压迫色彩，造成北方民族融合进程的大倒退。拥有鲜卑军队主力的高欢集团建立了北齐，而实力较弱的宇文泰集团建立了北周，他们相互敌对，在洛阳一带进行了多次大规模较量，宇文泰勉强守住关中。为了扭转劣势，宇文泰遂在关中地区进行了具有深远意义的改革，最重要的是打破汉人与胡人的政治界限，不但在政治上大量起用汉世族治理国家，而且破除了军事上对汉族的限制，推行府兵制度，将大批汉人吸收入军队，形成"夏人半为兵"

---

[1] 以上引文均见范祥雍校注《洛阳伽蓝记校注》卷二"景宁寺"条，上海，上海古籍出版社，1999。

的局面①，迎来了魏晋南北朝时代民族融合的第三阶段。

此阶段的民族融合与汉化取得了以往两个阶段不能比拟的实质性成果。北周政权为了生存，不得不全力推进各族间的融合，打破民族隔阂与成见。同时，为了同号称中华正统的南朝以及文化强势的北齐抗衡，北周遂以关中所谓"周"文化为旗帜，用"周"制整合各族，完成实质上的汉化，并达到对各族文化兼收并蓄的效果，从而奠定了隋唐时代民族融合、文化开放盛大局面的基础。而只有完成这一历史使命，才能使长期分裂、民族矛盾尖锐复杂的中国重新统一起来，这就是为什么南北朝以后，只有渊源于关中的隋与唐才能统一中国的根本原因。

由此过程来看，汉化并不是一个种族优劣、文化高下的问题，而是一个极其深刻的政治与社会问题。经过长期少数民族统治和胡化浸染的中原社会，汉化不可能也不会是简单的复古倒退、回复汉晋文化制度，它必然包含着扬弃旧文化与吸收新文化要素两个方面。其所要达到的目标不仅是要解决民族与文化的融合问题，而且是要形成新的文化认同与民族心理，重新整合分裂的社会，成为最深刻与稳定的文化内核，达到深层的强有力的统一。这种内在统一远比军事占领和领土统一更加艰巨复杂。

在民族融合的过程中，文化的无形力量及其作用，远远超过政治、军事的强制。这可以从日常生活习俗和制度文明两个层面来考察。

就生活习俗的层面而言，诚如《荀子·儒效》所言：

居楚而楚，居越而越，居夏而夏，是非天性也，积靡使然也。

所谓"积靡"，就是顺其习俗。胡族大量进入中原，与汉人错居杂处，民族矛盾也无法掩盖其生活习俗上的相互感染，在汉文明的生态环境中，胡族逐渐接受汉族的礼俗观念。反过来，汉族也大量接受胡族带来的新生活方式，从而使双方的距离逐渐靠近，最终融合在一起。

接受汉族礼俗，是在中原农业社会实现民族融合的关键。《晋书·列女传》记载了这样一则故事：鲜卑慕容德之女慕容氏嫁给段丰，段丰被人所害，其父将慕容氏改嫁他人，慕容氏说："我闻忠臣不事二君，贞女不更二夫。段氏既

---

① 《隋书》卷二十四，《食货志》。

遭无辜，已不能同死，岂复有心于重行哉！今主上不顾礼义嫁我，若不从，则违严君之命矣。"慕容氏所持的伦理观念，完全是儒家的。按照草原民族的习俗，改嫁十分正常，丝毫无悖于伦理，反倒是不改嫁才是咄咄怪事。因此，慕容氏谴责其父"不顾礼义"，也完全是站在儒家贞节观立场上，在贞节与父命不相容时，慕容氏选择服从父命，举行婚礼后，从容自尽，贞孝两全。这种事例，在汉人中也不多见，故受到高度赞扬，刊于史乘，昭示后人。

从汉族的角度来看，胡俗的大量吸收，也相当显著，衣食住行，都有反映。上衣下裤的胡服，兴起于十六国，盛于北朝，且由北往南推广流行；民间日常食用的芝麻烧饼，实为"胡饼"，也由胡族传入，而流行于隋唐之时；汉族原为跪坐，胡人传来"胡床"，汉族亦改为"胡坐"，发展出后来的椅子；至于出门骑马之风，更为盛行。[1] 故宋顾文荐《负暄杂录》[2] 说：

> 汉魏晋时皆冠服，未尝有袍、笏、帽、带。自五胡乱华，夷狄杂处，至元魏时，始有袍、帽，盖胡服也。唐世亦自北而南，所以袭其服制。

衣冠礼俗的相互吸取，使得各族日益趋于同化。

在制度文化层面，是汉制的逐步采行与推广。秦汉帝国取得的一大成就，便是发展并建立起一整套管理民族与文化成分复杂、地域广袤且千差万别的国家行政制度，以及指导这种政治体制的意识形态。和草原游牧民族较为原始的管理体制相比，汉族的制度文明要复杂且先进得多。只要想统治中国，就必须继承这种统治制度及其经验。因此，虽然胡族建立的政权采用胡汉分治来进行管理，但是，随着胡族的大量迁入定居并引起自身社会形态的转变，自然就会逐步向汉制靠拢，由双轨制逐步过渡到单轨制，这是不以人的意志为转移的进程。

第一个建立胡族政权的匈奴刘渊，就采用大司马、大司徒、大司空及尚书的汉制，以后频繁更替的胡族政权、朝廷机构也都采用汉制。北魏崛起之初，制度简陋，到第十二代什翼健在位的第二年(339)，"始置百官，分掌众职"[3]，主动模仿晋朝制度。拓跋珪开魏国，在清河大族崔宏的辅佐下，"皇始元年

---

① 参阅吕一飞：《胡族习俗与隋唐风韵——魏晋南北朝北方少数民族社会风俗及其对隋唐的影响》，北京，书目文献出版社，1994。
② 收于《说郛三种》卷十八，上海，上海古籍出版社，1988。
③ 《魏书》卷一，《序纪》。

(396)，始建曹省，备置百官，封拜五等。外职则刺史、太守、令、长以下，有未备者，随而置之"。翌年，"分尚书三十六曹"，"初令五经诸书，各置博士，国子学生员三十人"①。一望可知，这些都是汉制。而拓跋部本身的八部大人，也模仿汉人官制的八座，称为八国。国立大师、小师，郡也立师，辨宗党，举人才，选举制度也采用魏晋的九品中正制。孝文帝汉化改革时，进一步将胡族制度残余革除，纯然采用魏晋制度。

汉制的逐步采用推广，与胡族定居农业化的进程同步，从不同的层面推进民族与文化的大融合，为隋唐盛世的形成打下深厚的根基。

中国古典意义上的"文化"，与今日作为"Culture"意义的"文化"颇有不同。在传统意义上，"文"主要指文物典籍、礼乐制度，而"化"则指教行迁善，化而成之。"文化"的基本意义如《易传》所言："观乎人文，以化成天下。"这是一种积极主动的进取式的观念，主要包含两个层次的意思：第一，认为汉族与周边胡族在文明上存在先进与落后的差异，第二，这种差异可以通过对落后的胡族的改造，提升其文化而逐步消除，达到天下大同的理想。

胡汉之间的差异是由于各自社会的不同发展阶段造成的。其主要区别表现在哪里呢？《史记·秦本纪》记载，春秋前期的秦缪公曾说过：

> 中国以诗书礼乐法度为政，然尚时乱，今戎夷无此，何以为治，不亦难乎？

汉代以来，出现了许多关于胡汉区别的议论，如果剔除对胡族的偏见，则胡汉之间最主要的区别在于语言、衣冠、饮食直至诗书礼乐法度的不同，正因为有此差异的存在，所以儒家才有开化引导他们以达到天下大同的理想主义抱负，孔子说："远人不服，则修文德以来之。"② 这就是儒家所说的"用夏变夷"。

而且，胡汉的区别未必是绝对的，何休曾说："中国所以异乎夷狄者，以其能尊尊也。王室乱，莫肯救，君臣上下坏败，开新有夷狄之行，故不使主之。"③ 孔子也说过："夷狄之有君，不如诸夏之亡也。"④ 由此可见，胡汉的区别最根本的在于文化，而不在于种族，只要文化上达到儒家的要求，"胡"也

---

① 《魏书》卷一百一十三，《官氏志》。
② 《论语·季氏》。
③ 《公羊传》昭公二十三年何休注。
④ 《论语·八佾》。

可以变为"汉"，而"汉"一旦丧失礼乐制度也就沦落为"胡"。这种以文化至上的区分标准，最具有中国文明的特色，它是各民族及其文化大融合的理论基础。

在各族文化融合的过程中，拥有文化优势的士人起了极为重要的先锋作用。胡族统治者深知，治国首先要得人，所以，他们从一开始就十分重视收罗人才。羯族石勒专任赵郡中丘士人张宾，"引为谋主，机不虚发，算无遗策，成勒之基业，皆宾之勋也"①。他还规定："不得侮易衣冠华族。"② 大力招揽有才干的士人，在冀州集衣冠人物为君子营，起用一批汉族儒生。鲜卑慕容廆早在辽东时，就注意收辑汉族流亡士人（详见下章叙述），故其境内"路有颂声，礼让兴矣"③。氐族苻坚重用王猛，夺取中原；北魏拓跋珪倚重清河崔氏，创制立规，都是十分著名的例子。

在这些士人的大力推动下，中国固有的礼乐文明制度迅速被胡族所采纳，与胡族文化逐渐融合起来。为了掌握治国方法，提高本民族文化素质，维持国家长治久安，胡族统治者颇费气力推进学校教育事业发展，培养人才。

石勒建立政权后，从中央到地方，兴办学校，在襄国四门分别设立宣文、宣教、崇儒和崇训等十余所学校，教育将佐豪族子弟百余人。他还在地方郡国设置学校，"命郡国立学官，每郡置博士祭酒二人，弟子百五十人，三考修成，显升台府。于是，擢拜太学生五人为佐著作郎，录述时事"④。苻坚建立的前秦，致力劝学，"召郡国学生，通一经以上充之。公卿以下子孙，并遣受业。其有学为通儒，才堪干事，清修廉直，孝悌力田者，皆旌表之。于是人思劝勉，号称多士"⑤。

统治者也经常到学校参加仪式活动，有时还亲自讲学，开劝学风气。鲜卑慕容儁"雅好文籍，亲造《太上章》，以代《急就》，又著《典诫》十五篇，并以教胄子。十四年，儁亲临东序，考试学生，其通经秀异者，擢充近侍"⑥。苻坚不但亲临太学考士，依其经义优劣定品第，而且还令禁卫军士，"皆令修

---

① 《晋书》卷一百五，《张宾传》。
②④ 《晋书》卷一百五，《石勒载记下》。
③ 《晋书》卷一百八，《慕容廆载记》。
⑤ 《晋书》卷一百十三，《苻坚载记》。
⑥ 《晋书》卷一百九，《慕容儁载记》。

学，课后宫，置典学，立内司，以授于掖庭，选阉人及女隶有聪识者，置博士，以授经"①。连后宫也设置博士授经，可见其高度重视教育之一斑。

从对抗到相容，从各取所需到水乳交融，从五胡十六国到盛唐，数百年间，中国经历了漫长的多元文化融合的历程，不管是主动的还是被动的，不管是轰轰烈烈还是潜移默化，各族文化交融的进程势不可当，最终形成新一代文化景观。具体的成就，以后各章将分别介绍，这里想强调的是，该时期文化成就中最重要的是铸就兼收并蓄的博大而开放的文化精神，只有在这种精神之下，才有可能出现唐代以汉文化为主体，各民族多元文化百花齐开、交相辉映的繁荣局面。

---

① 《晋书》卷一百十三，《苻坚载记》。

第二章
不断调整中的地域文化

一、对两汉地域文化的突破与改塑

东汉末期名教的崩坏，开启魏晋文化的大变革；西晋灭亡而引来胡族入居中原，再次促成文化格局的大变动。两次变动，极大改变了传统文化的面貌与内涵，出现文化由中央向地方的分散与传播，以及同当地或外来文化相互影响融合的局面，一方面是促成各个文化的分支纷纷独立，打破儒家大一统文化观，另一方面则是形成各种文化的多元发展与相互兼容。

社会变动、社会思潮和文化士人三者是构成文化转变的基本因素。前两者，上一章里已做了基本介绍，在文化传播事业很不发达的古代，文化阶层的变动，往往成为文化变迁的风向标。

在古代社会，对政治理念、社会道德等传统价值加以解释和维护的是士人。由于中国是一个靠从家庭延伸出来的共同价值所凝聚的民族国家，所以儒家强调家庭伦理与国家伦理相辅相成的紧密结合，造就士人的文化修养超出小集团的利益，共同维护一个维系社会秩序的文化价值体系。当这种文化价值体系与国家的政治理念相一致的时候，国家和人民就有了共同的道德观念，构成统治的意识形态。这时，文化士人自然而然地向政治与经济中心区域集中，成为国家重要的精神支柱。但是，当国家因腐败而悖离这种道德观念时，传统文化便逐渐从"官学"转变为"私学"，并出现"地方化"情形。文化因此得以赓续，并成为创造下一代新文化的基础。

东汉和西晋灭亡的两次巨变，前者为旧王朝及其价值体系的崩溃，后者主要表现为民族冲突，性质颇异，但都造成了文化的大转移，为以上所论提供了很好的例证。

东汉末年，已经出现文化向地方的转移。如前所述，镇压黄巾者多为汉末名士，他们据有一方，招揽人才，而遭"党锢"祸害的士人，各投明主，出现士人与文化的转移。其中最突出者，可举荆州的刘表。刘表本人是被称作"八俊"的大名士，《三国志·刘表传》注引《英雄记》记载他在荆州领内：

乃开立学官，博求儒士，使綦毋闿、宋忠等撰《五经章句》，谓之《后定》。

关于此事，《全三国文》卷五十六所收《刘镇南碑》也有记载：

广开雍泮，设俎豆，陈罍彝，亲行乡射，跻彼公堂，笃志好学，吏子弟受禄之徒，盖以千计。洪生巨儒，朝夕讲诲，闇闇如也。虽洙泗之间，学者所集，方之蔑如也。深愍末学，远本离质，乃令诸儒，改定《五经章句》，删划浮辞，芟除烦重。赞之者用力少，而探微知机者多。又求遗书，写还新者，留其故本，于是古典坟集，充满州间。

由于刘表广揽天下学者，收集典籍图书，形成世人瞩目的"荆州学派"。《全后汉文》卷九十一所收王粲《荆州文学记官志》记述了荆州人文荟萃的情形：

有汉荆州牧曰刘君，稽古若时，将绍厥绩。……夫文学也者，人伦之守，大教之本也。乃命五业从事宋衷所作文学。延朋徒焉。宣德音以赞之，降嘉礼以劝之。五载之间，道化大行。耆德故老綦毋阖等负书荷器，自远而至者三百余人。于是童幼猛进，武人革面。

敦崇圣绪，典坟既章，礼乐咸举，济济搢绅，盛兹阶宇，祁祁髦俊，亦集爰处。

"荆州学派"的学术立场，《荆州文学记官志》也有介绍：

遂训六经，讲礼物，谐八音，协律吕，修纪历，理刑法，六路咸秩，百氏备矣。夫《易》惟谈天，入神致用，故《系》称旨远辞文，言中事隐，韦编三绝，故哲人之骊渊也。《书》实纪言，而诂训庄昧，通乎《尔雅》，则文意晓然。故子夏叹《书》：昭昭若日月之明，离离如星辰之行，言昭灼也。《诗》主言志，诂训《周书》，摛风裁兴，藻词谲喻，温柔在诵，最称衰矣。《礼》以立体据事，章条纤曲，执而后显，采缀生言，莫非宝也。《春秋》辨理，一字见义，五石六鹢，以详备成文，雅门两观，以先后显旨，婉章志晦，原已邃矣。

据此可知，他们基本上是追求儒家质朴的传统，既除谶纬烦琐之言，又无迂阔玄虚之风，坚守儒家《五经》之学，继承马融、郑玄等人的学术传统。从这几点来看，"荆州学派"无疑深受东汉末年反对名教谶纬思潮的影响，同时也接受了魏晋士人的新思想。故汤用彤先生在《王弼之周易论语新义》中总结道：

据此不独可见荆州经学家数不少，卷帙颇多，而其内容必与玄理大有契合。故即时至南齐，清谈者犹视为必读之书。

"荆州学派"的崛起，显示文化向地方发展的趋势，随着时代的推移，社会危机的加深，此势头逐步得到加强。东汉灵帝末年，公孙度据有辽东，山东士人颇有避难来投者，如大儒郑玄的学生国渊，与北海朱虚（今山东临朐县东南）邴原、管宁和王烈等人，"闻公孙度令行于海外"[①]，相携而至。邴原"在辽东，一年中往归原居者数百家，游学之士，教授之声，不绝"[②]。促进了当地的文化发展。

在南方，同样出现士人向边地迁徙的情况。士燮原为鲁国汶阳人（今山东

---

① 《三国志·魏书》卷十一，《管宁传》。
② 《三国志·魏书》卷十一，《邴原传》。

宁阳县东北），七世祖因避王莽之乱而迁交州（今广东广州市），遂定居于此。士燮少时游学京师，随颍川刘子奇学习《左传》。东汉崩溃，"燮体器宽厚，谦虚下士，中国士人往依避难者以百数。耽玩《春秋》，为之注解"①。当地大儒刘熙，门下聚集一批前来避难的名士，如沛郡薛综、南阳许慈、汝南程秉等。薛综后任东吴尚书仆射，许慈为蜀汉大长秋，程秉为东吴太子太傅，俱以文重当世。士燮治《左传》；许慈研习《易》、《尚书》、《三礼》、《论语》，推崇郑玄；程秉遗留《周易摘》、《尚书驳》、《论语弼》等书，由此可以推断，岭南所传，乃东汉郑玄一脉，而非今文经学，则学术推移传播，可见一斑。

社会乱起，则士人自京城等中心城市转徙他方，多向远离动乱中心的边疆地区迁移，带动文化向这些地方的传播，从而改变文化格局。即使在文化中心区域，也出现向外迁转辐射的现象。如果考察魏晋的情况，即可明了。

三国时代，最重要的变化是蜀汉与东吴两国文化事业的成长，详待下节叙述，这里仅限于考察曹魏的情况。卢云先生《三国两晋时期文化发达区域与文化中心》② 统计魏晋学术情况，指出曹魏境内，文化发达地区为颍川、谯郡、陈留、南阳、东海、河内等郡。这时期最大的变化，首先是关中、洛阳以及豫兖青徐一带因为战乱而遭受重大破坏，文化衰败。

其次是河东地区的文化获得长足进步，这与曹操大力开发河东地区的政策有直接关系。两汉时代，河东文化比较落后，张华《博物志》"河东郡"记载："汉兴，少有名人，大衣冠三世皆绝也。"曹操平定河北，重用杜畿镇抚河东，"是时天下郡县皆残破，河东最先定，少耗减。……于是冬月修戎讲武，又开学官，亲自执经教授，郡中大化"③。这时，河东的学术渐显，杜畿任用当地名儒乐祥为文学祭酒，让他主持一方学政，"于是河东业大兴。……本国宗族归之，门徒数千人"。故《魏略》表扬杜畿道："至今河东特多儒者，则畿之由矣。"④ 这为今后河东地区的进一步发展打下坚实的基础。

再次是河西地区文化有所进步。自魏文帝以后，河西政局趋于平稳，地方

① 《三国志·吴书》卷四十九，《士燮传》。
② 收录于周振鹤主著：《中国历史文化区域研究》，上海，复旦大学出版社，1997。
③ 《三国志·魏书》卷十六，《杜畿传》。
④ 《三国志·魏书》卷十六，《杜畿传》注所引《魏略》。

官员治理促进社会发展，在文化方面也颇有建树，如凉州刺史徐邈在州"率以仁义，立学明训，禁厚葬，断淫祀，进善黜恶，风化大行，百姓归心焉"①。此外，如武威、敦煌等地太守也都积极办学，大阐文教。

西晋基本继承了三国时代文化分布的格局，没有根本性的改变。在北方，由于国家统一，故文化向首都洛阳的集中有所加强，使得河东地区的文化优势更加明显。而在其它地区，河北因世族集中，故文化获得明显的发展，关中文化则得到相当程度的恢复。河西在原来的基础上，也有较大发展，出现如索氏这样的地方大族，人才辈出。《晋书·索靖传》记载："索靖字幼安，敦煌人也。累世官族，……靖少有逸群之量，与乡人氾衷、张甝、索紾、索永俱诣太学，驰名海内，号称'敦煌五龙'。"在南方，蜀地文化的衰落与吴地的兴盛成为对照。这种格局，对于永嘉乱后士人的迁徙与文化分布颇有关系。

总的来说，魏晋时代，文化向地方转移的现象已见端倪，而这种发展，与地方世族的分布有直接关系，说明在旧意识形态日渐瓦解的形势下，学术家族化的进程也正在加强。

给予摇摇欲坠的旧意识形态以最后致命打击的，是胡族的入侵与汉族王朝的颠覆。永嘉五年，匈奴刘曜攻陷洛阳，俘虏晋怀帝，杀戮公卿，挖掘坟墓，尽掠府库后，放火焚烧宫室，把几百年文明的积累化作灰烬。

五胡大举南下，占领中原，汉族王朝崩溃，晋室退缩江南。这一巨变，造成大规模的人口迁徙。他们主要向三个方向流动：东北、西北和南方。流向东北的一支，托靠于鲜卑慕容氏的庇护之下。流向西北的一支，投归凉州张轨。流向南方的一支，则侨寄于东晋境内。经过这场动乱，文化格局完全改变，统一的文化中心丧失，形成若干个文化区域。这种局面一直维持到北魏孝文帝时，北方才重新形成首都洛阳一带的文化中心区域，并同以正统自居的南朝文化相抗衡。

人口迁徙带动文化大转移，是该时期的基本特点。关于西北和南方两个方向，拟在下面另节论述。这里先介绍东北方向的情况。

《晋书·慕容廆载记》记载，元康四年（294），慕容廆"以大棘城即帝颛

---

① 《三国志·魏书》卷二十七，《徐邈传》。

顼之墟也，乃移居之。教以农桑，法制同于上国"。模仿西晋制度，开始向农业社会演变。此后在永嘉年间，西晋内乱外患不已，"百姓失业，流亡归附者日月相继"，出现人口向东北地区迁徙的情况，规模日益扩大。东晋播越江南，元帝拜慕容廆为假节、散骑常侍、都督辽左杂夷流人诸军事、龙骧将军、大单于、昌黎公。得到晋室的封拜，慕容廆得以号召汉人，独树一帜。故史称：

> 时两京倾覆，幽冀沦陷，廆刑政修明，虚怀引纳，流亡士庶多襁负归之。廆乃立郡以统流人，冀州人为冀阳郡，豫州人为成周郡，青州人为营丘郡，并州人为唐国郡。

大批士庶民众的到来，使鲜卑慕容部实力大增，国家制度，蔚然成型。尤其重要的，是慕容廆网罗了大批世族名士，组成中枢机构，辅佐他治国安邦。《晋书·慕容廆载记》记载：

> 于是推举贤才，委以庶政，以河东裴嶷、代郡鲁昌、北平阳耽为谋主，北海逢羡、广平游邃、北平西方虔、渤海封抽、西河宋奭、河东裴开为股肱，渤海封弈、平原宋该、安定皇甫岌、兰陵缪恺以文章才俊任居枢要，会稽朱左车、太山胡毋翼、鲁国孔纂以旧德清重引为宾友，平原刘讚儒学该通，引为东庠祭酒，其世子皝率国胄束脩受业焉。廆览政之暇，亲临听之，于是路有颂声，礼让兴矣。

慕容廆在收罗人才上，可谓不惜余力。曾经担任西晋中枢要职、出自河东大族的裴嶷，不得已托庇于慕容廆。后来，慕容廆派他前往东晋，他向东晋朝廷"盛言廆威略，又知四海英贤并为其用，举朝改观焉"①。他甚至婉拒东晋朝廷的留用，返回辽东。故其对慕容廆的称赞，并非溢美。正因为慕容廆知人善任，故使其部族在汉族的帮助下，生产力取得长足进步，迅速向农业社会过渡，为以后逐鹿中原，创造内在与外在的条件。慕容廆大力推进文教的政策，被其子慕容皝所继承，《晋书·慕容皝载记》称："皝亲临东庠考试学生，其经通秀异者，擢充近侍。"辽东得人之盛，殊不多见。慕容氏能够进据中原，实由于此。

东汉与西晋两度王朝崩溃，一再改变了中国文化的面貌，我们再来看看其它区域的情况。

---

① 《晋书》卷一百八，《慕容廆载记》。

二、吴蜀文化的嬗变

吴蜀地区文化的兴盛，同样也是由于中央的文化危机促成的。

巴蜀地区有着优良的地理环境，李冰治水，灌溉成都千里沃野，培育出不少杰出人才，如汉代的司马相如、王褒、扬雄和落下闳等。从其发展的历程来看，颇得益于外来士人与文化的输入。曾对四川文明开化做出重大贡献的文翁，就是汉景帝时期从外面派来的官员，他"见蜀地辟陋有蛮夷风"，故致力于兴学教化，将大量学子送到京师学习，以至"蜀地学于京师者比齐鲁焉"，极大地促进了当地文化发展，"至今巴蜀好文雅，文翁之化也"。① 显然，外来的促进，对当地文化发展至关重要。

东汉末期的意识形态危机，并没有给巴蜀文化带来发展机会。刘璋的腐败统治，却使得当地更加闭塞。故诸葛亮在《隆中对》中分析道："刘璋暗弱，张鲁在北，民殷国富而不知存恤，智能之士思得明君。"② 当此之际，刘备的到来，无疑是巴蜀文化发展的一大契机。

刘备入蜀，带来一批士人，在巴蜀士人中，占绝对多数，大大推动了文化的发展。刘备在蜀大力兴办学校，还专门设置了"儒林校尉"③、"典学校尉"④、"劝学从事"⑤ 等官职，由士人充任。《三国志·蜀书·许慈传》说：

> 先主定蜀，承丧乱历纪，学业衰废，乃鸠合典籍，沙汰众学，慈、潜并为学士，与孟光、来敏等典掌旧文。

蜀汉办学的规模颇大，《华阳国志·李毅传》中，王濬和李毅的一段对话，透露了一些重要信息：

> 太守弘农王濬临学讲试，问祭酒姬艳曰："学中有可成进几百人？"艳对曰："可有百人。"濬怒曰："童冠八百，而成者百人，教少何为？"毅对曰："如艳之言，明府之教，盛于孔氏，不为少也。"

---

① 以上引文均见《汉书》卷八十九，《文翁传》。
②《三国志·蜀书》卷三十五，《诸葛亮传》。
③《三国志·蜀书》卷四十二，《周群传》。
④《三国志·蜀书》卷四十二，《来敏传》。
⑤《三国志·蜀书》卷四十二，《尹默传》。

刘备的上述措施，为以后的发展打下坚实的基础。到后主时，人才辈出，良足可观：

> 蜀初阙三司之位，以待天下贤人。其卿士皆勋德融茂：太常杜琼学通行修，卫尉陈震忠悖笃粹，孟光亮直著闻，皆良干也。……其朝臣：尚书巴西马齐、义阳胡博、朴射巴西姚伷、侍中汝南陈祗，并赞事业。以故丞相长史向朗为左将军。朗自去长史，优游无事，乃鸠合经籍，开门诱士，讲论古义，不预世务。是以上自执事，下及童冠，莫不宗敬焉。①

蜀地文化发展还呈现若干特点，首先是向东北地区扩展。毗邻成都的广汉是一个重要的文化区域，“号出人士”②，著名大儒任安在此教授学生，影响颇大。例如，“杜微字国辅，梓潼涪人也。少受学于广汉任安”③；“杜琼字伯瑜，蜀郡成都人也。少受学于任安，精究安术”④。广汉东部的巴西郡，也是士人辈出之地。刘璋统治时，分巴地为“巴西”、“巴东”和“巴郡”，称作“三巴”。在文化上，尤以巴西为盛，《华阳国志·巴志》“巴西郡”条记载：

> 及郡分后，叔布、荣始、周群父子、程公弘等，或学兼三才，或精秀奇逸；其次马盛衡、承伯才藻清妙，龚德绪兄弟英气晔然，黄公衡应权通变，马德信、王子均、勾孝兴、张伯岐建功立事，刘二主之世，称美荆楚。

其次，巴蜀文化颇受荆楚地区的影响。梓潼涪人尹默，不满于蜀地重今文而远游荆州，从司马德操、宋仲子等学古文，通经史，刘备入蜀后，他被任用为劝学从事。与他一道远游荆楚的同乡人李谡，回蜀后任尚书令史，侍奉后主。刘备任用的典学校尉来敏，也是从荆州辗转而来的。

再次，私学和家学颇盛。上述任安广招生徒授业，就是私人讲学的例子。而家学的情况也不少见，《三国志·周群传》记载：“周群字仲直，巴西阆中人也。父舒，字叔布，少学术于广汉扬厚，名亚董扶、任安。……群少受学于舒，专心候业”；同书《许慈传》记载：“（许慈为学士）子勖传其业，复为博

---

① 〔晋〕常璩撰，刘琳校注：《华阳国志》卷七，《刘后主志》，成都，巴蜀书社，1984。
② 《华阳国志》卷一，《巴志》。
③ 《三国志·蜀书》卷四十二，《杜微传》。
④ 《三国志·蜀书》卷四十二，《杜琼传》。

士。"名重一时的谯周，幼时丧亲，也是靠家学修业成才的。

上述情况表明，蜀地文化对外依赖颇大，且比较分散，并未真正形成自身的体系和传统。因此，当蜀汉灭亡之后，当地文化即开始走下坡，政治的原因之外，首先主要是因为西晋把蜀汉的士人前往中原，有些则是外来士族后裔主动迁走的，文化士人的流散，影响颇大。其次是当地大族的文化底蕴偏低。再次是失去了外来文化输入的环境与动力。在东晋南朝，由于江左文化的兴盛，对巴蜀地区颇成为制约。

吴地的情况和巴蜀很不相同。东汉末年，士人大批南下，聚集于荆襄一带，为世所瞩目，已见前述。三国时，徐、青、豫、兖等北方士人大量南迁，与当地士人汇合，蔚为大观。孙策平江东时，曾对虞翻说：

> 孤昔再至寿春，见马日䃅，及与中州士大夫会，语我东方人多才耳，但恨学问不博，语议之间，有所不及耳。孤意犹谓未耳。卿博学洽闻，故前欲令卿一诣许，交见朝士，以折中国妄语儿。[1]

陆机《辩亡赋》称颂东吴得人之盛道：

> 故同方者以类附，等契者以气集，江东盖多士矣。……豪彦寻声而响臻，志士晞光而景骛，异人辐辏，猛士如林。……谋无遗计，举不失策。故遂割据山川，跨制荆吴，而与天下争衡矣。[2]

应该说，江东的文化基础较好，长江沿岸地区，如丹阳、豫章等，多为士人荟萃之地，其中尤以会稽和吴郡最为发达。会稽大姓虞、魏、孔、贺，吴郡大姓顾、陆、朱、张，构成江东大族骨干，绵延不绝，世所推重。唐长孺先生《东汉末期的大姓名士》指出[3]，会稽虞氏自零陵太守虞光至玄孙虞翻五世传《易》。会稽贺氏世传礼学。有名的党人名士，被列为八俊之一的魏朗是会稽人。吴郡陆氏是"世江东大游"，自东汉初期陆闳至汉末陆康，有好几个名士、达官。吴郡顾氏，顺帝时顾奉官至颍川太守，是个大名士。也有许多先世名位不见史传，但可以肯定是大姓的，如吴郡之朱、张、钱塘全氏、阳羡周氏、丹阳朱氏等皆是。

---

① 《三国志·吴书》卷五十七，《虞翻传》注引《江表传》。
② 《晋书》卷五十四，《陆机传》。
③ 收于其著《魏晋南北朝史论拾遗》，北京，中华书局，1983。

丹阳地区还有另外一个特点，就是东汉末年南徙士族中，显贵者居建业，而落籍于丹阳。唐长孺先生前引论文考证，丹阳薛、甘、周、张四大著姓，都属于这种情况。因此，当地士族的文化层次颇高。

平吴之后，西晋曾将上层士族北迁，但是，还是有不少留了下来。如上述薛、甘、周、张四族中，东吴名将甘宁曾孙甘卓，"吴平，卓退居自守。郡命主簿、功曹，察孝廉，州举秀才，为吴王常侍"[①]；威远将军之孙周访，"吴平，因家庐江浔阳焉"[②]；辅吴将军张昭之曾孙张闿也留在江南，籍称"丹杨人"[③]。

北迁的士族，在西晋末年动乱中，也纷纷逃回江南。丹阳薛兼，为东吴尚书仆射之孙，"少与同郡纪瞻、广陵闵鸿、吴郡顾荣、会稽贺循齐名，号为'五俊'"[④]。文中提到的纪瞻，丹阳人，平吴后，家族迁徙，"八王之乱"时，与顾荣逃回扬州。

所以，江东一直保持强盛的士族势力，他们大多精研经文，使得该地区文化繁盛不衰，不但在经学、文学，而且在科学技术上都很发达，不少领域甚至领先于世，堪与中原文化抗衡，吴地士族也颇以此自负。陆云说："国土之邦，实钟俊哲。太伯清风，遁世立德。……秀伟相承，明德继踵，亦为不少。吴国初祚，雄俊尤盛，今日虽衰，未皆下华夏也。"[⑤] 值得注意的是，吴地士人怀有同中原文化试比高的自信与自觉，这在其他地区是十分罕见的，而这种文化使命感，是江南文化不断创新发展的精神动力。《世说新语·言语》载：

> 蔡洪赴洛，洛中人问曰："幕府初开，群公辟命，求英奇于仄陋，采贤俊于岩穴。君吴楚之士，亡国之余，有何异才，而应斯举？"蔡答曰："夜光之珠，不必出于孟津之河；盈握之璧，不必采于昆仑之山。大禹生于东夷，文王生于西羌，圣贤所出，何必常处。昔武王伐纣，迁顽民于洛邑，得无诸君是其苗裔乎？"

西晋崩溃，出现了空前规模的人口大迁徙，其中最多的是迁徙到江南，人

---

①《晋书》卷七十，《甘卓传》。
②《晋书》卷五十八，《周访传》。
③《晋书》卷七十六，《张闿传》。
④《晋书》卷六十八，《薛兼传》。
⑤《全晋文》卷一百三。

数约在百万，"中州士女避乱江左者十之八九"①，韩国磐先生《魏晋南北朝史纲》"东晋政权的建立"一节中统计了支持创建东晋政权的将相大臣，基本出自北来侨姓大族，② 真可谓贤才毕至，群英荟萃。因此，江南成为中国文化的中心。

北来士族与江南士族的结合，建立了东晋政权，也改变了魏晋清谈玄风，创造出高度审美化的文化艺术，把中国文化的发展推向一个新的高度。在后面的各章里，将有具体的介绍研讨，这里仅就其风气的转变，略作概述。

西晋清谈放荡，对国家破败负有不可推卸的责任。故南迁以后，士人对此有所反省。《世说新语·言语》记载：

> 过江诸人，每至美日，辄相邀新亭，藉卉饮宴。周侯中坐而叹曰："风景不殊，正自有山河之异！"皆相视流泪。唯王丞相愀然变色曰："当共戮力王室，克复神州，何至作楚囚相对？"

国破家亡，山河变色，东晋孱弱，前途茫茫，触景生情，不免心痛，而激起一股振衰奋发的意气来。因此，东晋士族相对于西晋就没有那么放荡，有所收敛务实。当然，对于时人所谓"清谈误国"，不少名士颇不以为然，《世说新语·言语》记载：

> 王右军与谢太傅共登冶城，谢悠然远想，有高世之志。王谓射曰："夏禹勤王，手足胼胝；文王旰食，日不暇给。今四郊多垒，宜人人自效；而虚谈废务，浮文妨要，恐非当今所宜。"谢答曰："秦任商鞅，二世而亡，岂清言致患邪？"

因此，这种收敛是有限度的，清谈风气还相当盛。东晋丞相王导就是有名的清谈家，"旧云，王丞相过江左，止道《声无哀乐》、《养生》、《言尽意》，三理而已。然宛转关生，无所不入"③。王导是东晋名士的代表，他虽然只谈嵇康的《声无哀乐论》、《养生论》和欧阳坚石的《言尽意论》，但词锋无所不至。

众所周知，嵇康是魏晋时期最重要的思想家，他和欧阳坚石的上述三论，是当时极为重要的清谈命题，代表着对事物本体、义理进行独立思考、深入探

---

① 《晋书》卷六十五，《王导传》。
② 韩国磐：《魏晋南北朝史纲》，第171～173页，北京，人民出版社，1983。
③ 《世说新语》卷四，《文学》。

索的学风，追求的是自然主义的哲学意境。从王导只谈上述三论可以看出，东晋玄谈的范围不那么虚泛而有所限定，显得较有哲理而深入，与前代破柢桔求解放以及信仰危机造成的空虚绝望的偏激不同，更加理性而优雅，或者说更加贵族化。

这种探求事物义理的学风，规定了东晋南朝文化的精神，就是强调对事物精深细致的研讨，以求得其本质，阐释其意义。这种探索，极大地推动学术的深入发展，在哲学、文化、艺术、科学等许多方面，多取得了突破性的进展。因此，在批判玄谈的同时，也不能不肯定玄谈追求义理的文化精神所具有的重要意义及其作用。在这种风气下，南方文化显示出不同于北方的风貌，《世说新语·文学》记载：

> 褚季野语孙安国云："北人学问，渊综广博。"孙答曰："南人学问，清通简要。"支道林闻之，曰："圣贤故所忘言。自中人以还，北人看书，如显处视月；南人学问，如牖中窥日。"

所谓"显处视月"和"牖中窥日"，据原注的解释，说的是北人"学广则难周，难周则识暗，故如显处视月"；南人"学寡则易核，易核则智明，故如牖中窥日也"。联系上述东晋注重义理的学风，则此对话对南北文化的评价，是可以理解的。周一良先生《略论南北朝史学之异同》指出："所谓北人南人，主要恐怕还不是指十六国的北方与东晋，而是指魏晋以来的趋势，是为时已久的区别了。到南北朝对立时，这样的区别继续存在。"①

《隋书·儒林传序》在评价南北朝学术文化时也说道："南北所治，章句好尚，互有不同。大抵南人约简，得其英华，北学深芜，穷其枝叶。考其始终，其立身成名，殊方同致矣。"就具体成果而论，北方如《水经注》、《齐民要术》，都是集大成的鸿篇巨制，的确显现出善于综合归纳、穷尽枝叶的风格。而南方的《文赋》、《文心雕龙》和《诗品》，考论精详，长于思辨，迭有意境，亦称不朽。

东晋南朝文化的另一个特点，是越来越受到佛教义理的影响，东晋南朝的士人，与佛徒交往甚多，故于佛教义理的理解，要比前代大有进境，摆脱了用

---

① 《周一良学术论著自选集》，北京，首都师范大学出版社，1995。

道家概念做皮相格义的肤浅阶段。另一方面，则是僧人亦染玄谈之风，对《老》、《庄》学说有深刻的理解。这两方面的结合，促进南方儒、释、道三教融合，使其文化别开生面，颇有创新。《世说新语·文学》的以下记载，具有典型意义：

> 《庄子·逍遥篇》，旧是难处，诸名贤所可钻味，而不能拔理于郭（象）、向（秀）之外。支道林在白马寺中，将冯太常共语，因及《逍遥》。支（道林）卓然标新理于二家之表，立异义于众贤之外，皆是诸名贤寻味之所不得。后遂用支（道林）理。

> 支道林造《即色论》，论成，示王中郎，中郎无言。支曰："默而识之乎？"王曰："既无文殊，谁能见赏？"

王中郎就是王坦之，他用的是佛教《维摩诘经》的故事："文殊师利问维摩诘云：'何者是菩萨入不二法门？'时维摩诘默然无言。文殊师利叹曰：'是真入不二法门也。'"显然，僧人名士相互了解甚深。

这时期，文化的结合已不再流于皮相，而呈现深层的融合，故具有很强的创新能力。典型的事例如北方洛阳的语言流行于南朝都城一带，经文人骚客的吸收消化，形成新的音韵声律理论，极大地推动了文学诗赋的发达，出现了以"永明体"为代表的繁盛时期。

这些发展，都是南朝文化日益走向审美主义，追求表现形式与表现对象和谐与完美，注重语言和文学的技巧，达到心灵、自然与描写手法浑然一体的境界，给人以典雅悠远的美的享受，成为东晋南朝文化的又一大特点。

东晋南朝浓厚的贵族文化特色，当然是由于士族生活优裕闲适所决定的。在南方的一流士族，都是文化士族，集中于三吴、会稽地区；而势力稍逊的士族，则选择京口、晋陵一带居住。他们占山封水，隐没人口，经营庄园别墅。这些庄园不但是政治的据点，而且是经济生产的单位，同时也是文化的基地。也就是说，南朝修建庄园，都十分注重风水景色秀丽。谢灵运的庄园最为著名，常为论者所引述：

> 灵运遂移籍会稽，修营别业，傍山带江，尽幽居之美。

> 灵运因父祖之资，生业甚厚。奴僮既众，义故门生数百。凿山浚湖，功役无已。寻山陟岭，必造幽峻，岩障千重，莫不备尽。登蹑常著木履，

上山则去前齿，下山去其后齿。尝自始宁南山伐木开径，直至临海，从者数百人。①

其他士族的庄园同样秀美。《晋书·王羲之传》说：

> 羲之既去官，与东土人士尽山水之游，弋钓为娱。……既优游无事，与吏部侍郎谢万书曰："顷东游还，修植桑果，今盛敷荣，率诸子，抱弱孙，游观其间。并行田视地利，颐养闲暇。衣食之余，欲与亲知时共欢宴，虽不能兴言高咏，衔杯引满，语田里所行，故以为抚掌之资，其为得意，可胜言邪！"

有此经济基础，故士族可以尽兴优游，忘情山水，阅尽春华秋实，款款落笔，写下《山居赋》、《兰亭序》之类怡情美文，千古传诵。

由此可知，南方文化的繁荣，背后有着强有力的经济支撑。沈约曾经概述南朝中心区域荆扬二州的情况说："地广野丰，民勤本业，一岁数稔，则数郡忘饥。会土带海傍湖，良畴亦数十万顷，膏腴上地，亩直一金，鄠杜之间不能比也。荆城跨南楚之富，扬部有全吴之沃，鱼盐杞梓之利，充仞八方；丝棉布帛之饶，覆衣天下。"故他感叹道："江南之为国盛矣！"②

三、五凉政权与河西文化

移民迁徙的另一个重要方向是西北，他们到凉州地区，投奔张轨。

前凉政权的奠基人张轨，安定乌氏（今宁夏固原县东南）人，汉常山王张耳十七代孙，家世孝廉，以儒学知名。张轨从小好学，被品定为"二品之精"③。西晋永宁时（301），张轨已担任护羌校尉、凉州刺史。"八王之乱"爆发，张轨保境安民，"课农桑，拔贤才，置崇文祭酒，征九郡胄子五百人，立学校以教之"④。故凉州一带，成为中原士人避难之地。洛阳陷落后，"中原避难来者，日月相继"。张轨对其境内的儒学士人，大力奖掖，"令有司可推详立

---

① 《宋书》卷六十七，《谢灵运传》。
② 《宋书》卷五十四，"史臣曰"。
③ 《晋书》卷八十六，《张轨传》。
④ 《太平御览》卷一百二十四，《前凉张轨》。

州已来清贞德素，嘉遁遗荣；高才硕学，著述经史；临危殉义，杀身为君；……具以状闻"①。拔擢一批士人，委以学政，大阐文教。敦煌人宋纤"明究经纬，弟子受业三千余人，……注《论语》，及为诗颂数万言"；略阳（今甘肃秦安县东北陇城）儒学世家郭荷"明究群籍，特善史书"；敦煌人郭瑀"精通经义，雅辩谈论，多才艺，善属文"；酒泉人祁嘉"博通经传，精究大义，西游海渚，教授门生百余人"②，他们都先后被前凉礼聘为学官，传道授业。

前凉奖掖儒学的政策亦为南凉、后凉、西凉和北凉诸政权所继承。

南凉秃发乌孤"以杨轨为宾客。金石生、时连珍，四夷之豪俊；阴训、郭倖，西州之德望；杨统、杨贞、卫殷、麴丞明、郭黄、郭奋、史暠、鹿嵩，文武之秀杰；梁昶、韩疋、张昶、郭韶，中州之才令；金树、薛翘、赵振、王忠、赵晁、苏霸，秦雍之世门，皆内居显位，外宰郡县。官方授才，咸得其所"③。可知其搜罗人才之广。嗣君秃发利鹿孤"以田玄冲、赵诞为博士祭酒，以教胄子"④。第三代秃发傉檀也起用一大批冠冕世族，故宗敞赞扬他道："凉土虽弊，形胜之地，道由人弘，实在殿下。段懿、孟祎，武威之宿望；辛晁、彭敏，秦陇之冠冕；裴敏、马辅，中州之令族；张昶，凉国之旧胤；张穆、边宪、文齐、杨班、梁崧、赵昌，武同飞羽。"⑤

西凉境内，汉族比例颇高。苻坚曾迁徙江、汉万余户到敦煌，而自中原前来开垦者也达七千余户。战乱之际，武威、张掖一带又有数千户人家逃难到敦煌地区。这些人户成为李暠立国之本。李暠字玄盛，自幼好学，"通涉经史，尤善文义"。建立西凉后，他保境安民，推行文教政策，重用宋繇、刘昞等儒士，"图赞自古圣帝明王、忠臣孝子、烈士贞女，玄盛亲为序颂，以明鉴戒之意，……又立泮宫，增高门学生五百人"⑥。

北凉建国者沮渠蒙逊出自匈奴别种卢水胡，"博涉群史，颇晓天文，雄杰有英略，滑稽善权变"。沮渠蒙逊深知得天下的关键在于得人的道理，故创业

---

① 《晋书》卷八十六，《张轨传》。
② 分别见《晋书》卷九十四，各人本传。
③ 《晋书》卷一百二十六，《秃发乌孤载记》。
④ 《晋书》卷一百二十六，《秃发利鹿孤载记》。
⑤ 《晋书》卷一百二十六，《秃发傉檀载记》。
⑥ 《晋书》卷八十七，《凉武昭王李玄盛传》。

初期，就积极延揽人才，下令："养老乞言，晋文纳舆人之诵，所以能招礼英奇，致时邕之美。况孤寡德，智不经远，而可不思闻说言以自镜哉！内外群僚，其各搜扬贤俊，广进刍要，以匡孤不逮。"① 因此，在其政权内，聚集了许多英才儒士，如张穆、张湛、宗钦、阚骃和赵柔等，均以才学见任，身居要职。对于旧仕西凉的儒士，如宋繇、刘昞也尽量留用，甚至寄以重任。

自西晋崩溃以来，河西地区的五凉政权，即便是较为残暴的后凉吕光，也都注意吸收儒士，量才录用，推行"崇尚文教"的政策，使得河西地区反而在战乱中招徕不少中原士人，奠定了文化发展的坚实基础。

在吸引和重用儒士的同时，五凉政权也都十分重视兴办学校，培养人才。

前凉张轨任凉州刺史时，就注意兴办学校，"征九郡胄子五百人，立学校，始置崇文祭酒，位视别驾，春秋行乡射之礼"②。以后又陆续在河西各地创建学舍。学校的教学内容和举行的仪式，完全符合儒家规矩。以后历代河西政权，也都保持这一传统。南凉秃发利鹿孤接受臣下的谏言，力图改变重武轻文的风气，任用儒士田玄冲和赵诞为博士祭酒，教育官员子弟。一个胡族出身的统治者，能够如此重视儒学教育，难能可贵，故唐朝史官赞扬道："鹿孤从史之言，建学而延胄子。遂能开疆河右，抗衡强国。道由人弘，抑此之谓。"③

河西地区文化发达的另一个重要原因，是私学颇盛。在前面的引文中，已可见其一斑。例如，宋纤有"弟子受业三千余人"；祁嘉"教授门生百余人"；河西大儒郭瑀的门人郭瑀，有"弟子著录千余人"；郭瑀的门生刘昞传其业，"不应州郡之命，弟子受业者五百余人。李暠私署，征为儒林祭酒、从事中郎"④。

河西私学，颇有特点：

第一，私学得到官方的鼓励，与官学相辅相成。郭瑀名重，官府屡征，皆不应命，"太守辛章遣书生三百人就受业焉"⑤。故私学兴盛，规模亦大。

第二，重师承，守传统。郭荷、郭瑀、刘昞，三代师承，而且，郭瑀父事

---

① 《晋书》卷一百二十九，《沮渠蒙逊载记》。
② 《晋书》卷八十六，《张轨传》。
③ 《晋书》卷一百二十六，"史臣曰"。
④ 《魏书》卷五十二，《刘昞传》。
⑤ 《晋书》卷九十四，《郭瑀传》。

其师，为之服丧，庐墓三年，足见河西私学严守儒家伦理之一斑。

第三，与前两点相关，河西所传，仍以传统儒学为主，宋纤注《论语》，郭瑀作《孝经错纬》，祁嘉依《孝经》作《二九神经》，都可以明显表现出这一点。

当然，在中原玄风激荡之世，河西也受到影响，故此地学者也多研习《易》，雅辩谈论。敦煌阚骃"注王朗《易传》，学者藉以通经"[1]。刘昞从郭瑀学，潜心著述，撰《略记》、《凉书》和《敦煌实录》等史书，还注《周易》、《韩子》、《人物志》和《黄石公三略》等，治学范围相当广泛，可以看出受到玄学的影响。其著作中，《人物志》为曹魏政治家刘邵研究任人取士的不刊之作，并因刘昞的注释而显明于后世。[2] 此外的《韩子》为法家经典，《黄石公三略》为兵家撰述。刘昞注释这些著作，显然带有很强的经国济世目的，也与汉末魏晋政治思潮的变迁相吻合，可知河西学术乃承中原之余绪。但是，由于河西相对安宁，故学者可以潜心研究，整理坟典，而无中原之浮华轻躁，成就可观。

阚骃仕于北凉沮渠蒙逊，有文史三十人，协助他典校经籍，刊定诸子三千余卷，蔚然可观。沮渠蒙逊甚至还专门筑陆沉观于西苑，安置刘昞，配以学徒数百，月致羊酒，让他专心著述。

五凉时代文化的发达，当然与统治者的倡导有很大的关系。其实，五凉的统治者本身对文化颇为爱好，兹举一例，不多赘述。《魏书·刘昞传》记载：

> （李）暠好尚文典，书史穿落者亲自补治，（刘）昞时侍侧，前请代暠。暠曰："躬自执者，欲人重此典籍。吾与卿相值，何异孔明之会玄德。"

因此，五凉的统治者相当注重文化事业，积极向其他地区吸收新的文化成果。元嘉三年（426），后凉世子派遣使者到江南宋朝，"请《周易》及子集诸书，太祖并赐之，和四百七十五卷。蒙逊又就司徒王弘求《搜神记》，弘写与之"。

---

① 《魏书》卷五十二，《阚骃传》。

② 《人物志》研究论著甚多，陈寅恪《隋唐制度渊源略论稿·礼仪》指出："刘昞之注《人物志》，乃承曹魏才性之说者，此亦当日中州绝响之谈也，若非河西保存其说，则今日亦无以窥见其一斑矣。"伏俊琏《人物志研究》（甘肃人民出版社，1999）在校勘注释的基础上，做了细致的研究，可参阅。

以后，元嘉十四年（437），后凉再度遣使到刘宋，"求晋、赵《起居注》诸杂书数十件，太祖赐之"①。长期对文化事业的鼓励扶持，使得"秦凉诸州西北一隅之地，其文化上续汉、魏、西晋之学风，下开（北）魏、（北）齐、隋、唐之制度，承前启后，继绝扶衰，五百年间延绵一脉"。"历时既旧，其文化学术遂渐具地域性质。"②

西北地区的文化形成自己的特色，自然要与中原乃至江南地区进行交流，甚至发生重要影响。前凉时就曾经派遣使者献"经史图籍于京师"③。上述元嘉十四年北凉向刘宋求书时，也送去河西著作多种，"《周生子》十三卷，《时务论》十二卷，《三国总略》二十卷，《俗问》十一卷，《十三州制》十卷，《文检》六卷，《四科传》四卷，《敦煌实录》十卷，《凉书》十卷，《汉皇德传》二十五卷，《亡典》七卷，《魏驳》九卷，《谢艾集》八卷，《古今字》二卷，《乘丘先生》三卷，《周髀》一卷，《皇帝王历三合纪》一卷，《赵𣃓传》并《甲寅元历》一卷，《孔子赞》一卷，合一百五十四卷"。

更为重要的是，河西保存了大量魏晋以来的文化传统，对北朝文化制度的建设产生重要影响。在北魏，许多河西士人出任重要职务，《魏书》卷五十二还专门为他们一批人立传。北魏司徒崔浩特别重视河西士人，颇加提拔任用，《魏书·张湛传》记载：

> 司徒崔浩识而礼之。浩注《易》，叙曰："国家西平河右，敦煌张湛、金城宗钦、武威段承根三人，皆儒者，并有俊才，见称于西州。每与余论《易》，余以《左氏传》卦解之，遂相劝为注。故因退朝之余暇，而为之解焉。"

陈寅恪先生对崔浩以《左传》卦解《易》考证道："盖当日中原古谊，久已失传，崔浩之解，或出其家学之仅存者，然在河西则遗说犹在，其地学者，类能言之。此浩所以喜其与家学冥会，而于河西学者所以特多荐拔之故欤？"④

河西学者将其崇尚文教的风气传入北魏，帮助北魏兴办学校，培养人才。其中，常爽的事迹颇为著名。《魏书·儒林·常爽传》记载："（北魏）贵游子

---

① ③ 《宋书》卷九十八，《氐胡传》。

② 陈寅恪：《隋唐制度渊源略论稿·礼仪》，上海，上海古籍出版社，1982。

④ 陈寅恪：《隋唐制度渊源略论稿·礼仪》。

弟未遑学术，爽置馆温水之右，教授门徒七百余人，京师学业，翕然复兴。爽立训甚有劝罚之科，弟子事之若严君焉。尚书左仆射元赞、平原太守司马真安、著作郎程灵虬，皆是爽教所就。崔浩、高允并称爽之严教，奖励有方。"据此可知常爽对北魏风气的转变所做的贡献，影响深远。

在制度方面，河西保存的汉晋之旧，受到历代的重视。《晋书·郭瑀传》记载，前秦苻坚专门"以安车征瑀定礼仪"。北魏时代，河西士人的贡献更是丰富多彩。常爽的孙子常景，主持修撰朝令，定仪注，参加制定服章，考论律令，对北魏各项制度建设，多有建树。北魏孝文帝汉化运动的积极翼赞者李冲，为西凉李皓曾孙，他向文明皇后上表，建议实行"三长制"，重整五胡十六国以来豪强垄断的乡村社会，保障了均田制和租庸调制的顺利实施。而且，他还与南凉秃发氏后裔源贺参与修订律令，"及议礼仪律令，润饰词旨，刊定轻重，高祖虽自下笔，无不访决焉。君臣之间，情义莫二。及改置百司，开建五等，以冲参定典式"①。魏孝文帝迁都洛阳，京城制度，都是他主持擘画营建的。魏孝文帝时代，是北魏社会发生重要转型的变革时代，其间的每一项重大举措、制度修定，都与李冲有着密切的关系，贡献殊伟。

五胡入据中原时，礼坏乐崩，西晋太常乐工，多避乱逃往河西。北魏拓跋焘平凉州，得其伶人器服。孝文帝时，李冲以及同样出自河西的学者李韶、李彦等人，在此基础上，修订车服及羽仪规定，帮助北魏建立礼乐制度。

河西与关中，土地相邻，风尚相近。关陇地方，形成自己的文化特色。北魏分裂之后，宇文泰立足关陇，以当地文化传统为号召，独树一帜，与关东的高欢政权相对抗。在西魏、北周政权建立过程中，其制度创设，主要依靠来自武功的苏绰，《周书·苏绰传》说："绰始制文案程式，朱出墨入，及记账、户籍之法。……太祖方欲革易时政，务弘强国富民之道，故绰得尽其智能，赞成其事。减官员、置二长，并置屯田以资军国。又为六条诏书，奏施行之。"

北周的基业，后来被隋朝所继承。隋文帝创规立制，奠定了隋唐盛世的基本格局。② 我们注意到，隋朝开创新制之际，出自河西的士人贡献很大。苏绰

---

① 《魏书》卷五十二，《李冲传》。

② 隋文帝制定法律制度，影响深远，韩昇《隋文帝传》（人民出版社，1998）中做了专门的研究分析，请参阅。

之子苏威，长期担任隋朝宰相，扮演了重要角色，《隋书·苏威传》称："隋承战争之后，宪章踳驳。上令朝臣厘改旧法，为一代通典。律令格式，多威所定，世以为能。"而安定的牛弘和陇西的辛彦之，也是名重当时的儒士，为隋朝礼乐制度的主要制定者。

陈寅恪先生在《隋唐制度渊源略论稿》中评价河西文化说："惟此偏隅之地，保存汉代中原之文化学术，经历东汉末、西晋之大乱及北朝扰攘之长期，能不失坠，卒能辗转灌输，加入隋唐统一混合之文化，蔚然为独立之一源，继前启后，实吾国文化史之一大业。"此论甚为精学。

四、胡风吹拂下的中原文化

回首中原，以儒学为代表的汉族文化在艰难的挣扎中顽强地生存，在胡风的吹拂下逐渐演变，形成新的面貌。

马上得天下，却不能马上治天下，这已是历史反复证明的道理。然而，在以民族斗争为号召的胡族统治者方面，真正认识到这一点却经过了曲折的过程，并付出了血的沉重代价。

最初进入中原的匈奴族、羯族的统治者，尤其是匈奴族的刘渊、刘聪和刘曜，汉化程度颇深。石勒虽然不识字，却也喜欢汉籍，时常让儒生读书给他听。所以，从统治者的知识结构来看，他们对儒家经典还是熟悉的，也懂得一些治理国家的道理。但是，当时他们面对的是一个强大的汉族社会，因此，他们首先必须摧破这个社会，而以少数人压迫多数人，他们祭出的法宝便只能是民族斗争。在此形势下，必然出现胡风劲吹，社会大面积胡化，以及崇尚暴力，唯权是视的情况。实际上，统治者面对着两难的选择，既要在一定程度上推行儒家伦理，又必须用武力和民族压迫来维持统治，后者往往压倒前者，因此，社会占主导地位的实质上是唯权力论思潮，客观上仍是马上治天下的混乱局面。只有在胡族政权稳固之后，文治才会逐渐受到重视，成为切实的需要。

在此背景之下，中原社会的儒学首先只能是统治者为现实政治利用的工具与花瓶。这一点已经足以改变魏晋玄风下对儒学义理展开探讨的风貌，而只能以胡族统治者所能接受的朴素实用的形式艰难地存续下去。从其表现形态来看，首先是统治者出于政治目的而兴办学校、提倡遵守严格的儒家伦理，从意识形态方面巩固其统治地位。其次，由于统治者所重视的是儒家伦理的统治与社会现实功能，因此，该时期的儒学在学术上并无建树。

我们先来看看统治者提倡儒学的具体举措。

刘渊所立汉（前赵）国，在政治上采用儒家传统观念。刘曜迁都关中，整顿学校，培育人才。《晋书·刘曜载记》记载：

> 曜立太学于长乐宫东，小学于未央宫西，简百姓年二十五已下十三已上，神志可教者千五百人，选朝贤宿儒明经笃学以教之。以中书监刘均领国子祭酒。置崇文祭酒，秩次国子。散骑侍郎董景道以明经擢为崇文祭酒。

刘曜本人博览儒典，擅长文辞书法，曾经亲临太学，考试学生，成绩优秀者拜官郎中，表现出对儒学的重视。然而，诚如韩国磐先生所指出的："前赵政权的统治者如刘渊、刘聪，都是博览汉人的经籍著述，而且都学过孙吴《兵法》。即如刘和、刘粲到刘曜，也都学过汉人典籍，据记载也都是才兼文武。在文化上接受汉人的东西很多，但生活、习俗上仍然是匈奴的一套，好酒色，以后母为妻。……前赵统治者只是在文化上学了一些皮毛的东西，而在实质上却未能运用。所以，刘渊、刘聪时只能局促于晋南豫北一带，刘曜则蜷曲于关中，不要说统一全国，即使统一黄河中下游都不可能，终于被石勒所灭。"[1]

后赵的石勒在创业过程中，就十分注意收罗文人儒士，助其平定天下。攻陷冀州郡县时，他从被俘的十余万人中将衣冠人物集中起来，成立"君子营"，礼聘张宾为谋主，寄于心膂，尊之为"右侯"。在其统治区域内，石勒注重文教，建立太学，"简明经善书吏署为文学掾，选将佐子弟三百人教之"。以后又"增置宣文、宣教、崇儒、崇训十余小学于襄国四门，简将佐豪右子弟百余人以教之，且备击柝之卫。……亲临大小学，考诸学生经义，尤高者赏帛有差"。称帝之后，"命郡国立学官，每郡置博士祭酒二人，弟子百五十人，三考修成，显升台府。于是擢拜太学生五人为佐著作郎，录述时事"。

弘文宣教，就必须在一定程度上制止民族迫害，恢复传统社会秩序。故石

---

[1] 韩国磐：《魏晋南北朝史纲》，第237～238页，北京，人民出版社，1983。

勒任命"张离、张良、刘群、刘谟等为门生主书，司典胡人出内，重其禁法，不得侮易衣冠华族。号胡为国人"。而且，为了提升本民族文化，石勒还坚决采行部分汉族礼俗，革除与之相冲突的本族习俗，如婚丧嫁娶，石勒"又下书禁国人不听报嫂及在丧婚娶，其烧葬令如本俗"。也就是说，进入中原之后，石勒已经注意到要在一定程度上实行汉化，使得不同民族能够逐渐磨合。当然，这些措施的核心，是超越本族历史发展的阶段，迅速建立强有力的中央集权体制，完成创建国家的艰巨任务。而实现此目标的最佳途径就是吸取儒家的统治原理，坚决予以贯彻。因此，其大力倡导儒教具有鲜明的实用政治特色。

在此背景下，儒家政治伦理及其礼乐制度得到大力贯彻。

首先，大力推行儒家礼制，强调忠孝伦理。太兴二年（319），石勒称赵王，"自是朝会常以天子礼乐飨其群下，威仪冠冕从容可观矣。……始制轩悬之乐，八佾之舞，为金根大辂，黄屋左纛，天子车旗，礼乐备矣"。

其次，恢复九品人物品第，典定士族。石勒曾将朝臣掾属以上的士族三百多户集中于襄国崇仁里，设置公族大夫统领他们。以后又下令"清定五品，以张宾领选。复续定九品。署张班为左执法郎，孟卓为右执法郎，典定士族，副选举之任"。在社会瓦解的时代，文化由官府转移到士族手中，因此，整顿士族社会，恢复以儒家伦理品第人物，是复兴儒学的关键。

复次，以儒家标准铨材取士，培育官员。石勒称赵王后，"令群僚及州郡岁各举秀才、至孝、廉清、贤良、直言、武勇之士各一人"。这些科目，完全是根据儒家标准设置的。而考选人才的依据，同样是儒家经典，规定："典定九流，始立秀、孝试经之制。"称帝后，石勒"下书令公卿百僚岁荐贤良、方正、直言、秀异、至孝、廉清各一人，答策上第者拜议郎，中第中郎，下第郎中。其举人得递相荐引，广招贤之路。起明堂、辟雍、灵台于襄国城西"[①]。

石勒政权的上述举措，对于重建儒家意识形态的统治地位，具有重要作用。

继后赵崛起的前秦，是五胡十六国中最强大的政权，曾经一度统一北方，并有过一段繁荣安定的时期。前秦创建者苻氏出自氐族，受汉族影响颇深。苻

---

① 以上引文均出自《晋书》卷一百五、一百六，《石勒载记》。

健建立前秦，"与百姓约法三章，薄赋卑宫，垂心政事，优礼耆老，修尚儒学，而关右称来苏焉"①。苻坚是五胡十六国中最有雄才大略得君主，他"性至孝，博学多才艺，有经济大志，要结英豪，以图纬世之宜。王猛、吕婆楼、强汪、梁平老等并有王佐之才，为其羽翼"。登基之后，苻坚采取一系列措施，大力推行儒教："修废职，继绝世，礼神祇，课农桑，立学校，鳏寡孤独高年不自存者，赐谷帛有差，其殊才异行、孝友忠义、德业可称者，令在所以闻。"②在劝学擢士方面，苻坚身体力行，不遗余力。《晋书·苻坚载记上》记载：

> 坚广修学官，召郡国学生通一经以上充之，公卿已下子孙并遣受业。其有学为通儒、才堪干事、清修廉直、孝悌力田者，皆旌表之。于是人思劝励，号称多士，盗贼止息，请托路绝，田畴修辟，帑藏充盈，典章法物靡不悉备。

> 坚亲临太学，考学生经义优劣，品而第之。问难五经，博士多不能对。坚谓博士王寔曰："朕一月三临太学，黜陟幽明，躬亲奖励，罔敢倦违，庶几周孔微言不由朕而坠，汉之二武其可追乎！"寔对曰："自刘石扰覆华畿，二都鞠为茂草，儒生罕有或存，坟籍灭而莫纪，经沦学废，奄若秦皇。陛下神武拨乱，道隆虞夏，开庠序之美，弘儒教之风，化盛隆周，垂馨千祀，汉之二武焉足论哉！"坚自是每月一临太学，诸生竞劝焉。

> 坚于是行礼于辟雍，祀先师孔子，其太子及公侯卿大夫士之元子，皆束修释奠焉。

说苻坚功业超过西汉武帝和东汉光武帝，自然是谀词。但是，在五胡十六国的君主当中，苻坚的确最有儒学修养，因此也最热心于推行文教治国政策。他"复魏晋士籍，使役有常，诸非正道，典学一皆禁之。坚临太学，考学生经义，上第擢叙者八十三人。自永嘉之乱，庠序无闻，及坚之僭，颇留心儒学。王猛整齐风俗，政理称举，学校渐兴"。

苻坚还在军队、宫中提倡儒学教育，他下令："中外四禁、二卫、四军长上将士，皆令修学。课后宫，置典学，立内司，以授于掖庭，选阉人及女隶有

① 《晋书》卷一百十二，《苻健载记》。
② 《晋书》卷一百十三，《苻坚载记上》。

季札挂剑图
三国时期　漆盘
安徽省文物考古研究所藏

童子对棍图
三国时期　漆盘
安徽省文物考古研究所藏

出猎图
吉林集安高勾丽墓壁画

82

古隆中三顾堂

都江堰

聪识者署博士以授经。"① 而且，苻坚还以重礼聘请有学问的隐士王欢为国子祭酒，这些做法对于纠正弥漫于世的崇尚武力风气，是有好处的。

苻坚大力推行儒教，与其心腹谋臣王猛有莫大关系。王猛出身贫寒，自幼好学。受苻坚知遇，委以中枢大任，《晋书·苻坚载记下》附其传说他"宰政公平，流放尸素，拔幽滞，显贤才，外修兵革，内崇儒学，劝课农桑，教以廉耻，无罪而不刑，无才而不任，庶绩咸熙，百揆时叙。于是兵强国富，垂及升平，猛之力也"。值得注意的是，王猛所学的并非魏晋浮华玄学，而是古朴实用的儒学，故其传说道："是以浮华之士咸轻而笑之。猛悠然自得，不以屑怀。少游于邺都，时人罕能识也。"显而易见，他和主流的玄谈士人格格不入。而且，对于东汉盛行的图谶纬说，也持反对态度。他辅佐苻坚时，新平郡（今陕西彬县）献玉器，当地人王彤陈说图谶，苻坚大喜，任命王彤为太史令。王猛知道后，认为王彤是左道惑众，力劝苻坚将他杀掉。从这个事例可以知道，王猛学的是经世致用的儒家政治学说，这种态度，在五胡十六国时代颇有典型意义。认为清谈误国，应是当时统治者的基本共识。

在王猛的主导之下，前秦对玄学和图谶采取排斥的态度。《晋书·苻坚载记上》记载："禁《老》、《庄》、图谶之学。"

前秦崩溃之后，后秦、后燕诸国，也都以儒学为基本的统治意识形态，采取一系列提倡儒学的措施。总的来说，在胡族政权下，魏晋玄虚之风受到排斥，儒家学说趋于政治化和实用化。有一个事例颇能反映朝廷和时人对儒学的态度。《晋书·姚兴载记上》记载：

> 天水姜龛、东平淳于岐、冯翊郭高等皆耆儒硕德，经明行修，各门徒数百，教授长安，诸生自远而至者万数千人。兴每于听政之暇，引龛等于东堂，讲论道艺，错综名理。凉州胡辩，苻坚之末，东徙洛阳，讲授弟子千有余人，关中后进多赴之请业。……于是学者咸劝，儒风盛焉。给事黄门侍郎古成诜、中书侍郎王尚、尚书郎马岱等，以文章雅正，参管机密。诜风韵秀举，确然不群，每以天下是非为己任。时京兆韦高慕阮籍之为人，居母丧，弹琴饮酒。诜闻而泣曰："吾当私刃斩之，以崇风教。"遂持

---

① 《晋书》卷一百一十三，《苻坚载记上》。

剑求高。高惧，逃匿，终身不敢见诜。

当年阮籍等魏晋名士放浪形骸的行为，已不容于世，足见风教之严。

当然，在胡风吹拂之下，儒学必然会与诸多外来文化相互激荡，其中最突出的就是受佛教的影响。自胡族进入中原以来，佛教受到极大的尊崇。当然，这其中政治考虑的成分很大。作为发达程度落后的边疆少数民族，必须想方设法树立起自己的文化，以同悠久成熟的中国文明相抗衡。对此，胡族统治者的确颇费苦心，例如石虎统治时，"图画自古贤圣、忠臣、孝子、烈士、贞女，皆变为胡状"。这是十分明显的例子。而有理论体系，能够与中国传统文化相比肩的，唯有佛教。著作郎王度曾经上书称："佛，外国之神，非诸华所应祠奉。"要求禁止出家拜佛。但石虎回答道："朕出自边戎，忝君诸夏，至于飨祀，应从本俗。佛是戎神，所应兼奉，其夷赵百姓有乐事佛者，特听之。"①

兼奉佛教，是胡族政权一贯的文化方针。对于汉族而言，在此形势下，吸收佛教也就成为趋势。自魏晋玄学兴起以来，儒学在批判扬弃的过程中，日益走向儒、释、道三教合一。即使在汉族政权的东晋南朝，也同样出现三教合一的趋势。因此，吸收佛教因素，是南北朝儒学发展上的又一大特色。

北魏是胡族政权中统治时间最长，也最稳定强盛的王朝，这种政治环境，对于儒学的发展是十分有利的。北魏也确是五胡十六国以来北方儒学发展的转折时代。

北魏从建国时起，就十分注意收罗提拔儒士。道武帝拓跋珪于俘虏中，甄拔文士，委以职任，故《魏书·太祖纪》说他"初拓中原，留心慰纳，诸士大夫诣军门者，无少长，皆引入赐见，存问周悉，人得自尽，苟有微能，咸蒙叙用"。皇始元年（396），"初建台省，置百官，封拜公侯、将军、刺史、太守，尚书郎已下悉用文人"。一个以军事征服起家，正从游牧向农耕社会转变中的民族及其建立的国家，能够如此果断地推行文治，甚至在朝廷日常行政部门全部任用文人来管理，的确具有远见卓识。而且，道武帝还根据儒家思想来制定各种制度。天兴元年（398）迁都平成后，"诏尚书吏部郎中邓渊典官制，立爵品，定律吕，协音乐；仪曹郎中董谧撰郊庙、社稷、朝觐、飨宴之仪；三公郎

①《晋书》卷九十五，《艺术传·佛图澄传》。

中王德定律令，申科禁；太史令晁崇造浑仪，考天象；吏部尚书崔玄伯总而裁之。"翌年，"初令《五经》群书各置博士，增国子太学生员三千人"①。天兴三年（400），道武帝又进一步采取尊崇儒教的做法，"五月，遣使者以太牢祀帝尧、帝舜庙。十二月丙申，下诏述成败之理，鉴殷、周之失，革秦、汉之弊，以喻臣下"②。其做法，当然有笼络汉族士人的用意，但同时也表露出道武帝想超迈先人、开创空前伟业的宏大抱负。其建国蓝图与理念，以及对中国传统文化的基本态度，在他下达的诏书中有很好的表述：

> 《春秋》之义，大一统之美，吴楚僭号，久加诛绝，君子贱其伪名，比之尘垢。自非继圣载德，天人合会，帝王之业，夫岂虚应。历观古今，不义而求非望者，徒丧其保家之道，而伏刀锯之诛。有国有家者，诚能推废兴之有期，审天命之不易，察征应之潜授，杜竞逐之邪言，绝奸雄之僭肆，思多福于止足，则几于神智矣。……
>
> 上古之治，尚德下名，有任而无爵，易治而事序，故邪谋息而不起，奸匿绝而不作。周姬之末，下凌上替，以号自定，以位制禄，卿世其官，大夫遂事，阳德不畅，议发家陪，故衅由此起，兵由此作。秦汉之弊，舍德崇侈，能否混杂，贤愚相乱，庶官失序，任非其人。于是忠义之道寝，廉耻之节废，退让之风绝，毁誉之议兴，莫不由乎贵尚名位，而祸败及之矣。……苟以道德为实，贤于覆餗蔀家矣。故量己者，令终而义全；昧利者，身陷而名灭。利之与名，毁誉之疵竞；道之与德，神识之家宝。是故道义，治之本；名爵，治之末。名不本于道，不可以为宜；爵无补于时，不可以为用。用而不禁，为病深矣。能通其变，不失其正者，其惟圣人乎？来者诚思成败之理，察治乱之由，鉴殷周之失，革秦汉之弊，则几于治矣。③

这两道诏书，如果不特别加以注明，仿佛出自通儒之手，其对名爵赏罚、道德廉耻的认识，及其在治国中的运用，清晰而透彻，尚在许多汉族君王之上。其治国之道，得自于对前代强盛王朝成败经验教训的总结分析，而"道义，治之

---

① 以上引文均见《魏书》卷二，《太祖纪》。
②《北史》卷一，《太祖道武帝本纪》。
③《魏书》卷二，《太祖纪》。

本；名爵，治之末"的思想，是对儒家政治思想的精辟概括，并作为北魏治国的基本理念。

道武帝确立的文治理念，为以后历代君王所遵从。明元帝拓跋嗣，"兼资文武，礼爱儒生，好览史传，以刘向所撰《新序》、《说苑》于经典正义多有所阙，乃撰《新集》三十篇，采诸经史，该洽古义云"①。太武帝拓跋焘更采取一系列具体政策确立儒家的统治地位，其中具有重要意义的主要有：第一，恢复太学祭祀孔子的传统，以颜回配祀。还派遣使者在邹山（在今山东邹城市东南）以太牢祀孔子。第二，下诏征召范阳卢玄、博陵崔绰、赵郡李灵、河间邢颖、渤海高允、广平游雅、太原张伟等冠冕士族，各地州郡也根据诏书推荐数百儒生入京，铨叙任用。我们知道，自晋室丧乱以来，学术转移于大族私门，因此，礼聘硕学世儒，是恢复儒学正统地位的重要步骤，与祭祀孔子相配合，儒学作为国家意识形态的地位得以确立，而国家也下令官僚子弟都必须入太学，教授儒学教育。献文帝拓跋弘天安元年（466），"诏立乡学，郡置博士二人、助教二人、学生六十人。后诏大郡立博士二人，助教二人，学生一百人；次郡立博士二人，助教二人，学生八十人；中郡立博士一人，助教二人，学生六十人；下郡立博士一人，助教一人，学生四十人"②。这是一项极为重要的举措，从中央到地方全面建立其学校体制，把养士育人从私家收归官府，从而确立国家在文化上的主导地位，为全国文化统一及其兴盛打下坚实基础。

从这一发展过程来看，以儒学为代表的传统文化，在北魏时代出现重要的转变，逐步超越现实政治狭隘意义的利用，而开始形成儒学自身发展的景象。主体文化的确立及其自身的成长，是文化走向繁荣的根本前提，因此具有重要意义。

一旦文化能够按照自身的内在要求发展，就将成为强大的力量，推动社会蓬勃向上。在此意义上，魏孝文帝时代的汉化运动及其带来的文化繁荣影响深远。

魏孝文帝的改革是五胡十六国以来最彻底的一次汉化运动，从政治、经济、制度到礼乐文化等方方面面，全面推行汉制，从而对北魏立国以来从游牧

---

① 《北史》卷一，《太宗明元帝本纪》。
② 《北史》卷八十一，《儒林传序》。

向农耕社会转型的成就进行全面的总结，力图使北魏在文化上获得质的飞跃提升，浑一胡汉，长治久安。在文化建设方面，孝文帝实行了下面几项重大的措施。

第一，禁止胡语胡俗。在胡族政权下，胡语是官场通用语言，要想获得晋升，则讲一口流利的胡语尤为重要。当时人颜之推的《颜氏家训·教子》记载了这样一则故事：北齐有位士大夫对人说："我有一儿，年已十七，颇晓书疏，教其鲜卑语及弹琵琶，稍欲通解，以此伏事公卿，无不宠爱，亦要事也。"虽然说的是北齐的情况，但此前的北魏亦是如此。使用胡语，显然是吸收深厚中华文明的一大障碍，因此，彻底实行汉语乃势所必然。魏孝文帝早有此心，他曾对其弟咸阳王禧说："自上古以来，及诸经籍，焉有不先正名，而得行礼乎？今欲断诸北语，一从正音。年三十以上，习性已久，容或不可卒革；三十以下，见在朝廷之人，语音不听仍旧，若有故为，当降爵黜官，各宜深戒。如此渐习，风化可新；若仍旧俗，恐数世之后，伊洛之下，复成被发之人。"[1] 太和十九年（495），孝文帝终于下诏："不得以北俗之语，言于朝廷，若有违者，免所居官。"[2] 禁止胡语，为学习汉文经籍典册打开大门，同时也为进一步革除胡俗做好准备。

胡族服装，便于骑马牧猎，鲜卑拓跋装束为编发左衽，汉人称之为索头，或蔑称为索虏。入居中原之后，为了同城市定居生活以及汉族仪礼制度相适应，改服汉族儒雅服饰，被视为提高文明程度的外在表现。故孝文帝迁都洛阳之后，改制汉人衣冠，让男女臣民都改穿汉装。

第二，改鲜卑姓为汉姓，确定天下姓族。太和二十年（496），孝文帝下令改帝室拓跋氏为元氏，改献帝拓跋邻兄弟姓氏纥骨氏为胡氏，拓跋氏为长孙氏，达奚氏为奚氏，乙旃氏为叔孙氏。将太祖以来胡族八大著姓也都改为汉姓，如改丘穆氏为穆氏，步六孤氏为陆氏，贺赖氏为贺氏，独孤氏为刘氏，贺楼氏为楼氏，勿忸于氏为于氏，纥悉氏为嵇氏，尉迟氏为尉氏，规定上述穆、陆、贺、刘、楼、于、嵇、尉为八大贵姓。这些贵姓，为一等贵族，官任清要，身份显赫。同时，确定范阳卢敏、清河崔宗伯、荥阳郑羲、太原王琼等汉

---

① 《魏书》卷二十一上，《咸阳王禧传》。
② 《魏书》卷七下，《高祖纪下》。

世族为四姓，加上"尤多人物"的诏郡李氏，为汉族五贵姓，"世之言高华者，以五姓为首"①。对于其他众多汉族世族，则规定以世代官位高低来定郡姓，"凡三世由三公者曰膏粱，有令、仆者曰华腴，尚书、领、护而上者为甲姓，九卿若为方伯者为乙姓，散骑常侍、大中大夫者为丙姓，吏部正员郎为丁姓"。

确定胡族贵姓，实际上是沿袭汉世族郡姓的办法，套用于胡族，达到提升胡人贵族社会地位而与汉人大姓相比肩的目的。

第三，禁止鲜卑同姓相婚，使鲜卑贵族与汉人著姓联姻。太和七年（483），孝文帝下诏禁止同姓相婚。定姓族时，又让胡汉贵姓相互通婚，自己带头纳范阳卢氏、清河崔氏、荥阳郑氏和太原王氏之女，又以陇西李冲女为夫人。他还亲自为其六个弟弟娶亲，咸阳王禧娶陇西李氏，河南王干娶代郡穆氏，广陵王羽娶荥阳郑氏，颍川王雍娶范阳卢氏，始平王勰娶陇西李氏，北海王详娶荥阳郑氏。通过婚姻的手段，使得鲜卑贵族在血统上也与汉族融为一体。

第四，进一步改革各项制度，厘定礼乐刑法。北魏早就逐步实行汉制，已见上述。但还保留一些胡族遗制，孝文帝将这些遗制革去，依魏晋制度确定官职官号，颁发俸禄，严厉禁止贪污。对刑法也大加改革，除去裸体之法，减轻肉刑酷法，所制定的法律，上承汉晋，下启隋唐。② 而其在礼乐制度上的改革尤其具有深远的文化意义。

太和十七年（493），王肃自南朝来奔。王肃出自世家大族，父祖兄弟都在南朝担任高官要职，对南朝制度文化了如指掌。而当时孝文帝正在推行汉化改革，急需能助其一臂之力的人。因此，王肃的到来，不啻雪中送炭，《北史·王肃传》称：

> 孝文时幸邺，闻其至，虚衿待之，引见问故。肃辞义敏切，辩而有礼，帝甚哀恻之。遂语及为国之道，肃所陈说，深会旨，帝促席移景，不觉坐之疲也。……器重礼遇，日有加焉，亲贵旧臣莫之间也，或屏左右，谈说至夜分不罢。肃亦尽忠输诚，无所隐蔽，自谓君臣之际，犹孔明之遇玄德也。

---

① 《资治通鉴》卷一百四十，"齐明帝建武三年正月"条。
② 参阅韩国磐：《中国古代法制史研究》，北京，人民出版社，1993。

自晋氏丧乱，礼乐崩亡，孝文虽厘革制度，变更风俗，其间朴略，未能淳也。肃明练旧事，虚心受委，朝仪国典，咸自肃出。

《北史》虽为唐人著作，但其对王肃辅助孝文帝厘革制度的记载，是有根据的，这可从南朝萧梁时人萧子显所著《南齐书·魏虏传》的记载得到证明：

佛狸已来，稍僭华典，胡风国俗，杂相揉乱。（孝文帝）宏知谈义，解属文，轻果有远略。……王肃为虏制官品百司，皆如中国。

陈寅恪先生在其名著《隋唐制度渊源略论稿·礼仪》中认为，隋唐制度渊源于北齐和南朝，"所谓《后齐仪注》即北魏孝文帝模拟采用南朝前期之文物制度，易言之，则为自东晋迄南齐，其所继承汉、魏、西晋之遗产，而在江左发展演变者也。惟《北齐仪注》即南朝前期文物之蜕嬗，其关键实在王肃之北奔。而卒能将南朝前期发展之文物制度传输于北朝以开太和时代之新文化，为后来隋唐制度不祧之远祖者。"

汉化运动获得了相当的成就，出现了欣欣向荣的文化景象。《北史·儒林传序》描述道：

孝文钦明稽古，笃好坟籍，坐舆据鞍，不忘讲道。刘芳、李彪诸人以经书进，崔光、邢峦之徒以文史达。其余涉猎典章，闲集词翰，莫不縻以好爵，动贻赏眷。于是斯文郁然，比隆周、汉。宣武时，复诏营国学，树小学于四门，大选儒生以为小学博士，员四十人。虽黉宇未立，而经术弥显。时天下承平，学业大盛，故燕、齐、赵、魏之间，横经著录，不可胜数。大者千余人，小者犹数百。州举茂异，郡贡孝廉，对扬王庭，每年逾众。

魏孝文帝以汉制来全面提升胡族的社会文化地位，他所采取的一系列措施具有根本意义。这种以夏变夷的政策，使得传统文化受到尊崇，恢复了往日的统治地位。这种情况的出现，是胡族统治中原近二百年后，由于政权稳固、统治经验丰富、胡族社会转型而日趋成熟，以及胡汉融合而造成的结果，通过恢复传统文化来达到社会质的飞跃与民族、文化的大融合，由此形成全新的社会，必然会创造出高度繁荣的新文明。北方社会多种因素、多元文化的大融合，在深度和广度上都是南方所不具备的，其活力的根源在于高度的包容性与开放性，故终能融合南方文明，实现辉煌的统一。

明乎此，即可明白魏孝文帝的汉化运动一旦开始，便无法让其倒退。因此，虽然在其身后出现大的波折，却不能妨碍文化一浪高过一浪向前奔腾，形成唐代文明的盛大气象。

北魏的崩溃，也是汉化运动的挫折。起因是政策上的失误与王朝的腐败。孝文帝迁都之后，驻守边疆的将士地位逐渐下降，形同厮养。看着京城里的亲戚同辈飞黄腾达，这些鲜卑战士们怒火中烧，起来造反，把怨气发在汉人身上，打断了北魏汉化的进程。"六镇之乱"被镇压下去，而北魏也随之灭亡。北方又重新陷入分裂，山东的高欢和关中的宇文泰两大军事集团相互对峙，分别建立了北齐和北周。

北齐的高欢获得六镇鲜卑军士的大部，实力强大，占有军事优势。然而，由于有此依凭，故民族矛盾相当尖锐，实行歧视汉人的政策，"时鲜卑共轻华人，唯惮高敖曹。……（刘）贵与敖曹坐，外白治河役夫多溺死，贵曰：'一钱汉，随之死！'敖曹怒，拔刀斫贵；贵走出还营，敖曹鸣鼓会兵，欲攻之，侯景、万俟洛共解谕，久之乃止"①。高敖曹是汉族将领，骁勇善战，鲜卑人比较怕他，即便如此，也仍敢在他面前辱骂汉人为"一钱汉"，则其他场合，可想而知。高欢在民族关系上，倒退到胡汉分治。

（高）欢每号令军士，常令丞相属代郡张华原宣旨，其语鲜卑则曰："汉民是汝奴，夫为汝耕，妇为汝织，输汝粟帛，令汝温饱，汝何为陵之？"其语华人则曰："鲜卑是汝作客，得汝一斛粟、一匹绢，为汝击贼，令汝安宁，汝何为疾之？"②

在这种背景下，虽然北齐历代君主也兴办学校，聘请儒生授业，但整个社会弥漫着轻视文化、崇尚武力的风气。高欢曾一度想振兴儒学，选任名儒，教育皇室王公子弟经术。但其后继者"多骄恣傲狠，动违礼度。……习性骄逸，况义方之情不笃，邪僻之路竞开，自非得自生知，体包上智，而内纵声色之娱，外多犬马之好，安能入则笃行，出则友贤者也？徒有师傅之资，终无琢磨之实。"因此，文化事业多成为政治的点缀。地方上，学生游手好闲，不务正业，多为逃避课役之徒，常被州郡官员所驱使。中央的情况也好不到哪里，

①②《资治通鉴》卷一百五十七，"梁武帝大同三年（537年）九月"条。

"国学博士，徒有虚名。唯国子一学，生徒数十人耳。胄子以通经进仕者，唯博陵崔子发、广平宋游卿而已，自外莫见其人"①。

但是，在另一方面也应该指出，如前所述，魏孝文帝汉化运动是社会发展到一定程度而产生的内在需要，因此，这个进程不容易被一时的挫折所打断。实际上，北齐在胡化倒退的同时，其实行的制度，却更加符合汉族社会的传统，例如，北齐的均田制与租庸调，对北魏法令进行了不少修改，更加符合农业社会的实际；其法律和礼乐制度较前代更加完善，因此成为隋唐制度的重要源头。

北齐这种矛盾现象，只能说明胡化不过是一时的反动，难以阻挡社会发展的趋势。北齐统治者缺乏远见，不能立于社会潮流前头，故其虽强而亡，自属必然。

北周的情况和北齐正好相反。宇文泰同样是北方军将，出自武川镇（今内蒙古武川县），但他以偏师入据关中，振弱旅抵抗高欢的进攻，在洛阳一带经历了三场惊心动魄的生死搏斗，好不容易站稳脚跟，但也损失惨重。大统九年（543），宇文泰不得不"广幕关陇豪右以增军旅"②，亦即大量征集汉人入伍，打破了胡人当兵、汉人耕织的民族界限。而且，汉人投军的数量不断增多，以至出现"夏人半为兵"的局面③。从北周建国的历程来看，宇文泰集团军力不足的弱点，却成为他不得不真心实意全力推进民族融合的原因，使得北周政权的支柱，建立在胡汉融合的基础之上。

另一方面，和自称为中华正统的南朝，以及强势的北齐相比，北周在文化上也不足与敌手相抗衡。这是比军力不足更致命的弱点。宇文泰必须在文化上独树一帜，才能建立政治目标，号召全国，形成凝聚力，变弱为强。于是，他搬出根于当地的周文化来，以《周礼》建制设官，获得比对手更加悠远的正统地位。

对于一介武夫的宇文泰，如此深谋远虑的政治举措，得益于他对儒士真心的尊重和重用，依靠他们出谋划策。为宇文泰立功最大的谋臣有苏绰和卢辩。

---

① 以上引文均见《北史》卷八十一，《儒林传序》。
② 《周书》卷二，《文帝纪》。
③ 《隋书》卷二十四，《食货志》。

苏绰，出自武功世族，以吏才为宇文泰所识，咨以治国之道，"太祖卧而听之，绰于是指陈帝王之道，兼述申韩之要。太祖乃起，整衣危坐，不觉膝之前席"①。从此寄以腹心，委以军国要务。苏绰也竭尽所学，制定各项制度法规，国家始具规模。苏绰把治国方针，归纳为著名的《六条诏书》，其篇目为：其一，先治心；其二，敦教化；其三，尽地利；其四，擢贤良；其五，恤狱讼；其六，均赋役。从苏绰与宇文泰的对策及《六条诏书》内容可知，其治国之道乃以儒家学说为主，杂糅法家主张，完全是中国传统的东西。而宇文泰全面予以采用，则其以汉制治国的国策已经跃然纸上。

卢辩，出自天下名门的范阳卢氏，累世儒学。他博通经籍，曾为《大戴礼》做注，任北魏太学博士，可知是地道的通儒。宇文泰政权草创，欲依《周礼》设六官之制。《周书·卢辩传》对这段事迹留下珍贵记载：

> 初，太祖欲行《周官》，命苏绰专掌其事。未几而绰卒，乃令辩成之。于是依《周礼》建六官，置公、卿、大夫、士，并撰次朝仪，车服器用，多依古礼，革汉、魏之法。事并施行。

北周将儒家勾画的政治蓝图变成现实，把礼乐伦理贯彻于政治之中，虽然被斥为非驴非马，但也体现了将文化视为立国之本的政治思想，这对于扭转六镇之乱后胡族对汉化进程反动的趋势，具有重要的意义。

周武帝是一代雄才大略的君主，他极为重视文治，实行一系列政策，收揽民心，促进国家的统一。保定三年（563）四月，他"幸太学，以太傅、燕国公于谨为三老而问道焉"。给予太学极大的优崇。天和元年（566），"正月，令群臣赋古诗，京邑耆老并预会焉，……五月庚辰，帝御正武殿，集群臣亲讲《礼记》。七月甲辰，立露门学，置生七十二人"。翌年八月，"帝御大德殿，集百僚及沙门、道士等亲讲《礼记》"②。显然，周武帝想树立儒学至尊地位，以作为统治的意识形态，并向社会各阶层灌输。对于与之相违背的思想，则加以禁黜，其禁佛、道二教的政策，就是在此背景下形成的。

因此，北周并不是在一般意义上尊重儒学士人，而是在促进胡汉民族融合的进程中，确立以儒学为本的文化政策，具有高度的政治意义。其文化政策，

---

① 《周书》卷二十三，《苏绰传》。
② 《周书》卷五，《武帝纪上》。

名闻遐迩，颇有吸引力。周武帝统一华北，北齐大儒熊安生令家人打扫门庭，说道："周帝重道尊儒，必将见我矣。"果然，周武帝亲临其家，礼聘他入朝，"敕令于大乘佛寺参讲五礼"①。熊安生门人众多，如隋代名儒刘焯、刘炫等，影响很大。故周武帝此举，既收北齐士人之心，亦宣示了尊儒重道的方针，用意深远。

北周重文治的方针，还有一系列政策相配套。例如，一、对新平定地区的奴婢，不断予以放免。保定五年（565）诏："江陵人年六十五以上为官奴婢者，已令放免。其公私奴婢有年至七十以外者，所在官司，宜赎为庶人。"建德元年（572）："诏江陵所获俘虏充官口者，悉免为民。"② 建德六年（577）诏："八月，自伪武平三年以来，河南诸州之民，伪齐被掠为奴婢者，不问官私，并宜放免。……其有癃残孤老，饥馁绝食，不能自存者，仰刺史守令及亲民长司，躬自检校。无亲属者，所在给其衣食，务使存济。……十一月，诏自永熙三年七月已来，去年十月已前，东土之民，被抄略在化内为奴婢者，及平江陵之后，良人没为奴婢者，并宜放免。所在附籍，一同民伍。"宣政元年（578）三月诏："柱国故豆卢宁征江南武陵、南平等郡，所有民庶为人奴婢者，悉依江陵放免。"二、贯彻儒家礼制，移风易俗。建德二年（273）诏："政在节财，礼唯宁俭。而顷者婚嫁竞为奢靡，劳羞之费，罄竭资财，甚乖典训之理。有司宜加宣勒，使咸遵礼制。"③建德六年六月诏："同姓百世，婚姻不通，盖惟重别，周道然也。而娶妻买妾，有纳母氏之族，虽曰异宗，犹为混杂。自今以后，悉不得娶母同姓，以为妻妾。其已定未成者，即令改聘。"三、以儒学取士，选贤任能。兹仅取对北齐地区的事例。建德六年，"三月壬午，诏山东诸州，各举明经干治者二人。若奇才异术，弗拘多少。……七月，诏山东诸州举有才者，上县六人，中县五人，下县四人，赴行在所，共论治政得失。……九月，诏东土诸州儒生，明一纪已上，并举送，州郡以礼发遣。"

北周以传统儒学为本位，糅合胡汉文化的政策，的确收到很好的效果，完成了北方的统一，奠定了隋唐文化繁荣的基础。《北史·儒林传序》总结道：

---

① 《周书》卷四十五，《熊安生传》。
②③ 《周书》卷五，《武帝纪上》。

周文受命，雅重儒典。于时西都板荡，戎马生郊，先王之旧章，往圣之遗训，扫地尽矣。于是求阙文于三古，得至理于千载，黜魏、晋之制度，复姬旦之茂典。卢景宣学通群艺，修五礼之缺；长孙绍远才称洽闻，正六乐之坏。由是朝章渐备，学者向风。明皇纂历，敦尚学艺，内有崇文之观，外重成均之职。握素怀铅，重席解颐之士，间出于朝廷；员冠方领，执经负笈之生，著录于京邑。济济焉，足以逾于向时矣。洎保定三年，帝乃下诏尊太傅燕公为三老，帝于是服衮冕，乘碧辂，陈文物，被礼容，清跸而临太学，袒割以食之，奉觞以酳之，斯固一世之盛事也。其后命辐轩而致玉帛，征沈重于南荆。及定山东，降至尊而劳万乘，待熊安生以殊礼。是以天下慕向，文教远覃。衣儒者之服，挟先王之道，开黉舍，延学徒者，比肩；厉从师之志，守专门之业，辞亲戚，甘勤苦者，成市。虽通儒盛业，不逮魏、晋之臣，而风移俗变，抑亦近代之美也。

第三章
波涛汹涌的玄学思潮

汉末魏初，随着汉朝的衰亡，经学一统天下的局面被打破，"兵乱以来，经学废绝，后生进趣，不由典谟"[1]，人们的思想和精神得到解放，沉寂多时的各家思想又活跃起来，再一次呈现"百家争鸣"的局面，宗白华先生称："这也是中国周秦诸子以后第二度的哲学时代。"[2] 在这中间，最重要的是道家思想的复兴。道家之《老子》、《庄子》成为当时人的经典。魏晋时期的重要思想家，大都以注释发挥老庄来表达自己的思想和主张，如何晏、王弼、钟会之注《老子》，向秀、郭象之注《庄子》，阮籍和夏侯玄也有论老庄的著

---

[1]《三国志·魏志·明帝纪》。
[2]《艺境》，第126页。

作①。《晋书·郭象传》称在向秀之前，"注《庄子》者数十家"。《老》、《庄》再加上《周易》被称为"三玄"，成为当时士人的主要谈资。如裴徽，《三国志·魏志·管辂传》注引《管辂别传》曰：

> 冀州裴使君，才理清明，能释玄虚，每论《易》及老、庄之道，未尝不注精于严、瞿之徒也。

又如夏侯玄，《晋中兴书》谓：

> 庾元规少好黄老，能言玄理，时人方以之夏侯太初。

当然还有何晏，《世说新语·文学》注引《魏氏春秋》说：

> 晏少有异才，善谈《老》、《易》。

再如王衍，《晋书·王衍传》说他：

> 妙善玄言，唯谈老庄为事。

甚至和尚也不例外，《世说新语·文学》说：

> 《庄子·逍遥》篇旧是难处，诸名贤所可钻味，而不能拔理于郭、向之外。支道林在白马寺中，将冯太常共语，因及《逍遥》，支卓然标新理于二家之表，立异义于众贤之外，皆是诸名贤寻味之所不得，后遂用支理。

支道林（即支遁）是东晋著名和尚，他也受当时士人谈玄风气的熏染。

更重要的是，魏晋思想家们以道家思想来解释儒家的经典。何晏《论语集解·先进》释"回也其庶乎，屡空"说：

> 其于庶几每能虚中者，唯回怀道深。

空，本是说贫穷，但何注依老庄义，释为虚无之精神境界。对于《述而》中"志于道"，何晏注曰：

> 志，慕也，道不可体，故志之而已。

而王弼之《论语释疑》曰：

> 道者，无不称也，无不由也。况之曰道，寂然无体，不可为象。是道不可体，故但志慕而已。

何、王均以《老子》之道义，诠释儒家之道。

---

① 《世说新语·文学》注引《晋诸公赞》说："自魏太常夏侯玄、步兵校尉阮籍等，皆著《道德论》。"

王弼《论语释疑》注《述而》中"温而厉，威而不猛，恭而安"说：

> 温者不厉，厉者不温，威者必猛，猛者不威；恭则不安，安者不恭，此对反之常名也。若夫温而能厉，威而不猛，恭而能安，斯不可名之理全矣。故至和之调，五味不形；大成之乐，五声不分，中和备质，五材无名也。

将孔子说成是道家"无名"之圣人，用《老子》义释儒家之圣人。

王弼对《周易》也是如此，他注坤卦六二爻辞"直方大，不习，无不利"说：

> 居中得正，极于地质。任其自然，而物自生；不假修营，而功自成，故不习焉，而无不利。[①]

而东汉荀爽对此注曰：

> 物唱乃和，不敢先有所习。阳之所唱，从而和之，无不利也。

荀爽以阳唱阴和，阴不敢先有作为，为"不习，无不利"，这是以儒家思想注易，王弼将这说成是"无为"而"物自生"、"功自成"的道家思想，将它道家化了。

就这样，魏晋时期形成了崇尚老庄，并以老庄思想为骨架来融汇百家、讨论问题的一种新的思潮，后人称之为玄学。

一、破除烦琐经学的清新思想

魏晋玄学，作为一种"新学"，从形态上一扫汉代经学，特别是今文经学的教条、僵化、神秘和烦琐。

汉代占统治地位的经学的奠基形态，是董仲舒以天人感应为核心的神学目的论体系，其主要观点是：名号以达天意，将儒家经典的每句话甚至每个字看成是圣人表达天意的符号，从而神化圣王、圣人及儒家经典，把圣人的话和典籍中的字词，看成是"真理"、"天意"，这导致对儒家的经典的教条化、神秘化，其对儒家典籍的注释拘泥于章、句，往往是一章一句照字面解释，非常烦

[①] 李鼎祚：《周易集解》，北京，中国书店，1984。

琐、支离。桓谭《新论》称："秦延君能说尧典篇目,两字之说十余万言,但说:'曰若稽古'三万言。"其程度从中可见一斑。

与两汉经学对经典的迷信不同,魏晋士人把它们看成是圣人之迹,甚至是圣人之糠秕。《三国志·魏志·荀彧传》注引何劭《荀粲传》云:

> 粲诸兄并以儒术议论,而粲独好言道,常以为子贡称夫子之言性与天道,不可得闻,然则六籍虽存,固圣人之糠秕。而粲兄俣难曰:"易亦云圣人立象以尽意,系辞焉以尽言,则微言胡为不可得而闻见哉?"粲答曰:"盖理之微者,非物象之所举也。今称立象以尽意,此非通于意外者也;系辞焉以尽言,此非言乎系表者也。斯则象外之意、系表之言,固蕴而不出矣。"

荀粲兄弟的争议,涉及言、象与意、理的关系,值得注意的是,荀粲把六经看成"糠秕"的理由,是认为先圣之"微言",存在于六经、卦爻辞和系辞之外,由此他认为自己可以脱离典籍杜撰有关性与天道的"微言"了。这是魏晋士人的新看法,《汉书·艺文志序》云:"仲尼没而微言绝",汉人认为圣人才有讲"微言"的能力,荀粲要以自己的语言来述"圣人之意",这对于汉代抱缺守残之士,是不敢想象的。而这对于魏晋士人却不足为奇:

> 尚书令卫瓘,朝之耆旧,逮与魏正始中诸名士谈论,见(乐)广而奇之,曰:"自昔诸贤既没,常恐微言将绝,而今乃复闻斯言于君矣。"[1]

> 昔王辅嗣吐金声于中朝,此子今复玉振于江表,微言之绪,绝而复续。[2]

魏晋士人常把自己景慕的人当作"微言"的承继者。甚至常自视为"微言绝"的拯救者,《北堂书钞》卷98引陆机《七微》云:

> 吾将……折芒理于末殊,济微言于已坠。

魏晋士人的大胆、创新,与两汉经学家的保守僵化形成鲜明的对照。

借助经典之言,解读、阐释文本背后的"圣人之意"的方法,即"寄言出意"由王弼从理论上进行了系统的阐明,他在《周易略例·明象》中说:

> 夫象者,出意者也。言者,明象者也。尽意莫若象,尽象莫若言。言

---

[1] 《晋书》卷四十三,《乐广传》。
[2] 《世说新语·赏誉》注引《卫玠别传》中王敦赞卫玠语。

> 生于象，故可寻言以观象。象生于意，故可寻象以观意。意以象尽，象以
> 言著。故言者所以明象，得象而忘言。象者所以存意，得意而忘象。……
> 是故存言者，非得象者也；存象者，非得意者也。象生于意而存象焉，则
> 所存者乃非其象也；言生于象而存言焉，则所存者乃非其言也。然则忘象
> 者乃得意者也，忘言者乃得象者也。得意在忘象，得象在忘言。

王弼这里认为，言生于象，象生于意，因此可以寻言以观象而尽意。但言非象
本身，象非意本身，因此不能以言为象为意。另外，如果执着"言"以言为
象，以象为意，则不能得意，因此，"得意"在于"忘象"、"忘言"，也就是
"得意"须"忘象"、"忘言"，以求"言外之意"。

立足于这种看法，王弼对经典的注解，往往不拘泥于字词，而求文字背后
的"微言大义"，这倒能说出经典之真精神。如对于《论语·宪问》"子曰：君
子而不仁者有矣夫，未有小人而仁者也"，孔安国注云："虽曰君子，犹未能备
也。"认为君子仍可能不仁，让人费解。而王弼之《论语释疑》注曰："假君子
以甚小人之辞，君子无不仁也"，倒说出了孔子的真义。

郭象之注《庄子》，也用此法，其注《庄子·逍遥游》说：

> 鹏鲲之实，吾所未详也，夫庄子之大意，在乎逍遥游放，无为而自
> 得，故极小大之致以明性分之适，达观之士，宜要其会归而遗其所寄，不
> 足事事曲与生说。自不害其弘旨，皆可略之耳。

认为读《庄子》应融会贯通了解其精神实质，不必计较其细枝末节，不要每事
每物每字每句都详尽生硬地加以解释。

这种方法，着眼于经典之整体含义，不计一字一句，故其注解能"要约明
畅"，克服了两汉经学的烦琐支离。这虽然导致对典籍的曲解，如王弼以老庄
解《论语》、《周易》，郭象以儒家解《庄子》，但这种"六经注我"的方法，往
往能有创见，并能在注解中构建自己的思想体系。王弼、郭象等均是如此，他
们运用这种方法，成就卓越，刘勰之《文心雕龙》称："辅嗣（王弼）之两例
（指《周易略例》、《老子指例》），平叔（何晏）之两论（指《德论》、《道论》），
并师心独见，词锋精密，盖人伦之英也。"《晋书·向秀传》也称，郭象《庄子
注》问世后，"儒墨之迹见鄙，道家之言遂盛焉"，可见其成就与影响。

尽管西晋末年欧阳建写成《言尽意论》，对言不尽意及因此而来的解读经

籍的方法提出批评，认为："欲辩其实，则殊其名，欲宣其志，则立其称。名逐物而迁，言因理而变。此犹声发响应，形存影附，不得相与为二矣。苟其不二，则言无不尽矣，吾故以为尽矣。"意思是言与理、名与实一一对应，理实变，言名也变，名可尽实，言可尽理。但到南朝，竺道生又提得意忘言的话题，《高僧传》卷七称："（道生）潜思日久，彻悟言外，乃喟然曰：夫象以尽意，得意则忘象，言以诠理，入理则言息。自经典东流，译人重阻，多守滞文，鲜见圆义。若忘筌取鱼，始可言道矣。"道生重拾言不尽意、得意忘言的话题，也正是要打破对佛经的支离解释，建立他自己的佛学理论。

　　总之，魏晋玄学的大部分著作，也是对儒道经典的注释，但它基于"言不尽意"的立场，采用"寄言出意"的方法，力求把握经典言外之义，这克服了两汉章句之学的支离，也赋予了经籍以新意。

二、清议、清谈、玄学

　　玄学是汉末魏初士人清议和清谈的产物，清议产生于东汉末年，当时外戚宦官专权，"主荒政谬"，清流士人羞与为伍，激扬文字，对朝中人物及其施政进行评价，形成清议。《后汉书·党锢列传》序称："逮桓、灵之间，主荒政缪，国命委于阉寺，士子羞与为伍，故匹夫抗愤，处士横议，遂乃激扬名声，互相题拂，品核公卿，裁量执政，婞直之风，于斯行矣。"可见清议的宗旨是人物的评价，人伦的鉴识。① 当时出现了"三君"、"八俊"、"八顾"、"三及"、"八厨"等称号，所谓"君者，言一世之所宗也。俊者，言人之英也。顾者，言能以德行引人者也。及者，言其能导人追宗者也。厨者，言能以财救人者也"②，从君俊顾厨的含义看，东汉士人之清议是以儒家伦理道德来品核人物，根据德行评定人物高下的。

　　但由于党锢之祸，诸名士招政治暴力的摧残与压迫，士人（如郭泰等）开始不品核具体人物，"不为危言覈言"，而"周旋清谈闾阎"，只是抽象讨论人伦鉴识理论。到汉魏之际则产生了一大批品评人物标准的著作，据汤用彤先生

---

① 参阅《陈寅恪魏晋南北朝史讲演录》，第44页，合肥，黄山书社，1987。
②《后汉书》卷六十七，《党锢列传》。

考证说，可考者有九种，现仅存刘邵（182？—245）的《人物志》。书中刘邵将人物分成三等，第一等圣人，第二等兼德之人，第三等为"偏至之材"，并为它们定出了不同的标准，圣人的标准是他有"中庸"、"中和"之至德，"凡人之质量，中和最贵矣，中和之质，心平淡无味……"；而兼德之人，"以德为目"，即在仁义礼智等方面非常突出；偏至之材，以才自名。① 根据其才能，偏至之材可分为："德行高妙，容止可法"的清节家，"建法立制，强国富人"的法家，"思通道化，策谋奇妙"的术家；及国体、器能、臧否、伎俩、智意、文章、儒家、口辨、雄杰等十二家。② 刘邵认为人所禀受的五行、阴阳是人的道德品质才能的基础，而人所禀阴阳五行会表现于他的仪、容、声、色、神五个方面。

　　　　仪："心质亮直，其仪劲固。心直休决，其仪进猛。心质平理，其仪安闲。"

　　　　容："夫仪动成容，各有态度。直容之动，矫矫行行；休容之动，业业跄跄；德容之动，颙颙印印。"

　　　　……

　　　　神："夫色见于貌，所谓征神。征神见貌，则情发于目。故仁，目之精，悫然以端；勇，胆之精，晔然以强。"③

刘邵认为，品鉴人物要观其仪、容、色，听其言，更要征其神。这开魏晋清谈对人物风貌的审美品评的先河，而其对最高人格理想"圣人"的"中和""平淡无味"的道家理解也开魏晋玄学的先声。

　　汉末之清议，经过刘邵等的人物品核理论，发展为魏晋之清谈。

　　清谈之"清"，与"浊"相对，汉代人尊阳卑阴，认为阳气清，阴气浊，清则上升，浊则沉积，因而《淮南子》等书认为阳气清轻，升而为天；阴气浊重，凝而为地。又鉴于清则渗透，浊则滞碍，故汉代人又认为，阳气清越而成精神，阴气浊滞而成肉体。因此，"清"一是轻视肉体、欲望，超尘脱俗；二是超越具体形体、形骸之上，有"形而上者"之抽象之义。故清谈，一为清正之人物议论，二为形上之哲学讨论。

---

①③《人物志·九征》。
②《人物志·流业》。

由清议变化而来的清谈，起初并不像后人批评的那样是玄虚之谈，它的意义"只是雅谈"，"主要部分是具体的人物批评"。①

不过魏晋清谈褒贬人物，不像东汉以儒家伦理来对士人之德行进行品核，魏晋之清谈更多的是对士人的才性、精神、仪态，甚至容貌进行鉴赏。琅琊王珉为帛尸梨密多罗译《孔雀明王经》所作序中说："汉世有金日磾，然日磾之贤，尽于仁孝忠诚，德信纯至。非为明达足论，高座心造峰极，交俊以神，风领朗越，过之远矣。"② 认为魏晋之臧否人物，不像汉末"尽于仁孝忠诚"，而侧重于人之风貌，其理想人格不是"德信纯至"之儒者，而是放浪形骸之外，"上下与天地沟通"的道家之"神人"。《三国志·魏志·曹爽传》记载下的何晏的观点更明显："唯深也，故能通天下之志，夏侯泰初是也；唯几也，故能成天下之务，司马子元是也。惟神也，不疾而速，不行而至，吾闻其语，未见其人。"何晏眼中最高理想人格能"不疾而速，不行而至"，这就是庄子讲的"至人"。

魏晋士人对具体人物之才性、精神、人生境界的品题，也逐渐上升为对才性、形神等问题进行抽象理论上的探讨，成为形上学哲理之清谈。

形上学哲理之清谈也称"玄谈"、"玄论"，即郭象所谓的"辩名析理"。辩名析理，是品核人物的清议的深化，清议将人物归入不同类别，给予各种名号和规定，讨论这些名号和规定的意义，即辩名析理。

辩名析理，也与政治上的"综核名实"有关。"综核名实"本是法家、黄老的主张，司马迁称："申子之学本于黄老而主刑名"，韩非"喜刑名法术之学，而其归本于黄老"③。曹魏统治者既不遵儒教，而趋向法术刑名。《晋书·傅玄传》称："魏武帝好法术而天下贵刑名"。文帝曹丕也倾向于名法，他令刘邵制定"都官考课"七十二条，用以考察各级官僚的政绩。这就要以名核实，涉及名与实的关系，从而名实之讨论在曹魏流行于世。所谓"综合名实"，刘廙《政论》说："名不正则其事错矣。王者必正名以督其实，行不美则名不得称，称必实其所以然，效其所以成。故实无不称于名，名无不当于实。"认为

---

① 唐长孺：《魏晋南北朝史论丛》，第 290 页，北京，三联书店，1955。
② 汤用彤：《汉魏两晋南北朝佛教史》，第 121 页，北京，中华书局，1983。
③ 《史记·老子韩非列传》。

统治者先要确定名的含义，用以督察有这个名的实。一个官员行为不当，就不可称那个名，如果称那个名，必应合乎这个名的意义，做出相应的业绩。总之应做到名实相当。

名实讨论逐渐离开"实"，只就"名"的内涵进行探讨。名，也不再是名分，而是形上之命题。对抽象概念和命题进行讨论，就是"辩名析理"。"辩名析理"离开"实"，故被认为玄远。由于道家的影响，辩析名理讨论形上问题，故被认为玄深。由此清谈之玄谈产生了。

玄谈前期，其话题如才性、性情、形神，乃至有无，大多与品核人物有关，涉及评价人物的标准，及理想人格的构建。而"正论"、"雅谈"对人物的品题，也不得不涉及品题的标准即理想人格问题，逃不出对才性、有情无情等问题的探讨。因此，形上学之玄谈与清正之人物议论两者并不能分开。

魏晋士人之清谈，以老庄为归依，对有无、才性、形神等问题进行充分的讨论，从而产生了一种有别于汉代经学，也有别于后代理学的独特思潮——魏晋玄学。魏晋士人普遍接受《周易·系辞上》"书不尽言"之说，认为口语表达本体的功效胜过文字。当时文士成名的主要途径也不是著书，而是辩才，王弼就是这样成名的："何晏为吏部尚书，有位望，时谈客盈坐，王弼未弱冠往见之。晏闻弼名，因条向者胜理语弼曰：'此理仆以为极，可得复难不？'弼便作难，一坐人便以为屈。于是弼自为客主数番，皆一坐所不及。"① 王弼弱冠而以辩才出名。因而魏晋士人少有著述，只是"迄至正始，务欲守文，何晏之徒，始盛玄论"②，从而产生了为数不多的玄学著作，由于这些著作不是死读书的产物，而是清谈、辩论的结晶，它们在历史上以精致、畅达、简约著名。这些著作成为魏晋玄学的主要材料，为后人了解当时士人清谈的内容提供了凭证。

三、玄学讨论的主题

由清议而来的魏晋玄学讨论的主要问题是才与性、有和无、性与情、形与

---

① 《世说新语·文学》。
② 《文心雕龙·论说》。

神等，这些问题都涉及什么是理想人格问题，与当时流行的人物鉴赏直接相关。

（一）才与性

才性问题，在魏晋是一个重大问题，《世说新语·文学》云：

> 钟会撰《四本论》始毕，甚欲使嵇公一见。置怀中，既定，畏其难，怀不敢出，于户外遥掷，便回急走。

刘注曰：

> 《魏志》曰："会论才性同异，传于世。四本者，言才性同，才性异、才性合、才性离也。尚书傅嘏论同，中书令李丰论异，侍郎钟会论合，屯骑校尉王广论离。文多不载。"

这么多重要人物参与争论，可见这个问题非同一般，有关四人争论的具体内容，当时已"文多不载"，现在更无从考察了。今人只能依据有限的材料进行推测了。所谓性，是指人的道德品质，才是指人的才能。《三国志·魏志·刘邵传》注引《何氏春秋》载何祯语曰："康虽有才，性质不端，必有负败。"《宋书·文五王传》引泰始五年诏曰："公受性不仁，才非治用。"以上两则，才性均指才德关系问题。才性的同异离合，大概是指关于有才能是否一定有德行，或有德行是否一定有才能的争论。

才性之辩，源于汉魏选举制度的变化。本来汉朝的"察举"、"征辟"制度本意是根据德性选拔官员，并不把"才"与"性"看成是矛盾的。但到曹操时代，曹操的求才三令，特别是建安二十三年（208）的第三令，在列举历史上负污辱之名却能成就王业的管仲、萧何、韩信、吴起等人的事迹后称："今天下得无有至德之人放在民间，及果勇不顾，临敌力战；若文俗之吏，高才异质，或堪为将守，负污辱之名，见笑之行，或不仁不孝而有治国用兵之术。其各举所知，勿有所遗。"大旨认为有德者未必有才，而有才者，或负不仁、不孝、贪诈的污名，这就意味着"才"与"性"（德）可能会发生背离，而曹操取人的标准是才而非德，即所谓"唯才是举"。

汉征辟制度以儒家伦理作为取人标准，陈寅恪先生认为，求才三令之"唯才是举"，宣告了儒家豪族自来所遵循的金科玉律并赖以安身立命的根据的儒教的破产，是庶族出身的曹魏皇室大政方针的宣言。① 因此"四本论"才性同异离合的争论，即才德是否会相互疏离发生矛盾的争论，实是拥护曹魏的庶族与拥护司马氏的豪族的政治立场对立的体现。据陈寅恪考证，主"才"、"性"分离的李丰、王广是曹党，而主张"才"、"性"合同的钟会、傅嘏则属司马集团。②

李丰、傅嘏等在正始年间，于才性问题进行争辩，也与当时的改制有关。

曹丕任魏王时，由陈群制定"九品官人法"，各郡设中正根据乡间清议选举人才，并为人才定品，吏部根据中正所定品级决定是否授官，及授多大的官职。但这种制度，"中间（指魏末）渐染，遂计资定品，使天下观望，唯以居位为贵"③。逐渐又演变成不重才性而重门第，由豪族操纵选举的情况，连司马懿也称："案九品之状"，诸中正"未能料究人才"，④ 于是在正始初期，出现了改制的要求。夏侯玄等根据才性相离的原则，认为"考实性行，莫过于乡间，校才选能，莫善于对策"⑤，主张由中正乡议鉴别人物的德性，考功校才则"各有官长"。这是要加强中央集权，打击豪族垄断选举。而傅嘏为维护豪族的利益，大肆鼓吹"乡老献贤能"、"六乡之举"的古法，力主把选举权力全部放给"乡老"，从而主张"才性同"。⑥ 这也涉及曹魏庶族集团与司马氏豪族集团的权力之争。

其实，曹操的三求才令，一是引起才性可能相离的问题，但由此引申出另一问题，即既然才性可能相背，那么是才重要，还是性重要？如果才性会相违，这与政治密切相关，那么才性孰重孰轻，则是理想人格问题，关系到对人物的不同评价。《世说新语·品藻》记载：

> 孙兴公、许玄度皆一时名流。或重许高情，则鄙孙秽行；或爱孙才藻，而无取于许。

可见以性（德行）还是以才论人，在当时是有争议的。就现有材料看，魏晋之人物品藻重才，如《世说新语·德行》：

①②《陈寅恪魏晋南北朝史讲演录》，第 12 页，第 45、48 页。
③《晋书·卫瓘传》。
④《太平御览》卷二百六十五。
⑤ 杜恕《笃论》，见《意林》。
⑥ 见《三国志·魏志·傅嘏传》。

陈元方子长文，有英才。

《世说新语·品藻》：

> 王平子迈世有俊才，少所推服。每闻卫瓘言，辄叹息绝倒。

可见时常称人为"俊才"、"英才"、"天才"、"长才"、"高才"、"奇才"等，讲求人之"才情"、"才理"、"才藻"、"才气"、"才用"等，更看重人物之才而非德行。

（二）有与无

有、无问题被认为是魏晋玄学的中心问题，[①] 首位从玄学角度提出"有"、"无"问题的是何晏。《列子·天瑞篇》张湛注引何晏之《道论》说：

> 有之为有，恃无以生。事而为事，由无以成。

提出了有无问题，并认为"有"恃"无"以生，这就是著名的以"无"为本体的"贵无论"。

何晏的"贵无论"源于道家，但它重视的不是"天下万物生于有，有生于无"、"道生一，一生二，二生二，三生万物"的万物生成过程，他重视的是"无之为用"，《晋书·王戎传附王衍传》说：

> 何晏、王弼等祖述老庄，立论以为："天地万物皆以无为本。无也者，开物成务，无往不存者也。阴阳恃以化生，万物恃以成形，贤者恃以成德，不肖恃以免身。故无之为用，无爵而贵矣。"

何晏、王弼提出"以无为本"的玄学理论，是要给士人提供一种安身处世的天道根基，进可以此成德，退可以此保身。

何晏这里提到"免身"，让人吃惊，其实何晏身居高位，但已感受到声名及权力倾轧可能带来的不测之祸患。《世说新语·规箴》注引《管辂别传》和《名士传》说，何晏曾请管为之卜卦，看其能否"位至三公"，管以"位峻者颠，轻豪者亡"、"溢则有竭"等语戒之，何因辂言，惧而赋五言诗，中有"常畏大纲罗，忧祸一旦并……承宁旷中怀，何为怵惕惊"之句，其有保生全性的思想，与其身处权力争斗中心的精神体验有关。

---

① 汤一介：《郭象与魏晋玄学》，第7页，武汉，湖北人民出版社，1983。

何晏"贵无"，也不是贵"无"本身，而是贵"无"的规定。《列子·仲尼篇》张湛注引何晏的"无名论"说：

> 为名所誉，则有名者也。无誉，无名者也。若夫圣人，名无名，誉无誉，谓无名为道，无誉为大。则夫无名者，可以言有名矣；无誉者，可以言有誉矣。然与夫可誉可名者，岂同用哉！此比于无所有，故皆有所有矣，而于有所有之中，当与无所有相从，而与夫有所有者不同。

道家之道，无形无象，不可名，不可道。这里何晏提到了圣人的有名无名、有誉无誉、有所有无所有问题，意味圣人应效法道，以"无名"达到"有名"，以"无誉"达到"有誉"，以"无所有"达成"有所有"，即老子所谓"无为而无不为"。"有恃无以生"的"贵无论"，是要为圣人治天下提供理论依据。圣人"中和"、"平淡"、"无名"、"无味"即"无为"的人格理想，是刘邵《人物志》早已提出的，它的提出可能与文帝曹丕"常嘉汉文帝之为君"，倡导黄老无为而治有关。① 而何晏、王弼等玄学家们给它按上了形上学的根据。

总之，何晏之"贵无"论，一是为统治者提供"无为而治"的政治哲学，二是为士人"成德"和"保身"提供指导。

从"崇有"立场来讨论有无问题最有名的是西晋的裴頠（267—300），他提出了"崇有论"，被认为是"为世名论"。其中说道：

> 夫至无者，无以能生。故始生者，自生也。自生而必体有，则有遗而生亏矣。生以有为己分，则虚无是有之所谓遗者也。②

"至无"是绝对的无，老子、王弼都持"有"生或始于"无"之说，裴頠这里鲜明指出，"无"不能生有，万物都是自己"生"出来的。"自生"必以"有"而非"无"为体，失去"有"就是丧失"生"，而"无"就是"有"的遗失，怎么可能有"生"。

在何晏王弼那里，道（"无"）不只是本体，更是世界万物（包括人世）的原则，"有生于无"，有宇宙万物之原理在先之意。裴氏也批判了这种观点：

> 夫总混群本，宗极之道也；方以族异，庶类之品也；形象著分，有生之体也；化感错综，理迹之原也。……是以生而可寻，所谓理也；理之所

---

① 《三国志·魏志·文帝纪》注引《魏书》。
② 《晋书》卷三十五，《裴秀传附裴頠传》。下列裴頠言均同。

体，所谓有也。

"宗极之道"是玄学一个重要的概念，"贵无论"认为"无"是宗极之道，而这里裴頠认为"宗极之道"总括"万有"，是众多物类的总称，这些物类有形有象而彼此有别，都是生化的实体，这些实物的生化错综复杂，是"理"即规律的表现。因此生化有脉络可寻，就是"理"，"理"依存的"体"，即是"有"。"理"或"道"，即万物生化的原则在"有"之中，而不在"有"之外、之先。

何晏认为"有恃无以生"，把"无"作为"有"存在的条件，而裴頠反驳道：

> 有之所须，所谓资也。资有攸合，所谓宜也。择乎厥宜，所谓情也。

万事万物的存在，当然要依据适宜的外部条件，但事物赖以存在的条件也是有，即所谓："济有者有也。"

裴頠提出"崇有论"批驳"贵无论"的目的，第一是要维护名教。他认为理论上的"贵无"而"贱有"，必定会破坏礼制和政教。他说：

> 贱有则必外形，外形则必遗制，遗制则必忽防，忽防则必忘礼。礼制弗存，则无以为政矣。

裴頠认为，贵无贱有，会使人忘记礼制，而没有礼制的规范、约束、箝制作用，人们会不安于自己的本分，像水一样四处泛滥漫流，这样，为政者就难以统治了。第二，裴頠揭示了"贵无论"对社会风气的败坏：

> 遂薄综世之务，贱功烈之用，高浮游之业，埤经实之贤……是以立言藉于虚无，谓之玄妙；处官不亲所司，谓之雅远；奉身散其廉操，谓之旷达。故砥砺之风，弥以陵迟。放者因斯，或悖吉凶之礼，而忽容止之表，渎弃长幼之序，混漫贵贱之级。其甚者至于裸裎，言笑忘宜，以不惜①为弘，士行又亏矣。

认为由"贵无论"所煽起的一般虚浮旷达之风对贵贱长幼的等级制度已产生了严重的破坏作用。裴頠将当时政界及社会上的弊端全归结于"贵无"之玄学，其《崇有论》正是力求从根本上肃清其恶劣影响。

最后，裴頠之"崇有论"是要给"圣人"的有为进取提供理论依据，他在

---

① 冯友兰认为"惜"应为"措"。见《中国哲学史新编》第 4 册，第 116 页，北京，人民出版社，1986。

阐述"夫总混群本，宗极之道也……"的"崇有"理论后接着说：

> 惟夫用天之道，分地之利，躬其力任，劳而后飨。居以仁顺，守以恭俭，率以忠信，行以敬让，志无盈求，事无过用，乃可济乎？故大建厥极，绥理群生，训物垂范，于是乎在，斯则圣人为政之由也。

"圣人"崇有，要用天之道，分地之利，制定礼制和仁忠信敬等道德规范，并带头执行，以身作则，从而"绥理群生"，国家治天下平万物生。裴頠生活于西晋初年，正是司马集团倡导名教巩固统治之时，"崇有论"为西晋政策提供了形上依据，故颇受重视。《惠帝起居注》说："**頠**著二论以规虚诞之弊，文词精富，为世名论。"

但现实是，司马氏统治集团虽然号称要"敦喻五教"，以名教立国，提倡"行义节俭"，但他们却靠弑君上台，又奢靡腐化成性，导致早亡。现实成了裴**頠**理论最大的反讽。

可见，裴**頠**之"崇有论"，和何晏之"贵无论"一样是一种政治哲学。正如冯友兰先生所言："《崇有论》是裴**頠**的一篇哲学论文，也是他的一篇政治宣言。"①

总之，魏晋"有"、"无"之争，关系到圣人是有为无为、有名无名、有誉无誉之争，关系到圣人理想人格的构建。

（三）形与神

魏晋之清议将汉末对人物道德品质的品题变成对人物风貌的品藻与鉴识，这不得不涉及形与神的关系。

魏晋南北朝对形神问题的讨论，大致与三个问题有关，一是与人物品藻鉴识相连，二是与养生问题相关，三是在佛教影响下对形神问题的讨论。

首先是在人物品鉴理论下的形神问题。上述刘劭认为，人的才德性行与他禀受的阴阳五行有关，而阴阳五行又与人体的筋骨气血肌肉等相连，因此可以从人的"形质"发现其内在的才德性行。如何发现呢？他认为可以观察此人的仪容、声、色、神。人的仪容声色可用眼耳把握，而对于把握"神"，刘劭说：

---

① 冯友兰：《中国哲学史新编》第 4 册，第 111 页，北京，人民出版社，1986。

夫色见于貌，所谓征神，征神见貌，则情发于目。

物生有形，形有神精，能知精神，则穷理尽性。[1]
认为可以通过人的形、貌来把握。

这里刘劭讨论的是人的外形与其内在精神（即人的才德智性情的综合表现）的关系，不是先秦两汉及后来佛教讨论的人的肉体和精神的关系。从人的外形考察人的精神，并不容易，刘劭认为这是"穷理尽性"。葛洪《抱朴子·清鉴》也指出：

区别臧否，瞻形得神，存乎其人，不可力为。自非明并日月，听闻无音者，愿加清澄，以渐进用，不可顿任。
通过形体把握人的精神，决非"明并日月，听闻无音"那样明了，须仔细分析，循序渐进。

何晏、王弼将"神"作为道的表现。王弼注《老子》二十九章"天下神器"时说："神无形无方"。另王弼注《周易·系辞上》"一阴一阳之谓道"说："道者何？无之称也……必有之用极，而无之功显，故至乎神无方而易无体，而道可见矣。"认为神无形无方，没有具体规定，他还将"无之功显"和"至乎神无方而易无体"等同，神为"无之功"。

因而何晏将"神"看成是人生的最高境界，前引《三国志·魏志·曹爽传》注引《魏氏春秋》记载何晏对司马师、夏侯玄的评论，认为夏侯玄能通天下之志，唯深，司马师能成天下之务，唯几，但都没有到达"神"的境界，"神"是最高圣人境界。

唯圣人能神，而神无形无方，难以把握，故圣人的精神不可揣度。王弼注《老子》七十章"是以圣人被褐怀玉"说：

被褐者同其尘，怀玉者宝其真也。圣人之所以难知，以其同尘而不殊，怀玉而不渝，故难知而为贵也。
圣人外形不异于常人，而其内在精神则是"玉"，非常人可比。探测圣人内在精神，不也要忘"形"求之于形体之外？

魏晋时期形神的讨论还与"养生"问题相关。养生、延寿和成仙思想在历

---

[1] 《人物志·九征》。

史上由来已久，它在《老子》、《庄子》中也有体现。到魏晋时期由于道教的兴起，养生延寿之术更是在士人中泛滥开来。嵇康则特别讨论了此问题，并将之与理想人格的追求结合起来，其《养生论》中说：

> 是以君子知形恃神以立，神须形以存，悟生理之易失，知一过之害生。故修性以保神，安心以全身，爱憎不栖于情，忧喜不留于意，泊然无感而体气和平。又呼吸吐纳，服食养生，使形神相亲，表里俱济也。

认为，形神可以区分开，但神必须依赖形而存在，因此养生实包含了两个方面，一是保神，二是养形，由于嵇康认为"精神之于形骸，犹国之有君也"，因此，保神在养形之前。

"保神"，首先是不能让爱憎忧喜这些情感影响内在心气的平和，这要节制情欲、淡泊名利；其次是要"修性"、"全生"，这就要"越名教"。庄子早已把礼义看成胶漆绳索，会让人伤生残性，离开人之自然。要全生全性就应"外"（即遗）礼义。"外"名利也好，"外"礼义也好，均要超越尘世（即庄子所谓"外天下"），嵇康与向秀争论的焦点也正在这里。向秀对嵇康主张的"节哀乐、和喜怒、适饮食、调寒暑"，节制情欲，表示理解，他反对的是像"抑富贵"等超越名利的出世思想。嵇康在反驳向秀责难时则说，养生有五难，第一难是"名利不灭"。[①]

在保神基础上，可以呼吸吐纳，服食以养形，使外在之形和内在之神都保全且相匹配。

嵇康主张肯定形质，又认为"神"高于"形"，并追求"修性保神"、"养形"使"形神相亲"的思想，是魏晋风度的一个重要方面。如《世说新语·言语》记载，何晏说："服五石散，非唯治病（养形），亦觉神明开朗（保神）。"这种思想集中体现在魏晋时期的人物鉴赏之中。

魏晋士人肯定"外形"，故常有对人仪容的品鉴，《世说新语·容止》记下了很多条：

> 裴令公有俊容仪，脱冠冕，粗服乱头皆好，时人以为"玉人"，见者曰："见裴叔则如玉山上行，光映照人。"

---

① 《嵇康集》之《答难养生论》。

> 刘伶身长六尺，貌甚丑颓，而悠悠忽忽，土木形骸。

但更多的是对人物精神风格的品评，魏晋人更重神：

> 嵇康身长七尺八寸，风姿特秀。见者叹曰："萧萧肃肃，爽朗清举。"
> 或云："肃肃如松下风，高而徐引。"山公曰："嵇叔夜之为人也，岩岩若
> 孤松之独立；其醉也，傀俄若玉山之将崩。"

> 时人目王右军，飘如游云，矫若惊龙。

> 支道林常养数匹马。或曰道人畜马不韵，支曰："贫道重其神骏。"①

> 王戎云："太尉神姿高彻，如瑶林琼树，自然是风尘外物。"②

魏晋人赞尚人精神的用词有"神姿高彻"、"神明开朗"、"神衿可爱"、"神锋太俊"、"明惠若神"，"常自神王"等，把这些词当成是对人的最高赞美。

可见，形、神的讨论，涉及魏晋人的理想人格观念。

到了东晋，在佛教的影响下，形神关系之争成了显学。

首先是张湛，其注《列子·周穆王》中有云：

> 所谓神者，不疾而速，不行而至。以近事喻之，假寐一昔，所梦或百
> 年之事，所见或绝域之物。其在觉也，俯仰之须臾，再抚六合之外。邪想
> 淫念，犹得如此，况神心独运，不假形器，圆通玄照，寂然凝虚者乎？

他讲"神"与前引何晏所引《周易·系辞》中的一样："不疾而速，不行而至。"但他以梦为例，可见其"神"实为现代讲的精神活动，而非玄学称的外表透露出的神味、神韵。神可随意而行，不受形体与时空的限制，可离开形而存在，这种说法与佛教学说相类。释道安在《人本欲生经序》中说：

> 神变应会，则不疢而速，洞照傍通，则不言而化。

释慧远在《沙门不敬王者论》中说：

> 夫神者何耶？精极而为灵者也。

宗炳《明佛论》说：

> 夫精神四达，并流无极，上际于天，下盘于地。

连语句也和张湛相似，可见张湛之受佛教的影响之深。只是张湛用这些来形容精神高妙圆通，还带一点玄学的影子。

---

① 《世说新语·言语》。
② 《世说新语·赏誉》。

张湛认为"神"可脱离形体，释慧远（334—416）以火薪为喻，认为："火之传于薪，犹神之传于形；火之传异薪，犹神之传异形。"① "神"可脱离一具体形体，在形体间传递，形灭"神"不会灭。而后来范缜（450—515）则以刀刃与锋利喻形神，对形灭神不灭提出批驳："神之于质，犹利之于刃；形之于用，犹刃之于利。利之名非刃也，刃之名非利也。然而舍利无刃舍刃无利；未闻刀没而利存，岂容形亡而神在？"② 认为神随形俱灭。但这里讨论的是精神活动甚至灵魂与肉体的关系，早已不是前述"形"与"神"的关系了。

四、玄学的发展阶段

东晋时，袁宏作《名士传》，将曹魏正始以来受老庄影响的名士分为三期，刘孝标注《世说新语·文学》"袁伯彦作《名士传》成"条说：

> 宏以夏侯太初（玄）、何平叔（晏）、王辅嗣（弼）为正始名士。阮嗣宗（籍）、嵇叔夜（康）、山巨源（涛）、向子期（秀）、刘伯伦（伶）、阮仲容（咸）、王濬仲（戎）为竹林名士。裴叔则（楷）、乐彦辅（广）、王夷甫（衍）、庾子嵩（顗）、王安期（承）、阮千里（瞻）、卫叔宝（玠）、谢幼舆（鲲）为中朝名士。

袁宏将玄学思想家分为正始、竹林和中朝（主要指元康时期），大体说出了魏晋思想的变迁。如果再加上袁宏所处的东晋时代，汤一介先生认为，玄学发展可大体分为四个时期：正始时期、竹林时期、元康时期、东晋时期。

（一）正始玄学

正始玄学的代表人物如袁宏所称是夏侯玄、何晏、王弼。夏侯玄、何晏当时年长位高，影响很大，但就学术成就及对后世的影响，当首推王弼。

王弼是"建安七子"之一的王粲的从孙。王粲（176—217），《三国志·魏志·王粲》评云"特处常伯之官，兴一代之制"，在汉魏禅代之际，参与订立魏朝制度，是所谓"制度之士"。《文心雕龙·论说》称"傅嘏、王粲校练名

---

① 慧远：《沙门不敬王者论》。
② 范缜：《神灭论》。

理"，可见他参与曹操的名法之治，在"术兼名法"之下"校练名理"。据汤用彤先生考证，王氏家族的学术渊源，可以追溯到东汉讲义理的荆州学派。① 在此家学传统下，王弼之学着眼于政治，并有黄老名家的倾向，其注《易》的路数，更是讲求义理。

《世说新语·文学》刘孝标注引《王弼别传》称弼："少而察惠，十余岁便好庄、老，通辩能言。"《晋书·王衍传》称："魏正始中，何晏、王弼等祖述老庄。"王弼有《老子注》，其"祖述"老子自不必说。而于他是否讲《庄子》，学界多有怀疑，② 但从他《易》《老》两注中，可以看到受《庄子》影响的痕迹。如王弼注《老子·二十章》"绝学无忧"句曰："夫燕雀有匹，鸠鸽有仇；寒乡之民，必知旃裘。自然已足，益之则忧。故续凫之足，何异截鹤之胫；畏誉而进，何异畏刑。"这引述了《庄子·骈拇》。《周易略例·明象》主张："言者所明象，得象而忘言，象者所以存意，得意而忘象。犹蹄者所以在兔，得兔而忘蹄；筌者所以在鱼，得鱼而忘筌也。"这引述了《庄子·外物》中的例子。王弼无疑也受《庄子》所影响。

王葆玹先生则通过考证认为王弼还受王充的影响，他应见过当时流传不广的《论衡》。《论衡》在东汉长期被冷落，至东汉末年由蔡邕、王朗携至中原，蔡邕赠书数车与王粲，这些书后来归于王弼之父王业，《论衡》可能也包括在内，成为王弼治学的资本之一。③

承受如此广大深远的学术传统，怪不得王弼在短短二十四年的寿命中取得如此大的成就。王弼最大的成就，是将汉代人的宇宙论改造成本体论。

1. 王弼之形而上学思想

"贵无"是道家的传统，但道家将"无"或"道"看成是万物的本源。《老子》说：

> 天下万物生于有，有生于无。④

> 道生一，一生二，二生三，三生万物。⑤

---

① 汤用彤：《汤用彤学术论文集》，第 265～266 页，北京，中华书局，1983。
② 冯友兰：《中国哲学史新编》第 4 册，第 48 页，北京，人民出版社，1986。
③ 王葆玹：《正始玄学》，第 31 页，济南，齐鲁书社，1987。
④⑤《老子》四十章，四十二章。

《庄子·大宗师》也说：

> 夫道，有情有信，无为无形，可传而不可受，可得而不可见，自本自根，未有天地，自古以固存，神鬼神帝，生天生地。

都把"道"、"无"当成天地万物之母。

王弼受王充的影响，不讲"天地之始"。《论衡·道虚》说："天地不生，故不死，阴阳不生，故不死。死者，生之效；生者，死之验也。夫有始者必有终，有终者必有始，唯无终始者，乃长生不生。"认为有生必有死，有始必有终，天地不生、无始，故能不死、无终。王弼大概接受了这种观点，他注《老子·一章》"无名天地之始，有名万物之母"云：

> 凡有皆始于无，故未形无名之时，则为万物之始。及其有形有名之时，则长之，育之，亭之，毒之，为其母也。言道以无形无名，始成万物。以始以成，而不知其所以，玄之又玄也。

《老子》明明称"天地之始"，王弼却讲成"万物之始"，并强调"道"或"无"对万物的作用，使万物"始"、"长"、"育"、"亭"、"毒"。对于这些词的含义，《老子·五十一》注曰："亭谓品其形，毒谓成其质"，又说："物生而后畜，畜而后形，形而成"，始，是使万物出生；长、育，是使万物发育；亭，即品形，赋予万物以形式；毒，即成质，赋予万物以质料。"道"、"无"是万物之母，王弼不讲宇宙（天地万物）而讲万物生成论。

但王弼更重要的是将"道"、"无"不只当作万物的本原，更将它们当作是万物的本体，王弼注《老子·四十章》曰：

> 天下之物，皆以有为生。有之所始，以无为本。将欲全有，必反于无也。

注《老子·四十二章》曰：

> 万物万形，其归一也。何由致一？由于无也。由无乃一，一可谓无，已谓之一，岂得无言乎？有言有一，非二如何？有一有二，遂生乎三。从无之有，数尽乎斯，过此以往，非道之流。故万物之生，吾知其主，虽有万形，冲气一焉。……以一为主，一何可舍？愈多愈远，损则近之。损之至尽，乃得其极。既谓之一，犹乃至三，况本不一，而道可近乎？损之而益，益之而损，岂虚言也。

上一条王弼认为具体事物以"有"为存在，都是"有"；而任何"有"本来可以都是没有，以无为本。因此，要涵盖全部"有"，必返本于"无"。"有始于无"，不是讲宇宙万物（"有"）之前有一个"无"的阶段，而是万物是以无为本，有依靠（"资"）无而生。下一条，王弼进一步将《老子》一、二、三的宇宙万物生成过程反过来讲，认为是将万物万形（"多"）损之又损到最后，而得"一"或"无"，"一"或"无"是对万物的不断抽象而得到的最高结果，是万物最抽象的本性或最高统一原理。对于此，王弼之《周易大衍义》指出：

> 夫无不可以无明，必因于有，故常于有物之极，而必明其所由之宗也。

"无"不是独立于万物之外或之先的实体，而是存在于万物之中，是万物存在的根本属性或原则（"所由之宗"），因而"无"不能直接把握或表现，必通过"有"才能了解或显现。

老子认为道生万物，有生于无，从而把道（或无）与万物比喻成母与子的关系。《老子·五十二章》说：

> 天下有始，以为天下母，既得其母，以知其子；既知其子，复守其母，没身不殆。

王弼对此注曰：

> 母，本也；子，末也，得本以知末，不舍本以逐末也。

把道与万物、无与有看成是本与末的关系，这就将老子的宇宙生成论说成是本体论了。这是王弼哲学的最大贡献。当时的士人都为之倾倒：

> 魏正始中，何晏、王弼等祖述老庄，立论以为："天地万物皆以无为本。无也者，开物成务，无往不存者也，阴阳恃以化生，万物恃以成形……"（王）衍甚重之。[1]

> 王辅嗣弱冠诣裴徽，徽问曰："夫无者，诚万物之所资，圣人莫肯致言，而老子申之无已，何邪？"[2]

这两段中的文字和观点，与上述王弼的理论一致，应是王弼持的看法，王衍重之。而裴徽一定是听说过王弼的观点并感到惊奇，才有此问。可见王弼思想在

① 《晋书·王衍传》。
② 《世说新语·文学》。

当时掀起的波澜。

王弼在论证"以无为本"的过程中，提出了"体"和"用"的范畴，这是中国思想史上第一次明确提出这对范畴。王弼注《老子·三十八章》说：

> 故虽盛业大富而有万物，犹各得其德而未能自周也。故天不能为载，地不能覆，人不能为赡，万物虽贵以无为用，不能舍无以为体也。

圣人效法道，无为而无不为，有日新之盛德，富有之大业，这是"以无为用"，是道的作用和表现。因此，不能"舍无以为体"，只有能"体无"、"以无为体"，才能具有"无"之德性，表现出"无"的作用。这里，体、用是统一的，王弼主张"体用不二"。

王弼"体用不二"包含着一个深刻思想，本体（"道"）以自身为原因，万物是"道"的作用和表现，以"道"为原因，但"道"不是一种外在的力量，它存在于万物之中。王弼注《老子·二十五章》说：

> 道不违自然，乃得其性。法自然者，在方而法方，在圆而法圆，于自然无所违者。

"道"在万物之中，法自然，就是"方法方"、"圆法圆"，顺每个不同事物的本性。他还曲解《老子·五章》"天地不仁，以万物为刍狗"说：

> 天地任自然，无为无造，万物自相治理故不仁也。仁者必造立施化，有恩有为，造立施化，则物失其真。……天地不为兽生刍，而兽食刍；不为人生狗，而人食狗。无为于万物而万物各适其所用，则莫不赡矣。

"刍狗"本是"祭神之物"，王弼妄说："兽食刍""人食狗"，意在阐述其天道自然无为、万物自相治理自己各适其用的理论。

由此，王弼建立起了其政治理论。

2. 王弼之政治理论

王弼之形上学前后是不一致的。他有时认为，"道"、"无"是万物之母，更多的则认为它们是万物、有之本。在此基础上的政治理论也有不一致的地方。

道生、长、育、畜、亭、毒万物，道是有为的，因此，王弼有时主张有为：

> 始制，谓朴散始为官长之时也。始制官长，不可不立名分以定尊卑，

故始制有名也。①

圣人要定立制度，任命官长，立名分，不能任自然。而且王弼还主张变革制度：

> 革去故而鼎取新。取新而当其人，易故而法制齐明……贤愚有别，尊卑有序，然后乃亨，故先元吉而后乃亨。②

变革旧制度，创立新制度，甚至是儒家的礼制，然后"乃亨"。由此王弼赞扬那种刚健、奋发、有为的精神。

> 夫能辉光日新者。唯刚健笃实也。③

> 成大事者，必在刚也。④

但更重要的是王弼把"道"、"无"看作是万物之本及其所资，并且主张"举本统末"、"崇本以举其末"、"崇本以息末"、"守母以存子"，主张以道治国。他注《老子·五十七章》说：

> 夫以道治国，崇本以息末，以正治国，立辟以攻末。本不立而末浅，民无所及，故必至于奇用兵也。

治国必须崇本，而作为本的"无"，有"无为"、"无名"、"无情"、"无形"等规定，因此王弼注《老子·二十三章》说：

> 道以无形无为而济万物，故从事于道者以无为为君。

注《老子·五十八章》说：

> 善治政者，无形、无名、无事、无政可举，闷闷然，卒至于大治。

崇本就是要无为、无名、无形、无事、无政可举，就是任其自然。

上已讲到，王弼认为，道在万物之中，每个事物自己有自己的性、用，自己是自己的原因，万物俱足，无须外力干涉，其《周易注》损卦说：

> 自然之质，各定其分，短者不为不足，长者不为有余，损益将何加焉？

认为有为没有必要。可见在王弼看来，自然无为是应当的。

---

① 《老子注》三十二章。
② 《周易注》鼎卦。
③ 《周易注》大畜卦。
④ 《周易注》小过卦。

3. 王弼之易学观

钱大昕《何晏论》说："自古以经训颛门者，列于儒林，若辅嗣之易、平叔之论语，当时重之，更数千载不废。"认为王弼之易学思想影响深远。

王弼之注《周易》，继承了汉代古文经学的传统，其对卦爻辞的解释以取义为主，有意识地排斥汉易中的象数学派。他注《周易·乾卦》之《文言》中说：

> 夫易者，象也。象之所生，生于义也。有斯义，然后明之以其物，故以龙叙乾，以马明坤，随其事义而取象焉。是故初九、九二龙德皆应其义，故可论龙以明之也。至于九三，乾乾夕惕，非龙德也，明以君子当其象矣。统而举之，乾体皆龙；别而叙之，各随其义。

王弼认为，象生于义，先有某卦之卦义，方有某卦所取之物象，如乾坤两卦，先有刚健、柔顺，有乾坤之义，然后再取龙象明乾，取牝马以明坤。因此卦义是第一位的。对卦和卦爻辞的解释王弼皆主取义说，如他将八卦之乾解释为健、坤为顺、震为威惧、巽为申命、坎为险陷、离为丽、艮为止，兑为悦。而将六十四卦中的屯卦解释为"天地造始之时"，以蒙为蒙昧之义，以讼卦为听讼义，以师卦为"兴役动众"之义等。

《易》六十四卦，每卦六爻，各爻都有其意义，但卦整体意义如何确定？或卦辞与其爻辞关系如何？王弼提出了一爻为主说，即全卦的意义主要是由其中的一爻之义决定的。其在《周易略例·明象》中说：

> 夫彖者何也，统论卦之体，明其所由之主也。

在《略例下》中说：

> 凡彖者通论一卦之体者也。一卦之体，必由一爻为主，则指明一爻之美，以统一卦之义，大有之类是也。

王弼指出《彖》是总论一卦之卦义的，而这一卦之义在于一爻为主，由为主的那爻决定的。王弼一爻为主说，是对《彖》爻位说的发展，这为主的一爻或称"成卦之体"的一爻，或是指爻辞直接同卦辞相联系的一爻，如屯卦卦辞有"利建侯"句，初九爻辞亦有"利建侯"，初九为一爻为主；或是居中位之爻，即二、五爻，其《周易例略·明象》说："是故杂物撰德，辩是与非，则非其中爻，莫之备矣。"或是一卦之中，阴阳爻象之最少者，《明象》说："夫少者多之所贵，寡者众之所宗也，一卦五阳而一阴，则一阴为主矣。五阴而一阳，则一阳为主矣。"

少者多之所贵，寡者众之所宗，王弼这里将一爻为主说上升为一普遍原理了。他在《周易·略例·明象》中则更明确地说：

夫众不能治众，治众者至寡者也。夫动不能制动，制天下之动者，贞夫一者也。故众之所以得咸存者，主必致一也。动之所以得咸运者，原必无二也。物无妄然，必由其理。统之有宗。会之有元，故繁而不乱，从而不惑。

就筮法体例讲，每卦六爻杂聚，并存及变化多端，但整个卦义受一中心观念即为主的一爻之义所规定和统率，这样可繁而不乱、众而不惑。但这里，王弼将它上升到寂静之理一必统制变动之杂多的观点，这无疑越出了易学的范围，而与其玄学观点有关了。王弼在《老子指略》中说：

夫欲定物之本者，则虽近而必自远，以征其始。夫欲明物之所由者，则虽显而必自幽，以叙其本。故取天地之外，以明形骸之内，明侯王孤寡之义，而从道一宣其始。

其《老子注》十一章中也说：

毂所以能统三十辐者，无也，以其无能受物之故，故能以寡统众也。

超越具体形体之外的"道一"、"无"能"定物之本"、"明物之所由"、"以寡统众"。上引《明象》中的意思与此是一致的，"王弼通过对《周易》体例一爻为主的解释，最终引出其贵无论的玄学理论"①。

另外，正如王弼所称这无形、不动的道一，可以"明侯王孤寡之义"。王弼这对一爻为主说的解释，不也可以引出一高高在上的寡头无形地控制万众的政治理论？

可见，王弼之易学，是玄学的一种形式。

（二）竹林时期的玄学

正始名士，或正始时期的玄学家们，特别是夏侯玄、何晏等是曹魏集团的

---

① 朱伯崑：《易学哲学史》（上），第 254 页，北京，北京大学出版社，1986。

中坚人物。夏侯玄为夏侯尚之子，是当时摄政曹爽的"姑子"，曾任散骑常侍、中护军，负责武官选举，后又为征西将军，代表曹爽控制曹魏军队主力。何晏，父早亡，为曹操继子，晏长于宫省，曹操对他"宠如公子"。正始年间何晏为吏部尚书，负责主持选举。王弼因家学关系，对政治问题也很热心。他们力求建设一种内圣外王之道的政治哲学，为理之必然。

而竹林名士，特别是嵇康、阮籍，处于政治权力中心之外。阮籍，虽担任过尚书郎、关内侯、散骑常侍等，但大多时间较短，并不真正履行职务（"不道职事"），最后，因为酒而求为步兵校尉。嵇康，虽娶曹操之孙女安乐公主为妻，但到死仍是中散大夫这七品闲职。阮、嵇真正是位卑而名高的名士。但"魏晋之际，天下多故，名士少有全者"，在这种情势下，保生全性，是他们首要的选择。"玄学发展到这个阶段，给自己涂上了一层脱离现实的玄远之学的色彩，由政治哲学变为人生哲学，由外向变为内向，由积极用世变为消极避世"[①]，由老（子）学变成庄（子）学。

嵇康，阮籍没有讨论有无问题，而将名教和自然作为其基本范畴。

1. 正始名士之"名教出于自然"

名教之危机起于东汉，它日益脱离人情真意成为虚伪的表演，《后汉书·张湛传》谓：

> 张湛……矜严好礼，动止有则，居处幽室，必有修整，虽遇妻子，若严君焉。及在乡党，详言正色，三辅以为仪表。人或谓湛伪诈，湛闻而笑曰："我诚诈也，人皆诈恶，我独诈善，不亦可乎？"

张湛在妻子、儿女、乡亲前都道貌岸然，没有一点人情，连他自己也承认，这是假装出来的。不过张湛是虽假而行善，而其他人则是假而做恶了，徐干《中论·谴交》谈到世门豪族之讲名教时说：

> 详察其为也，非欲忧国恤民，谋道讲德也，徒营己治私，求势逐利而已……嗟乎，王教之败，乃至于斯乎！

豪门利用名教营私逐利，败坏了名教。

曹操为夺权的需要，重才而轻德，崇名法而轻儒教。但到魏明帝，随着政

---

① 任继愈主编：《中国哲学发展史》（魏晋南北朝），第 151～152 页，北京，人民出版社，1988。

局的稳定，又倡经学名教。魏明帝太和二年诏曰："尊儒贵学，王教之本。"①夏侯玄、何晏等名士遭罢黜。于是名教，特别是其与玄学信奉的自然的关系，成了玄学家们讨论的重要话题。

名教是君君、臣臣、父父、子子一类名分的抽象规定，属制度层次，王弼等正始玄学家们认为这是建立在自然（包括人之自然）基础上的。上引王弼注《老子·三十二》"始制有名"时说："始制官长，不可不立名分，以定尊卑，故始制有名也。"把"名"、"分"之类礼制，看成是"朴（道）散为器"的结果，认为"名教出于自然"。但这并不像有些学者认为的那样，王弼等为名教找了形上学的根据。相反王弼正是从这点出发批判了汉末名教的虚伪："父子兄弟，情怀失直，孝不任诚，慈不任实。"② 名教失去了人性人情这自然的根基。"名教出于自然"，这是认为名教原本出于自然或必须合于自然，有限制、改造名教的意味。

"名教出于自然"，因此，自然（无名、朴）和名教（有名，有）是本末、母子关系。王弼主张"崇本息本"，或"崇本以举其末"，更愿意任自然而息名教，或任自然以举名教，其《老子注》三十八章中说："夫载之以大道，镇之以无名，则物无所尚，志无所营，各任其贞事，用其诚，则仁德厚焉，行义正焉，礼敬清焉。"在自然无为的基础上，才能做到德厚行正礼清。总之，自然高于名教。这比夏侯玄的主张更进一步。袁宏《三国名臣序》称夏侯玄主张：

君亲自然，匪由名教。敬爱既同，情礼兼列。

夏侯玄认为敬君爱亲是情，是人之自然之情，不是出于名教，反过来，名教是建立在人之自然之情基础之上。夏侯玄这里将情（自然）礼（名教）并立（兼列），王弼则将自然放在名教之上。

正始名士力求从理论上调和名教与自然，但到了竹林时期，现实情况却是自然与名教不可调和。

2. 嵇康之"越名教而任自然"

正始以后，随着曹魏的孱弱，魏晋禅代迫在眉睫，以司马氏为代表的儒教豪门集团，为篡夺曹魏政权，打着名教的幌子，"诛夷名族，宠树同己"，名教

---

① 《三国志·魏志·明帝纪》。
② 《老子指略》。

成了诛除异己的工具。嵇康就是司马昭听从钟会以"上不臣天子，下不事王侯。轻时傲世，不为物用。无益于今，有败于俗"的罪名处死的。何曾也曾以"背礼败俗"劝司马昭杀阮籍。而打着名教旗号的何曾、钟会又是什么人呢？《晋书·何曾传》说：

> 曾性至孝，闺门整肃，自少及长，无声乐嬖幸之好。年老之后，与妻相见，皆正衣冠。

又说：

> 然性豪奢，务在华侈。帷帐车服，穷极绮丽，厨膳滋味，过于王者，……食日万钱，犹曰无下箸处。

一方面维护礼教，以道德家自居，另一方面则穷奢极欲，是个伪饰的小人。他死后，博士秦秀议谥以"缪丑"，其人品为人不耻，是"寡廉鲜耻贪冒骄奢鄙夫"。何曾身上的矛盾，从反面显示出魏末晋初名教与自然对立之严重。

这种对立反映到思想界，就有了嵇康等人的"越名教而任自然"的主张。

嵇康称名教违背自然，他在《难张辽叔自然好学论》中说：

> 洪荒之世，大朴未方，君无文于上，民无竞于下，物全理顺，莫不自得……若此则安知仁义之端，礼律之文。

社会在自然状况下，无须仁义礼律，无须名教。名教不是出于自然，而是当权者"造立"出来的，他说：

> 及至人不存，大道陵迟……造立仁义，以婴其心；制其名分，以检其外；劝学讲文，以神其教。故六经纷错，百家繁炽，开荣利之涂，故奔骛而不觉。

统治者鼓吹仁义，是为了束缚人们的思想；制定礼教名分，是为了约束人的行动；办学堂讲经书，是为了神化自己的统治。所有这些无非是引导人们走争名夺利的道路。因此，名教是伤生残性的。嵇康说：

> 故今君子谓之自然耳！推其原也，六经以抑引为主，人性以从欲为欢。抑引则违其愿，从欲则得自然。然则自然之得，不由抑引之六经；全性之本，不须犯情之礼律。故知仁义务于理伪，非养真之要术，廉让生于争夺，非自然之所出也。

人的本性是以不受外在的束缚而自适从欲为欢，而"六经"、"仁义"的本质是抑制束缚人之自然本性，所以它是虚伪的，违背人的天性，所以他认为"六经"是"荒秽"、"仁义"是"臭腐"。

嵇康明确地反对名教，提出要"越名教而任自然"，他在《释私论》中说：

> 夫称君子者，以无措乎是非，而行不违乎道者也。何以言之？夫气静神虚者，心不存乎矜尚；体亮心达者，情不系于所欲。矜尚不存乎心，故能越名教而任自然，情不系于所欲，故能审贵贱而通物情。物情顺通，故大道无违，越名任心，故是非无措也。是故言君子，则以无措为主，以通物之美。言小人，则以匿情为非，以违道为阙。何者？匿情矜宏，小人之至恶；虚心无措，君子之笃行也。

这里嵇康讲了两个方面：第一个方面是"越名教而任自然"，第二个方面是"审贵贱而通物情"。第一个方面是就个人与社会的关系讲的。名教伤生残性，所以人在社会上应不顾名教的清规戒律、条条框框，按自己的自然本性生活，这样做要"无措乎是非"，不要让世俗的是非观念束缚自己的心灵，从而获得身体和心灵的自由，即"越名任心"。第二个方面"通物之美"，是就人与宇宙外物的关系上讲的，人应超越自己是非利害的观念，能够物情通顺，这要"情不系于所欲"。人若受自己情欲的支配，用自己的有用无用及有利有害的偏见去衡量外物，这只会在外物上看到自己需要且想看到的东西，这会歪曲肢解（"执割"）外物，不能全面认识利用外物，即不通物情。只有摆脱自己的欲望偏见，才能顺通物情，将外物完整地呈现在自己的面前。王弼《老子注》二十九章讲到"畅万物之情"，即"物情通顺"时说：

> 圣人达自然之性，畅万物之情，故因而不为，顺而不施，除其所以迷，去其所以惑，故心不乱而物性自得之也。

"除其所以迷，去其所以惑"，即"情不系于欲"，从而心不乱，而使"物性自得"，王弼称"不施为执割"，就能畅万物之情。

总之嵇康主张摆脱世俗的是非利害偏见，也主张摆脱自己的是非利害成见，认为不要执着自己的私欲，从而既尽（或成）自己的本性，也尽（或成）万物的本性，即所谓的尽己、成己及尽物、成物。这本是儒家的理想，而嵇康用庄子思想改造了它。"无措乎是非"，正是庄子的"不遣是非而与世欲处"或"举世而誉之而不加劝，举世而非之而不加沮"。"情不系于所欲"即庄子之

"至人无己"之"无己"，不滞于一己之私。"物情顺通"即庄子之"乘天地之正，御六气之辩"，它的意思，郭象注曰："故乘天地之正者，即是顺万物之性也。御六气之辩者，即是游变化之途也。"如果说，王弼用老子之自然无为更改了儒家"圣人"的理想人格，而嵇康则用庄子思想置换了儒家"君子"的人格理想。另外，嵇康对"洪荒之世"即人类社会自然状态的向往，使之想起老庄对"结绳为记"、"只知其母不知其父"、"老死不相往来"的人类社会原始状况的追述。而从嵇康对仁义礼律六经的批判中，也可以看出《庄子》否定礼乐仁义的影子，难怪嵇康称"老子、庄周，吾之师也"①。嵇康之玄学思想更倾向于庄学。

3. 阮籍之与名教和自然

阮籍是矛盾的象征，他具备少有的济世之志，但不得不"不与世事"，沉溺于酒中；他认为世俗污浊，但与之委蛇；他依违于政局内外，在矛盾中度日，在苦闷中寻求解脱。

阮籍对自然与名教也是如此，他早年本来也是认为名教出于自然，其《乐论》说：

> 夫乐者，天地之体、万物之性也。合其体，得其性，则和；离其体，失其性，则乖。昔者圣人之作乐也，将以顺天地之体，成万物之性也。……故律吕协则阴阳和，音声适而万物类；男女不易其所，君臣不犯其位；四海同其欢，九州一其节。

这里讲乐也涉及礼。阮籍认为，礼乐体现"天地之体"、"万物之性"，出于自然的君臣、父子、男女等的礼法制度与自然一样，也是和谐的。但到了后期，随着现实中名教的日益异化，在阮籍思想中，名教与自然也成了对立的两极。和嵇康一样，阮籍也从自然的立场上，对名教进行批判，他说：

> 昔者天地开辟，万物并生，大者恬其性，细者静其形……害无所避，利无所争……盖无君而庶物定，无臣而万事理。②

在理想的自然状况下，社会无君臣，更何况君臣、父子等之名教了。由此，阮籍批判了名教：

---

① 《与山巨源绝交书》。
② 以下均见《大人先生传》。

> 今汝造音以乱声，作色以诡形，外易其貌，内隐其情，怀欲以求多，诈伪以要名；君立而虐兴，臣设而贼生。坐制礼法，束缚下民。欺愚诳拙，藏智自神，强者睽睽而凌暴，弱者憔悴而事人，假廉而成贪，内险而外仁……汝君子之礼法，诚天下残贼乱危死亡之术耳！

"名教"虚伪、无耻，是束缚人、残害人的工具。这言辞比嵇康更激烈，但这是对现实社会司马集团以名教杀人的批判，是对黑暗政治及"内险而外仁"礼法之士的批判，而不像嵇康更多地从哲理上来讨论名教与人性的关系，在理论上不如嵇康深刻。可以说在阮籍那里，自然与名教是理想与现实的关系，自然与名教的对立，更多是政治理想与社会现实的对立。

现实如此险恶，阮籍向往出世，进入"至人"、"大人先生"的理想境界：

> 夫大人者，乃与造物同，天地并生，逍遥浮世，与道俱成，变化散聚，不常其形。

> 养性延寿，与自然齐光。其视尧舜之所事，若手中耳……先生以为中区之在天下，若蚊蝇之着帷，故终不以为事，而极意乎异方奇域，游览观乐非世所见，徘徊于所终极。

这种大人，超然世外，上与造物同体，下与天地万物齐一，徘徊于终极，它就是《庄子》摆脱一切羁绊、游于奈何有之乡的自由自在的"至人"、"神人"。

但阮籍是矛盾的，当一个自以为与"大人先生"同道的"隐士"说：

> 上古质朴淳厚之道已废，而末枝遣叶并兴，豺虎贪虐，群物无辜，以害为利，殒性亡躯，吾不忍见也，故去而处兹。人不可与为侪，不若与石为邻……吾将抗志显高，遂终于斯。禽生而兽死，埋形而遗骨，不复反余之生乎！

主张应脱离现实生活来寻找精神的自由。他却受到"大人先生"的严厉训斥：

> 泰初真人，惟天之根，专气一志，万物以存。……夫然成吾体也，是以不避物而处，所睹则宁，不以物为累，所由则成。彷徉足以舒其意，浮腾足以逞其情。……若夫恶彼而好我，自是而非人，忿激以争求，贵志而贱身，伊禽生而兽死，尚何显而获荣？悲夫，子之用心。

这里，阮籍的意思似乎与嵇康一致，认为应不滞泥于自己的是非观念，不应"自是"、"好我"，执着于一己之私，但其归宿不是不要"执割"物，而是保身获荣。这里阮籍讲的是处世态度，他认为，只有与现实妥协，才能"舒意"、"逞情"，找到精神自由，如果放弃社会，把自己混同于禽兽，则无法实现精神自由。

"大人先生"对"隐士"的训斥，似乎可以被看作是针对嵇康讲的，嵇康执着地离弃世俗之污浊，以保持自己的高洁，不肯曲己以让人，从不掩饰自己的喜恶，这是"贵志而贱身"，嵇康真的为志献出了生命。

而"大人先生"的观点，可看作是阮籍的自我表白，即即世离世，厌恶世俗之污浊，但混迹于其中。其《咏怀》四十六说：

> 鸒鸠飞桑榆，海鸟运天地。岂不识宏大，羽翼不相宜。招摇安可翔，不若栖树枝。下集蓬艾间，上游园圃篱。但尔亦自足，用子为追随。

其八说：

> 宁与燕雀翔，不随黄鹄飞。黄鹄游四海，中路将安归。

他希望像鸿鹄一样抗身青云，瀚游四海，远离这令人生厌的污浊尘世。但现实不能超越，他只能学燕雀、鸒鸠栖于一枝。黄侃解"用子为追随"说："阮公所以自安于退屈也。"

阮籍的痛苦，也正是源于这种想超越世俗名教，获得逍遥自由，但现实使他不得不像燕雀局限于树枝蓬艾之间的矛盾。《咏怀》四十七说：

> 生命辰安在，忧戚涕沾襟。高鸟翔山岗，燕雀栖下林。青云蔽前庭，素琴凄我心。崇山有鸣鹤，岂可相追寻。

理想与现实的冲突使阮籍处于异常痛苦之中。

后来郭象则为这指出了一条解脱之道：燕雀如安分守己，不慕于外，这本身就是逍遥。

（三）元康时期的玄学

"越名教而任自然"于嵇康、阮籍而言，都不只是理论主张，也是生活态度。《三国志·魏志·王粲传》裴注引嵇喜撰《嵇康传》中说嵇康：

> 少有俊才，旷迈不群，高亮任性，不修名誉，宽简有大量。

同传裴注引《魏氏春秋》说阮籍：

> 籍旷达不羁，不拘礼俗。

二人均被时人称为主张老庄之道，自然玄远，不拘周孔之名教。在他们的影响下，形成了一大批不是以学问、功业、德行，而是以大胆地追求与虚伪、刻板名教相对立的任情的生活方式而闻名的"名士"。但其后继者大多并不理解嵇、阮的精神实质，只是模仿其举止，即所谓的"作达"。东晋戴逵《放达非道论》分析道：

> 竹林之为放（达），有疾而颦者也，元康之为放，无德而折巾者也。

"折巾"的典故来自郭泰，《后汉书·郭泰传》说："（郭泰）尝于陈梁间，行遇雨，巾一角垫，时人乃故折巾一角，以为林宗巾。"戴逵认为后人模仿竹林名士，仅得嵇、阮之皮相。

另有士人，甚至把放达、任自然，变成色情享受，如《世说新语·任诞》载：

> 阮仲容（咸）先幸姑家鲜卑婢，及居母丧，姑当远移，初云当留婢，既发，定将去。仲容借客驴，著重服，自追之，累骑而返，曰："人种不可失。"即遥集之母也。

《世说新语·任诞》注引邓粲《晋纪》说：

> 王导与周颉及朝士诣尚书纪瞻观伎。瞻有爱妾，能为新声。颉于众中欲通其妾，露其丑秽，颉无诈色。有司奏免颉官，诏特原之。

《晋书·乐广传》载：

> 是时王澄、胡毋辅之等皆亦任放为达，或至裸体者，广闻而笑曰："名教之中自有乐地，何至于此。"

戴逵《竹林七贤论》评价道："乐令之言有旨矣！谓彼非玄心，徒利其纵恣而已。"认为这是把"放达"作为借口，实现其纵欲的目的。

西晋统一中国不久，就进入了空前的黑暗年代，先是长达十六年的"八王之乱"，紧接着是破坏更大的"永嘉之乱"，战乱频频，生民涂炭，大批名士死于非命，士人不得不为其言行和生活态度做出检讨反省。永嘉五年，玄学领袖王衍在被石勒排墙填杀之前感叹："呜呼！吾曹虽不如古人，向若不祖尚浮虚，戮力以匡天下，犹可不至今日！"[1] 把动乱和自己被杀看成是"浮虚"的结果，

---

[1]《晋书·王衍传》。

这有失公允，但至少反映了王衍临死前对自己言行的反思。

较早从理论上对此进行反省和检讨最突出的是裴頠和郭象，尤其是郭象之"独化论"。

1. 郭象之"独化论"

最早提出"独化论"的是向秀，张湛之《列子注·天瑞》中引向秀的话说：

> 吾之生也，非吾之所生，则生自生耳。生生者岂有物哉？故不生也。吾之化也，非物之所化，则化自化耳。化化者岂有物哉？无物也，故不化焉。若使生物者亦生，化物者亦化，则与物俱化，亦奚异于物？明夫不生不化者，然后能为生化之本也。

这里向秀认为万物自生自化，没有一个统一的本原，如果有个能生能化的本原，这本原也是一物（不是"无"）。这里向秀也承认不生不化的生化之本是存在的。这些观点类似王弼，王弼认为无为生物之本，而不是万物之原，只是向秀明确提出了万物自生自化的说法。

郭象的独化思想，应来源于向秀。《晋书·向秀传》说，郭象的《庄子注》是在向秀注基础上"又述而广义"形成的。郭象对向秀的观点也应有所发展。其对"独化论"总的说法是：

> 无既无矣，则不能生有；有之未生，又不能为生。然则生生者谁哉？块然而自生耳。自生耳，非我生也，我既不能生物，物也不能生我，则我自然矣。自己而然，则谓天然。①

郭象这里否定了"万物生于有、有生于无"的观点，无不能生有，有也不能生物，万物都是自生的，都是自然而然，没有外在的本原，也没有外在的根据。可见，郭象之"独化论"首先是一种"崇有论"：

> 非唯无不得化而为有也，有亦不得化而为无矣。是以夫有之为物，虽千变万化，而不得一为无也。不得一为无，故自古无未有之时而常存也。②

这是针对老子"万物芸芸各归其根"，认为万物不仅生于无，而且归于无讲的。

---

① 《庄子注·齐物论》。
② 《庄子注·知北游》。

有不生于无，万物不归于"一"、"无"，脱离万物的"无"不存在，即所谓的"无无"。

而"有"，郭象认为就是运动变化本身，就是"化"。其《庄子注·大宗师》中说：

> 夫无力之力，莫大于变化者也。故乃揭天地以趋新，负山岳以舍故，故不暂停，忽已涉新，则天地万物无时而不移也。世皆新矣，而自以为故；舟日易矣，而视之若旧，山日更矣，而视之若前。今交一臂而失之，皆在冥中去矣。故向者之我，非复今我也，我与今俱往，岂常守故哉？

天地万物处于一个永恒的变化之流中，无时不移，每个事物都是变化中的一个过程，一失交臂，就失去原来的状态。

天地万物处于永恒变化之中，但变化的根源在哪里呢？《庄子注·大宗师》说：

> 道无能也，此言得之于道，乃所以明其自得耳。自得耳，道不能使之得也。

老子、王弼都把道看成万物的主宰，"生之"、"育之"、"长之"、"畜之"、"亭之"、"毒之"，郭象这里认为道不生万物，也不能使万物得性，它不是一个动力，万物是自己成长变化、自己得性，事物运动是"无故而自尔"，生者自生，死者自死，方者自方，圆者自圆，这就是所谓的"独化"。不同于王弼，也不同于裴頠之"崇有论"，裴頠认为具体事物都是"偏于自足，故凭乎外资"，而郭象这种"独化论"认为万物"各足于其性"，"物自造而无所待"。

万物都"自尔"、"自足"、"无所待"，则它们之间的关系如何呢？郭象又提出了"相因"说，认为事物间存在着普遍的联系，即"彼此相因"，但这"彼此相因"是互相为"缘"，而非所待之"故"，且这种联系是无形的"玄合"。其《庄子注·秋水》说：

> 天下莫不相与为彼我，而彼我皆欲自为，斯东西之相反也。然彼我相与为唇齿，唇齿者未尝相为，而唇亡则齿寒，故彼之自为，济我之功矣，斯相反而不可以相无者也。

万物相互区别，各自独化无所待，但相反不可以相无，就像唇齿那样，虽各自自为却有"唇亡齿寒"的关系。郭象在《庄子注·大宗师》中进一步说：

世說新語卷中之上

方正第五

宋 臨川王義慶 撰
梁 劉孝標 注

陳太丘與友期行期日中過中不至太丘舍去去後乃至元方時年七歲門外戲客問元方尊君在不答曰待君久不至已去友人便怒曰非人哉與人期行相委而去元方曰君與家君期日中日中不至則是無信對子罵父則是無禮友人慚下車引之元方入門不顧

客止第十四

刘义庆《世说新语》

欽定四庫全書

莊子注

子部十四　道家類

提要

臣等謹案莊子注十卷晉郭象注象字子元河南人辟司徒掾稍遷至黃門侍郎東海王越引為太傅主簿事迹具晉書本傳劉義慶世說新語曰注莊子者數十家莫能究其旨向秀於舊注外別為解義妙演奇致大暢

莊子南華真經卷一　郭象注

內篇

逍遙遊第一

北冥有魚其名為鯤鯤之大不知其幾千里也化而為鳥其名為鵬

天下

列御寇

郭象《庄子注》

嵇康　阮籍　山涛

荣启期

阮咸

刘伶

向秀

南朝青砖模印 《竹林七贤与荣启期》

135

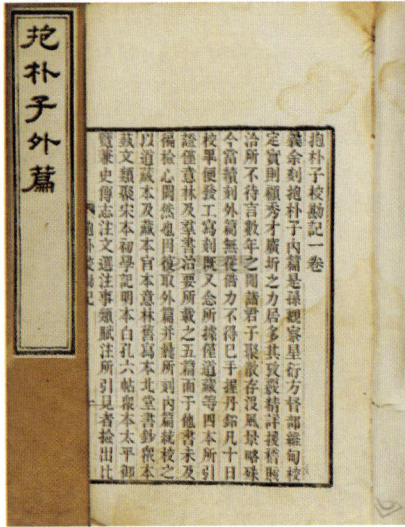

葛洪《抱朴子》

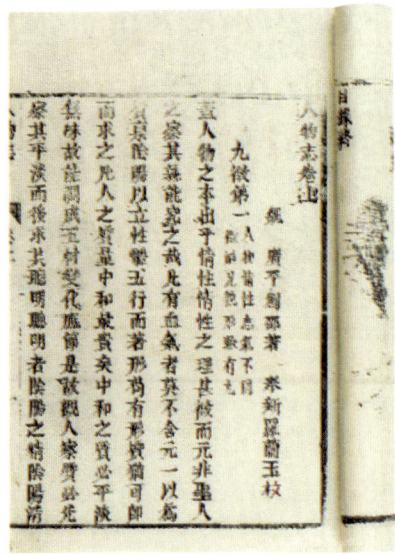

刘邵《人物志》

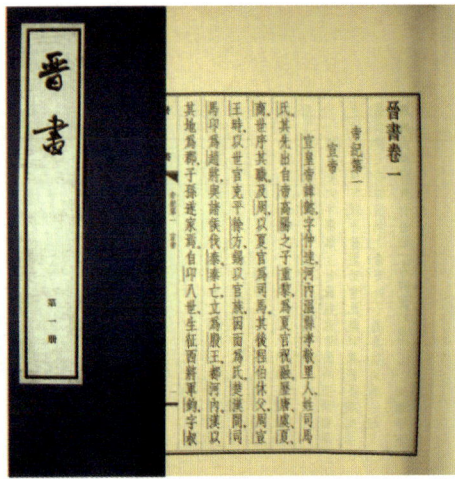

《晋书》

> 故虽区区之身，乃举天地以奉之。故天地万物，凡所有者，不可一日
> 而相无也。

这是说，任何一个事物都与宇宙全体相联系，整个世界是一个整体。

由此郭象提出了他的政治哲学。

2. "独化论"之政治哲学

万物各足其性，而且"天性所受，各有本分，不可逃，亦不可加"①，燕
雀栖于蓬蒿之间，而大鹏则非冥海不足以运其身，非扶摇而上九万里不足以负
其翼，这些都是燕雀、大鹏的性分决定的，是"不得不然"。郭象将这些道理
应用于人世，则得出尊卑贵贱群臣上下的等级制度是人们不同的性分决定的，
是天理自然，不可改变的结论。他在《庄子注·齐物论》中说：

> 故知君臣上下，手足内外，乃天理自然，岂真人之所为哉？……夫时
> 之所贤者为君，才不应世者为臣。若天之自高，地之自卑；首自在上，足
> 自居下，岂有递哉？虽无错于当，而必自当也。

有的人统治人，有的人被统治，就像头在上脚在下面一样，纯属自然，不能倒
置。群臣上下之礼制，是建立在每个人的性分基础上的，名教即自然，因此，
任自然就守名教。郭象《庄子注·在宥》中说：

> 若夫任自然则居当，则贤愚袭情，而贵贱履位，君臣上下，莫匪尔
> 极，而天下无患矣。

贤愚、贵贱、群臣上下是出于自然，由每人的性分决定，任自然，就是贵贱、
君臣上下各得其所，各尽其分就是守名教。另一方面，守名教，尽自己的名
分，就是任自然。郭象在《庄子注·逍遥游》中说：

> 庖人尸祝，各安其所司；鸟兽万物，各足于所受；帝尧许由，各静所
> 遇。此乃天下之至实也。各得其实，又何所为哉？自得而已矣。故尧许之
> 行虽异，其于逍遥一也。

每个人都尽自己的名分，都尽职守，就是"各得其实"，就是各适其性，就是
逍遥自由，从中可以得到满足。正是据此乐广说，"名教中自有乐处"。

魏晋玄学家们一开始，就想改造名教，让它根置于人性人情基础上，以克

---

① 《庄子注·养生主》。

服东汉以来名教的虚伪和严酷。终于，郭象宣布，名教就是人之性情，就是自然，玄学家主张任自然，应就是守名教。这与"竹林名士"的"越名教而任自然"相对立，当然是为名教辩护，但鉴于上述元康名士们借"任自然"，恣情纵欲，我们也不得不考虑郭象想纠正时弊的苦心。

但"名教与自然同"本身是一把双刃剑，它既可以把名教说成自然，当然也可以用自然替换名教，这连郭象也做过。他在《庄子注·骈拇》中说：

> 谓仁义为善，则损身以殉之，此于生命还自不仁也，身且不仁，其如人何！故任其性命，乃能及人，及人而不累于己，彼我同于自得，斯可谓善也。

郭象这里认为，自己生命第一位，以身殉仁义便是对自己不仁，对己不仁，怎能施仁于他人？他用保身全性修改了儒家的"仁"。孔子说："仁者爱人"，儒家之"仁"是爱他人。郭象之"仁"是"爱自己"，是保全生命的本能，是自然，这不是助长了人们任情自为？

作为社会秩序的名教出于人之自性，出于自然，因此，维护社会秩序的办法是任人之性，由此郭象阐述了其"内圣外王"理论。

郭象《庄子序》说："然庄生虽未体之，言则至矣。通天地之统，序万物之性，达死生之变，而明内圣外王之道。"认为庄子思想有四个方面，一是通天地之统，二是序万物之性，三是达死生之变，这三方面的道理都归结为第四个方面，那就是"明内圣外王之道"。那么郭象从《庄子》读出的"内圣外王"之道是什么？

"圣"是一种精神境界，关于郭象之"内圣"，冯友兰认为即"独化于玄冥之境"[①]。对"独化于玄冥之境"，郭象《庄子注·大宗师》说：

> 卓者，独化之谓也。夫相因之功，莫若独化之至也，故人之所因者天也，天之所生者独化也。人皆以天为父，故昼夜之变，寒暑之节，犹不敢恶，随天安之，况乎卓尔独化，至于玄冥之境，又安得而不任之哉。

每个事物"自生"、"自尔"、"自足"，互不依赖（待），但每个事物的自为中，自然产生了相为的作用。万物间"相与于无相与"、"相为于无相为"，构成一

---

① 冯友兰：《中国哲学史新编》第 4 册，第 183 页，北京，人民出版社，1986。

个整体，这整体就是玄冥之境。可见，内圣之"玄冥之境"是保持自己的主体性（独化），又与天地万物融为一体的精神境界。具体说来，即《逍遥游》注中所称的"夫圣人虽在庙堂之上，而其心无异于山林之中"的"游外弘内"。

"外王"即所谓的统治术。郭象认为圣人如何统治天下呢？那就是"无为"。郭象对"无为"的解释与众不同，在《庄子注·天道》中，他给"无为"下定义说：

> 夫无为也，则群才万品各任其事而自当其责矣。

"无为"就是万物都各自做它应当做的事，尽它应尽的职责。即其《庄子注·胠箧》中说的要使"能方者为方，能圆者为圆，任其所能，人安其性"。所以"无为"不是拱手静默，过隐居生活，而是要以"无为"（不治）使天下"治"。其《庄子注·逍遥游》说：

> 夫治之由乎不治，为之出乎无为也。……谓拱默乎山林之中，而后得称无为者，此老庄之谈所以见弃于当涂，当涂者自必于有为之域而不反者，斯由之也。

认为"无为"不是退缩，而是进取，其注《庄子·天道》时更明确地说：

> 夫工人无为于刻木，而有为于用斧；主上无为于亲事，而有为于用臣。臣能亲事，主能用臣。斧能刻木，而工能用斧。各当其能，则天理自然，非有为也。若乃主代臣事，则非主矣；臣秉主用，则非臣矣。故名司其任，则上下咸得，而无为之理至矣。

可见，郭象讲的"无为"是君臣上下各司其任，各当其能，其实是"有为"，只是这"为"，并没有超出自己的本分、名分，才叫做"无为"。这"无为"具无为之名，而行"有为"之实，是有所为而有所不为，是"无为"、"有为"的统一。

由此可见，郭象以"独化"说，巧妙地将自然与名教、出世与入世、无为与有为这些在竹林名士思想中严重对立的问题，当然也是魏晋玄学讨论不休的话题，巧妙地统一起来，达到了魏晋玄学的最高点。

（四）东晋时期的玄学

永嘉之乱后，大批士人被迫南迁，公元317年，他们在江南建立了东晋政权。南迁过程中，中原地区的生活方式和生活情趣输入南方，其中也包括清谈、清言。东晋政权的支柱王导正是东晋初年清谈的领袖，《世说新语·文学》载：

> 殷中军为庾公长史，下都，王丞相为之集，桓公、王长史、王兰田、谢镇西并在。丞相自起解帐带麈尾，语殷曰："身今日当与君共谈析理。"既共清言，遂达三更。丞相与殷共相往反，其余诸贤，略无所关。既彼我相尽，丞相乃叹曰："向来语，乃竟未知理源所归，至于辞喻不相负。正始之音，正当尔耳。"

> 旧云，王丞相过江，止道声无哀乐、养生、言尽意三理而已。然宛转关生，无所不入。

在王导周围又聚起一批老少名士，其清谈内容，如"声无哀乐"、"养生"、"言尽意"等正是竹林名士如嵇康讨论的话题。

清谈玄学在东晋仍在延续，但少有代表性的系统著作，其中值得注意的是《列子》及张湛之《列子注》。

1. 《列子》的玄学思想

如前所述，何晏、夏侯玄开创的魏晋玄学的主旨有二，一是提供"内圣外王"之道，二是为士人立身提供指导。前者以王弼、裴𬱟为代表，其贵无论、崇有论均为政治哲学。后者以嵇康、阮籍为代表，其学为任自然向往精神自由的人生哲学。郭象是集大成者，他将无为有为、出世入世、自然名教、政治与人生融为一体。

但现实宣告了玄学的破产，身居要职的夏侯玄、何晏等正始名士和王衍、谢鲲等中朝名士没有能挽救曹魏和西晋的灭亡，而人们却将魏、西晋的灭亡归罪于这些名士的政治理念。石勒在杀王衍时说："君名盖四海，身居重任，少壮登朝，至于白首，何得言不豫世事邪？破坏天下，正是君罪。"[①]《三国志·魏志·王凌传》注引《汉晋春秋》引王广的话说："今曹爽以骄奢失民，何平叔虚而不治，丁、毕、桓、邓虽并宿望，皆专竞于世。……故虽势倾四海，声震天下，同日斩戮，名士减半，而百姓安之，莫或之哀，失民故也。"魏晋社

---

① 《晋书·王戎传附从弟衍传》。

中国文化发展史
魏晋南北朝卷 / 140

会现实的动荡、人民的苦难，宣告了玄学"内圣外王"之道的破产。

稽康、阮籍的处世态度和人格理想、精神境界，也被现实残酷地粉碎，稽康被诛，阮籍也让"礼法人士疾之若仇"，必将除去而后快。而"竹林七贤"中沉迷于酒色的颓废派刘伶、阮咸却"竟以寿终"，能得善终。

《列子》正是玄学破产理论的代言人。《列子》是伪书，学界已有共识。关于其成书的年代，大多数学者认为在汉晋之间，从内容看，应在西晋末东晋初。

从表面上看，《列子》的形上学是王弼、向秀、郭象学说的混合，其《天端篇》既讲万物生成论："夫有形生于无形，则天地安从生；故曰：有太易，有太初，有太始，有太素。"像王弼一样，它似乎不排除宇宙生成论。但更多的则像是"贵无论"和"独化论"的混合："生物者不生，化物者不化。自生自化，自形自色，自智自力，自消自息。谓之生化形色智力消息者，非也。"讲万物自生自化，这如郭象；又讲"生物者"、"化物者"，但这"生物"、"化物"者不是本原，而是根据，这如王弼。

但所有这一切是要用来说道、物的不确定和相对性。万物本原可从"太易"向前不断追溯，生化形色智力消息也"非"（真的）为生化形色智力消息。其《天端篇》还说：

> 有生则复于不生，有形则复于无形，不生者非本不生者也，无形者非本无形者也。生者理之必终者也。终者不得不终，亦如生者不得不生，而欲恒其生，尽其终，惑于数也。

有生与不生，有形与无形，都是不恒定，只有不恒定才是绝对的。因而想得"道"是不可能的。其《天端篇》还说：

> 舜问乎蒸曰：道可得而有乎？曰：汝身非汝有也，汝何得有夫道。舜曰：吾身非吾有，孰有之哉？曰：是天地之委形也。生非汝有，是天地之委和也。性命非汝有，是天地之委顺也。孙子非汝有，是天地之委蜕也。故行不知所往，处不知所持，食不知所以。天地，强阳气也，又胡可得而有邪？

王弼、稽康、郭象等都认为人可以得道，君主得道而天下治；士人得到道，则克服个人的有限性和外在束缚，得到精神自由。而《列子》这里认为得"道"

不可能，人的生命也完全由天地决定，无自由可言，从而否定了玄学家们阐述的"道"。

《列子》认为生命受外在力量控制，因而《列子》充满对人生无常的恐惧和困惑。

> 生非贵之所能存，身非爱之所能厚；生亦非贱之所能夭，身亦非轻之所能薄。故贵之或不生，贱之或不死；爱之或不厚，轻之或不薄。此似反也，非反也。此自生自死，自厚自薄。或贵之而生，或贱之而死；或爱之而厚，或轻之而薄。此似顺也，非顺也；此亦自生自死，自厚自薄。①

这里无疑受郭象"独化论"的影响，但"独化论"是要证明现实的合理，但《列子》却以此来说明人生的无奈和无常。一切都可以发生，一切又可能不发生，人生难测，这一切都没有道理，又都有道理，似反非反，似顺非顺。因此不要管过去，不要管将来，重要的是抓住现在，也不要管是恶还是善，重要的是适意。由此《列子》阐述了一种享乐主义的人生观。其《力命篇》说：

> 黄帝之书云：至人居若死，动若械。亦不知所以居，亦不知所以不居；亦不知所以动，亦不知所以不动；亦不以众人之观易其情貌，亦不谓（为）众人之观不易情貌，独往独来，独出独入，孰能碍之？

至人想干什么就干什么，想不干什么就不干什么，不顾忌社会舆论，也不自我约束。这种说法类似于嵇康之"无措于是非"，但嵇康是为取得人格的独立，《列子》是求得感官的愉乐。这种思想在《杨朱篇》中被发挥得淋漓尽致。首先他认为，应及时行乐："且趣当生，奚遑死后。"感官的快乐是首要的，另外一切都无价值，如名誉，"矜一时之毁誉，以焦苦其神形，要死后数百年中余名，岂足润枯骨"。生前要获得名誉不得不控制自己的情性，投别人所好，而死后名誉对人有何意义？因而它说：

> 惜身意之是非，徒失当年之至乐，不能自肆于一时。重囚累梏，何以异哉？

> 十年亦死，百年亦死，仁圣亦死，凶愚亦死。生则尧舜，死则腐骨，生则桀纣，死则腐骨。腐骨一矣，熟知其异？

---

① 《列子·力命篇》。

以为是非、寿夭、仁圣凶愚等都不要在乎，考虑这些东西，只会失去享乐的大好时光，这与坐几年牢没有什么区别。因而《列子》又主张："肆之而已，勿壅勿阏"，就是纵欲尽情享受，主张："恣耳之所欲听，恣目之所欲视，恣鼻之所欲向，恣口之所欲言，恣体之所欲安，恣意之所欲行。"这就是《列子》所谓的"养生"，不是延寿，也不是保神，是尽情极意地享受各种肉体的快乐。所以他说"一日、一月、一年、十年吾所谓养"，而"戚戚然以至久生，百年、千年、万年，非吾所谓养"。《列子》这种思想当然有其现实基础，《世说新语·任诞》载："张季鹰纵任不拘，时人号为'江东步兵'，或谓曰：卿乃可纵适一时，独不为身后名邪？答曰：使我有身后名，不如即时一杯酒。"《列子》正是这类人思想的系统化。

《列子》这样丢掉了玄学对理想人格和精神自由的追求，但也抛弃了封建士大夫求功名富贵和长寿延嗣的人生理想。《杨朱篇》杜撰了杨朱与孟氏的对话，将士大夫的心态做了精妙的刻画：

> 孟氏问曰：人而已矣，奚以名为？曰：以名者为富。既富矣奚不已焉？曰：为贵。既贵矣，奚不已焉？曰：为死。既死矣，奚为焉？曰：为子孙。名奚益于子孙？曰：名乃苦其身，焦其心。乘其名者，泽及宗族，利兼乡党，况子孙乎？凡为名者必廉，廉斯贫；为名者必让，让必贱。

名、富贵、子等是士大夫乐而不疲追求的东西，但真的追求这些东西，会让人贫、贱，《列子》揭露了士大夫价值观的虚伪和荒谬。

总之，《列子》将魏晋时代玄学家们的各种观点进行发挥、夸张、歪曲得到了与本来观点完全相反的结论，从而显示出魏晋玄学的不足和内在矛盾，完成了对魏晋玄学的否定。《列子》宣告了魏晋玄学的终结。以后士人还会清谈清言，但玄学思潮已不再为时代的主流思想。

2. 张湛《列子注》之玄学思想

如上所述，东晋士人过着西晋士人的生活方式，但西晋亡国之痛，使之在清谈务虚任情的同时，设法重振朝纲，王导如此，谢安也如此，尽管王羲之批评他的"虚谈废务，浮文妨要"，但他却"悠然远想，有高世之志"，为东晋中兴名臣。另外，东晋之清谈越来越多地融入佛学的内容，玄学日益被佛学取代。张湛之《列子注》正是这种背景下的产物。

首先，张湛受佛学影响，将玄学之"无"发展为"虚"。而于"虚"，其在《天瑞篇》注中说："今有无两忘，万异冥一，故谓之虚。"认为超越无有之上，万物融为一体为"虚"。在《黄帝篇》注中则说："若以无念为念、无言为言，未造于极也"，这还不得"虚"之境界，只有"终日念而非我念，终日言而非我言"才是"体道穷宗"。这些与僧肇《般若无知论》中"般若义者，无名无说，非有非无，非实非虚"之说相似。张湛还从《列子》中拈出"至虚"这一概念："其书大略明群有以至虚为宗，万品以终灭为验。""至虚"是"群有"之宗即宇宙本体，是物我合一（即：万异冥一）的意思，实际指"圣人"的最高精神境。这是"圣人""以无为心"，"不居知能之地，无恶无好，无彼无此"，不犯万物"自然之性"，"使万物咸得其极"而达到的。"圣人"与郭象认为的一样要"任万物性"。

其次，张湛对于名教束缚人的性情，其受《列子》的影响，也持批评态度。他在《杨朱》篇题注中说：

> 夫生者，一气之暂聚，一物之暂灵。暂聚者终散，暂灵者归虚。而好逸恶劳，物之常性。故当生之所乐者，厚味、美服、好色、音乐而已耳。而复不能肆性情之所安、耳目之所娱，以仁义为关键，用礼教为裙带，自枯槁于当年，求虚名于后世者，是不达乎生生之趣也。

认为人之本性是好逸恶劳，仁义礼教妨碍人的"情性之安"、"耳目之娱"，名教不合人之性情（人之自然）。可见张湛主张满足人的感官享受，主张任性情。不过张湛认为不能一味肆情，其《黄帝篇》题注中说：

> 禀生之质谓之性，得性之极谓之和；故应理处顺，则所适常通；任情背道，则遇物斯滞。

张湛主张，应用理、道疏引人的性情，否则反倒不能肆情尽性，因而礼乐不可弃。在《仲尼篇》注中他说："唯弃礼乐之失，不弃和乐之用，礼乐故不可弃。"主张对礼乐进行修改：弃其失，留其用。这正是王导谢安等东晋玄学家的立场。

张湛之《列子注》受佛学影响除上述有关形与神、虚等问题的讨论外，还有很多，如《说符篇》注中他引用了佛家"报应"的概念："夫美恶报应譬之影响，理无差焉。"该篇注文张湛又据佛学"万法唯识"之说，将外界的变化归因于意念的惑执，他说："意所偏惑，则随志念而转易，有其甚者，则白黑等色，方圆共形，岂外物之变？故语有之曰：万事纷错，皆从意生。"

综上所述，张湛之《列子注》在名教等问题上，大多只是重复前人的说法，其特色在于把佛学引入了玄学问题的讨论，这是玄学走向佛学的一个标志，张湛《列子注》的意义也正在这里。

第四章

逐渐站稳的外来宗教——佛教

一、魏晋南北朝的社会与佛教

(一) 印度佛教传入汉地的两条主要路线

佛教文化得以在汉地广泛传播乃至扎下根来，这本身是中外文化特别是中印文化交流所结出的硕果。佛教由异域输入汉地，主要经由三条路线，依其重要性的次第，分别是：由西域、由海路、由川缅通印的西南路线。其中最后一条路线在历史上影响甚微，几乎可以忽略。

所谓经由西域路线的传播，包含着两层意思，其一是说印度或中亚的佛教途经西域直接输入内地，其二是指西域各国作为中继站，佛教文化在那里扎根以后，再间接地输入汉地，事实上这两种情形都存在着。

汉明帝永平传法之后，内地的佛教历经百余年而未见普及，直到佛教在西域流传开来以后，才出现了佛经经由西域路线的大量传播，灵帝时来华的几个胡僧，像月氏人支娄迦谶、安息人安玄，均为取道西域直接到达洛阳的。

汉魏之际龟兹国佛教的兴盛冠诸西域。因此在向内地传法的过程中，龟兹僧人也占据了引人瞩目的地位。例如曹魏甘露年间（256—260），在洛阳译出《无量清净平等觉经》的沙门帛延，从他的名姓推测，就应当是龟兹人。其后像佛图澄、鸠摩罗什这些弟子众多、影响深远的传法者都来自西域。而他们的贡献除了送经和译经，对整个内地佛教的教团组织以及内地的政治也都有相当的影响。在这条著名的丝绸之路上，除了由西向东的送经之外，还传颂着若干汉地佛教由东向西取经的事迹，最早的例子是曹魏颍川人朱士行。据《出三藏记集》卷十三的记载，朱士行是因为在洛阳讲小品的《道行般若经》时觉得颇有格碍，才决定西行求取大品的《放光般若经》的，"遂以魏甘露五年，发迹雍州，西涉流沙。既至于阗，果写得正品梵书、胡本，九十章、六十万余言"，再派弟子送经本还洛阳。而他本人则留住于阗，直到八十岁卒于该处。

第二条重要路线是海路。《梁书·诸夷列传·总叙》明确提到"后汉桓帝世，大秦、天竺皆由此道遣使贡献"。参照《后汉书·西域传》的记载，起初印度是通过陆路遣使交通的，但由于班超以后继任西域都护的任尚办事峻刻引起西域反叛，陆路断绝，这才在桓帝延熹二年（159）、四年频繁地改由史称"日南徼外"的海路来贡献。

东汉末或吴初，由苍梧（今广西梧州）避乱交趾的牟融写了一篇论战性的文章来宣扬佛法，这就是著名的《牟子理惑论》。此外《三国志·吴志·士燮传》说："燮兄弟并为列郡，雄长一州，偏在万里，威尊无上。出入鸣钟磬，备具威仪，笳箫鼓吹，车骑满道；胡人夹毂焚烧香者常有数十。"作为最高地方长官，士燮的出巡得到了胡人佛教式的礼拜。根据这些，我们不难看到汉末三国之际，其时属于汉文化版图的交趾已经流行佛教，它的传入与中原以及域外的海路均有关系。东吴佛教的著名人物康僧会，其父辈就是"因商贾移于交趾"①的中亚康居人，康僧会在到达建业之前就在交趾广泛学习过"三藏"。如果没有佛法兴盛的情景，这是难以想像的。

根据《高僧传》的记载，天竺僧人沿海路来中国的最早记录是在西晋。例如惠帝末年，耆域经扶南来到交趾、广州一带；东晋隆安中（397—401）西北印的罽宾（Kasmira）僧昙摩耶舍也是先到达广州白沙寺；又罽宾僧求那跋摩的名声由海外远播江东，元嘉元年（424）宋文帝敕交州刺史泛舟前往阇婆国（今爪哇岛或苏门答腊岛）迎请。根据对为数不少的南朝实例的分析，由海路来华的天竺僧在南越登陆的地点不是交趾而是广州，有时也利用由广州北上青州东莱的这条航海线。南朝时，汉地僧人法显去印度求法，返程便是取道海路。

（二）佛教兴盛的概况

佛教在本期的发展经历了从星星之火到燎原之势，从涓涓细流而蔚为大潮的扩张。史载三国时期魏明帝曹叡、陈思王曹植、吴主孙权都对佛教颇有好感。而在宫廷奉佛的同时，佛教信仰也逐渐渗透到社会各个阶层。西晋的佛教活动主要集中在洛阳和长安两地。据《辩正论》卷三等的记载，彼时全境已有佛寺180所，僧尼3700余人，西晋译经的数量，据唐释智昇《开元释教录》的辨伪审定，载为333部②。西晋佛教在大小乘并行的背景下，大乘般若学还是得到了更有力的推动。元康元年（291），竺叔兰和无叉罗在陈留仓垣水南寺初译《放光》，译本在洛京非常盛行，沙门居士，翕然流传。西晋的佛教信徒已开始了建斋设会、唱赞供养等等法事。

永嘉乱后，"中州士女避乱江左者十六七"③。北方黄河流域则有大量原居长江以北或甘陇青海一带的少数民族迁入。随后在南北对峙的情势下，佛教主要由中亚和西域，也即通过著名的丝绸之路，一波又一波地传入中土。在战乱频仍的北方，其民众基础似更为深厚，一般的规模和影响也更大。十六国中，

---

①《高僧传》卷四。

② 梁僧祐《出三藏记集》卷二载为167部，而隋费长房《历代三宝记》卷六及道宣《大唐内典录》皆作451部。

③《晋书·王导传》。

佛教势力最兴盛的，当推后赵、前后秦和北凉。如佛图澄，以神异闻，颇为后赵所重，并劝以好生止杀，本应被诛余残，而蒙受其好处的，十有八九，于是中州胡汉诸民族皆奉佛。佛图澄的弟子中最出名的还是道安，他是 4 世纪佛教一位出色的组织者。又有苻坚之前秦与姚兴之后秦，分别罗致了道安和鸠摩罗什来长安主持译事，弘化佛法和培育英才。《高僧传·僧䂮传》称："兴既崇信三宝，盛弘大化，建会设斋，烟盖重叠，使夫慕道舍俗者，十室其半。"那时关中佛教盛况，由此可以想见。

东晋的名僧少不了要与奉佛的王公士大夫交往，彼此在一起，或悠游山水，或作文赋诗，或清谈玄理，或设斋礼佛，不一而足。这也反映了南方佛教一直以来走的都是上层路线。东晋的佛教有两个中心，一是慧远主持的庐山东林寺，一是建康的道场寺。慧远的师傅道安在襄阳做了很多工作，如勤力宣讲《般若经》，编写《综理众经目录》和制订僧尼轨范等。之后，慧远卜居庐阜三十多年，以此为基地，热情弘法，在东晋朝野有广泛影响，并使得庐山成为接纳北地僧人和连接长安、建康两大政治文化中心的枢纽站。道场寺在当时也很有名。东晋末年，佛驮跋陀罗在此译出《华严经》60 卷，并共法显译出后者从海外携来的《摩诃僧祇律》。而东晋十六国时期的译经总数，据《祐录》卷二谓有 98 部 995 卷（不包括失译），《历代三宝记》卷七至卷九则载为 486 部 1814 卷，《大唐内典录》卷三载为 487 部 1805 卷，《开元释教录》卷三至卷四则载为 419 部 1716 卷。

南北朝时期，佛教在全国各地均有长足的发展，在南朝对道教取得了优势，在北朝更是接近全民性的宗教。从以下几个基本数字，不难看到它在北地的强劲增长势头。如北魏太和元年（447），京城洛阳内寺新旧且百所，僧尼 2000 余人，四方诸寺 6478 所，僧尼 77258 人，而私度无籍之人自也不在少数。正光（520～524）以后，略而计之僧尼大众已逾 200 万，其寺 3 万有余。猥滥之极，自中夏之有佛法，未之有也。至于北齐，皇室立寺 43 所[1]，邺都有寺约 4000 所，僧尼 8 万人[2]，全境则有僧尼 200 余万[3]。与其对峙的北周则有寺

---

① 按《辩正论》卷三，所记。
②《续高僧传》卷十，《靖嵩传》。
③《续高僧传》卷八，《法上传》。

931 所。北朝诸帝崇信佛法的也不在少数。如献文帝拓跋弘（466～471 年在位），敦信尤深，览诸经论，也好老庄。每引诸沙门及能谈玄之士，与论理要。天安二年（467），于太子元宏诞载，起永宁寺，构七级佛图，高三百余尺，基架博敞，为天下第一。北朝的寺院拥有大量土地房产及僧祇户和佛图户。"僧祇户"既依 476 年沙门统昙曜所奏，以岁输 60 斛入僧曹者充。又以民犯重罪者及官奴为"佛图户"，供诸寺洒扫，岁兼营田输粟。依昙曜所奏，原为荒年赈济之用，而实际上却被用来放贷取息，从而使得当时的寺院经济相当引人瞩目。

当时南方佛教的民众基础，远不及北地。据唐释法琳《辩正论》卷三所提供的数字，宋有寺 1913 所，僧尼 36000 人，齐有寺 2015 所，僧尼 325000 人。梁世由于武帝的倡导，比于前代寺院骤增 1/3，僧尼一倍半，但也只有诸寺 2846，僧尼 82700 余人，嗣后陈朝，有寺 1232 所，僧尼 32000 人，然而若是加上普通的信众，则人数也非常可观。例如齐时法通，憩止钟阜定林上寺，有白黑弟子七千余人，其中不乏齐竟陵王萧子良等名流。[1] 又如僧祐，其戒范为人所崇，凡白黑门徒，11000 余人。此外，中大通五年，梁武帝到同泰寺讲《摩诃般若经》时，据萧子显《御讲摩诃般若经序》所云[2]，与会高僧千人，僧俗 319642 人，当然这个数字是有些夸大。南朝寺院同样广占良田，僧尼并能免除徭役，不输租调。

关于译经，任继愈先生主编的《中国佛教史》第三卷认为："南北朝时期译经的最大特点是部类多，译者多，分别超过其前后时代的总和。"[3] 这个说法是在对照《开元释教录》所提供的东晋、前凉和三秦等五国，及隋开皇元年（581）至唐开元十八年（730）的数字，并将北凉纳入"南北朝"的范畴，而得到的一个结论，但在数字计算上小有失误。而南北朝译经总数若是据传统上所说的七个朝代来做统计，则《历代三宝记》载为 525 部 2467 卷，《大唐内典录》为 524 部 2328 卷，《开元释教录》为 668 部 1439 卷，《贞元新定释教目录》为 669 部 1455 卷。南方译经数量和质量远远超过北方，而且主要是集中

---

① 《高僧传》卷八。
② 《广弘明集》卷十九。
③ 任继愈：《中国佛教史》，第 128 页，北京，中国社会科学出版社，1988。

于刘宋，此后只有真谛的译籍较为重要。南北朝的佛教学者，逐渐地形成了各自讲诵研讨某一经、律、论的风习。其提章比句，虽无新意，而重师承，基于经律论本身的特色，而形成了每每观点不同的学派。其援据的典籍有《毗昙》、《俱舍》、《成实》、《涅槃》、《地论》、《摄论》、《三论》、《十诵》、《四分》和《楞伽》等。这种类似佛教"经学"局面的形成，堪称本期的一大特色。

（三）南统与北统

魏正始中，何晏、王弼等立论以为：天地万物皆以无为为本，无也者，开物成务，无往而不存者也。一时名士风流，盛于洛下，乃弃儒典而尚《老》、《庄》，蔑礼法而崇放达。逮晋室之兴，玄风犹盛，至永嘉年间而最炽，名士俊彦辐凑于洛都，争谈玄理，竟以清言放达相高尚。彼时流寓洛阳的西域僧如竺法护、竺叔兰、支孝龙等，已为名士所激赏，则玄佛之合流不待至东晋而始然。

永嘉乱后，衣冠南渡，名僧也竟相过江。这种大规模的佛教人才南流，及学术重心的转徙，在这之前于汉魏之间，在这之后值刘宋立国，还分别发生过一次。永嘉之际，旋婴世乱，而移民规模也最大，玄风因之南徙。而当时般若学六家七宗义的纷竞交驰，正是在这一境域迁徙的过程中激发出来的，而绝不会只是一种无所谓的巧合。玄学论无、有，主虚极静笃或贞静独化，与《般若经》讲法性常住、如如不动，在精神气质上的相通之处则是有目共睹，虽然般若学色即是空、空即是色的题旨，不是正始玄学所能洞悉的。而我们知道，立识含义之于法开，缘会义之于道壹及属本无异宗之竺法汰、竺法深，也俱在东晋初过江。支愍度心无义虽立于北方，为六家七宗里面最早出现的一个学派，但愍度也在东晋成帝之世与康僧渊、康法畅等一起过江。又河北释道安立本无义，也曾驻锡荆襄。可见永嘉之际的移民过程对于思想史的激发作用。

然而，正是由于从公元310年开始，整个北方置于异族统治之下，缺少一个强有力的汉族知识分子阶层来对输入之教义教理进行"格义"，也即与传统的儒道学说特别是《老》、《庄》和《周易》这"三玄"寻求妥协与渗透的工作。因此中国佛教的独立发展，在北方还远远没有开始。在联结着河西走廊的北方的佛教中心长安，情况似乎更为典型。而正是关中，当年江统的《徙戎论》称："且关中之人百余万口，率其少多，戎狄居半。"[1] 十六国佛教的发展，显然也受到了同一时期西北印和中亚佛教形势的波及。所以北地的佛教一方面是民众信仰上的普及——这种普及所提供的佛法传播的社会土壤殊不可低估，但却没有在对哲学和道德主题的深刻转换上形成有意义的方向；另一方面则是佛经翻译事业的隆盛和对所谓印度教义的诉求。

在南方，道教在民众和士大夫当中均较诸北地占有更大比例，与此相对照的是，由于到达南方的移民中的知识分子的努力，例如通过与中国术语的比附等等，推动了以汉化姿态出现、为中国心灵所理解、并转化为其表达方式的佛教的形成。虽然那些知识分子中的地道的信徒宣称是要契入佛法实义，但那种骈丽而典雅的语体，却在不知不觉中把他们导向另一种精神氛围。例如像唯识那样的印度学派作为一个整体被一些原教旨倾向者也即可尊敬的理想主义者移入中国乃是很晚的事情。而在通常情况下人们要面对的是纷纭杂沓而没有形成一个有机整体的各类大小乘经、律、论及其中的符咒、传说和气功。所以从一开始，外来理论就往往被缩减为一些要素，并和本土的观念与实践发生着渗透、顺应与融合。

南北朝时，由于政权对峙，地域阻隔，南统与北统的分化更为典型。南统偏尚义理，不脱三玄轨范，以玄思拔俗为高，士大夫与僧徒之结合，多袭支遁、许询之遗风。北朝则崇尚实修，禅风特盛，律学和净土信仰也很发达。在南朝，涅槃、成实、三论之学大行，晋宋之际，涅槃佛性论有十数家，争吵得非常激烈。同时反佛与佞佛者还在报应之有无和神灭神不灭等问题上展开了激烈的辩论，而每逢名僧开讲，听者常有千八百之众。唐释道宣认为，南朝"佛法虽隆，多游辩慧"[2]。而北方在魏孝文帝以后，禅法大行，比丘等多事禅诵，不复以讲经为意。汤用彤先生认为，北方禅法之影响约有数端，其中提到："北土佛徒深怵于因果报应之威，汲汲于福田利益之举。……私欲日张，法事愈广，虽曰皈依，本在图利。僧籍冒滥，贤者所叹。沙门作乱，史也常书。若不有定法修心之提倡，北土佛法，早趋奔溃。盖坐禅行道，重在澄心。此于薄

---

①《晋书·江统传》。
②《续高僧传》卷二十。

俗，应有纠正。"①

（四）儒道释三教争衡中的佛教

这一时期儒道释三教的斗争，主要形态为儒道二教同气连理来排斥佛教，佛教不敢去触动政权的意识形态基础——儒教，而只能对它妥协和拉拢，佛教反击的主要矛头针对道教，例如嘲笑它的鄙陋不堪等。儒教帝国的统治者，即便崇信佛法，也还是对猥滥入籍者，持反对的立场，这在北朝尤其明显。像梁武帝那样的佛者，罕有其匹。

在这一时期，一般士子们对于佛道的蒸蒸日上，虽时有提出辟佛论者，但总体上盖未尝究心焉，更有崇尚玄学清谈的士子为佛教般若学的盛行提供了思想史的契机。然则实际的历史，也不全是一派春风煦熙、笙歌悠扬的和平景象，在本身倡导一致论的《牟子理惑论》揭开了讨论三教关系的序幕以后，划分为两大阵营的佞佛者与反佛者的争论主要是围绕四个问题展开的，即夷夏论、危国论、白黑论和神灭论②。其中的夷夏论与危国论都涉及制度层面上的批评，也是历来争论的重心，白黑论则是由反叛佛教的沙门慧琳所著之《白黑论》引发的，涉及大乘佛教的基本理论——缘起性空，而神灭论则是由范缜基于"形存则神存，形谢则神灭"而提出的一种批驳，究其实质，恐怕连儒道在内的宗教都在劫难逃。不过慧琳、范缜的反驳都没有给后世留下较深的印象，倒是肇端于东晋时沙门应否敬王者之问题的夷夏论等，对于佛教本土化过程产生了深远的影响。东晋时先后有权臣庾冰和桓玄，站出来强调"王教不得不一"，要求沙门跪拜王者，他们的对立面何充等人，则认为佛教通过矫正民心实在是有助于王化的，争论中反佛者的一个煽情性的论调是，佛教礼仪乃本于"狐蹲狗踞"的夷俗，与华夏正统不堪相提并论。这种狭隘的民族主义立场使得争论带上了更多的情绪化色彩。当时，慧远以南方佛教领袖的身份，曾经做过一篇著名的《沙门不敬王者论》，提出僧人"内乖天属之重，而不违其孝；外阙奉主之恭，而不失其敬"③，因为奉佛可以拯济流俗，超拔幽灵，协契皇

---

① 《汉魏两晋南北朝佛教史》，第797页，上海，上海书店影印，1991。
② 牟钟鉴：《中国宗教与文化》，第32～67页，成都，巴蜀书社，1989。
③ 《弘明集》卷五。

极。另一方面则有道士顾欢著《夷夏论》，认为若"以中夏之性，效西戎之法"，势必破坏华夏固有的祭祀、礼仪。既然"佛是破恶之方，道是兴善之术"①，在原理大同的情况下，自然是优劣即判了。此种争论对于佛教的发展颇具建设性的一个推动是，佛教徒开始更明确地把佛教伦理同宗法性伦理联系起来，如僧顺说："释氏之训，父慈子孝，兄爱弟敬，夫和妻柔，备有六睦之美。"②

可是除了那些对宗教要素的指摘，还有从社会功能的角度提出的佛教危国论，东晋的桓玄就说："京师竞其奢淫，荣观纷于朝市，天府以之倾匮，名器为之秽黩。避役钟于百里，逋逃盈于寺庙。"③ 看来这种论调也不完全是捕风捉影，而经济方面的考虑肯定是主要的。一个农业体制的国家看来不可能支持一项糜费浩大的非生产性的宗教事业。当郭祖深上书指出因天下僧尼太多、户口几亡其半而危及国家的基础时，他面对的是一个数度舍身于佛寺的梁武帝。可是对于追求出世的佛教来说，却并不总是有这样的好运。因此当某些对之素无好感的皇帝认为佛教使政教不行、礼义大坏，而依附佛寺的大量逃户使得国家的赋税和兵役受到严重损害时，对佛教的毁弃和限制便在所难免。可是从净化心灵和敦厚民俗的角度，也有许多统治者看到了佛教所具有的正面价值。例如南朝宋文帝相信，"若使率土之滨皆纯此化，则吾坐致太平，夫复何事?"④这的确是一个明智的判断。

（五）二武灭佛事件

然则出家人既多，对于丧失征役劳力、赋税兵源和田产宅舍的统治者来说，遂有沙汰冗繁的急务。姚秦弘始年间，始立僧正建僧籍，此种系统的管理制度即为此而创设。由于南方僧尼数量本身就少，尚不至于危害国祚，所以本期最严苛的毁佛事件都发生在北方政权内，如魏太武帝和北周武帝的毁佛事件。前次灭佛之后，佛教很快复兴，而我们知道，北魏末年，所在编民，相与

---

① 朱昭之撰：《难顾道士夷夏论》所引述，《弘明集》卷七。
②《析三破论》，《弘明集》卷八。
③《欲沙汰众僧与僚属教》，《弘明集》卷十二。
④《何令尚之答宋文皇帝赞扬佛教事》，《弘明集》卷十一。

入道，假慕沙门，实避调役。北魏分裂后，北地佛教仍在急剧发展。从而引发了周武帝的灭佛，这次事件从 566 年拉开帷幕，到 577 年北周灭齐，而达到巅峰。"毁破前代关山西东数百年来官私所造一切佛塔，扫地悉尽。融刮佛像，焚烧经典。八州寺庙出四十千，尽赐王公，充为第宅。三方释子减三百万，皆复军民，还归编户。"① 结合北齐灭时境内人口官方统计为 20006880，而北周大象年间（580～581）人口为 9009604 来看，出家人所占比例是惊人的，约占 10%。

二、慧炬相传的译经事业

最初，释迦说法，全凭口授身传，至其谢世，弟子大迦叶与阿难等五百比丘，追共撰述，缀以文字，成十二部修多罗藏。后来的印度佛教学者，相继著论赞明其义，又或以"经"的形式假托于"如是我闻"的名下，如此以往，佛教典籍愈显庞杂。印度佛典起初用三种不同的文字流传。其中最常见的是梵文，经西域入华的佛曲湮的原始记录形式多系此种语文，在西北印度还曾流行过佉留文本的佛典，因梵文复兴而渐趋湮没；另一种巴利文文本，此种语文是由南印度方言几经演变而成，汉地译典最初并非全部得自梵文原本，也有译自西域地区的康居文、于阗文、龟兹文本的，这类佛典在当时被称为"胡本"。然则一般译者皆重梵本而轻胡本，此也事理之固然。

（一）汉末三国西晋的译经

若是推寻汉译典籍的初传，有言西汉哀帝时，博士弟子秦景宪使伊存口授浮屠经，中士闻之，并未相信。最早的较为可信的译籍是汉明帝时摄摩腾译于洛阳白马寺的《四十二章经》②。至桓帝时有安息国沙门安清，赍经至于洛阳，翻译最为通解。安清，或作安静③，字世高，安息国太子。志业聪敏，刻意好学，外国典籍至于医卜术数，莫不洞晓该贯。世高才悟机敏，至洛未久，即通

① 《历代三宝记》卷十一。
② 《高僧传》卷一。
③ 《隋书·经籍志》。

习华语。于是宣译众经，改胡为汉，译出《安般守意经》、《阴持入经》、《大十二门经》、《小十二门经》、《百六十品经》等 35 部，41 卷，约百余万言。其译籍的特点是："义理明析，文字允正，辩而不华，质而不野，凡在读者，皆亹亹而不倦焉。"① 灵帝光和、中平年间，月支沙门支谶、天竺沙门竺佛朔等并译佛经，出《般若道行品》、《首楞严经》、《般舟三昧经》等。凡此诸经，皆审得本旨，了不加饰。安世高译籍多属阿毗昙学，尤精禅数，而支谶所长，则在大乘。其译《道行经》，对般若学在汉地的传播有开创之功。后汉末叶从事佛典翻译的还有来自西域的康孟详、支曜、康巨、安玄等人。

吴初有康僧会，年十余岁，二亲并亡，既而出家，据说为人弘雅有识量。后以吴赤乌十年（247）至建业，营立茅茨，设像行道。吴主孙权，甚大敬信，为造建初寺，此为江南有寺之始。康僧会于此译出《阿难念弥经》、《镜面王》和《六度集经》，多属小乘系统。三国时期最有成就的译家当推支谦。支谦字恭明，一名越，月支人，祖父法度，汉灵帝时，率国人数百归化，拜亲善中郎将。他十岁学书，同学皆佩服其聪敏，后三年复学胡书，备通六国语。汉末随族人避乱，南渡东吴。吴主孙权拜为博士，于黄武元年到建兴中约三十年间，广泛罗致诸原本和译本，未译补译，已译重译。译出《维摩诘经》、《大般泥洹经》、《法句经》、《阿弥陀经》、《瑞应本起经》等 49 部②。支敏度认为其译作的特点是"属辞析理，文而不越，约而义显，真可谓深入者也"③。曹魏时期，洛阳白马寺仍是大译场，嘉平年间（249～253），天竺沙门昙柯迦罗译出《僧祇戒》、康居人康僧铠译出《无量寿经》，甘露年间（256～259）帛延译出《首楞严经》等，都在此处。

西晋时北方的译场，分布于敦煌迄至洛阳的线路上，其兴起与竺法护的活动关系至深。法护，其先月支人，世居敦煌郡。年八岁出家，事外国沙门竺高座为师。当晋武之世，寺庙图像，虽崇京邑，而方等深经，蕴在西域。法护乃慨然发愤，志求方等诸经，遂随师至西域，游历诸国。当时，西域诸国语言各异，凡三十六种，文字也如此，法护全都学习掌握，贯综诂训，音义字体，无

---

① 《出三藏记集》（以下简称《祐录》）卷十三。
② 据《高僧传》，《祐录》作三十七部。
③ 《祐录》卷七，《合首楞严经记》。

不备晓，后携大批胡本，还归中夏。自敦煌至长安，沿路传译，写为汉文。法护以晋武帝末年，便隐居深山，故从泰始十年（274）以后的十年，未见有译经，后立寺于长安青门外，名闻遐迩，僧徒千数，咸来宗奉。除了长安是其主要译经地点外，竺法护还曾于敦煌、洛阳、酒泉等地从事翻译事业。竺法护所译佛典有《光赞般若经》、《正法华经》、《渐备一切经》、《弥勒成佛经》、《普曜经》等，159 部，309 卷。其所译经典，辞质胜文，宏达欣畅。在法护译经时，有许多助手从旁笔受、参正。当初，法护于西域得《超日明经》胡本，译出颇多繁重。时有信士聂承远，乃更详尽正文偈，删为二卷。承远据说"明练有才理，笃志法务，护公出经，多参正焉"①。其他助手还有聂道真、竺法乘、竺法首、张玄伯等。法护的译经活动与西晋王朝相始终，推动了佛经的普及，时人尊为"敦煌菩萨"。僧祐评价曰："经法所以广流中华者，护之力也。"②影响由斯可见一斑。

汉魏西晋时期的佛典翻译，主事之人多为西域、天竺的高僧大德，而参与译事者，胡僧不擅汉语，笔受的汉人又多不懂胡言，所以梵客华僧，听言揣意，方圆凿枘，金石难和，咫尺千里，觌面难通。且多为一二人相约对译的私人事业，缺乏有效的组织和计划。所译内容，多系残篇断简，难有全译。所据底本多为胡本。有些"胡本"，只是凭译人背诵而已。由于上述种种条件的限制，译本质量自然不能完全得到保证。

（二）道安、鸠摩罗什与东晋十六国的译经

东晋以后，佛典翻译事业渐臻鼎盛。彼时译经的规模正在转向多人合作的集体翻译。此一转型的关键推动者是道安。道安在长安时期，利用秦主所提供的支持，来组织中外学僧翻译佛典。当时，道安住在长安五重寺，但其译场却在石羊寺等处。在他生命的最后六年里，道安同来自天竺、西域的僧人昙摩难提、僧伽提婆、鸠摩罗跋提、昙摩鞞、耶舍等，以及"家世西河，洞晓方语，华戎音义，莫不兼解"③的凉州僧竺佛念、同学法和、官员赵整等，译出佛典 14 部，约 183 卷，百余万言。主要是翻译新从西北印罽宾和西域一带传入的

---

①②《祐录》卷十三。
③《高僧传》卷一。

小乘说一切有部的典籍，兼有少量戒律。前者，如《阿毗昙毗婆沙》（或作《鞞婆沙论》、《杂阿毗昙毗婆沙》）14卷，道安称："其经犹大海与，深广浩瀚，千宝出焉；犹昆仑与，嵬峩幽蔼，百珍之薮，资生之徒，于焉斯在。"并记述译经缘起："会建十九年。罽宾沙门僧伽跋澄讽诵此经，四十二处，是尸槃尼所撰者也。来至长安，越郎饥虚在在，求令出焉。其国沙门昙无难提笔受为梵文，弗图罗刹译传，敏智笔受为此秦言，赵郎正义起尽。自四月出，至八月二十九日乃讫。"[1] 赵郎即赵整，彼年18，为前秦著作郎，后迁至黄门侍郎，武威太守。因关中佛法兴盛，发愿出家，符坚惜而未许，符坚死后，始遂其志，更名"道整"。正是由于这样一些人的襄助，道安的译场才得以有高质量的译作问世。

道安译场的运作程序日趋完备、合理，虽然经本大小繁简不一，但采用"宣梵"、"译汉"、"笔受"、"对校"等方法，奠定了国立译场的基础。以后慧远在庐山始设般若台译场，及鸠摩罗什来华，姚兴馆于长安逍遥园西明阁，简僧契、慧慕、僧迁、僧叡、僧肇等五百余人襄助译事，及北凉姑臧之闲豫宫、东晋建业道场寺、刘宋派洹寺、萧梁寿光殿、华林园、正观寺、北魏洛阳永宁寺与汝南王宅。北齐邺都天平寺均为此期赫赫有名的国立译场，其始作俑者，为符秦时期的释道安也。

道安的贡献，还在于针对梵汉语法的特点而提出"五失本，三不易"的转换原则。道安说："昔在汉阴十有五载，讲放光经岁常再遍。及至京师，渐四年矣，也恒岁二，未敢堕息。然每至滞句，首尾隐没，释卷深思，恨不见护公、叉罗等。"及与西域僧人共事勘验胡本，则深叹前人译经删令合今，则马融、郑玄所深恨也。故而道安提出那些有待纠偏的现象："译胡为秦，有五失本也：一者胡语尽倒，而使从秦，一失本也。二者胡经尚质，秦人好文，传可众心，非文不合，斯二失本也。三者胡经委悉，至于叹咏，叮咛反覆，或三或四，不嫌其烦，而今裁斥，三失本也。四者胡有义说，正似乱辞，寻说向语，文无以异，或千五百，刈而不存，四失本也。五者事已全成，将更傍及，反腾前辞，已乃后说，而悉除此，五失本也。"[2] 意即有五种情况失去经本原来的

① 《祐录》卷十。
② 《摩诃钵罗若波罗蜜经抄序》，《祐录》卷八。

面目，一为改梵式倒装句为汉语习惯，二为由梵文朴质改为汉译的文彩斐然，三为删繁就简，失去其叹咏反复的气势，四为刘去经本中有若汉赋"乱辞"的"义说"，五为删去将要讲完一事而重复前说的部分。所谓"三不易"是指三种不易做到的情况，这是正面的要求。道安云："然般若经三达之心，覆面所演，圣必因时，时俗有易，而删雅古以适今时，一不易也。愚智天隔，圣人叵阶，乃欲以千岁之上微言，传使合百王之下末俗，二不易也。阿难出经，去佛未久，尊者大迦叶令五百六通迭察迭书。今离千年，而以近意量裁。彼阿罗汉乃兢兢若此，此生死人而平平若此，岂将不知法者勇乎？斯三不易也。"① 亦即：一、译文应适应时代；二、译文要适合当代信徒的接受水平；三、在生死中轮回的人要想表达解脱生死者悟解的佛法，殊为不易。

正是因为有了道安对于汉末以来持续已近三四百年的译经活动得失的经验总结及严整而合理的翻译程序的确立，又有当局者不遗余力的支持，才渐渐迎来了佛典翻译事业隆盛的局面。道安素闻天竺沙门鸠摩罗什，知道他当时在龟兹，就劝秦主苻坚将其招来。鸠摩罗什也听说道安问候之意，便遥拜致敬，其惺惺相惜如此。苻秦建元十九年（383），即遣骁骑将军吕光将兵伐龟兹及焉耆诸国。及吕光破龟兹，载鸠摩罗什而归，途中闻苻坚被姚苌所杀，即割据凉州，扣留鸠摩罗什不放东行。姚光弘始三年（402），凉州既破，十二月鸠摩罗什始至长安，时道安卒后已二十载，鸠摩罗什深慨恨。鸠摩罗什入京后，姚光仍请其居于西明阁、逍遥园，译出众经。鸠摩罗什卒于弘始十五年（413）四月，在长安主持译事十一年里，据《祐录》卷二，共出佛经 35 部，294 卷。重要译籍有《大品般若》、《小品般若》、《金刚般若》、《十住》、《法华》、《维摩》、《思益》、《首楞严》、《佛遗教》、《无量寿》、《十诵律》、《戒本》、《大智度论》、《成实论》、《十住毗婆沙》、《中论》、《百论》、《十二门论》等。其译经事业在当时就引起了各方关注。当时四方义学沙门，不远万里，禀访精研，归于门下。道业冲粹如慧远之辈，也遣使修问。又有竺道生，慧解洞微，也来谘禀，当时的影响，可见一斑。

鸠摩罗什译场的运作更趋缜密。如重译《大品》时，鸠摩罗什手执梵本，

---

① 《摩诃钵罗若波罗蜜经抄序》，《祐录》卷八。

口宣秦言，两释不同的，交相辩论文旨。姚兴亲自参与译场，在一边披览旧经，勘验得失，慧恭僧叡等五百学僧，探究其义旨，审察其文字，然后写下来，以弘始五年十二月十五日译毕，校正检括，明年四月二十三日才结束。当时道安所定下的矩矱仍在适时地起作用，如参与此《大品经》译场的僧叡，言其"执笔之际，三惟亡师'五失'及'三不易'之诲，则忧惧交怀，惕焉若厉，虽复履薄临深，未足喻也。"① 鸠摩罗什本身对于译经得失也有很多总结。如他常跟僧叡又论西方辞体，探讨与中夏之同异，说："天竺国俗，甚重文制，其宫商体韵，以入弦为善。凡觐国王，必有赞德，见佛之仪，以歌叹为贵，经中偈颂，皆其式也。但改梵为秦，失其藻蔚，虽得大意，殊隔文体。有似嚼饭与人，非徒失味，乃令呕秽也。"② 正是由于不断进行经验总结，加上鸠摩罗什和参与其译场的人们的不懈努力，故虽也时有"方言未融"③ 的讥评，但鸠摩罗什译文的质量总体上看是很高的。后人评价道："表发挥翰，克明经奥，大乘微言，于斯炳焕。"④ 在这一时期来说，因有生、融、影、叡、严、观、恒、肇参与什公译场，他们都是"睿哲冲奥，领悟言前，词润珠玉，秉笔承旨，任在伊人"（《高僧传·译经篇》），以致鸠摩罗什所译，郁为称首。这都是一时机缘凑泊，后世玄奘译场也有不及之处。综合其译籍之篇幅、品类和影响来看，鸠摩罗什在长安的阶段，堪称本期译经活动之顶峰。

与鸠摩罗什活动于同一时代的梵僧，尚有僧伽提婆和佛陀跋陀罗等，他们二人后来都跟慧远有过密切交往。罽宾僧伽提婆，前秦建元十九年（383）曾参与道安译场，译出《阿毗昙八犍度论》。东晋太元十六年（391），值慧远翘勤妙典，虚心侧席，延望远宾，听说他到了，就请入庐岳，翻译《阿毗昙心》及《三法度》等。于是，提婆在般若台手执梵本，口宣晋语，去华存实，务求穷尽意蕴。至隆安元年（397年）来游建康，卫军东亭侯王珣请于其舍讲《阿毗昙》，名僧毕集。王珣纠集京都义学沙门慧持等四十余人，更请提婆重译《中阿含》等，时罽宾沙门僧伽罗叉执梵本，提婆翻为晋言，到来年夏天才结

---

① 金陵本《祐录》卷八，《选编》卷一，第132页。
② 《高僧传》卷二。
③ 《祐录》卷十一《百论序》。
④ 《祐录》卷一。

束。又有佛陀跋陀罗，亦称觉贤，迦维罗卫人，他东来中土，先是绵历三年寒暑，度过葱岭，路经六国。后来到交趾，于是附舶循海而行，在青州东莱郡登陆。听说鸠摩罗什在长安，就前去相会，起初鸠摩罗什非常欣悦，后来因为辩极微破色空，被道俗误会为计微尘是常，兼以门下有浇薄滑诡之徒，遂遭摒斥，与慧观等四十余人一起出发，游历庐岳。沙门慧远，久服风其名，闻至欣喜，请其翻译《达摩多罗禅经》二卷，内中言佛大先禅法等。其在长安即助鸠摩罗什翻译《坐禅三昧经》。后住建康道场寺，觉贤仪范率素，不同华俗，而志韵清远，雅有渊致，时人目为"天竺、王、何风流人也"①。义熙十四年（418），觉贤应众人之请，共沙门法业，慧严等百有余人，于道场寺译出《华严》前分 36000 偈。又法显在西域所得僧祇律梵本，也复请觉贤译为晋文。其先后所出凡 15 部，117 卷。②

420 年前后，凉州一带活跃的译经僧人有昙无谶，或作昙摩谶、昙摩罗谶等，并以神异闻名。他原籍中天竺，6 岁丧父，随母佣织，见沙门达摩耶舍，意译法明，被道俗所尊崇，利养丰厚。其母很羡慕，所以把昙无谶送去做弟子。10 岁与同学诸人读咒，聪敏出群，诵经日得万余言。初学小乘，兼览五明，后遇白头禅师，授以树皮《涅槃经》本。捧读之后，方自惭恨，以为坎井之识，久迷大方，这才专心学大乘。因为获罪国王，才携带《大涅槃经》前分十二卷，并《菩萨戒经》、《菩萨戒本》，逃奔西域，先到敦煌，驻留数载，后河西王沮渠蒙逊将其迎入姑臧，以玄始十年（421）十月二十三日，始译《大涅槃经》。昙无谶依附沮渠蒙逊约十年，继以咒术惑世，又能言他国安危，多所中验，沮渠蒙逊常以国事向他咨询。据《魏书·沮渠蒙逊传》称，他曾以男女交接之术授妇人，沮渠蒙逊诸女子妇皆往受之，后发露其事，沮渠蒙逊杀了他。然其主持的译事，成就也不小。除了《涅槃经》为中土"佛性论"之渊薮，又译出《方等大集经》、《悲华经》、《金光明经》等，这些译本大都富于文藻，又能婉转表达出本来旨趣，在这方面，助译的河西名僧慧嵩、道朗，功不可没。

---

①②《高僧传》卷二。

（三）南北朝的译经

南北朝初期，南方有求那跋陀罗，汉言功德铠，罽宾王之支胤也。先后经历狮子国和南海阇婆国。时宋文帝远闻其风，敕交州刺史称旨迎致，京邑名僧慧严、慧观等附信修虔，遂以元嘉八年正月离阇婆国至都下，住祗洹寺，译出《菩萨地》、《昙无德羯磨》、《优婆塞五戒略论》、《三归》及《优婆塞二十二戒》等。而当时北魏译经数量不多，主要译者菩提流支，意译道希，北印度人，魏永平初（508）至洛阳，住永宁寺。菩提流支共译出佛籍30部，101卷。其重译的《入楞伽经》十卷本，被近代学者吕澂等认为与托名真谛译出的《大乘起信论》颇为接近。

南朝自求那跋陀罗以后（468），译学繁荣，译事却相对显得萧条。当时大小乘经部的基本著作大都已有译本，律藏也初具规模。翻译者的注意力渐渐转向论藏，涌现的杰出代表为天竺僧真谛，他是继鸠摩罗什之后的四大译师之一。梁大同年间（535～545），使臣张汜从扶南国礼请他来华，其在中土23载，遭逢世乱，不遑宁处，然则随方传译，未尝中辍，译出《十七地论》、《决定藏论》、《摄大乘论》、《摄大乘论释》、《中边分别论》等，主要是集中在大乘瑜伽学派的典籍。

众所周知，佛教为一种外来宗教，其思想、戒律和修持皆有和中土固有传统迥异的若干特征，则传译的功劳，不可谓不大。起初，汉明帝感梦，遣使西域，才有摄摩腾、竺法兰来东土译经。之后安清、支谦、康会、法护等，继承这项事业。竺佛念、竺叔兰、无罗叉等，兼擅华梵音义，所以能够遵循"翻译"的规律。其后有鸠摩罗什，为不世出的杰出译家，《高僧传》称他"硕学钩深，神鉴渊奥，历游中土，备悉方言。复叹支、竺所译，文制古质，未尽善也，乃更临梵本，重为宣译"。又有僧叡等人在旁助译润色，所以他的译本，都为称首。其他如觉贤比丘江东所译《华严》大部，昙无谶河西所翻《涅槃》前分，及诸师所出四《阿含》、五部、犍度、婆沙等，成就也都很高。

三、从般若学到涅槃佛性论

(一) 当时人对佛法的理解

佛教是一个博大精深的体系，要做出概括，殊为不易。那么，当时稍稍对之有所涉猎的普通人心目中的佛教究竟为何物呢？有两段文字所述，当有一定的代表性。

首先是孙绰（320—377）《喻道论》曰："夫佛也者，体道者也；道也者，导物者也。应感顺通，无为而无不为者也。无为，故虚寂自然；无不为，故神化万物。万物之求，卑高不同，故训致之术，或精或粗；悟上识则举其宗本，不顺者复殃。"这是格义的结果，为士族中的玄学化的佛教形象。

其次是魏收《魏书·释老志》的一段："凡其经旨，大抵言生生之类，皆因行业而起。有过去、当今、未来，历三世，识神常不灭。凡为善恶，必有报应。渐积胜业，陶冶粗鄙，经无数形，澡练神明，乃致无生而得佛道。其间阶次心行，等级非一，皆缘浅以至深，藉微而为著。率在于积仁顺，蠲嗜欲，习虚静而成通照也。故其始修心则依佛、法、僧，谓之三归，若君子之三畏也。又有五戒，去杀、盗、淫、妄言、饮酒，大意与仁、义、礼、信、智同，名为异耳，云奉持之，则生天人胜处，亏犯则坠鬼畜诸苦。又善恶生处，凡有六道焉。"这是朴实允当的持论。魏收初仕东魏，后仕北齐，彼时佛法传入中夏已历三四世纪，应当能够产生这样的概括。

这两段文字恰反映山随地域和时间的不同，人们对佛法理解的差异。永嘉乱后，随着中州士人的避乱江左，玄风扇被，崇佛之人也浸染此习。时人多目佛教禅匠为辅嗣、平叔之风流。汤用彤先生曾讲："南朝佛法之隆盛，约有三时。一在元嘉之世，以谢康乐为其中巨子，谢固文士而兼擅玄趣。一在南齐竟陵王当国之时，而萧子良也并奖励三玄之学。一在梁武帝之世，而梁武也名士，笃于事佛者。佛义与玄学之同流，继承魏晋之风，为南统之特征。"[①] 此

[①]《汉魏两晋南北朝佛教史》，第415～416页。

前的东晋则更是如此。相对于南方的偏尚于玄学清谈，北方则重在宗教行为。故而唐释神清《北山录》卷四有云："宋风尚华，魏风犹淳，淳则寡不据道，华则多游于艺。夫何以知，观乎北则枝叶生于德教，南则枝叶生辞行。"再者，随着时间的推移，格碍阻滞的种种臆测穿凿，逐渐被对于毗昙、成实、般若和涅槃之学的较为专业的知识所取代，这其中译经事业的发达和诸多译师、经师的不懈努力，是起了推波助澜的作用。

（二）六家七宗与僧肇的般若学

早期印度佛教的中心理论为四谛、八正道和十二因缘诸说，这在鸠摩罗什译的四部《阿含经》中多所缕述。然而中土佛教思想起承转合的关键，是对于般若学的理解。自汉之末叶，迄至刘宋初年，迻译之佛典最流行的，当推《般若经》。竺法护译出的《光赞般若经》10卷，经释道安之表彰，遂得流行。而正始玄风为般若学的弘传稍事铺垫。佛经的流被中土，有它的发展过程。在十二部经中，以谈空论无的《方等》类经最多。都是因为中夏的老庄之学，与《方等》兼忘义相似，风格相近，而易于流行。及鸠摩罗什入长安，重译大小品般若经，即以前译出的《放光》（《光赞》）与《道行》，鸠摩罗什门下盛弘性空典籍，般若学遂如日中天。

约在道安的时代，因为中土的般若学者格义迂而乖本，论议偏而不即，至于有所谓六家七宗的流衍分派。而僧肇《不真空论》仅概括为心无、即色、本无三家，即隋吉藏《中观论疏》所谓"什师未至，长安本有三家义。"唐释元康的《肇论疏》有曰："梁朝释宝唱，作《续法论》一百六十卷云，宋庄严寺释昙济作《六家七宗论》，论有六家，分成七宗。第一本无宗，第二本无异宗，第三即色宗，第四识含宗，第五幻化宗，第六心无宗，第七缘会宗。本有六家，第一家分为二宗，故成七宗也。"这些学派几乎是在两晋之际骤然涌现的，有些更是在理论准备不成熟的情况下，仓猝揭标新义，颇有博粲一笑而谋办得食的嫌疑。这些学派的代表人物，据汤用彤先生的胪列计有：

本无　本无　　道安

　　　本无异　竺法琛

即色　即色　　支道林（郗超）

识含　　识含　　于法开（于法威　何默）

幻化　　幻化　　道壹

心无　　心无　　支愍度、竺法蕴、道恒（桓玄、刘遗民）

缘会　　缘会　　于道邃

所谓本无义，据吉藏《中观论疏》所述，"谓无在万化之前，空为众形之始。夫人之所滞，滞在未有，若诧（宅）心本无，则异想便息。"即言无在万化之先，空为众形之始，故云本无。然则不是说，虚豁之中，能生万有。此义《名僧传抄昙济传》论之尤详，意思是说，元气陶化，则群像禀形，形虽依赖陶化，权衡陶化之本，则出于自然，自然自尔，岂待造物的主宰？既无所待之纷纭扰攘之"有"，故云本无，不是"一无所有"和"曾有今无"的意思也。道安明"本无"，谓人之所滞，滞在末有，宅心本无，则患累销释，很像王辅嗣崇本息末的旨趣。又慧达《肇论疏》①引慧远《本无义》曰："因缘之所有者，本无之所无，本无之所无者，谓之本无。本无与法性，同实而异名也。"不知与道安本无义是否相即。又对本无义之辩破云："本无者，情尚于无多，触言以宾无，故非有，有既无；非无，无即无。寻夫立文之本旨者，直以非有非真有，非无非真无耳，何必非有无此有，非无无彼无？此直好无之谈，岂谓顺通事实，即物之情哉？"这又是针对本无宗的另一位代表人物竺法汰的。②宋净源《肇论集解令模钞》上说："汰尝著书与郗超曰：'非有者，无却此有；非无者，无却彼无'。"这和僧肇对论敌观点的引述是一致的。

此外本无异宗，似谓虚豁之中，能生万有。"本无异宗，其制论云：'夫无者何也？壑然无形，而万物由之而生者也。有虽可生，而无能生万物。故佛答梵志，四大从空生也。……复有竺法深即云：诸法本无，为第一义谛。'所生万物，名为世谛，故佛答梵志四大从空生也。"③此论在诸家义中最是浅陋。

以下支道林即色义，用意甚深，与《肇论》的关系，颇难索解。《世说新语·文学篇》刘孝标注引《妙观章》述其义曰："夫色之性，不自有色。色不自有，虽色而空，故曰色即为空，色复异空。"所谓"色复也空"，恐怕不能相

---

① 《续藏经》第1辑，第2编乙，第223套，第4册。

② 吕澂先生认为本无宗的代表人物，恐系竺法汰，见于《中国佛学源流略讲》，第53页。

③ 安澄：《中论疏记》，《大正藏》卷六十五。

即于"色即是空，空即是色"的陈述。又结合后人对支道林《即色游玄论》的引述"夫色之性，色不自色，不自，虽色而空。知不自知，虽知而寂"① 来看，可知支遁的即色义，是明"待他"即空。所以僧肇批评说："即色者，明色不自色，故虽色而非色也，夫言色者，但当色即色，岂待色色而后为色哉？此直语色不自色，未领色之非色也。"后人有引果色、因色之殊来诠解这段话的，意谓支遁"但解果色空，谓假因色成故，未领因色也空"②，意即支遁未领会于此因缘聚会之他者也复是空。即色义与本无义的区别在于，前者反对后者"存无以求寂，希智以忘心"。

其次识含宗，认为："三界为长夜之宅，心识为大梦之主。今之所见群有，皆于梦中所见。其于大梦既觉，长夜获晓，即倒惑识灭，三界都空。是时无所从生，而靡所不生。"③ 也就是说，现象世界无非是心识之主所做的一个清秋大梦，即心识断灭，则一切皆空。

其次幻化宗，认为："一切诸法，皆同幻化，同幻化故名为世谛。心神犹真不空，是第一义。若神复空，教何所施？谁修道？隔凡成空，故知神不空。"④此则明确主张心有色无。

再次心无宗，与幻化宗针锋相对。僧肇《不真空论》评述道："心无者，无心于万物，万物未尝无。此得在于神静，失在于物虚。"此宗认为佛经所言空，只是于物上不起执心，故言其空，但物是有，不曾即无。其义乖违空宗本旨，不待言而自明。

又有缘会宗，后人引述曰："明缘会故有，名为世谛。缘散故即无，称第一义谛。"⑤ 按僧肇《不真空论》，则从因缘故不有，从因缘故不无，不是讲缘散缘会。

此期中土般若学的关键性人物为僧肇，其所著《物不迁》、《不真空》、《般若无知》、《涅槃无名》诸论为一时代不二出的杰作，也为考究前代和后世般若学理解的衡准。"释僧肇，京兆人，家贫以佣书为业，遂因缮写，乃历观经史，

① ④ 安澄：《中论疏记》。
② 净源：《肇论中吴集解》。
③ 《吉藏》、《中观论疏》，《大正藏》卷四十二。
⑤ 吉藏：《中观论疏》。

备尽坟籍。爱好玄微，每以庄老为心要，尝读《老子·德章》，乃叹曰：'美则美矣，然则期神冥累之方，犹未尽善也。'后见旧《维摩经》，欢喜顶受，披寻玩味，乃言始知所归矣。因此出家，学善方等，兼通三藏。"① 后僧肇也参与鸠摩罗什译场，及翻译《般若无知论》，致令庐山慧远等有非常之叹。《肇论》的本旨，按起首的《宗本义》所云，在于将般若与沤和（智巧）统一起来："诸法实相，谓之般若；能不形证，沤和功也。适化众生，谓之沤和；不染尘累，般若力也。然则般若之门观空，沤和之门涉有。涉有未始迷虚，故常处有而不染；不厌有而观空，故观空而不证。"这类思想屡见于般若类经典，所谓权慧等具，不可偏废。《肇论》里的四篇，理论的支点为《不真空论》。其核心观点就表现在题目当中，犹如说"不真故空"，意即事物之规定性的自足、自立的圆满的证成，犹如普通所说的"真"，而恰恰这一种"证成"是虚妄的，因而即"空"。彼事物之规定性的自足的圆满好比是名，则可以用"名实无当"来阐述斯义。"夫以物物于物，则所物而可物，以物物非物，故虽物而非物。是以物不即名而就实，名不即物而履真。""物物"之用法，好像先秦典籍中常见的"尊尊"、"亲亲"的用法②，整句话的意思是：使得向我们呈现物的规定性得以圆满地成立的过程（物物），倘若对应于假设的物自体，那么所成立的就是这一种物自体，另一方面使得向我们呈现的物的规定性得以圆满地成立的过程（物物），倘若恰好没有对应的物自体，则虽然可以有现象意义上的物的规定性的成立，但所成立的并不是物自体。由于无论对应的是物自体还是纯粹虚妄，物物的行动皆可成立。故而物自体并不因为挂靠在名称上而成就它的实际，名称也并不因为接近物自体而踏在真实的地基上。若就认识论的领域而言，"物白体"实在是不足与论，这是 18 世纪末德国那位哥尼斯堡的踽踽独行者，所发出的亘古的绝响。但就《不真空论》的典型的论证格式而言，则"物物"犹如物之为真的现象意义上的规定。例如讲真有和真无："夫有若真有，

----

　　①《高僧传》卷六，《僧肇传》。
　　② 对于"物物于物"，任继愈先生的解释实际上是认为第一个"物"指"物"这一名称，第二个"物"为命名的动作，第三个"物"为命名所及的对象。如此解释，则以下"物不即名而就实，名不即物而履真"与上文的联系似须曲为之解，任先生认为第一个"物名"本身即是"非物"，但这一层意思并不能由文义的逻辑关系直接得到，仅是一种可能的引伸。但是以使"某"成其为"某"的用法来诠解"物物"，在古代汉语中不是更为常见吗？

有自常有，岂待缘而后有哉？……若有不能自有，待缘而后有者，故知有非真有。……夫无则湛然不动，可谓之无。万物若无，则不应起；起则非无，以明缘起，故不无也。"可谓之无，即可谓之真无也。尤其本论和《物不迁论》中处处可见以下的论辩格式：

P→Q

～Q

∴～P

例如《物不迁论》讲昔物不至今：

P→Q （古若至今，今应有古）

～Q   （今而无古）

∴～P （以知不来）

所以僧肇的般若学不是教条主义的灌输"非有、非无、非也有也无，非非有非无"之类的四歧式等。其顺通事实，即万物之自虚的探究，散发着思想史的诱人魅力。不若后世谫陋之学者，张口闭口皆以"有无双遣"或"无差别"的话头示人，犹如鹦鹉学舌一般，没有真见谛、真血脉。殊不知僧肇有云："寻夫不有不无者，岂谓涤除万物，杜塞视听，寂寥虚豁，然后为真谛者乎？"佛法讲玄鉴一如的一切智，但又讲立足于事物各各殊异之规定性的一切种智，此种即物顺通的旨趣，特别不能忽略，其根据就在于上述"不真"故"空"的思路，也即我们要切实地探究事物得以存在和发展的各种规定性，以及在更丰富的背景中这些规定性所蕴含的悖论。这是僧肇和佛教般若学给予我们的启示。

（三）慧远的三报论

在魏晋佛学当中，除了般若学的探究这条主线，还有两个论域为此期的道俗所瞩目。一则为轮回业报之说，一则由般若学向涅槃佛性论的转化。中夏的报应学说，起初只有《易传》"积善余庆，积恶余殃"之类寥寥可数的议论，至汉末太平道兴起，其经典屡屡言家族果报论和集体承负论，方始有完备的探讨。但是将灵魂轮回转世和业报法则结合起来的学说，却是佛教的特色。"轮回"学说在印度是尽人皆知，起初佛陀讲四谛、八正道、十二因缘，认为轮回

北魏时期释迦牟尼铜像
通高35.2厘米
河北博物院藏

北魏时期云冈石窟佛像

康僧会过康清...

三国时期康僧会弘教江南图

飞天
北齐时期文殊山万佛洞壁画

流转是"苦"的根本表现，所以离苦得乐的动机正在于跳出轮回。关河所传三论学和后来的涅槃佛性论的重点，都在于探讨解脱轮回的手段和途径，于轮回业报本身的法则，较少注意。然而庐山慧远及南北朝的毗昙学，则对于这方面较为瞩目。慧远《三报论》的学术渊源还是在毗昙学，但和后者严整细密的体系相较，不免有些相形见拙了。而其主旨无非是说业有三报，"一曰现报，二曰生报，三曰后报。现报者，善恶始于此身，即此身受。生报者，来生便受。后报者，或经二生三生，百生千生，然后乃受。"这可以用于解释何以颜回早夭而传说中的盗跖却得永年的反常现象。换言之，表面上报应的爽失只是表明你承受的是生报或后报。此外，慧远还与道教主张有赏善罚恶的神界监察者的观点拉开了距离，而认为"罪福之应，唯其所感，感之而然，故谓之自然。自然者，即我之影响耳，于夫主宰，复何功哉？"虽然三业殊体而同有定报，定报则时来必受，非祈祷之所移，智力之所免，也就是说，报应的法则有它的确实性，人类主观的心理活动往往构成了业力的一部分，但却不代表人有这方面的自由意志。由于佛教诸派别一般都否认了"自我"的存在，所以按照常识的观点，轮回的主体是谁，便成了悬而未决的问题。慧远在《沙门不敬王者论》之末章《形尽神不灭》中说："夫神者何耶？精极而为灵者也。精极则非卦象之所图，故圣人以'妙物'而为言。""神"可以感涉而不可以迹求，是妙尽无名的，又不能以世俗意义上的生灭考量它，从其本来面目观之，神是"感物而非物，故物化而不灭；假数而非数，故数尽而不穷"。神一旦为情识所缠，就会蒙蔽其清净的本性，而进入彼我有封、烦恼无尽的轮回轮生。可是，轮回的虚妄分别的主体是"神"，所谓"不以生累其神，则其神可冥。冥神绝境，故谓之泥洹"。

慧远也尝致力于般若学，但其理解的水平，若就其"形尽神不灭"论来看，委实不敢恭维。其著《法性论》曰："至极以不变为性，得性以体极为宗。"本传云鸠摩罗什见而叹曰："边国人未有经，便暗与理合，岂不妙哉？"但他这方面的言论，即便偶尔有所契中，也不能稳住。卜居庐阜以后，慧远更多的精力是放在毗昙学和禅学。昔日道安在关中，请昙摩难提出《阿毗昙心论》，其人未善汉语，颇多疑滞。后有罽宾沙门僧伽提婆，于晋太元十六年（391），来至浔阳，慧远请其重译《阿毗昙心论》及《三法度论》，于是二学倡兴，并制序标宗，贻于后学。其中讲："阿毗昙心者，三藏之要颂，咏歌之微言，管统众经，领其宗会，故作者以心为名焉。"① 并以为该论思想的核心有三条：一谓显法相以明本，即掘究五位七十五法等各自与轮转和解脱的关系；二谓定己性于自然，即推自身行为所具后果的次第等级；三谓心法之生必俱游而同感，此指心王法与心所法和合共生的主伴关系。

（四）涅槃佛性论与竺道生

涅槃佛性论的倡导，为晋宋之际佛学上的另一桩大事。后世学者莫不宗奉的主导人物为竺道生。道生，本姓魏，巨鹿人，寓居彭城②，家世仕族。道生幼而颖悟，聪哲若神，乃父知他资质非凡，异常爱惜。后来碰到沙门竺法汰，就改俗归依，伏膺受业，谨从时习，改姓竺。道生早有令名，受具足戒之前，就升于讲座。当时望道才僧及诸名士，莫不穷辞挫虑，佩服他思路的精辟。受具足戒之后，才器识鉴，日日跻进，讲演声誉，遍及中夏。王公贵胄，风闻而至，差不多一般的人士，都会不远千里而来。道生风雅从容，善于接引诱导，其性格热烈而不失温润，其气质清雅而不失庄重。故而言语对答之际，令人心悦诚服。中年以后，游学各地，广搜异闻。自江左往关中，一路登庐蹑霍，其间鸠摩罗什的中观学、僧伽提婆的毗昙学，都曾关注过。在关中受业时，那里的僧人，都认为他神悟卓异，被誉为"什门十哲"。后来回金陵止青园寺。寺是晋恭思皇后褚氏所立。道生既然是当时法匠，刘宋太祖深加叹重，请以居住。道生潜思日久，而彻悟言外，目睹当时风习，有鱼兔筌蹄之叹。以为自经典东流以来，翻译事业重重阻碍，人们多半株守滞涩的文字，而罕见圆熟的义理。于是创立"善不受报"、"顿悟成佛"诸义，又著《二谛论》、《佛性当有论》、《法身无色论》、《佛无净土论》、《应有缘论》等。又六卷《泥洹》先至建业，道生剖析经理，孤明先发，提倡"一阐提人皆得成佛"，与六卷本相违，忤逆众人，遂遭摈遣。初投吴郡之虎丘山，随即又到庐阜。后北凉昙无谶译《涅槃经》大本至于南京，果称阐提悉有佛性，与道生持论若合符契。于是僧众才都折服。

---

① 《祐录》卷十。
② 《高僧传》卷七。

依思想史之内在理路，般若谈空之学问，至僧肇而登峰造极，二谛之义渐渐转化为共识，则众生成佛之可能与根据，及其与般若之关系问题，便提上了议事日程。僧肇以后，涅槃经类，纷至沓来，于是学者盛言涅槃佛性即妙有之论。而涅槃实为成佛之不二境界。道生及其后，南方的涅槃佛性论诸说，按吉藏《大乘玄论》卷三所云，有论正因佛性者十一家。此即：

1. 众生为正因佛性。北凉道朗。梁庄严寺僧旻、昭提寺白琛主此说。其意思说，既然一切众生悉有佛性，故知众生是正因。谓众生的作用云为能总御心法，而御心的主能成大觉，故而众生为大觉正因。

2. 六法为正因佛性。齐定林寺僧柔、梁开善寺智藏主此说。六法者，即是五阴及假人也。

3. 以心为正因佛性。梁灵味寺宝亮主此说。《涅槃集解》卷二十引其语："佛性虽在阴、界、入中，而非阴所摄者，真、俗两谛乃是共成一神明法。而俗边恒阴、界、入，真体恒无为也。以真体无为，故虽在阴，而非阴所摄也。体性不动，而用无暂亏。以用无亏，故取为正因。若无此妙体为神用之本者，则不应言虽在阴、入、界中，而非阴、入、界所摄也。"这似乎是指，真如体性与阴界入，共成一神明法。阴入界即五阴、十二入、十八界之法数，是围绕心识作用的一种法相的观察，则以心为正因实际上是以心为用。以真如为体。唐均正《四论玄义》卷七的介绍更为明白："第三灵位（味）小亮法师云：'真俗共成众生，真如性理为正因体。何者，不有心而已，有心则真如性上生故。平正真如，正因为体。'苦、无常为俗谛，即空为真谛，此之真俗于平正真如上用故，真如出二谛外。"按其所指，真谛与真如为不同的概念，后者更超绝真俗二谛。有心即真如性上所生，则以心为正因，即以真如为正因。

4. 以心上冥传不朽义为正因佛性。齐代中寺法安主此说。吉藏释云："此释异前以心为正因。何者？今直明神识有冥传不朽之性，说此用为正因耳。"

5. 以避苦求乐为正因佛性。前述宝亮的弟子梁光宅寺法云主此说。避苦求乐性也为心之用也。其典据在《涅槃经》："若无如来藏，不得厌苦乐求涅槃。"

6. 以真神为正因佛性。梁武帝萧衍，一时名士，而主此说。意即心有不失之性，真神为正因体。己在身体，则异于木石等无情物。

7. 以阿梨耶识为正因佛性。此阿梨耶识乃非奘传唯识学染妄的第八识。彼时无论地论师以第八无没识为正因体，抑或摄论师以第九无垢识为正因体，同样都是指自性清净心，其第九识译名作"阿摩罗识"。

8. 以当果为正因佛性。竺道生和白马寺爱法师主此说。即以将来得佛之果为正因佛性。

9. 以得佛之理为正因佛性。宋新安寺法瑶、太昌寺僧宗、梁灵根寺慧令等主此说。《涅槃集解》卷十八引法瑶之说："佛性是生善之理，理若无者，善何由生？是则佛性是作善业之根本也。佛性是正因，善业是缘因也。"众生有成佛之道理。此理是常，故说是正因佛性。

10. 以真谛为正因佛性。吉藏讲"和法师"与"亮法师"主此说。和法师未详何人，亮法师或即宝亮。

11. 以第一义空为正因佛性。河西道朗与昙无谶法师主此说。即以本有中道真如为佛性体。①

佛性义，也可以从其他重要角度做出评价。吉藏《大乘玄论》卷三，曾引地论师义，谓佛性有二种，一是理性，二是行性。理非物造，故言本有，得藉修成，故言始有。此中即涉佛性本有始有之问题，所谓行性，犹言成佛之表现。均正《四论玄义》曾援据地论师言，谓佛性分别言之而有三种，显始为体性，用时为缘起性。此中体性即吉藏所述之"行性"。

佛性本有始有之争，在大本《涅槃经》流行传布，众生有性思想入主南北朝的佛学界后，一直聚讼纷纭。据说，玄奘法师所以西行求法，正在于这个问题上的困惑。问题的兴起，可由下述思想脉络予以考量。其本质即在于成佛解脱的判据意识。固然鸠摩罗什翻译的《妙法莲华经》中已有著名的"心、佛与众生，是三无差别"的命题，然则教乘之成立即当以实践中内在地肯定的众生与佛的差别为依据，否则修行即成为了一种彻头彻尾无谓的举动。若是从本有的"理性"方面予以考量，因其遍一切时中，及有情无情的一切物事，则成佛与否的判据意识便付诸厥如了，而这种判据意识本身就是建基于历时性的关

---

① 上述十一家，按吉藏的意思可以归为三大类型，即1、2不出假实二义，众生即五阴和合之假我，相对而言，五阴是实在的法。其次3、4、5、6、7，虽复体用真伪的侧重不同，并以心识为正因也。再次8、9、10、11并以理为正因也。

系。故而也不妨认为，众生佛性本有抑或始有的问题，透显出一种共时与历时的紧张。而本有佛性表明其有成佛的一贯的可能性，与隐隐然而有的佛与众生的判分一道，构成了判据意识的两个不可缺的要点。限于资料的匮乏，恐难对上述全部十一家在此问题上的努力，给予恰当的评价。然则道生的当果佛性义，则可能是这个论题上最出色的答案，也不能如贴标签一样，笼统地将它视为佛性始有论。

按道生对《涅槃经》的解释来看，明确讲"体法为佛，法即佛矣"，"夫体法者，冥合自然，一切诸佛，莫不皆然，所以法为佛性也"。① 此处"体法为佛，是理性与体性的统一。又诸众生本有佛之见分，但为垢障不现耳"。此本有性，如贫女衣中宝。道生云："夫真理自然，悟也冥符。真则无差，悟岂容易，不易之体，为湛然常照，但从迷乖之，事未在我耳。苟能涉求，便返迷归极，归极得本，而似始起，始则必终，常之以昧，若寻其趣，乃是我始会之，非照今有。有不在今，则是莫先为大，即云大矣，所以为常，常必灭累，复曰般泥洹也。"② 按此段所述，谓道生为本有论，抑或始有论，皆非允当。意思是说，真理本然具有觉照，但人从迷乖之，不复照性，经"信伏万惑"的修行，便能返归本然觉照的真理。并非真理湛然的觉照，当人返归它时才有，而是"我始会之"。本然的觉照也是悟，从而一切时中皆有此本然的悟。主体之悟，悟非始有，而悟为主体所禀持或突现则是始有。套用德国人黑格尔（Hegel）的话来说，真理或觉照乃有一种从"自在"转而"自为"的历程。这样的思路，恰是道生持论的精华。道生的当果义，据唐均正所述，是依照在凡众生的分别心而给出的一种权变的说法，"道生法师执云，当有为佛性体，法师意一切众生，即云无有佛性，而当必净悟。悟时离四句百非，非三世摄。而约未悟众生望四句百非，为当果也。"若"理不可分"即指理超象外，则不惟不容阶级，也无当理的瞬间可言，若悟时离四句百非，非三世摄，则本有始有之辨所立足的时空相就成了失去效验的混沌，双方面立论的根据也就不复存在了。较诸上述自在转为自为的思路，这是更加彻底，也是更加不容易把握的想法。而认为性空如理具有本然的照性的想法，则完成了般若学向涅槃佛性论的

①《涅槃集解》卷五十四。
②《涅槃集解》卷一。

转化，也是此期佛教思想本土化的一个关键。而总的来看，般若学、报应论和涅槃佛性论恰是本期的三个核心论题。

四、禅法的演变

（一）安世高和《安般守意经》

禅定的修持，为佛教的"戒定慧"三学之一。禅，系梵文 Dhyana 汉译为"禅那"后之略称，意译为"定"，又称"禅定"。汉末安世高所译之禅数学，其禅法即是定学，数法即是慧学，所谓数法乃是从阿毗昙的增一分别法门得名。安世高所传禅法，是依止禅师僧伽罗刹的法门，用四念住贯穿五停心而修习。四念住，或云四念处，也即身念处、受念处、心念处、法念处，是要观身不净，观受是苦，观心无常，观法无我也。所谓五停心，停者止也，谓修此五法，以止五种过失之心，五种观法即不净观、慈悲观、数息观、因缘观、念佛观。从罗刹大本《修行道地经》抄译 37 章，注重身念住，旨在破除人我执。世高译出的禅经中影响最大的是《安般守意经》，该经集中于念息一门，并说十六特胜也是和四念住相联系的。"十六特胜"，始于调息、调心，终至非想非非想地。每一修持层次，都有观照，能发无漏善业，而无厌恶自害之失，所以用"特胜"称呼。而"安般守意"，即通过数出入息来守住心意不令散乱。数息的具体方法，则是后世称为"六妙法门"的"数、随、止、观、还、净"等。"随"，即随依息之出入，住而不散；"止"，即摄心静虑；"观"，即分别观察；"还"，即转心反照；"净"，即心无所依，不起妄想分别之垢。经中并说："安般守意，名为御意至得无为也"，及认为修数息观，须知十二因缘事等，反映了定慧相依的特点。念息法门因为和中夏神仙道之"食气"、"守一"法在理致上并无隔碍，故而传习比较普遍。

禀承安世高禅法的有东吴康僧会和东晋释道安等。康僧会曾经跟随南阳韩林、颖川皮业、会稽陈慧等问学，并协助陈慧注解《安般》，注文今佚，其序有云："淫邪污心，犹镜处泥秽垢污焉。……若得良师刬刮莹磨，薄尘微曀荡使无余，毛发面理无微不察，垢退明存使之然矣。"① 其编译之《六度集经·禅度无极章》也云："得安般行者，厥心即明，举明所观，无幽不睹。"② 其后道安得见竺法护所译僧伽罗刹《修行道地经》全本，对安世高系禅法有了更深刻的理解，并撰《大道地经注》等七种。

安世高所传禅法比较契合小乘上座部佛教（特别是化地一派）用念住统摄道支的体系。而与他同时来华的支娄迦谶（简称支谶）则译出了属于大乘系统的《般舟三昧经》和《首楞严三昧经》等禅经数部。随后有支谦，出《禅秘要经》及《修行方便经》，重明禅观。但这三人都无显著的影响。

（二）觉贤的影响

鸠摩罗什与佛陀跋陀罗是继安世高和支谶以后颇具影响之禅经翻译家。从安世高到康僧会，禅法之传承，有明确之线索，道安时就中断了。中土所出《修行道地经》、《大小十二门》、《大小安般》，虽讲禅法，但既不明究竟，又无师承授受，学者的约制，尚付厥如。③ 道安弟子僧叡，为此而慨叹，后来鸠摩罗什入长安，便综合各家禅法，专门为他编译了三卷《禅要》，主要是讲五门观法，即：一、贪重之人，应修不净观；二、瞋重之人，应修慈悲观；三、痴重之人，应修习十二因缘观；四、寻思重之人，应修习安般即念息；五、一般之人，应修习念佛。一般认为鸠摩罗什所传禅法，融摄了大小乘，单从此处来看，也不见有大乘的特色。然则大小乘禅法融贯的关键，在于将上述禅观与实相般若联系起来，如《禅法要解》卷上云："定有二种，一观诸法实相，二观诸法利用。"也即在禅观中既要洞悉空性，又要明了诸法的作用，不可偏废。

而佛陀跋陀罗译介的禅法，则在南北朝占有特殊的重要地位。觉贤本身是禅业专家，亲受教于佛大先，而后者更是大名鼎鼎的达摩多罗即法救的门人。而从其受学之人，对鸠摩罗什在杂粹诸家又无师授的情况下编写禅经颇为不满，如慧观在《修行地不净观经序》里说："禅典要密，宜对之有宗，若漏失根源，则枝寻不全；群盲失旨，则上慢幽昏，可不惧乎。"故而觉贤习禅集团

---

① 《大正藏》卷十五，第 163 页。
② 《大正藏》卷三，第 39 页。
③ 参阅僧叡《关中出禅经序》。

的被摈，有其深刻的根源，所谓犯戒之说仅仅是藉故而已。而禅门所以特重师承及学有专宗，皆与禅法自身之特质有关。因为禅定是一种微妙恍惚的特殊的精神训练，很难藉文字完全表达清楚，这一点正如慧远所云："功在言外，经所不辨，必暗轨元匠，孱焉无差。"① 觉贤在庐山应慧远之邀，出《达摩多罗禅经》。继又至建康，所住道场寺遂以"禅窟"闻名。觉贤所传，仍以五部观门为主，尤其重视数息观与不净观，称为"二甘露门"。但据慧远所作《统序》来看，经中似也揉合了大乘的思想，谓"其为观也，明起不以生，灭不以尽，虽往复无际，而末始出于如，故曰：色不离如，如不离色，色则是如，如则是色"。后来阐扬达摩多罗禅法的，主要是道场寺慧观，因为追随觉贤多年，所以慧观对佛大先禅法特点有更为深切著明的认识，他说："佛大先以为，澄源引流，固宜有渐，是以始自二道，开甘露门，释四义以返迷，启归途以领会，分别阴界，导以正观，畅散缘起，使优劣自辨，然后令原始反终，妙寻其报。"开始时要讲方便、胜进二道，开二甘露门，每道皆要通达退、住、升进、决定四义，离退、住而行升进、决定。在此，还要分别五阴十八界，导以正观，明了十二缘起等等。慧观还将五门禅法归趣于"不净观"，明显不同于安世高之突出"数息观"和慧远止于二甘露门的做法。不净观是通过教人观察尸体腐烂的过程，以形成人生无常、人身污秽、世间是苦、不可留恋的念头。按印度旧俗，死尸要扔在树林，进而任其腐烂，于是鸟兽虫蚁，相继啖蛀，终致白骨。由此顺序观察人身的不净，得着厌离的想法。然后再由观白骨而产生幻觉，出现"青黄赤白"四色，慧观对此介绍说："开四色为分界，一色无量缘，宗归部津，发趣果然，其犹朝阳晖首，万类影旋，师子震吼，则众兽伏焉。"每观一色，都是内外遍缘，至于广袤无垠，遂令心性转净，任运自在，而得以不净观统摄其他对治的法门。

传承觉贤禅法的，尚有玄高。《高僧传》卷十一之"禅论"提到佛陀跋陀罗传业东土时，"玄高、玄绍等，也并亲受仪则，出入尽于数随，往返穷乎还净"。表明他承传的重点是在"数息观"，后值觉贤被摈，乃西隐麦积山，有山学百余人，禀其禅道。先是受诬告，被据有陇西的西秦乞伏炽摈往异地，及后

---

① 《庐山出修行方便禅经统序》，《祐录》卷十。

又被乞伏炽崇为国师。遂游化凉土，为沮渠蒙逊所敬。后因以神异参与北魏宫廷斗争，于太平五年（444年）为拓跋焘所杀。玄高门徒有玄绍、玄畅等。玄高被杀之明年，玄畅发自平城，南投刘宋，本传颇记其异闻，谓将抵孟津，唯手把一束杨枝，一扼葱叶。虏骑追近，乃以杨枝击沙，沙起天暗，稍阻追兵之势，不一会沙雾止息，追兵复至，于是投身河中，唯以葱叶纳鼻孔中通气渡水。据说玄畅"洞晓经律，深入禅要，占记吉凶，靡不诚验。坟典子氏，多所该涉。至于世伎杂能，罕不必备"①。显然已经不是专业于禅，而是术数、外典，靡所不窥了。玄畅就已研了《华严》大部。后来弟子法期，追随玄畅下江陵。那时法期于十住观门，所得已九，只剩狮子奋迅三昧，尚未究尽。但是仍然得到了玄畅的大肆褒奖。而"十住"法门，正是源自华严境界的禅法。

（三）南北禅风之差异

唐释道宣说："自江东佛法弘重义门，至于禅法，盖蔑如也。"② 南朝重义学，北朝重禅法，似乎是比较普遍的评价。早在东晋，南方由于受玄佛合流风习影响，《维摩》盛行，宴坐遭斥。虽有支遁这样的玄学化名僧，也复高唱"寂寥清举，濯累禅池"，及注《安般》、《四禅》诸经，但笃实习禅的，毕竟不是主流，其禅法也很浅薄芜杂。萧齐以后，南朝禅窟大体因循晋宋，并略有缩减，吴会禅窟沉寂，庐阜禅业不彰。只剩建康、江陵仍有发展。齐梁之世，僧朗以下摄山三论师，习观兴禅。逮于梁武，乃广辟定门，搜扬有心修禅的人，总集扬都。校量深浅，自为部类。又于钟山南麓建上下定林寺，使息心之侣栖闲定业，然则道宣仍然讥评是"多游辩慧"，"徒有扬举之名，终亏直心之实"。③ 后来摄山栖霞、止观，钟山上下定林、延贤，建康禅众、长干、兴皇、开善、净名，江陵长沙、天宫，俱为南朝著名禅窟。

北朝最早扬名的禅师是惠始，一作县始。初惠始闻罗什出新经，就往长安拜谒，观习经典。惠始止于白渠北，昼则入城听讲，夕则还处静坐。后受北魏拓跋焘礼敬。卒于太延年间（437～438），真君六年（445），迁葬南郊之际，

---

① 《高僧传》卷八。
② 《续高僧传·慧思传》。
③ 《续高僧传》卷二十，《习禅论》。

送葬者竟至六千余人。中书监高允为其立传，颂扬他的德迹。① 其影响主要是来自习禅所得之神异。

江南的禅僧主要还是住于寺院中修行，也不乏于一寺中别立禅房。北朝的禅僧则主要采用头陀行、阿兰若法和聚众禅的形式。头陀行是苦行之一种，特征是"游行乞食"，实行"少欲知足"的生存方式，常常到了非常苛刻的程度。"阿兰若"原指印度托钵僧之闲居静处，往往选择远离惯闹的冢间、树下、露地，行阿兰若法者，并禁忌接近村落或寺院宅居。按《十二头陀经》所述，谓世尊与"八千比丘僧、菩萨万人，皆著衣持钵，游行乞食；食已至阿兰若处，加趺而坐，系心一处，无令散乱，禅定功德，从是得生"。

北朝统治者，大都对禅僧、禅法扶植有加，但是注意把他们纳入寺院体系之中。如北魏孝文帝践祚（471），建鹿野佛图于北苑之西山，去北苑崇光宫右十里，立岩房禅堂，神僧居其中。随后又于延兴二年（473）夏四月，诏曰："比丘不在寺舍，游涉村落，交通奸猾，经历年岁，令民间五五相保，不得容止。无籍之僧，精加隐括，有者送付州镇，其在畿郡，送付本曹。若为三宝巡民教化者，在外赍州镇维那文移，在台者赍都维那等印牒，然后听行，违者加罪。"② 看来是要对行脚的头陀进行整肃。后有西域沙门跋陀，有道业，深为高祖所敬信，下诏在少室山阴为他建少林寺，由官府给予衣食供养，此即少林寺之由来。以后北齐、北周的统治者，对禅僧也是敬重有加。如北齐天保二年（551），高洋迎僧稠至邺城。及明年，为稠建云门寺，练众将千，供事繁委，充遍山谷，并敕国内诸州，别置禅肆，令通达念慧的人，住那里教禅。其规模之大和供养之富，堪称通古无伦。

（四）达摩的楞伽禅

正是在这样的背景之下，出现了菩提达摩的禅法系统。我们知道，他就是后来名声显赫的"禅宗"的创始人。按道宣所述，谓达摩是"南天竺婆罗门种"③，志存大乘，冥心虚寂，通彻幽微，定学甚高。初抵宋境南越，末又北渡至魏，随其所止，诲以禅教。他以游化为务，而不测所终。但《洛阳伽蓝

---

① ②《魏书·释老志》。
③《续高僧传》卷十六，《菩提达摩传》。

记》之"永宁寺"条,则说他是"波斯国胡人也。起自荒裔,来游中土",自称年一百五十岁,并赞叹永宁寺之精丽,阎浮所无。如达摩真是刘宋期间(420~479)抵达中土,而永宁寺是建于魏熙平中(517),毁于永熙三年(534),那么他在中土之期限,最大跨度为420~534年,约110余年,其寿限之长,令人咋舌。最短也当在479~517年,则有40余年。达摩的禅法,主要是"二入四行","入"即"入道之要门",所谓"理入"和"行入",行入,即是四行。《续高僧传》记其所谓"理入":"藉教悟宗。深信含生同一真性,客尘障故,令舍伪归真,凝住壁观,无自无他,凡圣等一,坚住不移,不随他教。与道冥符,寂然无为,名理入也。"

再虽然只讲"四行",而万行同摄于此:

初报怨行,意即修道苦至,当念皆由往昔舍本逐末,造作爱憎,今虽无犯,而甘心受之,都无怨诉。

二随缘行者,意即众生无我,得失随缘,心无增减,违顺风静。

三无所求行,意即世人长迷,处处贪求,道士悟真,理与俗反,安心无为,形随运转。

四称法行者,即性净之理也。

达摩以后,有慧可承事,慧可据说活了100多岁(479—585),后世的灯录里有著名的慧可断臂公案,说的是慧可为求无上菩提,在大雪天里站了一整夜,迟明时分,积雪过膝,达摩因悲悯方始垂问,慧可为表示其决心,特地自断左臂说:"弟子心未安,乞师安心。"达摩说:"将心来,与汝安。"慧可沉吟良久才说:"觅心了不可得。"达摩说:"为汝安心竟。"据说,达摩还告诉慧可,彼观汉地,唯有四卷本《楞伽》可以印心,以后慧可之门徒,也就随身携带此经本,巡行村落,不入城邑,仍行头陀行。

梁陈之世,处于南北过渡地带的襄沔、光淮一带,每见有禅僧往来,大都持头陀行,阿兰若法,如襄阳伞盖山、沔阳仙城山、光州大苏山等。当时在光州传授止观法门的慧思,此前从北齐慧文那里得到了"一心三观"的传承,所谓"一心三观"即是圆顿地观察空、假、中三谛。560年,智顗来到光州大苏山,追随慧思学习止观。后来智者大师所创立的天台宗,便特别强调"因定发慧","定慧双开",从而结束了南义北禅的割裂局面。

五、戒律、仪轨和法会

（一）道安与戒规

佛教初传中夏，其信徒皆随师修行，而无一定的僧团组织及其规约。道安在襄阳时，追随他的僧众已有数百，制定威仪以备节度，为佛教进一步发展所必须。故道安"弥缝其阙，埭堰其流，立三例以命章"①。其所制订的规范，主要内容是针对伽蓝之内的僧伽生活，如据本传云："所制僧尼规范、佛法宪章，条为三例：一曰行香定座上经上讲之法；二曰常日六时行道、饮食、唱时法；三曰布萨、差使、悔过等法。"② 即涉及讲经说法的法集仪式和僧侣日常经行的活动等。道安所制，均为戒律之外而从实际情况出发随时制断的十方"别法"或"僧制"，亦即佛典中所谓"方毗尼"③。其职能是"和众立条，约束行止"。此外还有理论上通行于不同地域和僧伽体系且伦理色彩浓厚的各类戒律。道安虽然认识到"戒者，断三恶之干将"，"在家、出家，莫不始戒以为基址"④，却又深感传译之不力，徒呼奈何。如其在襄阳时所作《渐备经序》中说："云有五百戒，不知何以不至。此乃最急。四部不具，于大化有所阙。"由于道安、法汰等人的不懈努力，在道安晚年，戒律渐至，情况大为好转。

（二）从《十诵律》到《四分律》

东晋南北朝时期，僧徒因所据戒本不同，而有不同的传承系统。后鸠摩罗什在关中译出《十诵律》，乃经江陵、寿春等地辗转传至建业，慧猷、僧业等人盛弘之。故而南方律学重镇皆本《十诵律》。其间更有释志道，初止钟山灵曜寺，因睹魏太武灭法后，北地嗣兴之僧徒戒授多阙，乃不惮艰苦，"携同契十有余人，往至虎牢，集洛秦雍淮豫五州道士（此指佛徒），会于引水寺，讲律明戒，更申受法"⑤。魏土僧戒重又获全，多亏志道。然而，律学之唱兴，

---

① 〔隋〕费长房：《历代三宝记》卷四，《大正藏》卷四十九，第53页。
② 《高僧传》卷五，《道安传》，第353页。
③ 《大宋僧史略》卷中《道俗立制》，《大正藏》卷五十四，第241页。
④ 道安《〈比丘大戒〉序》，《祐录》卷十一。
⑤ 《高僧传》卷十一，第435页。

足以比肩《法华》、《维摩》、《涅槃》、《成实》之学的阶段，或始于智称。其本姓裴，祖籍河东闻喜，魏冀州刺史徽之后。祖世避难，寓居京口，据说智称于律典宪章之中"渊源浩汗，故老之所迥惑，峻阻隐复，前修之所解驾"的地方，都能"剖析毫釐，粉散胶结，钩深致远，独悟胸怀"①。故而寻声赴响，四方辐凑。齐竟陵王、文宣王都曾请智称讲十诵于邸寺。

北方在元魏时盛行的律藏为《僧祇律》及《十诵律》。而《四分律》60卷，姚秦时由佛陀耶舍、竺佛念译出，经60余年，未广宣通，日本凝然之《律宗纳要》曰："至元魏第六主孝文之世，有北台法聪律师本学《僧祇》，开通精研。然穷初受部，依昙无德。辍《僧祇》讲，初弘四分，受随相契，事归一揆。然是口授，未载简牍，道覆以后，造疏释文。"②《四分律》即属此中所谓之"昙无德"部。《四分律》真正盛行，要到北朝末年的慧光大师（468—537）时代。慧光造《四分律疏》120卷，并删定《羯磨戒本》，奠定了后世律宗的基础。慧光卒后，北方普遍奉行《四分律》。约在慧光后百年，唐中宗禁止南方再用《十诵律》，于是《四分律》乃通行天下。

《四分律》与《十诵律》均为小乘系统，另有大乘的菩萨戒。"菩萨戒以《地持经》、《菩萨璎珞本业经》及《梵网经》为主，而《涅槃经》《大智度论》等，也都有大乘戒的说明。"③其中最主要的《梵网经》，却被訾议为"伪经"。

（三）授戒的情况

从印度传来的戒律，在理念上是整个佛教制度的核心。

戒是梵文 sila 意译，系教徒个人的修持，旨在调控身口意三业，防非止恶，多为消极的"不做什么"的规定，而律则是梵文 vinara 的意译，多涉及僧团的组织制度，旨在引导僧众从善如流。佛教最为注重出家制度，如《涅槃经》尝曰："在家迫迮，犹如牢狱，一切烦恼因之而生，出家宽廓，犹如虚空，一切善法因之增长。"而按照理想的方式，出家的步骤与身份的确认，皆在其相应地奉持的戒条。所谓"诸服其道者，则剃落须发，释累辞家，结师资，遵

---

① 《广弘明集》卷二十三，《智称行状》。
② 汤用彤：《汉魏两晋南北朝佛教史》，第 828 页，上海，商务印书馆，1938。
③ 汤用彤：《汉魏两晋南北朝佛教史》，第 827 页，上海，商务印书馆，1938。

律度，相与和居，治心修净，行乞以自给。谓之沙门，或曰桑门，也声相近，总谓之僧，皆胡言也。……其为沙门者，初修十诫，曰沙弥，而终于二百五十，则具足成大僧。妇入道者曰比丘尼。其诫至于五百，皆以□为本，随事增数，在防心、摄身、正口。心去贪、恚、痴，身除杀、淫、盗、口断妄、杂、诸非正言，总谓之十善道。能具此，谓之三业清净"①。

佛教徒有"四众"或"七众"之分。所谓四众，即出家或在家男女各二众，出家男女二众，名为"比丘"或"比丘尼"。比丘意即乞食，这反映了印度出家人的生活方式。尼为梵语中女声。在家男众称为"优婆塞"，在家女众称为"优婆夷"，优婆塞为梵语音译，意即清信士。如上所述沙弥和沙弥尼相当于处在成为正式出家人之前的见习阶段，又沙弥尼在年满十八岁时，受式叉摩那戒六条，成为"式叉摩那尼"，意即学戒女。合此三众即有七众弟子。

中夏佛教最初没有完备的授戒、受戒之法，据《大宗僧史略》卷上《立坛得戒》所述曹魏嘉平正元年间（249～256），天竺僧昙摩迦罗等，在洛阳出《僧祇戒心》，立大僧羯磨法②，遂为汉地立坛受戒之始，朱士行则号称汉僧受戒第一人。东晋时期，戒法渐渐广被，如道安曾经说："大法东流，其日未远，我之诸师，始秦受戒，又乏译人，考核者甚少，先人所传，相承谓是。至澄和上，多所正焉，余昔在邺，少习其事，未及检戒，遂遇世乱。"③ 谓无可靠的戒本，遂多为简陋的师徒相承。而这种从师受戒的情况，看来一直是南北朝时期的主流。而由后来宋代的僧人撰写的几部佛教史方面的著作提到了几次引人瞩目而更为正规的立坛受戒的情况。

（四）佛教伦理的条目

虽然详尽的戒本的传入，要迟至道安的时代，但是对基本佛教伦理的认识在东晋的时候已经相当普及了，可以郗超（约331—373）为证。郗超字景兴，一字嘉宾。"少卓荦不羁，有旷世之度，交游士林，每存胜拔，善谈论，义理

---

① 《魏书·释老志》。
② 所谓羯磨即受戒，忏悔的方法和仪式。
③ 《比丘大戒》序，《出三藏记集》卷十一。

精微。"① 其父郗愔事天师道，而超奉佛。其所撰《奉法要》，可以反映东晋时代渐臻完备的佛教伦理，且通于出家在家，为其特点。

首及"三归"、"五戒"之属。"三自归者，归佛，归十二部经，归比丘僧。"

次"五戒：一者不杀，不得教人杀，常当坚持尽形寿。二者不盗，不得教人盗，常当坚持尽形寿。三者不淫，不得教人淫，常当坚持尽形寿。四者不欺，不得教人欺，常当坚持尽形寿。五者不饮酒，不得以酒为惠施，常当坚持尽形寿"。

又讲"六思念"，"六思念者，念佛、念经、念僧、念施、念戒、念天"。前五念即三归、五戒和布施之属，念天即十善四等，"十善者，身不犯杀、盗、淫，意不嫉、恚、痴，口不妄言、绮语、两舌、恶口"。

又讲"六度：一曰施，二曰戒，三曰忍辱，四曰精进，五曰一心，六曰智慧。积而能散，润济众生，施也。谨守十善，闲邪以诚，戒也。犯而不校，常善下人，忍辱也。勤行所习，夙夜匪懈，精进也。专心守意，以约敛众，一心也。凡此五事，行以有心，谓之俗度；领以兼忘，谓之道慧"。"一心"即通称的"禅定"。在伦理方面，郗超的《奉法要》已经包含了佛教信仰的基本内容。

释迦牟尼曾经说："诸恶莫作，诸善奉行，自净其意，是诸佛教。"这相当明确地表示我们甚至可以从善恶观的角度去涵盖佛教的全部内涵，再具体就止持门的戒条来说，则有三归、五戒、八戒、十戒和比丘、比丘尼的具足戒等。其中五戒、八戒、十戒的区别可以表列如下：

五戒	八戒	十戒
1. 不杀生	1. 不杀生	1. 不杀生
2. 不偷盗	2. 不偷盗	2. 不偷盗
3. 不邪淫	3. 不邪淫	3. 不邪淫
4. 不妄语	4. 不妄语	4. 不妄语
5. 不饮酒	5. 不饮酒	5. 不饮酒
	6. 离非时食	6. 离非时食

---

① 《晋书》卷六十七。

7. 离歌舞视听	7. 离歌舞视听
香油涂身	
8. 离高广大床	8. 离香油涂身
	9. 离高广大床
	10. 离金银宝物

离非时食即坚持过午不食。五戒可以是针对以在家身份加入教团的男女信众，亦即优婆塞、优婆夷而言的。为他们每月在固定的日期体验出家生活而设立的八戒，又称为八关斋戒。当时，萧梁贵胄时兴在寺院持八关斋，简文帝萧纲为制《八关斋制序》称：

今列筵肃静，高宇间邃，香吐六铢（珠），其在烟浮五色，目对金容，耳餐玉韵，无容（不允许）使情缘异染，形不肃恭。……宜制此心蛇，祛斯醉象，立制如左，咸勉听思。谨条《八关斋制》如左：

一、睡眠，筹至不觉，罚礼（佛）二十拜，擎香炉，听经三契。

二、出不请刺，罚礼十拜。

三、出过三契经，不还，罚礼十拜。

四、邻座睡眠，维那至而不语者，罚礼十拜。

五、邻座睡眠，私相容隐，不语维那者，罚礼十拜。

六、维那不勤听察，不犯制者，不即纠举，为邻座所发觉者，维那罚礼十拜，擎香炉，听经三契。

七、白、黑维那，更相纠察，若有阿隐，罚礼二十拜。

八、听进契终，有不唱《赞》者，罚礼十拜。

九、请刺无次第，罚礼十拜。

十、请刺，白、黑刺有误者，罚礼十拜。

以下沙弥十戒，为出家信徒最基本的戒规。具足戒最是繁琐，在五部律藏中也很不一样。中土特别流行的是基于大乘精神的"十善恶戒"或"菩萨十戒"：1. 不杀生，2. 不偷盗，3. 不邪淫，4. 不妄语，5. 不两舌，6. 不恶口，7. 不绮语，8. 不贪欲，9. 不瞋恚，10. 不邪见。遵循以上的内容为十善戒，若肆意而行，一一犯规，则为十恶戒。前三属身戒，中四属口戒，后三属意戒。

南北朝时期问世的《梵网经》对中国佛教的戒律观也影响很大，该经把戒律分为十重戒和四十八轻戒，其十重戒有：1. 杀戒，2. 盗戒，3. 淫戒，4. 妄语戒，5. 酤酒戒，6. 说四众过戒，7. 自赞毁他戒，8. 悭惜加毁戒，9. 瞋心不受悔戒，10. 谤三宝戒。前五项即根本五戒。四十八轻戒则包括不敬师长、不举教忏、背正向邪、不瞻病苦等内容。破坏十重戒构成破门罪，要被逐出僧团，破坏轻戒，则须忏悔。

（五）基本的佛教礼俗与法事

无论魏晋南北朝还是后代的佛教，其日常的法事都是围绕着佛教伦理的内涵而展开的。对于所谓的法事，我们可以从不同的分类角度注意其特点的差别，例如仅限于出家人团体的，或者对出家人才有必然而严格之要求的法事，与对一般公众开放并允许其适当参与的法事，或通常只针对在家人团体有所要求的法事三者间的区别，是较为容易被界定的。此外还可以考虑在家人范围内士族显贵之信佛者所经行的法事，与普通的下层民众简捷质朴的信仰告白之间的区别。祈福禳灾的心态并不能由其所属之阶层和受教育程度的高低来简单地划分，尽管可能存在着与这些因素之间的统计上的相关性，但是由于佛教是一个身份确认较为明显、组织严密、仪轨固定的制度化程度较高的宗教形态，因而有理由认为至少在常见的法事方面，民间的佛教信仰是上层的或僧侣的宗教的简化形式。尽管前者的社会作用更为微妙，或者提供了更深层次的社会制约。

就僧众的日常行事而言，我们知道，近代汉地寺院通行的日常课诵，是明末才逐渐统一起来的。而早在魏晋时期，一切都处在筚路篮缕的草创阶段，若是诸寺轨制不一，当属正常的现象。道安居襄阳时所制定的僧尼轨范，据信有相当的典范意义，所谓"天下寺舍，遂则而从之"①。据赞宁看来，道安的遗法，导致后世的释门仪轨，带有也华也梵的特点。当道安在江南创制的同时，地处西陲的于阗寺院也有其僧伽制度。隆安五年（401），法显曾亲眼目睹一座名叫"瞿摩帝"的大乘寺僧众的"饮食之法"："三千僧，共揵槌食。入食堂

---

① 《大宋僧史略》卷中《僧俗立制》，《大正藏》卷五十四，第 241 页。

时，威仪肃肃，次第而坐，一切寂然，器钵无声，净人益食，不得相唤，但以手指麾。"[1] 由于佛教把涉及日常生活广泛的或几乎所有领域的身口意三业都视为具有相应的轮回业报的后果，以及面对它的宗教修行的最高目标——解脱时的处境，因此不仅仅是后世的禅宗才讲扬眉瞬目、咳唾掉臂等一切动作云为乃是修行，实际上一般的佛教也都把僧侣的日常生活视为严肃的、伦理上需要认真对待的事情。例如行、住、坐、卧被称为"四威仪"，针对它们以及包括日常的饮食和衣着等，传自印度的律典严密的规定，通过与更具体的实施细则的灵活运用相结合，而得以融入到中国社会中。在将日常生活也包纳进来的意义上，一般的佛教与后世禅宗的区别在于，后者更强调举手投足之间的随意性与创造性，并将它们视为本然的觉性的体现，因而与"轨范"二字往往扯不上关系。

南北朝大部分时间所遵奉的《十诵律》和《僧祇律》，对僧尼的日常生活有这样一些规定[2]：齐整著内衣，齐整被衣。《十诵律》更不厌其繁地说，不要高著、下著、参差著、如象鼻著内衣等等不雅训之著法。而《僧祇律》讲到，应小声入家内，不笑入、覆头入、反抄衣入、叉腰入、摇身入、摇头入、掉臂入家内等。应小声家内坐，不要笑、覆头、反抄衣、抱膝、交脚、叉腰、动手足家内坐等。应一心受食、羹饭等食，不要偏刳、口中颊、吐舌、大团饭、张口待饭、啮半、指拉钵、舐手、落饭、振手食等。又不以饭覆羹上更望得，不病不得为己索食，不以腻手受食器，端心视钵食，不以钵中残食弃地等。又已立不为坐人、已坐不为卧人说法，除非对方疾病缠身，不为著革屣人、覆头人、缠头人、抱膝蹲人、翘脚人、捉刀人说法等。不于草上、水中、立时大小便等，除非疾病缠身，如此等等。

《出三藏记集》著录《安法师法集旧制三科》，想来就是道安本传中所说的"僧尼轨范、佛法宪章"。其后南齐萧子良有《僧制》一卷，梁光宅寺法云也曾创立僧制。在北方，魏孝文帝太和十七年（493），"诏立《僧制》四十七条"。后永平元年（508），宣武帝诏曰："自今已后，众僧犯杀人已上罪者，仍依俗

---

[1] 《法显传》，《大正藏》卷五十一，第857页。
[2] 以下所录文句多依《僧祇比丘戒本》，除非该本所无，而特别注出者。

断；余犯悉付昭玄，依《内律》、《僧制》治之。"①《内律》当指僧尼大戒的八篇罪罚规定。由于上述作为实施细则而被附于律典的《僧制》，今日已无法看到其具体条文，所以，我们对传自印度的律典中的繁琐规定究竟有哪些得到了切实的实施，无法做出恰当的评述。但是从刘宋时祇洹寺僧众因持《僧祇律》行"偏食法"而遭到了大将军范泰的反对来看，确有天竺之法与中国礼俗相互冲突而有待调适磨合的问题。

除了僧侣的日常行事，重要的佛教法事还有忏法、纪念意义的节日法会和水陆法会等。今兹分述如下：

忏法。据道宣《续高僧传·兴福篇论》中所云，最早的忏悔罪过的仪则，是刘宋时代的药师忏法。其后萧子良撰《净住子净行法门》30卷，全书现在仅存1卷，收录在《广弘明集》卷二十七中，为隐括略成之梗概。以三界内生老病死苦为罪福之门，又引佛经，谓罪无定相，随因缘造，既是因缘而生，今也相随因缘而灭，如此认定，即为忏悔涤罪之理据。忏悔，即是清净诸根之身口意业。而本身作为心所法具有转变业力的业力。关于需要忏悔的具体内容，《检覆三业门》说："尅责之情犹昧，审的之旨未彰，故以事检心，校所修习，既知不及，弥增悚忽，何谓检校，检我此身，从旦至中，从中至暮，从暮至夜，从夜至晓，乃至一时一刻，一念一顷，有几心几行几善几恶，几心欲摧灭烦恼，几心愿代众生受苦，几心发念菩萨道业，几心欲布施持戒，几心欲忍辱精进，几心欲禅寂显慧，几心欲慈济五道，几心欲劝励行所难行，几心欲起求办所难办，几心欲忍苦建立佛法，几心欲作佛化度群生。"以上检心，次复检口："已得披读几卷经典，已得理诵几许文字，已得几过叹佛功德，已得几遍称菩萨行，已得几过和赞随喜，已得几过迴向发愿？"次复检身："已得几过屈身礼佛几拜？已得几过执劳扫塔涂地？已得几过烧香散华然灯？已得几过拂除尘垢正列供具？已得几过悬幡表刹合掌供养？已得几过绕佛恭敬几十百币？"②除去忏悔的本体先已详述外，《净行法》末后几门，尤其"礼舍利宝塔门"、"敬重正法门"、"奉养僧田门"、"劝请增益门"、"随喜万善门"、"迴向佛道门"，则向我们显示了传自印度的五悔法门（礼敬、忏悔、劝请、随喜、迴向）

①《魏书》卷一百一十四，《释老志》。
②《广弘明集》卷二十七。

的经典程序。礼敬之对象为佛法僧三宝，这没有疑义。而"劝请者，殷勤之至意也，由发愿殷勤之意则愿善之情深矣。……劝请有二，劝请众生修行戒善，具诸德本；劝请诸佛救护众生说法久住"。又《大正藏》第八十五函收入了中土久佚的梁代《大通方广忏》，又名《大通方广忏悔灭罪庄严成佛经》。其源始于荆襄，以地多疠疾，行忏法而感得平复，故约诸经抄撮而成。奉佛甚勤的梁武帝曾制忏二部，一为己所亲行之六根忏法，今已佚；次是《六道慈忏》，即《慈悲道场忏法》，为那时寺庙经常采用的，简称《梁皇忏》。[1] 梁武帝制《断酒肉文》，其中说到食肉者断大慈种，"凡大慈种，皆令一切众生同得安乐，若食肉者，一切众生皆为怨对"[2]。又梁陈之际有专为帝王所制之涅槃忏、六根忏、悔高慢文、摩诃般若忏、金刚般若忏、妙法莲华经忏、胜天王般若忏、金光明忏、大通方广忏、虚空藏菩萨忏、方等陀罗尼斋忏、药师斋忏、娑罗斋忏、无碍会舍身忏等多种，不难看到其中多半是参照诵持经典的功德而立其悔过的忏文。

此外依据戒律，僧众应当在每月望晦，亦即农历十五与二十九或三十两日集会，讲说戒本，自我检查有无违犯之事，如发现自己的身口意三业中有违犯的情节，即应举行一定的忏悔。此一行事，叫作"布萨"（Vpavasatha），意为"长养"、"净住"等，汉地又或简称"诵戒"。这看来比起不定期举行的忏法更为重要。而在望日的布萨法中，最为重要的则是七月十五这一天。

本期的佛教节日尚未完全确立，更无后世那样繁多，但已有佛诞节和盂兰盆节等，中古南北各地寺院普遍相信农历四月八日的佛诞说，其节庆，有明确记载的，始于东汉末年。《三国志》载徐州浮图祠，"每浴佛，多设酒饭，布席于路，经数十里，民人来观及就食且万人，费以巨亿计"[3]。按释迦诞生时有九条龙口吐香水洗浴其身的传说，后世佛徒常于当日在大殿或露天下设一水盆，内有高数寸、作童子形站立，右手指天，左手指地，一派唯我独尊架势的释迦诞生雕像，然后以各种名香的浸水灌洗之，故而佛诞节又名浴佛节。后赵石勒崇信佛图澄，因此石勒各位稚子，多寄养于佛寺，每至四月八日，石勒亲

---

① 《广弘明集》卷二十六。
② 据《广弘明集》卷二十八之《悔过篇》的收录。
③ 《三国志》卷四十九，《吴书·刘繇传》。

自到佛寺灌佛，为儿发愿。①

此外，《法显传》还记载了后秦弘始三年（401）于阗佛诞节"行像"之盛况。四月一日为始，十四日行像乃讫，其国中有十四大僧伽蓝，一僧伽蓝则一日行像。从四月一日，城里便扫洒道路，庄严巷陌，城门上张大帷幕，事事严饰。瞿摩帝寺是大乘学，王所敬重，最先行像。"离城三四里，作四轮像车，高三丈余，状如行殿，七宝庄校，悬缯幡盖。像立车中，二菩萨侍，作诸天侍从，皆金银雕莹，悬于虚空。像去门百步，王脱天冠，易著新衣，徒跣，持花香。翼从出城迎像，头面礼足，散花烧香。像入城时，门楼上夫人、綵女，遥散众花，纷纷而下。"如是庄严供具，每寺不同。

北魏拓跋焘刚即位时，据说"遵太祖、太宗之业……于四月八日，舆诸佛像，行于广衢，帝亲御门楼，临观散花，以致礼敬"②。公元6世纪，洛都佛诞节更加热闹非凡。祝诞活动在长秋、宗圣、景明、河间诸寺分头进行。如长秋寺，于此日"作六牙白象负释迦在虚空中。庄严佛事，悉用金玉，作工之异难可具陈。四月四日此象常出。辟邪、师子导引其前。吞刀吐火，腾骧一面。彩幢上索，诡谲不常。奇伎异服，冠于都市。像停之处，观者如堵。迭相践跃，常有死人"③。看来还有百戏表演、寺苑游冶配合进行。又据《洛阳伽蓝记》卷三所云，四月七日，京师诸像，汇集景明寺。尚书祠部集做记录，总共有一千多具。"至八日，以次入宣阳门，向阊阖宫前受皇帝散花。于时，金花映日，宝盖浮云，幡幢若林，香烟似雾。梵乐法音，聒动天地。百戏腾骧，所在骈比。名僧德众，负锡为群。信徒法侣，持花成薮。车骑填咽，繁衍相倾。"

七月十五日，为汉地的盂兰盆节。这是依据西晋竺法护译的《佛说盂兰盆经》而举行的追荐祖先之佛事。《佛说盂兰盆经》云，释迦弟子号称神通第一的目连，以天眼见亡母在饿鬼道受苦，如处倒悬，自不能救，心中不忍，乃求之于佛。佛陀教他在这一天，集百味饮食供养于十方众僧，可解亡母之厄难。梁宗懔的《荆楚岁时记》提到："七月十五日，僧尼道俗悉营盆，供诸佛。按《盂兰盆经》有：'七叶功德，并幡花、歌鼓、果实送之。'盖由此也。"大同四

---

① 《高僧传》卷九。
② 《魏书·释老志》。
③ 《洛阳伽蓝记》卷一。

年 (538)，梁武帝于同泰寺设盂兰盆斋，以后在这一天寺庙都会送盆供养。[1]

六、偶像崇拜

原始佛教的反神灵崇拜特点及由此奠定的精神意趣，中外学者都有了解，例如近代西方宗教学研究的巨擘迪尔凯姆(E. Durkheim)就说："就'祈祷'这个词的通常的意义而言，佛教徒从来不祈祷，也不求助至高无上的神，不企求神的恩惠；他只依靠自己和自己的冥想。……这些神的力量所统辖的仅仅是这个世界上的无常之物，对佛教徒而言毫无价值。"[2] 但是随着后世大乘佛教的发展，神话观念愈益突出，其围绕释迦本师和十方世界诸佛的偶像崇拜，决不能认为只是一种纪念性的膜拜而已，其中孰为了义，孰不了义的问题，姑置不论，但神灵崇拜确实起到了化俗导众和凝聚信仰的作用，大概就像《妙法莲华经》之"化城喻品"所说的那样吧。

神灵崇拜的因素，从一开始就伴随着中国佛教，虽则汉明感梦求法所起之洛阳白马寺，《牟子理惑论》仅称"于其壁，画千乘万骑，绕塔三匝"[3]。而与它同时创作的佛像，则被分别画在南宫清凉台和开阳城门上了。魏晋南北朝时期崇拜的神灵观念大体上也不出经典中常见的佛、菩萨的类型，惟据现有材料来看，罗汉和诸外道护法的崇拜较为少见。而诸多佛、菩萨中的崇拜重点，较诸后世也有一些时尚方面的特点，值得注意。神灵的观念或蕴蓄于内心，或形容于材质，不能遽以造像题材等来论定，犹需参照那时候的围绕佛教信仰流布状况的记载。透过这些记载，不难窥见信仰的流布不止是一种主观化选择的后果，它还和当时的社会历史状况有着千丝万缕的联系。

（一）主要的佛、菩萨信仰

兹就当时的主要信仰略述如下。

首先，在佛教的整个体系中，释迦牟尼（Sakyamuni）的地位和影响力是

---

[1] 此据《佛祖统记》卷三十七。
[2] 〔法〕迪尔凯姆著：《宗教生活的基本形式》，上海，上海人民出版社，1999。
[3] 《弘明集》卷一。

无与伦比的，虽然他未必一直是最普及的尊神。晋释支道林有《释迦文佛像赞》云："昔姬周之末，有大圣号佛，天竺释王白净之太子也，俗氏母族，厥姓袠昙焉，仰灵胄以丕承，藉隽哲之遗芳，吸中和之诞化，禀白净之颢然，生身右肋，弱而能言，谅天爵以不加为贵，诚逸禄以靡须为足，故常夕惕上位，逆旅紫庭，纡軿储宫，拟区外。俄而高逝周览，郊野四辟，皇扉三鉴，疾苦风人，厉辞以激，兴乃甘心，受而莫逆，讯大猷于有道，慨在兹之致淹，遂乃明发遐征，栖迟幽闲，脱皇储之重任，希无待以轻举，褫龙章之盛饰，贸穷岩之褵褐，资送之俦，自崖而反矣。"此述释迦身世及出家之因缘。又佛典中所恒言之"八相示现"，也即下天、入胎、住胎、出胎、出家（降魔）、成道、转法轮、入灭，早就为中土教界所熟悉，而成为有关崇拜的基础。

其次，弥勒，系梵文 Maitreya 的音译，或作弥帝隶、梅怛丽药等，意译慈氏，此为姓，名阿逸多。以弥勒为主角的汉译佛典主要有这样几部：《弥勒下生成佛经》（后秦鸠摩罗什译，另有西晋竺法护的异译本）、《弥勒成佛经》（罗什译，增加大乘佛教"六度"等内容）、《弥勒菩萨所问本愿经》（竺法护译），另有前秦竺佛念译《菩萨处胎经》卷二"三世等品"，讲到弥勒成佛的事，及南朝宋时的译本《法灭尽经》，讲佛法的一个周期终结时，弥勒将出世成佛，那时世道太平，五谷丰稔，"众生得度，不可胜计"。

早在几部《阿含经》就已提到弥勒将在未来世做佛，可以说这一种身份乃是理解此期的"弥勒"信仰的关键。此期的弥勒信仰较唐代为盛，而又不像五代以后中土佛教里面纯以浙江契此和尚憨态可掬的世俗形像示人，其身份、地位和职司功能的社会心理学价值，在后世只在民间宗教那里得到强烈的延续。而这是一个不能不让人产生末世思想及期盼洪蒙开辟、乾坤再造的时代，佛教中的弥勒信仰恰能满足人们的这一种迫切需要。按大乘佛教的"三世三劫"观念，谓过去劫为"庄严劫"，现在劫为"贤劫"，未来劫为"星宿劫"。劫是一个极长的时间概念，或谓有 56 亿年，而按照大乘佛教的一般说法，恰是在释迦入灭之后的 56 亿 7 千万年，弥勒菩萨将从兜率天宫下降到我们这个悲惨不堪的"娑婆"世界而成佛。

竺法护译的《贤劫经》卷六，及南朝梁时译出的《现在贤劫千佛名经》，都认为弥勒是继释迦而起的佛。弥勒未成佛前，据《观弥勒菩萨上生兜率天经》等，乃是往生在美妙的"兜率天"，但在佛法里面，兜率天仍在轮回的六道当中，是在天道的六欲天，虽备极美妙，仍须进一步的修行。名僧道安居荆州大明寺时，就跟竺僧辅等"单蔬自节，礼忏翘勤，誓生兜率"。这反映了道安等人朴实的作风，对修行道路的艰难曲折有较为清醒的认识。道安后居襄阳，常与弟子法遇、首愿、昙戒等八人在弥勒像前"立誓愿生兜率"①。按照时人的观念，弥勒能解答世间佛法疑难，故而备受瞩目。东晋僧智严，为西凉州人，尝止建康枳园寺，本传称其常疑惧自己未出家时亏犯五戒，后入道受具足恐不得戒体，积年禅观而不能自了，遂重往天竺谘诸罗汉比丘，"罗汉不敢判决，乃为严入定，往兜率宫谘弥勒，弥勒答云：'得戒'。"② 智严的心头这才放下一块大石头。而僧叡称道安所以思决言弥勒者，也在于辨正此土所出诸经论的疑义。③ 弥勒信仰在东晋以后甚为普及，例如北魏在龙门石窟共造佛像206尊，除释迦像43尊外，为数量排名第二的造像，共计35尊（此据日本塚本善隆的研究成果，转引自任继愈主编《中国佛教史》第三卷）。

弥勒信仰中有所谓"龙华会首"的祈愿，为前述指向美好未来的信仰核心的体现。不惟出自北地的造像记中屡屡提及"龙华三会"，梁僧祐《出三藏记集》卷十二《法苑杂缘原始目录》中所载南朝宋明帝《龙华誓愿文》、齐竟陵王萧子良《龙华会记》、齐周颙《京师诸邑造弥勒像三会记》，皆即此类。所谓"龙华三会"是指56亿年后，寄托婆罗门善净和其妻净妙降生人间，于金刚庄严道场龙华菩提树下成佛，为诸众生演说四谛十二因缘，其于龙华树下华林园中举办说法盛会前后凡三次，第一次有96亿人得阿罗汉，第二次94亿人，第三次则有92亿人，其次归依修行者不计其数。④ 龙华会首的观念为当时的人们笃信不疑。弥勒信仰的普及，一方面显示了当时人民向往着由未来佛亲口演说纯正的"法"。另一方面，龙华会首观念中所蕴蓄的理想与现实的张力，也为北地及隋唐时期打着弥勒下生或新佛出世的旗号发动的起义提供了诱人的借口。

---

① 《高僧传》卷五，《昙戒传》。
② 《高僧传》卷三。
③ 《毗摩罗诘提经义疏序》，《出三藏记集》卷八。
④ 《弥勒成佛经》。

其次，阿弥陀或云无量寿佛。支道林《阿弥陀佛像赞并序》中有云："西方有国，国名安养，迥辽迥邈，路踰恒沙，非无待者，不能遊其疆，非不疾者，焉能致其速，其佛号阿弥陀，晋言无量寿，国无王制班爵之序，以佛为君，三乘为教，男女各化育于莲华之中，无有胎孕之秽也，馆宇宫殿悉以七宝，皆自然悬构，制非人匠，苑囿池沼，蔚有奇荣，……此晋邦五末之世，有奉佛正戒，讽诵《阿弥陀经》誓生彼国，不替诚心者，命终灵逝，化往之彼，见佛神悟，即得道矣。"提到汉地弥陀净土信仰，人们都会想起当年庐山慧远结集莲社的盛举。然而对当时和后世社会上流行的净土信仰负有直接责任的并非慧远，而是昙鸾。他是雁门（郡治在今山西代县西）人，据说因注释北凉昙无谶所译《大集经》而突然得了气疾，病愈后益发觉得，若不获永年，则一切难办，遂于梁朝大通年间（527～529）抵达江南，往寻句曲山道士陶弘景，从受《仙经》十卷，昙鸾即携经辞还北地，欲往名山如法修炼。途经洛阳，得遇印度三藏法师菩提流支，问："佛法中颇有长生不死法，胜此土仙经者乎？"菩提流支答曰："是何言欤！非相比也。此方何处有长生法？纵得长年，少时不死，终更轮回三有耳。"①

恰因昙鸾的这一种求法的背景，所以当菩提流支将一部《观无量寿经》授与昙鸾时，也只是说："此大仙方，依之修行，当得解脱生死。"昙鸾后来一直致力于传授弥陀净土信仰，东魏孝静帝礼遇有加，尊为"神鸾"。昙鸾的教判是把佛法分为难行道和易行道。昙鸾的主要著作《往生论注》卷上提到"易行道者，谓但以信佛因缘，愿生净土，乘佛愿力，便得往生彼清净土，佛力住持，即入大乘正定之聚，正定即是阿毗跋致。譬如水路，乘船则乐"。阿毗跋致即"不退转"的觉悟境界。而不奉阿弥陀佛，不愿往生安乐净土的教门，皆为难行道。菩提流支所授《观无量寿经》，还主要是讲修持无量寿佛净土禅观之经典，凡有日观（落日）、水观、地观、宝树观、八功德水观、总观、华座观、佛象观、佛真身观、观世音观、大势至观、普想观、杂想观、上品往生观、中品往生观、下品往生观等十六种观门。然则昙鸾在《往生论注》和《略论净土义》中所说"十念"之修持法门，则是围绕着世亲《往生论》中的"五

---

① 《续高僧传》卷六，《昙鸾传》。

念门"之"作愿门"的更为简易的法门,《往生论注》卷上称:"忆念阿弥陀佛,若总相,若别相,随所观缘,心无他想,十念相续,名为十念;但称名号,也复如是。"也就是说,是心之作愿的绵密不断。而忆念的对象可以是阿弥陀佛的总体形像,也可以是他身体的某个部位,可以是他的相好、光明、神力、功德,也可以口称"南无(归命)无量寿佛"等。昙鸾在论述中常把阿弥陀佛看作报身佛,则西方净土也成了报土。往生净土的众生虽非成佛,但也是"一生补处"菩萨,即再经历一次轮回转世即可成佛,这个许诺真是了不得。

其次是观世音菩萨。观世音,系梵文 Avalokite'svavra 的意译,或作"光世音"。其得名的原由,僧肇《注维摩诘经》卷一引鸠摩罗什云:"世有危难,称名自归,菩萨观其音声,即得解脱也。也名观世念,也名观自在也。"中土迻译流布的观世音经典中,以《妙法莲华经》第二十五品《观世音菩萨普门品》最为重要,该品热情洋溢地礼赞观世音菩萨的诸威神力,而给人留下深刻的印象。它说,若有人持是观世音菩萨名者,设入大火,火不能烧,若为大水所漂,即得浅处;若复有人临当被害,称观世音菩萨名者,彼所执刀杖段段坏,而得解脱;若彼十方世界,却有夜叉罗刹欲来恼人,闻其称名,是诸恶鬼尚不能以恶眼视之,况复加害;设复有人若有罪若无罪,杻械枷锁检系其身,称观世音菩萨名者,皆悉断坏,即得离厄;若三千大千世界满中冤贼,有一商人将诸商人赍持重宝经过险路,众商人皆共声言南无观世音菩萨者,即得通过;若有众生多于淫念,常念恭敬,便得离欲;若有众生多于瞋恚,常念恭敬,便得离瞋;若有众生多于愚痴,常念恭敬,便得离痴。观世音菩萨摩诃萨之威神力,巍巍如是,并饶益众生,而福不唐捐。列举了这许多好处以后,该品便劝诱众人恭敬受持观世音菩萨的名号。此外该品还为后世愈演愈烈的向佛菩萨祈求子嗣之风尚启其端,"若有女人设欲求男,礼拜供养观世音菩萨,便生福德智慧之男,设欲求女,便生端正有相之女,宿植德本,众人爱敬"[①]。观世音菩萨还能依众生机缘之不同,显化百般身形,为其说法。故有"三十三应现身"的说法,即佛、辟支佛(缘觉)、声闻、梵王、帝释、自在天、大自在天、天大将军、毗沙门、小王、长者、居士、宰官、婆罗门、比丘、比丘

---

① 《普门品》。

尼、优婆塞、优婆夷、长者妇女、居士妇女、宰官妇女、婆罗门妇女、童男、童女、天龙、夜叉、乾闼婆、阿修罗、迦楼罗、紧那罗、摩睺罗伽、执金刚。

虽在经典中观世音就被定位为"慈悲"的化身，但在此期内，观音信仰尚未完全诉诸女性的情感方面，三十三应现身中虽有妇女的形像，然而论其本体则还是一位坚毅的男性神。北凉昙无谶译出的《悲华经》，还明确称观音在世间的身份为转轮圣王无诤念的大太子"不眴"。《华严经》称善财童子五十三参，到了普陀洛迦山（彼普陀非此普陀也）时，"见岩谷林中金刚石上，有勇猛丈夫观自在，与诸大菩萨围绕说法"。刘宋昙无竭译出的《观世音菩萨得大势至菩萨授记经》则还提到："昔金光师子游戏如来国，彼国中无有女人。王名威德，于园中入三昧，左右二莲华化生二子，左名宝意，即是观世音；右名宝尚，即是得大势。"该经还讲宝藏如来为观音"授记"（预言其成佛），说他在无量寿佛涅槃以后也要成佛，号曰："遍出一切光明功德山王如来"，世界名号："一切珍宝所成就。"而在观世音涅槃后，则是大势至继踵成佛，后世净土宗有西方三圣，原来如此。古代印度佛教雕塑以及此期观音造像主壁画中，观音都是男性形象，有些壁画里的观音长着两撇漂亮的小胡子。由于对女身成佛的各种歧视性的限制，所以我们还在北魏太和十三年（489）"阿行造观音立像"的发愿文里看到造像者表达了舍其女身的愿望。[1] 观音的形象何时由男身转为女身的呢？《北齐书·徐之才传》记载："武成酒色过度，恍惚不恒，曾病发，自云初见空中有五色物，稍近，变成一美妇人，去地数丈，亭亭而立，食顷，变为观世音。"或许美妇观音的形象彼时已有流传，不难看到，此期的观音信仰颇能迎合当时的人们普遍祈求避离现实苦难和解脱世间困厄的愿望，作为男性的尊神，在这一点上毫不逊色，而在充斥着民族仇杀的时代，一位毫不软弱的男性神或许让人以为是更值得信赖的吧。

有关观音"灵验"、"感应"一类的故事，虽然不足征信，但作为一种文化现象，却值得注意。宋刘义庆编撰《宣验记》、齐王琰编撰《冥祥记》等对此多有涉猎，原书已佚，惟在唐道世《法苑珠林》、宋李昉等编的《太平广记》等类书中多所征引。据统计，《太平广记》卷一百一十、卷一百一十一所录

---

[1] 金申：《中国历代纪年佛像图典》，第 450 页，北京，文物出版社，1994。

"观音灵验"故事，东晋凡 10 条，十六国 12 条，南北朝 19 条，所涉之地域，更是西起益州、陇山，东南抵吴会，北抵并州，南达岭南，真可以说是影响广泛。另外原本在中土久佚的宋初傅亮（347—426）编《光世音应验记》，宋张演编《续光世音应验记》，齐陆杲（459—532）编《系观世音应验记》，20 世纪 40 年代却在日本京都重又面世。三书所记观音灵验故事凡 86 条，而与当时的各种战乱有关者，竟达 32 条。

当时北地往往有不堪杀戮，面向观世音呼救者，如毛德祖，益州刺史毛璩宗人，父祖并没于北地胡人手中，德祖兄弟五人，相携南渡，皆有武干。德祖后为刘裕手下名将。① 其始欲归江南，出门才数里，胡虏便驱骑追寻之。其携持家属累十余品，闻追在近，便伏道蓬莱之中，且徒骑悬殊，分无脱理，唯阖门共归念光世音菩萨。② 又有张崇，值符坚兵败，与长安死生千余家南走归晋，为晋镇戍所拘，谓为游寇，杀其男丁，虏其子女。崇与同等五人，手脚具械衔身，掘坑埋填至腰，各相去二十步，明日将驰马射之，以为娱乐。崇计无可施，唯洁心专念观世音。夜中械忽自破，上得离身，因是便走……路经一寺：复称观世音名号，至心礼拜……崇遂至京师，发白虎樽，具列冤状，晋帝悉数加宥，已为人所略卖的，皆为编户。③ 又有胡人中的无辜受害者，因不堪民族仇杀，而向观世音祷告者。如《光世音应验记》尝记曰："石虎死后，冉闵杀胡，无少长悉坑灭之，晋人之类胡者，往往滥死。时邺寺中，有三胡道人，共计议曰：冉家法严……同无逸理。光世音菩萨救人扶厄，今唯当至心自归。乃共诵经乞，昼夜不懈……"④ 又有汉人南宫子敖，戍新平城（今陕西彬县），为十六国之一夏主赫连勃勃所破，城中数万人一时被坑，子敖虽知必死，犹至心念观世音即救济。既而次至子敖，群刃交下，或高或僻，自不中人，寻得叛归，作小观世音金像，以檀函供养，行则顶戴，不令人知。⑤ 或有各种受冤枉、被连累而被系入狱者，也屡屡向观世音祷告。如晋太元中，北彭城有一

---

① 《晋书》卷八十一。
② 参阅唐法琳：《辩正论》卷下，《太平广记》卷一百一十一。
③ 参阅《法苑珠林，救厄篇》注引，《冥祥记》。
④ 转引自任继愈主编：《中国佛教史》，第三卷。
⑤ 参阅《法苑珠林·敬佛篇·观音部》等。

人，被枉作贼，本供观世音金像，恒带颈发中，后出受刑，愈益存念。① 或遇水火灾害、疾病缠身及各种危难而向观世音祷告者，例也甚多。本期观音信仰的深入人心，看来特别和当时战乱频仍、灾难荐臻的局面息息相关。

（二）佛教造像的特点

有了大乘佛教如此生动而多样化的神灵观念，也就有了佛教的各种造像和图像。除了佛陀的尊像，还包括各类菩萨、罗汉、护法、明王及佛弟子像等等。就艺术表现形式而言，有雕像、塑像、画像。就制作材料而言，有金、铜、铁等铸造的，有在石头上雕刻的，有用泥土塑造的，有用木材雕刻的，有夹纻的，有绘制在绢、帛、麻、纸等各种材料上，还有直接绘在泥墙上的，等等。其中又以金铜像和石刻像最宜保存，故而迄今所见之遗物也以这两种为最多。后者更大量保存在各石窟寺中，如我们所熟悉的云冈石窟、龙门石窟、麦积山石窟、克孜尔石窟等，都是在魏晋南北朝时期打下基础的。

佛陀的形象特征按经典所述，谓有"三十二相，八十种好"，皆为常人所无之殊胜相。其中与造像之表现特别相关的有：头顶肉髻，头发螺旋，眉如新月，眉间放白毫光，眼目广长，眼色如金精绀青，鼻高不现孔，耳轮垂长，面颊丰满如狮子，唇如频婆果，两肩宽阔圆满。身体呈金色，身上毛孔青色，全身有光，两手过膝，手指纤长，体毛右旋等等。其中所谓频婆果，也即色泽红润之吉祥果。此种理想化的特征，包含着信徒对于作为佛法之人格化象征的佛陀的庄严、清净、祥和、神圣的认定。虽然后世的诸佛像，有严格的尺寸比例和力争体现上述相好的形象方面的固定设计，但在此期，由于受到不同风格和趣尚的影响，并不都是毫无例外地表现上述相好的。例如，按犍陀罗风格，佛陀的发式通常不作螺旋式，但依然让观赏者意识到他是觉行圆满的圣者，油然而生一种敬畏之情。

佛像的体姿，以坐像最为常见。其中又分为结跏趺坐、半跏趺坐、正跏坐，是修行坐禅者经常采用的，在各种佛像中也最为普通，佛教认为此种姿态最是安稳，身端心正，不易疲劳。具体姿式是以左右两脚的脚背置于左右两股

---

① 《太平广记》卷一百一十一引，《冥祥记》。

上，足心朝天。如先以右足押左股，后从左足押右股，双手的叠置也以左手在上者，称之为降魔坐，反之则为吉祥坐。半跏坐即以左右之一足押一股。佛教一般以全跏坐为如来坐，以半跏坐为菩萨坐，以故菩萨坐像大都为半跏坐，即两腿下垂相交于座前，这一时期的弥勒菩萨造像，多取此种姿式。

佛教造像，特别是佛、菩萨像，还很讲究手部姿态的刻划。佛教称之为"手印"、"印相"或"印契"。常见于各尊佛像的手印有：说法印，以拇指与中指相捻，其余诸指自然舒散，表示佛为众生说法；施无畏印，屈手上举于胸前，手指自然舒展，掌心向外，表现佛以法施舍众生，而无所畏怖；禅定印，双手仰放下腹前，右手置于左手上，两拇指端相接，表示禅思入定；降魔印，右手覆于右膝，指头触地，表示降伏魔众；与愿印，手自然下伸，指端下垂，手掌向外，表示佛菩萨能圆满众生之愿想，此印常与施无畏印相配。以上合为释迦五印，是造像常见的印相。① 因为原始佛教有反偶像崇拜的特点，所以刚开始印度制作的佛教雕刻，佛陀本人的形象是避免直接出现的，每以佛足、宝座菩提树或者舍利等遗物的崇拜来暗示佛陀的人格存在。及至公元前后，伴随大乘佛教的兴起，方才开始制作以佛陀形象为题材的雕刻等。而无论从来自天竺的僧人的地域分布，还是从其佛教艺术的风格来考量，罽宾即今克什米尔地区（也包括巴基斯坦和阿富汗的一部分），对于本期的汉地佛教堪称影响深远。这一地区在汉代通称犍陀罗或弗楼沙，该地区的佛教艺术因深受希腊的影响，而自成一系统，与印度境内其他佛像样式每不相统属。从历史上来看，公元前330年马其顿的亚历山大曾有横跨欧亚的伟大军事征服，才使得希腊文化传播到了这一地区。其实从四川彭山崖墓出土的陶钱树座佛像、江苏连云港孔望山摩崖石刻等遗迹来看，至迟在东汉，佛教艺术在我国已有了零星的传播。而著名的四川乐山麻浩享堂上所刻一尊佛像，从其厚重的通肩大衣和作施无畏的大手来看，已体现了典型的犍陀罗佛像的风格。然则中国早期的佛教美术，主要接受的正是从犍陀罗地区经由丝绸之路而传入的图样。

现存最早的有纪年可考佛像，为后赵建武四年（336）的一尊鎏金铜佛坐像②，"该像为跏坐式，双手作禅定印，束发型肉髻、宽额、眼大而横长，着

---

① 以上所述手印，参照业露华：《中国佛教图像解说》，上海，上海书店，1992。
② 《中国历代纪年佛像图典》，第25页。

通肩大衣"，其胸部衣纹所作多层 U 字形排列，及单纯的方台座上趺坐的佛禅定像，均为犍陀罗趣味之反映。然而此尊佛像的构图也融入了不少中国的因子，如台座边框纹饰，犍式多作连续三角形或十字交叉纹，而此像却刻划着秦汉以来颇为盛行的云气纹。佛像的面型也未让人联想到高鼻深目之雅利安人，而是呈现典型的蒙古人种特征。

北魏时期诞生了许多佛像名品，总体上看也为中国佛造像的黄金时代。北魏初期的佛像，仍然依稀能看到犍陀罗风格的影响，也有部分造像显然受到了印度笈多王朝（320～450 年左右）马土腊地区佛像风格的影响，或者是多种因素的混合。马土腊风格的佛像，突出特征是薄而紧贴躯干的大衣，螺发，圆而隆起的圆绳状衣纹。北魏太和年间曾经涌现了一大批制作精美的佛像，"其坐像的共通特点是佛为浅波浪纹发髻，额上正中发纹呈一右旋轮状，右袒式袈裟，内着僧祇支，手作说法印，大舟形举身光背，火焰纹，宣字形四足方座，束腰部二仰首狮子。造型端庄凝重，衣纹遒劲有力，一望而知为太和期标准作"①。以后无论正光年间（502～525）出现的一种轻盈华美的样式，抑或北周造像的饱满敦实，均不能与此期造像刚柔兼济之美相提并论。

又据侯旭东先生统计的 5、6 世纪北朝主要造像题材来看②，以其时的民众出于祈福禳灾之目的而径造之称为"像"的题材为最多，计有 213 件，或未详其心目中为何等样的尊神，或虽未有记文提及名号，然则从其服饰、相好的形制来看，大致上可以判断为弥勒、观音等。另有不在少数的玉、石造像，同样没有题名。题材明确的有观音 196 件、释迦 158 件和弥勒 146 件等，其余像卢舍那佛、无量寿佛、多宝佛、思惟菩萨等均不及 50 件，可见当时北朝的造像题材是相当集中的。南朝造像所见甚少。然则其汉化程度似较北方为甚，佛像多褒衣博带式，俨然名士形态。

从史籍中所见到的绘画材来看，南方文人趣味的佛教绘画，不遑多让。康僧会在建业时，吴地画家曹不兴，曾见彼携来之西国佛画而仪范之。③ 然而，后来在东晋南朝吴会地区及建康至荆州沿江一线最早崭露雏型的寺绘区群，据

---

① 《中国历代纪年佛像图典》，第 25 页。
② 《五、六世纪北方民众佛教信仰》，第 105 页，北京，中国社会科学出版社，1998。
③ 参阅潘天寿：《中国绘画史》第二章引《广画新集》。

文献的记载，当与西域的风格迥异其趣。就其摹写人物，注重"气韵生动"和"以形写神"来看，文人趣味的佛教绘画，显见是受到了玄学题旨的影响。如大画家顾恺之所画维摩诘相，其在"鸣刹注疏"斋会上的点睛之笔，一时传为佳话。而他所言"四体妍媸，本无关乎妙处，传神写照，正在阿睹中"，在品鉴人物的标准上，不正是与《世说新语》里的士大夫作风如出一辙吗？

（三）瑞像崇拜

魏晋南北朝时期有一些佛教造像，或因来历、形制非同凡响，或因为名家创作，或因附益着愈传愈神的灵应事迹，释门与信众予以特殊之礼遇，成了所谓的"瑞像"。瑞像表现的神主，起先为诸佛：释迦、弥陀、弥勒，嗣后又有观音、文殊诸菩萨等。其制作材料则有栴檀木、玉、石、铜、金、铜胎镏金、铁、夹纻等，还有织成、结珠、绣、画之像。要之，三宝灵相以祸福感应示人，深深契合了各阶层人士祈求福祉的心态。而瑞像崇拜的实质，正在于对不可思议的神迹的向往，祈求有一种超自然的力量来干预事物的进程，而灵验的前提则来自人们对瑞像的殷勤奉事。而对某些有着纯正信仰的释子来说，这也是一条通向生死解脱的捷径。

就《感通录》所记东汉至东晋北凉间佛迹瑞像 15 事观之，当时除了庐山东林寺所奉文殊像之外，南北瑞像皆以诸佛为神主。早期诸佛瑞像，通常简记为"阿育王像"、"优填王栴檀像"，或"石像"、"金像"、"金铜像"、"玉像"等等。这样的著录，一般指释迦本师。也有少量瑞像是维卫佛、迦叶佛、弥勒佛、阿弥陀佛等。维卫佛、迦叶佛同属"过去七佛"，其名号见于汉末安世高、孙吴支谦、西晋竺法护先后译出之阿含部单品经，而后南北朝时期新出之瑞像神主，虽然仍以佛陀为主，但较此前有若干变化，主要是弥勒瑞像增多，菩萨瑞像也占据相当之比例。① 唐释道宣对于瑞像崇拜自有看法，他说："夫三宝利见，其来久矣。但以信毁相竞，故感应之缘。自汉洎唐，年余六百，灵盼相向，群录可寻；而神化无方，待机而扣。光瑞出没，开信于一时：景像垂容，陈迹于万代。或见于既往，或显于将来。昭彰于道俗，生信于迷悟。"② 看来他是认为瑞像崇拜也有"化俗导众，劝令入道"之作用。

---

① 参阅张弓：《汉唐佛寺文化史》"妙相篇"下，北京，中国社会科学出版社，1997。
②《集神州三宝感通录》，《大正藏》卷五十二，第 404 页上。

第五章
道教的不断规范整齐

道教是我国固有的传统宗教，它以"道"为最高信仰，追求长生成仙，尊老子为教主，奉《道德经》为主要经典。它吸取了道家、阴阳家、墨家、儒家包括谶纬学以及古代医学的一些思想，并在中国古代宗教信仰的基础上，沿着方仙道、黄老道的某些思想和修持方法而逐渐形成。东汉张陵创立五斗米道、张角创立太平道，标志着道教正式诞生。道教文化是我国传统文化宝库的重要组成部分，它对于我国古代社会的政治、经济、哲学、文学、艺术、化学、医学、药物学、养生学、天文学以及社会习俗、民族特征等方面都有深刻的影响。鲁迅在 1918 年 8 月 20 日《致许寿裳》的信中说："前言中国根柢全在道教，此说近颇流行。以此读史，有多种问题可以迎刃而解。"魏晋南北朝道教是道教文化发展十分重要的时期，在不断规范整齐中，对当时乃至后世留下了巨大影响。

一、道教的流布与分化

汉末黄巾大起义失败，早期道教主要流派之一的太平道从此销声匿迹。而另一大道派五斗米道在教主张鲁降曹后，张鲁一家及其大量教民被迫北迁，天师道因此得以在北方传播。巴蜀地区的天师道也没有因为主力北迁而消亡，反而以新的方式继续传播和发展。此外，魏晋时期，天师道还流传到江南地区。可以说，魏晋时期道教的主流是天师道。除天师道外，当时主要是江南地区还流传着于君道、帛家道、李家道等小道派。魏晋时期，封建统治阶级对民间道教采取既限制又利用的两手政策，促使了道教的分化，一部分向上层发展，奔走于权贵之门；一部分流传于民间，为农民起义所用；另一部分隐逸山林，遗世独立。随着道教的分化，道教在思想上、组织上也相应地发生变化。晋代葛洪，系统总结战国以来的神仙思想，创立了神仙道教理论体系，推动了道教的上层化，在道教发展史上有承前启后之功。东晋中后期，道经的造制日益增多，上清、灵宝等新道派随之出现，意味着道教在组织上的正式分化，从而促进了道教的改革与发展。

（一）道教的流布

1. 天师道在北方的传播

曹操靠镇压太平道所发动的黄巾起义起家，他在建立自己的统治后，吸取农民起义的教训，对早期道教采取既笼络利用又限制镇压的两手政策。对五斗米道教主张鲁及其教民，先是用兵讨伐。在张鲁降曹后，曹操一方面给予他以优厚待遇，以利用其影响。张鲁被拜为镇南将军，封为阆中侯，邑万户。曹氏子女还与张鲁子女相互联姻。张鲁的五个儿子及其臣僚阎圃、李休等皆封为列侯。如此厚遇，实为罕见。无怪乎张鲁感恩戴德，谆谆告诫其子民"但当户户自相化以忠孝"，"助国壮命"① 做曹魏的顺民。另一方面，曹操对张鲁及其教

---

① 《道藏》第十八册，第 237 页，文物出版社、上海书店、天津古籍出版社 1988 年影印本。

民进行严格控制。张鲁投降后，曹操把张鲁本人及其家属和骨干臣僚一同带回邺城，使他们脱离经营三十年之久的汉中根据地。此外，曹操还迫使五斗米道聚居地区的汉中人民北迁。据史料记载，从建安二十年到建安二十四年，汉中人民三次被迫大量北迁往长安、三辅、洛阳、邺城等地。

张鲁及其教民的大量北迁，给五斗米道带来两方面的影响。一是，五斗米道教徒北迁，使五斗米道在北方得以传播。因为当时张鲁及其臣僚极受曹操宠遇，五斗米道的活动在一定范围内是容许的。这样，原先的五斗米道教徒不仅没有放弃信仰，还把这种信仰辐射给北地之人。二是，五斗米道传到北方后，组织相当混乱，科律废弛，特别是张鲁死后，这种混乱状态更严重。当时教徒们各自为政，"人人称教"，不按旧规办事。《正一法文天师教戒科经·阳平治》第二十一记载："诸祭酒主者中，颇有旧人以不？从建安、黄初元年以来，诸主者祭酒人人称教，各作一治，不复按旧道法，为得尔不？令汝辈按吾阳平、鹿堂、鹤鸣教行之，汝辈所行，举旧事相应当不？"① 从中可见：北迁后的五斗米道教徒在曹魏统治地区立治传教；但这种传教是自发的，没有统一领导；并且引起了阳平、鹿堂、鹤鸣三大治道官们的不满，他们要求按旧制办事。但他们的这种"复旧"努力，因收不到实效，终归失败。

2. 天师道在巴蜀地区的传播

曹操迁走张鲁一家以及大量的教民，但巴蜀地区的天师道并没有因此绝迹，而是以不同的方式得以继续传播。晋武帝时，出现了陈瑞领导的天师道团。常璩的《华阳国志》说："瑞初以鬼道惑民，其道始用酒一斗，鱼一头，不奉他神。贵鲜洁，其死丧产乳者不百日不得至道治。其为师者曰祭酒。……瑞自称天师，徒众以千百数。"从陈瑞教团被称为"鬼道"，设有道治及天师、祭酒之职，可见其与五斗米道大致相同。但"不复按旧道法"交米五斗，禁忌、祭品、服饰等方面也有差异。西晋初年统治者对民间宗教活动严厉镇压，"咸宁三年（277）春，刺史睿诛犍为民陈瑞"②。

陈瑞被益州刺史王睿诛杀，天师道并没有消灭。20多年后，蜀地又爆发了李特、李雄天师道起义。李氏本为巴蜀地区少数民族賨人领袖，"汉末张鲁

---

① 《道藏》第十八册，第238页。

② 常璩：《华阳国志》。

居汉中，以鬼道教百姓，**賨**人敬信"①，汉末就信奉天师道，因此被曹操迁入内地。西晋初年，因战乱和饥荒返回益州，后发动起义。在与官兵作战中，李特被杀，次子李雄领导流民军坚持战斗。当起义军处于危境之中时，得到青城山天师道领袖范长生的有力支援。304 年，李雄在成都称王，国号大成（后改国号汉，史称成汉）。347 年，成汉政权为桓温所灭。但汉主李势的部将继续拥护范长生之子范贲为帝，号召成千上万的教徒对抗晋廷，直至 349 年被镇压。由上述可见，天师道在蜀中的继续传播与巨大影响。

3. 江南诸道派

江东的东吴政权及后来的东晋统治者，对民间宗教活动控制不如曹魏、西晋那么严格。当时流传江南的民间道教有属于太平道支派的于君道、帛家道，属于五斗米道支派的李家道、杜子恭道团等，下面分别加以介绍。

（1）于君道。据说这一派是由东汉顺帝时制作《太平经》的山东琅邪人于吉所传，主要人物有于吉、容嵩、桂帛等。据晋虞溥《江表传》和《云笈七签》引《洞仙传》载，于吉能"立精舍、烧香，读道书，制作符水以治病"，甚至还会呼风唤雨，曾在孙策军中效力，江东军民奉之如神。据说，"策尝于郡城门楼上集会诸将宾客，吉乃盛服，杖小函，漆画之，名为仙人铧，趋店门下，诸将宾客三分之二下楼迎拜之，掌宾者禁呵不能止"。后孙策借口他"能幻惑众心，远使诸将不复顾君臣之礼"② 杀了于吉。但是于吉的信徒仍然祭祀他以求福吉。

（2）帛家道。帛家道托始于仙人帛和。葛洪《抱朴子·祛惑篇》说："乃复有假托作前世有名之道士者。如白和者（白和即帛和），传言已八千七百岁，时出俗间，忽然自去不知其在。……有一人于河北自称为白和，于是远近竞往奉事之。"帛家道主要传播《三皇文》、《五岳真形图》，后为郑隐、鲍靓、葛洪等人继承。此派后来传入江南，被称为"俗神祷"（祷祀俗神），陶弘景《周氏冥通记》卷一注云："国家本事俗神祷，俗称是帛家道。"江东人多有奉此道者。

（3）李家道。李家道托源于仙人李八百，三国两晋间，由李宽传入江东。

---

① 《华阳国志·李特雄期寿势志》。
② 《三国志·孙策传》。

此派的道术以祷祀、符水治病为主，大体与五斗米道相同。两晋时，又有道士李脱及弟子李弘在江东传播李家道。李脱自称李八百。李弘则以老君下凡自居，并制造谶语："老君变化易身形，出在胡中作真经，……木子为姓讳弓口（暗指李弘，"弖"即古"弘"字），居在蜀郡成都宫"，① 为政变制造舆论。因此被王敦诱杀。但李家道在民间流传不绝，史书记载，西晋至南北朝，以李弘（或李洪、李脱）为名的"反叛"达十多起。

（4）杜子恭道团。此派东晋时由钱塘杜子恭创立。杜子恭，名炅，世传五斗米道。据史料记载，杜子恭善于符箓禁咒、跪拜首过之术，能知人善恶贵贱，并以为人治病为传道方式，在江南高级士族中不少信徒，开始组建了天师道团。到他弟子孙泰时，天师道不仅流传上层士族，还在下层群众中广收徒众。孙泰习养性之术，百姓敬若神明，后被司马道子诛杀。其侄孙恩逃于海岛，与妹夫卢循兴兵复仇，发动了反对晋王朝统治的斗争。最终虽被镇压，但天师道仍世传不绝，杜子恭的子孙如杜道鞠、杜京产均是有名高道。

（二）道教的分化

1. 道教向上层发展

魏晋以来，道教发展的一大趋势是向上层渗透。首先表现在道教与统治阶级关系密切，甚至介入统治阶级内部争权夺利的斗争。曹魏政权对五斗米道教主张鲁厚遇有加，同时又限制镇压，使张鲁当了不贰之臣。另外，曹操当时也收罗了很多有影响的方术道士，如上党王真，陇西封君达，甘陵甘始，鲁女生，谯国华陀，东郭延年、唐霅、冷寿光，河南卜式、张貂、蓟子训，汝南费长房、鲜奴辜，河南赵圣卿，阳城郤俭，庐江左慈等。一方面，他吸取黄巾人起义的教训，对这些"挟左道者"，"聚而禁之"，以防他们"挟奸宄以欺众，行妖慝以惑民"②；另一方面，也由于曹操本人爱慕"神仙之道"，想利用这些人的方术。于是，那些诚心被招引的人，就以自己的异术诸如导引、行气、胎息、胎食（"羽嗽舌下泉而咽之"）、房中、炼丹、养生到符箓禁咒、遁甲变形、召神劾鬼等等，奔走于权门之间，取悦皇族官僚，倍受优待。西晋孙秀，奉五

---

① 《道藏》满字号《老君变化无极经》。
② 曹植：《辩道论》。

斗米道，在赵王伦手下听差。赵王伦是司马懿第九子，本是贾后的亲信，后来利用贾后废愍怀太子事，以为太子复仇为名，废贾后为庶人，并篡夺了帝位。赵王伦的这些政治活动，皆是孙秀所谋。孙秀因此飞黄腾达，赵王伦"事无巨细，必谘而后行。伦之诏令，秀辄改革，有所与夺，自书青纸为诏"①，权力之大，可想而知。类似的事例颇多，不一一列举。

道教向上层发展还表现在当时道教传播于世胄高门，许多高级士族直接加入道教，成为信徒，有的还世代信奉，出现了一些天师道世家，如前面所述钱塘杜氏，还有高平郗鉴，琅邪王羲之，东海鲍靓，陈郡殷仲堪。钱塘杜子恭的事迹前面已述，这里不再重复。郗鉴，字道徽，高平金乡人。西晋时，与叔父隆及孙秀，均为赵王伦党羽，后为东晋元帝、明帝、成帝所重用。其二子（郗愔、郗昙），均信奉天师道。《晋书·何充传》说："于时郗愔及弟昙奉天师道，而充与弟准崇信释氏，谢万讥之云：'二郗谄于道，二何佞于佛。'"长子愔"与姊夫王羲之、高士许询并有迈世之风，俱栖心绝谷，修黄老之术"②，迷信符箓，并常吞服；还热衷于传写道经。王羲之，字逸少，琅邪临沂（今属山东省）人，为司徒王导之子。《晋书·王羲之传》称："王氏世事张氏五斗米道，凝之（王羲之之子）弥笃。"王羲之的另一个儿子王徽之，还拜当时著名道士许迈为师。王羲之还常和一些道士交往，同上书记载他："又与道士许迈共修服食，采药石不远千里，遍游东中诸郡，穷诸名山，泛沧海，叹曰：'我卒当以乐死。'"另外，他用字与道士换鹅的故事至今仍传为美谈。鲍靓，字太玄，东海人，汉司隶鲍宣之后。《晋书·鲍靓传》介绍他"学兼内外，明天文河洛书，稍迁南阳中部都尉，为南海太守。尝行部入海，遇风，饥甚，取白石煮食之以自济"，又谓"靓尝见仙人阴君（即阴长生），授道诀，百余岁卒"。《云笈七签·鲍靓真人传》称其曾"师左元放，受中部法及三皇五岳劾召之要，行之神验，能役使鬼神，封山制魔"。鲍靓还是葛洪（下文将介绍的高道）岳父，葛洪曾师事之，并传其业。殷仲堪，陈郡人。《晋书·殷仲堪传》谓其："祖融，太常，吏部尚书。父师，骠骑咨议参军、晋陵太守、沙阳男"，并称他："少奉天师道，又精心事神，不吝财贿，而怠行仁义，啬于周急，及（桓）玄

---

① 《晋书》卷五十九，《赵王伦传》。
② 《晋书》卷六十七，《郗鉴传·附愔传》。

来攻，犹勤请祷"。他熟悉天师道以符水咒说为人治病的方术。后为桓玄所败，自杀于柞溪。这些出身豪门的道教徒，总是和封建王朝的命运息息相关，他们的入教，使道教和封建政治发生了更密切的联系。

2. 道教与魏晋农民起义

部分道教上层化的同时，也有部分道教为农民起义者所利用。其中突出者有西晋天师道徒陈瑞起义，以及李特、李雄父子发动并得到青城山道士范长生支持的农民起义，这点上文提及，恕不赘言。东晋时江南的孙恩、卢循起义也和天师道关系密切。杜子恭一派天师道，东晋时在江南很有影响。杜子恭死后，道团由孙泰、孙恩叔侄把持。399 年，孙泰卷入东晋统治集团冲突被杀，孙恩逃避海岛，不久发动教徒起事反晋。孙恩起义后南方各地教徒纷起响应，队伍很快扩大到数十万。401 年，东晋大将刘裕大败孙恩。次年，孙恩再败，投海自杀。其妹夫卢循带领义军继续作战，411 年，因败也投海身亡。这次以道教为旗帜的起义，耗尽了东晋王朝的实力，促使了它的衰亡。此外，两晋时期，以李家道李弘为名的农民起义史不绝书。这些李弘起义遍及安徽、山东、四川、湖北、陕西、甘肃、河南等地，时间长，地域广，汉族、少数民族都有，给封建统治以不小的冲击。这类李弘起义，据前辈学者汤用彤、唐长孺、王明、方诗铭等的考证①，除了前文引《周札传》所载的李脱弟子李弘那次起义以外，在晋代还有以下一些关于李弘起义的记载。

(1)《晋书·石季龙传》上："贝丘人李弘，因众心之怨，自言姓名应谶，遂连结奸党，署置百僚。事发，诛之，连坐者数千家。"又据《资治通鉴》卷九十七的记载，时为东晋成帝咸康八年（342）十二月。

(2)《晋书·桓温传》载：东晋穆帝永和十二年（356），桓温北征还军后，"又遣江夏相刘岵、义阳太守胡骥讨妖贼李弘，皆破之，传首京都"。

(3)《晋书·八海西公纪》说："广汉妖贼李弘与益州妖贼李金根聚众反，弘自称圣王，众万余人，梓潼太守周虓讨平之。"时为海西公太和五年（370年）。此条又见《晋书·周楚传》："太和中，蜀盗李金银、广汉妖贼李弘，并聚众为寇，伪称李势子，当以圣道王，年号凤皇。"李金根与李金银当为同一

---

① 卿希泰主编：《中国道教史》第一卷，第 267 页，成都，四川人民出版社，1996。

人名。

(4)《晋书·姚兴载记》下说："兴寝疾，妖贼李弘反于贰原，贰原氐仇常起兵应弘。兴舆疾讨之，斩常，执弘而还，徙常部人五百余户于许昌。"据《资治通鉴》卷116的记载，此事在东晋安帝义熙十年（414年）。

3．魏晋道教中的"山林隐逸"

魏晋以来的道教，或传播于上层，或流传于民间为农民起义所用，也有一些道教徒"隐居修道"，他们不参与政治，不慕荣华富贵，"不事王侯，高尚其事"，如道士孙登、董京、张忠、陶淡、孟钦、任敦、吴猛等等。孙登，字公和，不知何许人。王隐《晋书》曰："孙登，即阮籍所见者也，嵇康执弟子礼而师焉。"人与之语，皆不应。以此远离政治漩涡。董京，字威辇，不知何郡人。无喜怒，行乞度日，辟谷有方。张忠，字巨和，中山人。永嘉之乱，隐于泰山。符坚曾派人请他出仕，他婉言谢绝。陶淡，字处静，庐江浔阳人。"好导养之术，谓神仙可祈。年十五六，便服食绝谷，……州举秀才，淡闻，遂转逃罗县埠山中，终身不返，莫知所终。"孟钦，有左慈、刘根之术。符坚恶其惑众，命符融诛之，传钦化为旋风而去。任敦，字尚能，博昌人。永嘉中，隐于茅山，服赤石脂，能治病。吴猛，字世云，豫章人。"少有孝行，夏日常手不驱蚊，惧其去已而噬亲也"。有道术，传说用白羽扇画水渡江，不假舟楫。还能以符水咒说为人治病。这些人都道行高深，身怀异术，却不与统治者合作，隐遁于山林岩穴之间，表明了魏晋时期道教的分化。

（三）葛洪的神仙道教理论体系的建构

葛洪，字稚川，自号抱朴子，丹阳句容（在今江苏省）人。生于283年，出身士族家庭，葛家世代有人在朝廷当高官。年少时，其父去世，家境颓落，"年十三而慈父见背，夙失庭训，饥寒困瘁，……又累遭兵火，先人典籍荡尽，农隙之暇无所读，乃负笈徒步行借。……常乏纸，每所写，复有字，人鲜能读也"①。16岁时，他"以儒学知名"，还博涉史籍和道家、墨家、法家、阴阳家诸书。但他对"神仙导养之法"最感兴趣，于是从郑隐学炼丹术，郑隐对他特

---

① 葛洪：《抱朴子外篇自序》。

别器重。303 年，葛洪参加了镇压石冰领导的农民起义。之后，他受广州刺史嵇含之邀赴广州。不料嵇含被仇人暗杀，葛洪因此滞留广州多年。经历如此挫折，他看淡了名利，于是绝弃世务，锐意于松乔之道，服食养性，修习玄静，并师事鲍靓，鲍靓亦深重之，以女妻之。及司马睿为丞相，他被辟为掾，封关内侯。后年事渐高，欲避世以炼丹，隐居于罗浮山，直至老死。

葛洪一生著作宏富，现存主要有《抱朴子》内外篇 70 卷，《神仙传》10 卷，《肘后要（备）急方》4 卷等。其中《抱朴子内篇》20 卷创立了神仙道教理论体系，对道教的发展影响尤其重大。下文对此试加分析。

首先，葛洪论述了世上确有神仙存在。否认仙人存在的思想自古有之。但葛洪认为"邈古之事，何可亲见？皆赖记籍，传闻于往耳"①，"列仙之人，盈乎竹素矣"②，"前哲所记，近将千人，皆有姓字及有施为本末，非虚言也"③。另外，葛洪进一步论说，仙凡路异，常人虽难以察知仙人的神通广大，不过可以从多数物品有生有灭、少数物品可以不朽推测长生不死的神仙存在。我们认为葛洪的这套论证方法是形而上学的，因而结论是荒谬的，但在当时确实迷惑了不少人。

其次，葛洪提出神仙可以学致。《抱朴子·对俗》称："夫陶冶造化，莫灵于人，故达其浅者，则能役用万物；得其深者，则能长生久视。知上药之延命，故服其药以求仙。知龟鹤之遐寿，故效其道引以增年。……至于彭、老犹是人耳，非异类而寿独长者，由于得道，非自然也。"葛洪在这里就强调了神仙"非自然也"，而是可以学致。这种观点在《至理》中也有体现，"知长生之可得，仙人之无种耳"。

再次，葛洪进而阐述了长生成仙的修持方法。这些方法可分内修和外养两方面。内修主要是宝精行气，外养主要是服仙药。所谓行气指的是呼吸吐纳之功。葛洪说："故行气或可以治百病，……或可以延年命。"④ 在谈到行气的方法时葛洪说："其大要者，胎息而已。得胎息者，能不以鼻口嘘吸，如在胞胎

---

① ② 葛洪：《抱朴子·论仙》。

③ 葛洪：《抱朴子·对俗》。

④ 葛洪：《抱朴子·至理》。

之中，则道成矣。"① 葛洪还指出，修仙要重视"宝精"，指房中，"宜知房中之术，所以尔者，不知阴阳之术，屡为劳损，则行气难得力也"②。葛洪又指出，房中宜适度，"人复不可都绝阴阳，阴阳不交，则坐致壅瘀之病，故幽闭怨旷，多病而不寿也。任情肆意，又损年命"③。这种观点是科学的。在诸多修炼方法中，葛洪最重视服食金丹，他在《金丹》中称："余考览养性之书，鸠集久视之方，曾所拔涉篇卷，以千计矣，莫不皆以还丹金液为大要者焉。然则此二事，盖仙道之极也。服此而不仙，则古来无仙矣。"关于修炼成仙，葛洪还提出对各种方术要多闻而体要，博见而善择，不能偏修一事；而且修道由浅入深，由易到难，先宝精爱气，再服仙药，逐步高深。

最后，葛洪的神仙道教理论还宣扬封建纲常伦理。葛洪认为，要长生成仙，不能光靠内修外养等方术，还须积善立功，以忠孝和顺仁信为本。他在《对俗》中强调："欲求仙者，要当以忠孝和顺仁信为本，若德行不修，而但务方术，皆不得长生也。"为此，他把民间道教视为异端，称之为"妖道"、"邪道"，把信奉这些道教的人称为"杂散道士"或"杂猥道士"，尽情咒骂，竭力反对。这些思想为封建统治阶级镇压民间道教提供了理论根据，为道教上层化奠定了基础。

总之，葛洪集神仙思想之大成，为早期民间道教向以后的上清、灵宝等上层化道教转化创造了条件，是道教发展史上承前启后式的人物。

（四）魏晋新道经的造制与新道派的形成

1. 上清经的造制与上清派的形成

上清经是东晋中后期出世的一组道经。除《黄庭经》出于魏晋之际外，其他上清经书都在东晋中叶以后出世。东晋朝廷奉道之风很盛，晋哀帝及掌权者司徒琅邪王司马昱都信奉道教。道士杨羲看准了这种形势，于晋哀帝兴宁二年（364），假托南岳魏夫人等众仙真下降，授他《上清真经》31卷及诸传记，杨羲以隶字写出，并传给句容许谧及其三子许翙。二许又重新抄写，依照修行得道。陶弘景《真诰》卷20《真经始末》记载了上清经的这一造制过程。可以

---

① ③ 葛洪：《抱朴子·释滞》。
② 葛洪：《抱朴子·至理》。

说，上清经是由杨羲与许氏父子合伙制造的。

上清经中最主要的几部经典是《黄庭经》、《上清大洞经三十九章》、《雌一玉检五老宝经》、《太上素灵洞玄大有妙经》，其中后三者称为"道者三奇"。上清经汇集了各种道教神仙方术，但最主要者是继承发展了存思守一之术。这使得神仙道教的修行方术发生了变化。魏晋以来，在各种修行方术中，以服食金丹大药为仙道之至极。上清经则以存思术为至道。随着上清真经的造作与传播，东晋后期，形成了以知识分子为主体的上清派。该派后由南朝陶弘景发扬光大，下文还要详述。

2. 灵宝经的造制与灵宝派的形成

灵宝经是晋代葛洪家族制造的一组道经。葛洪《抱朴子内篇》中多次提及并引用《灵宝五符经》，可见《灵宝五符经》在葛洪之前，至迟于魏晋之际就出世了。但多数的灵宝经是东晋末年葛洪孙葛巢甫引申附会《灵宝五符经》造作出来的，因为陶弘景《真诰》卷20称："葛巢甫造构灵宝，风教大行。"葛巢甫还编造了灵宝经的传承谱系。据称汉末己卯年（199），太极真人徐来勒及太上玄一三真人等神仙在会稽上虞山授葛玄灵宝经。葛玄则于吴赤乌年间（238～244）在天台山传之于弟子郑隐及兄葛奚。奚传子葛悌，悌传子葛洪，洪又于马迹山从其师郑隐盟受。葛洪在东晋建元二年（344）于罗浮山传其侄葛望、葛世等。至晋安帝隆安末（401），葛巢甫又传于道士任延庆、徐灵期等。

灵宝经前期以《灵宝五符经》、《灵宝赤书真文》为代表，后期以《灵宝度人经》为要，其道法不一。前期灵宝诸经依照五方五行模式构造道教方术。后期的经书则重斋仪。从东晋末年到刘宋初是灵宝经书大量出现的时期，信奉者日益增加，影响不断扩大，灵宝派随之形成。后陆修静增订各种斋戒仪轨，充实了灵宝派，使得灵宝派兴盛起来，这在后面也将详细论及。

上文简单介绍了东晋中后期新道书的造作以及新道派的出现。必须说明的是，上清派、灵宝派各自所奉行的经典中都排除了早期道书中反映劳动人民愿望和要求的思想，却大力宣扬封建伦理道德，为维护封建统治阶级利益服务。它们的出现，标志着代表上层统治阶级利益的道派已经形成，这势将促进旧道教的改革与发展。

二、南北朝道教的改造与成熟

道教经历了魏晋时期的分化与发展，面临着许多新的问题。就天师道而言，它虽然由原来在巴蜀一隅进而传播到大江南北，但由于草创不久，教理教义相对粗糙，科仪较简单，组织也不健全。特别是教主张鲁去世后，组织涣散、科律废弛的状况日趋严重。而且部分天师道流传民间，常被农民起义者用作革命旗帜和组织工具，这样又使得它与封建统治阶级关系紧张。为了生存和发展，天师道亟需改革、提高。从上清、灵宝两派来看，也因刚刚建立，许多方面需要充实、完善。在这种背景下，南朝陆修静改革了南方的天师道，并弘扬灵宝经，制定了以灵宝斋为主体的道教斋醮仪范，推动了灵宝派的发展。之后的陶弘景则弘扬上清经，开创了茅山宗，并创建了道教神仙谱系。北朝寇谦之也顺应时代潮流，改造了北方的天师道，使之适应封建统治阶级的需求。这时期，北方还兴起一个道派——楼观道。此外，南北朝时期，道教经书大量造制，道经的分类法——三洞四辅十二分类法随之确定。随着道观的兴起，道教宫观制度及相应的戒律也被初步制定。所有这些，都说明了南北朝时期道教已经由幼稚走向成熟。

（一）南朝的道教

1. 陆修静对道教的贡献

陆修静，字元德，吴兴东迁（今浙江吴兴县）人，生于406年。幼习儒家经典，旁究象纬之学。后来专精道法，曾万游名山，寻访仙踪。453年，文帝令左仆射徐湛之请陆修静留在京都建康，并对他特别厚遇。同年，因避太初之难，于是南游。461年，陆修静在庐山东南瀑布岩下建立道观，名简寂观，于此隐居修道，故又称简寂先生。467年，陆修静奉诏进京，明帝召见于华林园，躬自问道，礼遇甚厚，于京师北郊构筑崇虚馆，请陆修静居住。于是，他"大敞法门，深弘典奥，朝野注意，道俗归心。道教之兴，于斯为盛也"①。

----

① 《道藏》第二十五册，第306页。

477 年，卒于崇虚馆，享年 72 岁。

陆修静著述甚丰，有《道德经杂说》、《遂通论》、《必然论》、《归根论》、《明法论》、《自然因缘论》、《五符论》、《三门论》、《陆先生答问道义》、《陆先生黄顺之问答》、《灵宝经目序》、《陆先生道门科略》、《太上洞玄灵宝授度仪》、《洞玄灵宝斋说光烛戒罚灯祝愿仪》、《升玄步虚章》、《灵宝步虚词》、《步虚洞章》各一卷，以及《灵宝道士自修盟真斋立成仪》、《金箓斋仪》、《玉箓斋仪》、《九幽斋仪》、《解考斋仪》、《涂炭斋仪》、《三元斋仪》、《古法宿启建斋仪》、《然灯礼祝威仪》等多卷。其中大部分亡佚，现存 6 种收入《正统道藏》，其内容大多阐述《灵宝经》教义及其科仪。陆修静是南朝著名的道教人物，他对南朝道教的发展主要有两大贡献：一是改造南方天师道；二是弘扬灵宝经，制定斋醮仪范，推动了灵宝派的发展。

改造南方天师道。张鲁时期，五斗米道在巴蜀实行政教合一的制度。张鲁在他的辖区内设二十四治（后又加八治），每治设道官、祭酒，其"立治置职，犹阳官郡县城府治理民物"①。当时天师道内部组织系统较严密，科律制度贯彻正常。但张鲁北迁，特别是他去世后，天师道组织混乱、科律松弛的局面日益严重，严重阻碍了天师道的发展。陆修静非常重视这一问题，在《陆先生道门科略》中提出了一套整顿、改革天师道的办法：

（1）针对组织涣散，提出健全三会日制度。"三会日"指正月初七上元会、七月初七中元会和十月初五下元会。每年三会日的主要活动有："民各投集本治师，当改治录籍，落死上生，隐实口数，正定名簿。三宣五令，令民知法。其日，天官地神咸会师治，对校文书。师民皆当清静肃然，不得饮酒食肉，喧哗言笑。会竟，民还家，当以闻科禁威仪教敕大小，务共奉行。"②由此可见，三会日是道官联系道民，向道民宣讲科戒、传布指令的重要途径。但是，这样重要的制度在三张之后废弛了，陆修静说："今人奉道，多不赴会。或以道远为辞，或以此门不往。"③于是，他提出健全和实行三会日制度，试图扭转组织混乱的局面。

（2）针对名籍混乱状况，提出加强"宅录"制度。所谓"宅录"，相当于

---

①②③《道藏》第二十四册，第 780 页。

现在的户口簿。五斗米道规定道民入道，须把全家的男女口数登记于册，名曰"宅录"。以后凡有生、聚添口，或死亡减口，都须赴本师治所（大都在三会日）进行登记或注销。道民凭此宅录向道教组织缴纳"命信"（敬神的信物），道教组织即派守宅之官予以保护。很明显这是天师道管理教民的一个重要措施。可是三张以后，这项制度也基本上废驰了，使得道教组织无法确切知晓自己所统领的道众的有关情况，难以对道众进行有效管理。为此，陆修静主张彻底整理宅录，规定每年下元会作为登记、审核宅录的最后期限，并限定这一天道民缴纳命信到本师治所。

（3）针对道官自行置职，提出健全道官按级晋升制度。陆修静时，道教组织松散，道官祭酒自行置职，违科犯戒，腐败堕落。面对这种状况，陆修静主张健全依功受箓和按级晋升的制度。他提出，庶民三勤为一功，三功为一德，三德之后方可署箓，正式入教。此后从"十将军箓"逐级升为"散气道士"、"游治"、"下治"、"配治"，再由天师子孙保举可封为下、中、上"八职"。得"上八职"后，再加修炼，才可担任"阳平"、"鹿堂"、"鹤鸣"三职。

弘扬灵宝经，制定斋仪，推动灵宝派发展。《灵宝经》是灵宝派的经籍，东晋末由葛巢甫等人大量造作。陆修静在崇虚馆时，对一些灵宝经如《真文赤书》、《人鸟五符》等加以敷衍阐释，使它得以广泛的传播。陆修静所敷衍阐释的灵宝经文中，大量是关于灵宝斋醮仪范方面的，上文提及的陆修静著作中就有相当部分是关于斋仪、斋醮乐章方面的。晋宋时候，灵宝经在流行过程中真伪莫辨，文字错乱。针对这种情况，陆修静一一考订他所收集到的大量灵宝经，明辨真伪，订正讹误，并编写了《灵宝经目序》，为灵宝经文的整理做出了突出的贡献。

陆修静还系统总结了三张以来各种斋仪，创制了以灵宝斋为主体的"九斋十二法"。这些斋法是：一曰洞真上清之斋，有二法；二曰洞玄灵宝之斋，有九法，其一法金箓斋、其二法黄箓斋、其三法明真斋、其四法三元斋、其五法八节斋、其六法自然斋，其七法洞神三皇之斋、其八法太一之斋、其九法指教之斋；又曰三元涂炭之斋。这些斋仪的主要程式是设坛摆供、焚香、化符、宣戒、上章、诵经、赞诵，并配以烛灯、禹步和斋醮音乐等，以祭告神灵，求福免灾。

陆修静不仅自己撰写了许多灵宝经，还考订了大量灵宝经的真伪，编制了灵宝经目，并且创立了相当完备的以灵宝斋为主的道教斋仪，这就大大地推动了灵宝派的发展。陆修静之后，"灵宝之教，大行于世"，而且在齐梁时代还超过了上清派。《真诰》卷11注称：齐初，上清道士王文清曾在茅山下建崇元馆，二十年中，"远近男女互来依约，周流数里，廨舍十余坊。而学上道者（指修上清经者）甚寡，不过修灵宝斋及章符而已"①。梁代情况依旧。该书另一注云：茅山每年"三月十八日辄公私云集，车有数百乘，人将四五千，道俗男女，状如都市之众。看人唯共登山作灵宝唱赞，事讫便散，岂有深诚密契，愿睹神真者乎（指修上清道）!"② 这两则材料说明了因为陆修静之功，灵宝派在群众中的影响在较长时间内超过了上清派。所以说，灵宝派虽为葛巢甫创立，发扬光大者却是陆修静。

综上所述，陆修静改革了南方的天师道，此后南朝的天师道称南天师道；发展了灵宝派。他对道教的改革和充实促进了道教的成熟，提高了道教的影响，使得道教在宋、齐间得到较大发展。

2. 陶弘景对道教的贡献

陶弘景，字通明，号华阳隐居先生，丹阳秣陵（今江苏南京）人，生于456年。自幼好学，以才学闻名遐迩，但他仕途坎坷，年36岁才授"奉朝请"（六品文官）。于是在492年辞官归隐山林，在茅山修道40余年。陶弘景归隐后，并不忘关心政治。梁武帝对他恩礼甚隆，经常派人送他黄金、朱砂等物，供其炼丹，并于茅山建朱阳馆以之居，还建造太清玄坛以均明法教，"国家每有吉凶大事，无不前以咨询，月中常有数信，时人谓为山中宰相"③。536年，陶弘景卒于茅山，享年81岁。

陶弘景生平著述甚多。其著作多达数十种，其中《真诰》、《登真隐诀》、《养性延命录》、《真灵位业图》、《本草经集注》等影响最大，他是继陆修静之后，南朝道门又一杰出人物。陶弘景对道教的贡献主要有二：一是弘扬上清经法，开创了茅山宗；二是为道教建立了神仙谱系。

---

① 《道藏》第二十册，第558页。
② 《道藏》第二十册，第557页。
③ 《南史》卷七十六，《陶弘景传》。

（1）弘扬上清经法，开创茅山宗。陶弘景是上清派的嫡传弟子。李渤《真系》说："今道门以经箓接受，所自来远矣。……其陆（修静）君之教，杨（羲）许（谧）之胄也。陆授孙（游岳）君，孙君授陶（弘景）君。陶君搜撅许令（谧）之遗经略尽矣。"① 陶君弘景是上清派的直接承传者。他师从孙游岳时，深受器重，得授杨羲、许谧、许翔所书上清经。接着他又遍访江东诸郡名山，搜罗散佚的杨、许真迹。这为他以后著述《真诰》做了准备。永明十年（492年），陶弘景归隐茅山，整理上清经法，撰成《真诰》、《登真隐诀》等。《真诰》专门论述了上清派早期教义、方术和历史。《登真隐诀》是《真诰》的姊妹篇，汇集了上清诸经中有关修行的秘诀，是专门讲述上清派养生修仙方术的重要著作。总之，陶弘景弘扬了上清经法，由于他本人的名气，在当时朝野极有影响，茅山实际上成了上清派的中心。陶弘景之后的茅山历代传人，都较有学问和名气，所以，从他开始，茅山实际上代表了上清派，人们径称此后的上清派为茅山宗，并以陶弘景为创始人。茅山宗所奉的神灵、经书和修习的方术，大抵承袭上清派。所奉主神由原来的元始天王改为元始天尊；主要经书仍是《大洞真经》和杨、二许所造的上清经；主要方术仍是存神，并辅以诵经、修功德。茅山宗从陶弘景始，历经隋、唐、两宋，一直很有影响。

（2）建立道教神仙谱系。建立道教神仙谱系，是陶弘景的又一大贡献。道教是多神教，其信奉的神灵可说是"杂而多端"。最早的天师道、太平道，除自创一批神灵外，还包容了一大批中国自古有之的汉族以及少数民族的神灵。其后的上清派、灵宝派又各自创造了一批神灵。这样一来，新神、旧神杂陈，天神、地祇、人鬼和仙真众圣应有尽有，蔚为大观，令人眼花缭乱。陶弘景对此进行了清理。《真灵位业图》一书以图谱的形式，对道教的七百多位神灵分七个阶层进行排序。其中每一阶层各有一名主神排在中位，其余诸神分列左右。第一阶层是以"上合虚皇道君应号元始天尊"为首的玉清境诸天帝道君；第二阶层是以"上清高圣太上玉晨玄皇大道君"为首的上清境诸神；第三阶层是以"太极金阙后圣帝君李弘"为首的上清太极金阙诸神；第四阶层是以"太清太上老君"为首的太清境诸神；第五阶层是以"九宫尚书张奉"为首的诸天

---

① 《道藏》第二十二册，第25页。

阴阳太极图

221

北周时期老君像

節帶劍從兵三千萬衆乘三五赤炁浮雲
入其身中進蓋其身
赤幘黄袍卑綠朱履

道教符咒和神符

223

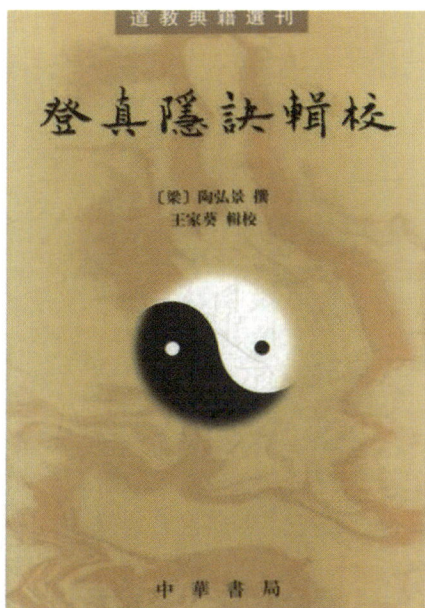

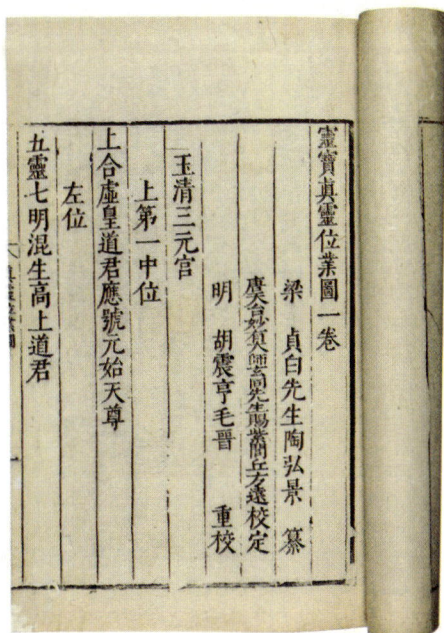

道教典籍選刊

登真隱訣輯校

〔梁〕陶弘景 撰
王家葵 輯校

中 華 書 局

靈寶真靈位業圖一卷

梁 貞白先生陶弘景 纂

虞含妙真隲崩吳傷蕭兵方遠校定

明 胡震亨毛晉 重校

玉清三元宮

上第一中位

上合虛皇道君應號元始天尊

左位

五靈七明混生高上道君

南朝陶弘景著道书《登真隐诀》和《真灵位业图》

曹仙官；第六阶层是以"右禁郎定录真君茅固"为首的诸位地上仙真；第七阶层是以"酆都北阴大帝"为首的阴曹地狱诸鬼官。这样，经过陶弘景的精心整理，漫无统属的道教神仙等级有序，形成了道教神仙谱系。这个谱系大体上已具备了后来道教以三清神（玉清元始天尊、上清灵宝天尊、太清道德天尊）为首的神仙崇拜体系的轮廓。

以上介绍了陶弘景对道教的两大主要贡献，此外，陶弘景在养生学、医药学、炼丹术等方面也有重大成就，补充、发展了道教的修炼理论和方法。在陶弘景等人的推动下，道教在梁、陈间得到进一步发展，在封建统治阶级上层中的影响更加广泛和深入。

（二）北朝的道教

1. 寇谦之改造北方天师道

寇谦之，字辅真，北魏上谷昌平（今属北京市）人。365 年出生于北方一世宦家庭。他"早好仙道，有绝俗之心。少修张鲁之术"[1]。但服食饵药，历年无效。后遇道士成公兴，便随他学道。约七年，成公兴去世，寇谦之犹"守志嵩岳，精专不懈"。415 年，他假托太上老君赐他《云中音诵新科之诫》20卷，并授他"天师"之位，要他整顿天师道。423 年，寇谦之称老君玄孙李谱文降临嵩岳，授他《录图真经》60 余卷，命他奉持此经，辅佐北方泰平真君（北魏太武帝），统领"人鬼之政"。之后，他就下嵩山，并取得北魏太武帝左光禄大夫崔浩的支持，面见了太武帝，"世祖欣然，乃使谒者奉玉帛牲牢，祭嵩岳，迎致其余弟子在山中者。于是崇奉天师，显扬新法，宣布天下，道业大行"[2]。经寇谦之改造过的天师道称新天师道或北天师道。寇谦之卒于448 年，享年 84 岁。

寇谦之改革天师道的总原则是"以礼度为首"。凡是合乎儒家礼教的则保留、增益，反之就革除、废弃。其改革大概有以下几方面。

第一，坚决制止利用天师道犯上作乱。上文介绍过，魏晋以来，许多农民起义利用了道教，特别是以李弘（即老君）为名的起义甚多。寇谦之对此极端

---

① 《魏书》卷一百一十四，《释老志》第八册，第 3049 页。
② 《魏书》卷一百一十四，《释老志》第八册，第 3052 页。

仇视，认为这是大逆不道的，与老君毫不相干。他借老君之口斥责道："吾大嗔怒，念此恶人以我作辞者，乃尔多乎！世间愚痴之人，何乃如此！……天地人民鬼神，令属于我，我岂用作地上一城之主也！"① 他认为，这些作乱者是"父不慈，子不孝，臣不忠"的"愚人"和"恶人"，他们所聚集的都是一些"逋逃罪逆之人"和"奴仆隶皂"之类的贱民。并极其鄙夷地称他们是"下俗臭肉，奴狗魍魉"，又表示说："我身宁可入此下俗臭肉奴狗魍魉之中，作此恶逆者哉！"② 从这些咬牙切齿的叫骂声中，我们可以清楚地看到寇谦之的立场，他所想要的是合乎封建纲常伦理的天师道。

第二，废除三张时期的租米钱税制度。三张五斗米道时期特别是张鲁统治汉中时，实行政教合一的制度，其所辖二十四治（后增八治）"不置长吏，以祭酒为理"，所辖民户，既是道民又是国家编户。租米钱税，统一由祭酒（五斗米道各级首领）征收和管理，"犹阳官郡县城府治理民物"。这在封建统治阶级眼里，是不可容忍的。寇谦之从封建统治阶级的立场出发，宣布其为"三张伪法"之一，欲除之而后快。

第三，整顿组织，加强科律。魏晋时期，天师道向全国发展，但缺乏强有力的统一领导，致使组织涣散，科律废弛，寇谦之认识到这问题的严重性，着手进行改革。(1) 改革道官祭酒父死子继的陈规旧制。他在《老君音诵诫经》中写道："有祭酒之官，称父死子系，使道益荒浊。《诫》曰：道尊德贵，惟贤是授，若子胤不肖，岂有继承先业？有祭酒之官，子之不肖，用行颠倒，逆节纵横，错乱道法，何有承系之理者乎！……诸道官祭酒，可简贤授明，末复按前父死子系，使道教不显！"③ 寇谦之认识到父死子系这种世袭制度的弊端，坚决加以废除，是有积极意义的。(2) 禁止乱取民财。三张之后，许多道官祭酒"治民户，恐动威逼，教人跪愿"，"匹帛、牛犊、奴婢、衣裳，或有岁输全绢一匹，功薄输丝一两，众杂病说，不可称数"④，道官乱取民财的现象非常严重。于是，寇谦之提出："唯听民户岁输纸三十张，笔一管，墨一挺，以供

①《道藏》第十八册，第211～212页。
②《道藏》第十八册，第212页。
③④《道藏》第十八册，第211页。

治表救度之功。若有道官浊心不除，不从正教，听民更从新科正法清教之师。"① 这种措施有利于减轻道民负担，有一定的积极意义。(3) 除"男女合气之术"。所谓"男女合气之术"即道教房中术，本是一种讲求房中节欲、还精补脑的养生之术。但此时一些道士把它变成淫秽之术，成了伤风败俗的东西，所以寇谦之要求除去。

第四，增订戒律和斋仪。在戒律方面，寇谦之吸收了儒、释的思想，提出"不得违戾父母师长，反叛不教"，"不得叛逆君王，谋害国家"等，讲求忠、孝、仁、义；还从佛教转借来"不杀生，不偷盗，不邪淫，不妄语，不饮酒"等戒律。在斋仪方面，也融合了佛教的仪制，在《老君音诵诫经》里可以看出，寇谦之创立了一套较为完整的斋仪，主要有：奉道受戒的斋仪，宥过祈请的斋仪，求愿所行的斋仪，为死人祈请的斋仪，清除疾病祈祷的斋仪等。

经过寇谦之改造后的天师道，去除了违背儒家伦理纲常的因素，增加了合乎封建礼度的内容，使它由一个民间宗教变成适应封建统治阶级需要的上层道教。正因为这样，新天师道得到北魏统治者的支持，大大兴盛起来。448 年，寇谦之去世。450 年，崔浩被太武帝诛杀。因寇谦之与崔浩的密切关系，天师道徒或受牵连，或远走高飞，北天师道从此湮没无闻。但北方道教并没有因此而废，这时期，北方另一道派——楼观道兴起。

2. 楼观道的兴起

534 年，高欢立孝静帝元善见，称东魏。第二年，宇文泰立元宝炬为帝，称西魏。550 年，高欢次子高洋代东魏，称北齐。557 年，宇文泰之长子宇文觉代西魏，称北周。东魏和北齐特别崇奉佛教，对道教也有利用，但主要是打击。天保六年 (555)，文宣帝高洋下令禁绝道教，使得道士转入民间，不敢公开活动。西魏、北周，统治者重儒学，也扶植道教，道教因此得以较大发展。重要的例证是楼观道从北周起进入了它的鼎盛时期。

楼观道在何时由何人所创，由于真实可信的资料阙如，现难于考定。一般认为，尹喜及其从弟尹轨，还有尹轨弟子梁谌都不是楼观道的创始人。从现存有关资料看，楼观道正式形成为一个对社会有影响的教团，始于北魏太武帝拓

---

① 《道藏》第十八册，第 212 页。

跋焘时。太武帝始光（424～428）初，道士尹通事马俭法师于楼观，其后道术精进，渐获令誉。"太武好道，钦闻其名，常遣使致香烛，俾之建斋行道。自是四方请谒不绝"①。楼观道的鼎盛时期，是在周、隋之际及唐初。安史之乱后，渐趋衰落。1232～1234 年间，因遭兵燹，楼观焚毁殆尽。至元代，全真道加以修复，楼观道亦合并于全真。

楼观道以今陕西省周至县终南山下的楼观道院为中心，传播于关陇地区，尊尹喜为祖师，传习的经典主要有《道德经》、《老子化胡经》、《老子西升经》、《老子升天经》和《妙真经》。另外，楼观道还传习多种上清经和少量《三皇文》、《灵宝经》。坚持老子化胡说最力，与佛教徒激烈相诟骂，是该派显著特征之一。由于其大量传习上清经，可见楼观道与上清派较接近。楼观道的修炼方术，没有鲜明的个性，而是杂采众家，符箓与丹鼎样样皆习。北魏至北周，见于史书较有名的楼观道士有：尹马俭、牛文侯、尹法兴、王道义、陈宝炽、李顺兴、侯楷、王延、严达、苏道标、程法明、周化生、王真微，史道乐、于长文、张法成、伏道崇等人。

（三）道经的大量造制与三洞四辅分类法的确定

东晋中叶至南北朝，道教掀起了造经热潮，随着经书的大量涌现，又多次编制了经书目录。在此过程中，逐步形成了道经的三洞四辅十二分类法。这是这一时期道教建设所取得的一大成就，是道教成熟的一个体现。

道教从东汉张陵创教至东晋中叶，所造经书不多。葛洪《抱朴子·遐览》著录了当时的道教典籍，计经书 205 种，679 卷；符 56 种，511 卷。加上《抱朴子》其余各篇和《神仙传》所引之书，约共有道书 300 余种，1300 余卷。东晋中后期随着上清派和灵宝派的出现，道教经书的造作加快了速度。杨羲、许谧和葛巢甫等人创建道派，就是从造经开始的。杨、许利用扶乩办法造作了上清经 31 卷。葛巢甫造灵宝经 35 卷。继杨、许、葛之后，又有很多人根据旧经题目，按杨、许、葛等造经的样式继续造制经书。如"有王灵期者，见葛巢甫造构《灵宝》，风教大行，深所忿嫉，于是诣许丞（黄民）求受上经"②，待

---

① 《道藏》第五册，第 271 页。
② 《道藏》第二十册，第 604 页。

得到若干杨、许经书后，"乃窃加损益，盛其藻丽；依王、魏诸传题目，张开造制，以备其录。并增重跪信，崇贵其道，凡五十余篇"①。于是，上清经书的数量有所增多。据陆修静《灵宝经目序》说，在葛巢甫之后，也有许多道士添造了灵宝经，使之增至 55 卷。此后，争造上清、灵宝经在道士中成了风气。在这种争造经书风气的影响下，天师道等派道士也大量造经了。《正一经》和《孟法师录》记载，天师道这时期约撰有《正一法文》100 卷。到 471 年，陆修静在其所撰《三洞经书目录》中共著录了各种经书 1000 余卷，其中有不少是新出经书。陆修静之后，造经运动并未停止，更多的道经被炮制出来。

经书不断涌现，这就要求及时加以整理分类，编成目录，以便流布。于是在多次编制经书目录的基础上逐渐创出了"三洞"、"四辅"、"十二类（或称部）"这种道经分类法。

"三洞"指洞真、洞玄、洞神。上清经称洞真，灵宝经称洞玄，《三皇文》及同类召劾鬼神之书称洞神。洞言通也，意谓习此之诸经，能使人通达于真正、玄妙、神灵之境界。三洞概念在东晋末年初步形成。刘宋道士陆修静将此概念完善化、定型化，并以之作为经书分类法。陆修静在 437 年所作的《灵宝经目序》中，自称"三洞弟子"，其后又按"三洞"分类经书，编出《三洞经书目录》，并于 471 年上呈宋明帝。该书已佚，据北周甄鸾《笑道论》及唐释道世《法苑珠林》卷 55《破邪篇·妄传邪数》所言，对照《隋书·经籍志》所载道书卷数，估计它所著录的经书虚目是 1228 卷，实有经书只 1090 卷。陆修静的《三洞经书目录》是中国道教史上第一部经书目录。由它首倡的按经书来源进行分类的思想，成为之后经书编目和经书集藏的指导思想，以后的"四辅"分类法也是依据这个思想提出的。

三洞编目，只能包容三个系统的经书，无法把全部道经包括进去。于是继"三洞"之后又有"四辅"分类法的出现。"四辅"，指辅助或补充三洞的四部经书，即"太玄"辅"洞真"，"太平"辅"洞玄"，"太清"辅"洞神"，"正一"通贯各部。三洞加四辅合称七部。最早将道教经书分作七部编目的是孟法师《玉纬七部经书目》，该书是道教史上第二部经书目录，已失传，它对"三

---

① 《道藏》第二十册，第 604 页。

洞"、"四辅"的宗旨和渊源做了阐述，使道经的分类法更系统化、理论化。

《三十六部尊经目》与"十二部（类）"分类法有密切关系。所谓"十二部"就是将三洞各分十二部（类），四辅则不分类。三洞经下各分十二部，合为三十六部，《三十六部尊经目》所编著的就是这三十六部经书的目录。十二部名称和次第的解释，《道教义枢》引《本际经》称：第一本文，指经书的原本真文；第二神符，指龙章凤篆之文，灵迹符书之字；第三玉诀，指对道经的注解和疏义；第四灵图，指对本文的图解或以图像为主的著作；第五谱录，指记录高真上圣的应化事迹和功德名位的道书；第六戒律，指戒规、科律的经书及功过格；第七威仪，指斋醮科仪方面的著作；第八方法，指论述修真养性和设坛祭炼等各种方法之书；第九众术，指外凡炉火，五行变化和其他数术书；第十记传，指众仙传记、碑铭及道观志书；第十一赞颂，指歌颂赞唱神灵的著作；第十二章表，指建斋设醮时上呈天帝的章奏、青词等。

东晋中叶至南北朝，除了上述几部经书目录外，还有梁陶弘景所撰的《经目》、《太上众经目》，以及北周楼观道士王延所作的《三洞珠囊》。可惜这些经目均已亡佚，无法考察其内容。

综上可见，随着东晋中叶以后道经的不断造作，南北朝道士相继编制了多种经书目录。尽管它们均已亡佚，但其间形成了三洞四辅十二分类法却不断得到完善。这种分类法有其合理性，但缺点也十分明显，体现在僵死的三洞四辅分类法不能容纳以后出现的新道派所制造的不同系统的道书以及融合各派思想的道书也难于归类。而且，唐宋晚出的符箓、斋醮等书，体制也有所变化，归入何部的神符类、威仪类，也难于安排。现在有些学者为解决这一问题，提出了另外的分类法。改用什么方法最科学，还有待深入研究。

（四）道教宫观制度的初步建立与道教戒律的制订

道教追求长生成仙，要求绝俗进行修炼和礼神。于是先在山林野处，再及城市里弄，逐渐出现了专供道士进行宗教活动的处所。这种处所，通称宫观。随着宫观的发展，规范与约束道士言行的戒律也逐步建立和完善起来。道教宫观制度的建立及戒律制度的基本完善，促使道教逐渐走向成熟。

道教初创时期，其宗教活动场所一般称为治、靖、庐或静室。《要修科仪戒律钞》卷十引《玄都律》说："民家曰靖，师家曰治。"① 直至东晋，师家或道官祭酒传教之所仍称治，而民家祀神之所，或称靖或称庐。民家靖室构造简单，只要与居室隔绝，并保持清洁即可。治所的建造规格则高得多，不仅规模比靖室大，而且内部构造也比靖室复杂得多，既有礼神之所，又有祭酒之居室，其建造格局已具备后世宫观之雏形。随着道教的发展，道教宫观制度在南北朝初年有了较大的变化，出现了大批被称为馆、观的道士祀道和修炼的场所。它既是道士们宗教活动的场所，又是道士们生活居住之地；既是为首道士祀神、修炼、生活之所，又是徒众祀神、修炼、生活之所。这有别于过去道官祭酒在治，道民在靖、庐以及宗教活动场所与生活场所分开的状况。这种情况的出现，与上清派和灵宝派直接相关。上清、灵宝派没有采取祭酒制，而实行师徒传授制，并提倡道士出家住宫观。加上南北朝时，战乱频仍，天灾人祸不断，苛捐杂税繁重，而出家或为僧或为道皆可免租赋徭役，于是许多不堪生活重负的穷苦百姓纷纷投入道馆（观）出家，从而促使道馆（观）大大兴盛起来，以致于出现了"馆舍盈于山薮"的局面。这时期的道馆（观）在营造格局、样式上已比早先的治、靖、庐复杂丰富多了。道馆（观）对道士宗教活动场所及生活场所做了周到细致的安排。

随着道观的建立和发展，有关管理道观的相应制度也随之建立。从现有资料看，当时已经制定了较多的道教戒律。道教戒律是规范、约束道士言行的条规，指导道士生活、修炼的准则，在张陵创教之后就已产生，随着道士住宫观过集体生活，就越发显得重要。所以，当南北朝道馆涌现之时，专讲道教戒律的经书也大量问世，条文也逐渐繁复。《道教义枢》卷二《十二部义》称："戒之为义，又有详略，……略者，道民三戒，录生五戒，祭酒八戒，想尔九戒。"② 三戒、五戒、八戒、想尔九戒是天师道徒应遵循的戒律。上清派和灵宝派所出的戒律经书比天师道多得多。戒品从五戒、十戒、十二可从戒，至三百观身大戒、千百威仪之戒。这时期，道教戒律都糅合了道、儒、释三家的思想。除戒律外，两晋南北朝时，还出现了道教清规的萌芽。戒律是警戒于事前的行为准则，清规则是对犯律道士的惩处条例，是戒律的重要补充。总而言

---

① 《道藏》第六册，第967页。
② 《道藏》第二十四册，第818页。

之，道教戒律适应南北朝道馆兴起之需要，也不断充实，内容、形式都比以前完备，为后世道教戒律的发展奠定了基础。

三、魏晋南北朝道教和其他社会文化形式的关系

在我国历史上，儒、道、释鼎足而立，并称"三教"。道教文化作为中国传统文化的重要组成部分，它的涉及面极广，既吸取中国文化其他门类的诸多营养，又反过来对这些社会文化形式产生深刻影响。道教文化的印痕到处可见。魏晋南北朝，是道教创建和改造时期，道教由幼稚走向成熟，道教文化也由粗糙不断精致化。这时期的道教文化是中国道教文化整体的一个重要局部，它之于当时诸多其余的社会文化形式有学习提高的一面，更有辐射自身光芒的一面。下文着重分析魏晋南北朝时期，道教对当时哲学（玄学）、佛教、儒学、古代化学、医药学、养生学、文学、艺术的影响与贡献。

（一）道教和魏晋玄学

玄学是魏晋时期的主要哲学思潮。儒家经学发展到东汉末，已经充分暴露出荒唐、迂腐、烦琐的弊端。加之汉末魏晋时期，社会动荡不安，造成封建专制皇权的衰落。于是，两汉经学"独尊"的神圣光环黯淡下来了，代之兴起的是崇尚理性、思辨的玄学。魏晋玄学产生的社会历史原因这里不打算详谈，仅就魏晋玄学与道教既融合又有矛盾的关系略加分析。

老子、庄子是先秦道家的代表。后来，老子被奉为道教教主，庄子也成为道教神仙，《老子》、《庄子》则是道教徒最崇奉的两部经典。魏晋玄学兼综儒道，以道为主，敷畅"三玄"（《周易》、《老子》、《庄子》），它的许多主要思想都源于道家、道教。首先，玄学家继承了老庄尊崇自然的思想。《道德经》第二十五章云："人法地，地法天，天法道，道法自然"，"悠兮其贵言。功成事遂，百姓皆谓：'我自然'"。在老子看来，宇宙万物都是自然的人应当遵守自然法则。庄子倡导无为，也强调顺应自然。司马迁《史记》本传称："庄子散道德论，要亦归之自然。"玄学继承了这一思想菁华。王弼说："圣人达自然之至。畅万物之情，故因而不为，顺而不施，除其所以迷，去其所以惑，故心不

乱而物性自得之也。"嵇康则主张："夫推类辩物,当先求之自然之理,理已定,然后借义以明之耳。"阮籍也称："天地生于自然,万物生于天地,自然者无外,故天地名焉。"上述可见,玄学家与老庄崇尚自然的精神是一脉相承的。其次,玄学家吸收了老庄哲学的辩证思想。老庄的辩证思想历来为人所称道。《道德经》第二章云："有无相生,难易相成,长短相形,高下相倾,音声相和,前后相随,恒也。"庄子《秋水篇》则说:"道无终始,物有死生,不恃其成;一虚一满,不位乎其形。年不可举,时不可止;消息盈虚,终则有始。"老庄这些闪烁着理性思辨光芒的思想给后来的玄学家以极大的启迪。王弼给《老子》作注谓:"道无形,不系,常,不可名,……朴之为物,以无为心也。亦无名故将得道,莫若守朴","具体之迹象,可道者也,有言有名者也,抽象之本体,无名绝言而巧意会者也"。郭象在《则阳注中》亦称:"夫道,物之极,常莫为而自尔,不在言与不言。"可以说,魏晋玄学是在老庄辩证思想基石上建立起来的思辨哲学大厦。再次,玄学家发扬了老庄追求平等的思想。《道德经》第二十五章称:"道大,天大,地大,人亦大,域中有四大,而人居其一焉。"庄子《齐物论》也说:"天地与我并生,万物与我为一。"早在先秦,老庄就呼唤万物平等,实属可贵。魏晋时期,社会动荡,生灵涂炭,世人企盼自由平等。于是,玄学家站出来大声疾呼。王弼在《庄子·齐物论注》宣扬:"物物有理,事事相宜。"郭象则在《齐物论注》声称:"形虽万物而生同得,故曰道通为一也。"玄学家的这种要求平等的思想,对于当时人们解除经学束缚、发展个性意义深远。

魏晋玄学深受道教的影响还体现在许多玄学家对道教神仙养生思想的吸纳上。其中,嵇康和何晏是著名的服食大师,经何晏之手改良过的"寒食散"配方曾盛行于魏晋南北朝几百年之久。这些人中还有毋丘俭拥有韩众仙药,阮籍善"栖神导气之术",王戎"伪药发堕厕"。而服膺神仙养生思想最甚者,当推嵇康。嵇康,字叔夜,谯国至人。《晋书·嵇康传》载"康早孤,有奇才,远迈不群。……长好《老》、《庄》,……常修养性服食之事,弹琴咏诗,自足才怀。"以后山涛为选曹郎,将去官,举康自代。康作书拒绝,一方面称对儒家礼法人伦无法忍受,另一方面却说:"老子、庄周,吾之师也","又闻道士遗言,饵术黄精,令人久寿,意甚信之","吾顷学养生之术,方外荣华,去滋味，游心于寂寞，以无为为贵"。① 这表明他对道家、道教的思想十分崇信。另据王隐《晋书》记载："孙登，即阮籍所见者也，嵇康执弟子礼而师焉。"前文已经介绍了孙登的事迹，他是当时隐逸道士。嵇康拜道士为师，可见他对道教迷信之深。不仅如此，他当时还作《养生论》驳斥怀疑道教神仙长生之说为妖妄的人。嵇康首先肯定了神仙的存在，他说："夫神仙虽不目见，然记籍所载，前史所传，较而论之，其有必矣。似特受异气，禀之自然，非积学所能致也。至于导养得理，以尽性命，上获千余岁，下可数百年，可有之耳。而世皆不精，故莫能得之。"② 他还着重论述了如何修炼养生的问题，主张神形兼炼，性命双修。具体方法是节饮食，慎起居，使不生疾病；绝声色，去名利，不为外物所累；再"守之以一，养之以和"，做到无思无虑，恬淡寡欲，然后辅以"灵芝"、"醴泉"等药物，便能达到长生。此外，他还强调养生之法应从细微之处做起，持之以恒。如此系统的道教神仙养生思想出自于一位大名鼎鼎的玄学家之口，可见道教对玄学思想的渗透。

道教在影响玄学的同时，也受到玄学的影响。首先，玄学是中国哲学史上的一次跃进，它已不再探讨世界由什么构成、怎样发生这样的宇宙论问题，而是开始研究现象界之后有无一个更根本的本体，它的思辨性和理性程度远远超过了两汉哲学的水平。这对道教理论思维水平的提高有推动作用，道教因之形成了具有宗教神秘主义色彩的本体论。此外，玄学在探求宇宙本体时，常把宇宙本体观念落实到人格本体身上，这对道教也有影响，只不过道教将人格本体异化为神仙本体，从而将其宇宙本体与神仙本体混合为一而已。其次，从哲学范畴看，道教哲学也受惠于玄学。玄学是以有无、本末、质用、一多、动静等成对范畴为主要内容的本体之学。相应地，道士葛洪的《抱朴子·内篇》里也出现了有无、本末、动静等成对范畴。比如，葛洪在探讨"玄"（道）的特征时就运用了有和无这对概念。《抱朴子·道意》说："论其无，则影响犹为有焉。论其有，则万物犹为无焉。"在《畅玄》中说："因兆类而为有，托潜寂而为无。"葛洪又指出"道"，"方者得之而静，员者得之而动"，使用了"动静"这对范畴。另外，他还用"本末"来评价儒道二家："道者，儒之本也；儒者，

---

① 嵇康：《与山巨源绝交书》，《文选》卷四十三。
② 嵇康：《养生论》，《文选》卷五十三。

道之末也。"葛洪用成对范畴来建构神仙道教理论体系，虽远不如玄学那么精致，但从道教哲学自身的发展来看，已经是不小的进步。再次，玄学调和自然和名教，使之结合成为一种新的思想，为道教所接受，促进了道教的改革和发展。道教尚自然，儒家倡名教，两者为此争论不休。玄学家则综合儒道，使之和谐统一。魏正始年间，何晏作《道德论》，王弼注《老》、《易》，都提倡"贵无"，认为名教出于自然，主张君主"无为而治"。魏晋之际向秀和晋郭象注《庄子》，也认为名教和自然一致，封建秩序是天理的自然。而葛洪创立的神仙道教理论体系糅合了儒家纲常伦理，正是在自然与名教结合这个玄学主题下展开的。《抱朴子》内外篇是典型的内道外儒之学，内篇以个人为本位，外篇以社会为本位，既追求人与自然、人与自身的安宁和谐，又追求人与人、人与社会的和谐统一。这种神仙与忠孝结合，既修仙入道，又不忘"佐时治国"的精神实质，适应了封建统治阶级的要求，促使了道教成熟与上层化。

综上所述，魏晋玄学从道家、道教方面吸取了丰富的思想营养，又反过来推动了道教义理的发展和理论思维水平的提高，促进了道教的发展。但也应该看到，在某些方面，道教和玄学是有矛盾的。

葛洪的神仙道教理论体系一方面吸取了玄学家的一些思想，另一方面对玄学也提出了一些批评。魏晋时期，统治阶级内部倾轧纷争，战乱频起，整个社会动荡不安，加上老庄学的风行，致使士大夫中出现了一股崇尚虚玄，终日清谈，不务实事，不遵礼法，不拘检括，放任纵逸的风气。葛洪站在儒家名教的立场上，在《抱朴子·疾谬》中对此大加抨击："轻薄之人，迹厕高深，交成财赡，名位粗会，便背礼叛教，托云率任，才不逸论，强为放达。以傲兀无检者为大度，以惜护节操者为涩少。"在葛洪眼里，这些行为都是败伦乱俗、有伤名教的，是不可取。玄学家崇奉"三玄"，葛洪却认为要巩固封建统治秩序，儒家伦理纲常更为重要。他在《用刑》中论说："道家之言，高则高矣，用之则弊，辽落迂阔。譬犹干将不可以缝线，巨象不可使捕鼠，金丹不能凌阳侯之波，玉马不任聘千里之迹也。"在《释滞》中，他还攻击《老子》和其他经书。他说："又五千文虽出老子，然皆泛论较略耳，其中了不肯首尾全举，其事，有可按据者，但暗诵此经，而不得要道，直为徒劳耳。又况不及者乎?"由此看来，葛洪对魏晋玄学的某些方面是颇不以为然的。

魏晋玄学家中嵇康等人特别信奉道教的神仙养生思想，但也有人反对道教长生信仰，《列子》一书就是典型例证。《列子》认为，长生不死是不可能的。《列子·天瑞》谓："生者，理之必终者也。终者不得不终。亦如生者之不得不生，而欲恒其生，画其终（意为"止之使不终"），惑于数也。"《列子》还认为生命短暂，当及时行乐，"恣耳之所欲听，恣目之所欲视，恣鼻之所欲向，恣口之所欲言，恣体之所欲安，恣意之所欲行"（见《列子·扬朱》）。如果这样去做了，即使时间再短，也是"吾所谓养"；反之，达不到这点，就是活得再长，也是"非吾所谓养"。《列子》还把养寿当作造成生民不得休息的四大祸根之首，"生民之不得休息，为四事故：一为寿，二为名，三为位，四为货。有此四者，畏鬼、畏人、畏威、畏刑。此谓之遁人（违背了自然法则的人）也"。在《列子》看来，养生，并不在于寿命的长短，而在于能不能纵欲作乐，这与道教神仙家心目中的养生之道正好相反。可见，魏晋玄学家对道教的神仙养生思想是有不同看法的。

（二）道释儒的关系

道、儒、释并称"三教"，是中国思想文化领域的三支重要力量。在长期的历史发展过程中，三者或以斗争为主，或以融合为主，或既斗争又融合。魏晋时期，东汉经学名教的崩溃，促使儒学必须借助于道、释的宗教力量再兴；佛教刚入中国，为了在中国生根立足，必须依附儒、道；道教刚建立，还比较幼稚，也需吸取儒、释的思想。所以，这时期三者之间模仿学习的多，相互斗争的少。到了南北朝，儒学仍居"三教"之首；佛教则在中国站稳了脚跟，而且有较大发展；道教经过了南北朝的改造，也兴盛起来。这样，释、道之间为了争夺宗教传播阵地，矛盾不断加剧；佛教的因果轮回、识神不灭的理论也逐渐显露出与中国传统思想的相抵触。因此，南北朝时期，三家关系紧张，斗争尖锐，而且常常是儒、道联合对付佛教。这种斗争，南朝、北朝的表现形式还不一样，南朝重论战，北朝用强力。但三家在矛盾斗争的同时也有融合。下面就魏晋、南北朝两个时期分别介绍道教与佛教、儒学之间错综复杂的关系。

魏晋释道之间的融合。佛教由于刚入中国，不得不依附道教，表现是多方面的。首先，许多僧人学习并精通神仙方术。三国名僧康僧会"博览六经，天文图谶，多所综涉"。昙柯迦罗"善学四韦陀，风云星宿，图谶应变，莫不该综"。还有西晋名僧佛图澄，天竺人，《晋书·艺术传》记载他："自云百有余岁，常服气自养，能积日不食。善诸神咒，能役使鬼神。"他的弟子道安也精七曜，又注《素女经》。这类例子，不胜枚举。僧人学方术目的是想借此接近群众，宣扬佛理。其次，佛教还借用有"道教"特色的语汇来表达自己的信仰。当时僧人称佛教为"释道"，或"道法"；学佛则说"学道"、"行道"、"奉道"；学有所成用"见道"、"得道"。其依附道家和道教的迹象明显。初期佛教还模仿道家、道教描写"真人"、"神人"和老子的笔法来描写佛祖释迦牟尼。三国东吴牟融在《理惑论》中说："佛乃道德之元祖，神明之宗绪。佛之言觉也，恍惚变化，分身散体，或存或亡，能小能大，能圆能方，能老能少，能隐能彰。蹈火不烧，履刃不伤，在污不染，在祸无殃，欲行则飞，坐则扬光，故号为佛也。"再次，佛教还在思想理论上借鉴道家和道教。在早期的佛教译经中常见其译"涅槃"为"无为"，译"无常"为"非常"，译"无我"为"非身"，译"禅定"为"守一"，表明了佛教对这些思想的融摄。

与此同时，道教也吸取了佛教的思想。随着佛教在中土站稳脚跟，其影响也不断扩大。出于东晋中后期的《太上洞渊神咒经》，不仅大量采用佛教名词概念，如"十方"、"三业"、"三界"、"因缘"、"地狱"等，最突出的是吸取了佛教的"三恶道"和因果轮回思想。佛教宣称，人死后，要据生前行为（业）在"五道"中轮回，五道即地狱、饿鬼、畜生、人、天。前三道称"三恶道"，认为这是恶人死后必经的轮回。《洞渊神咒经》照搬照抄了这种思想，该经卷三说："恶人死者入三涂恶道，道士死者生天上、人间。……如此人等后有重罪，辈入赤连地狱水火之中，三千亿劫无有出期。罪毕作人，有人之形，无人之情，或痴聋喑哑，不知人事。复作六畜，食草饮水，以肉供人。……此之罪人轮转如此。"东晋中期造制的大量上清经、灵宝经，也是大量抄袭佛经，其中吸取最多的是因果轮回、地狱天堂之说。

魏晋儒道之间的融合。道教产生于"罢黜百家，独尊儒术"的西汉之后，受儒学的影响是广泛而深刻的。东晋初出世的《老子西升经》除了谈老子之道外，也引进了儒家思想。其《重告章》说："德以仁为主，礼以义为谦，施以恩为友，惠以利为先。"东晋葛洪更是援儒入道，用儒家的礼教改造充实道教，使之适应封建统治阶级的要求。他强调儒、道一致，称道为本，儒为末；指出修道离不开儒。他在《抱朴子》中说："欲求仙者，要当以忠、孝、和、顺、仁、信为本。若德行不修，而但务方术，皆不得长生也。"另外，这时期的一些戒律书中也出现了要求臣忠、父慈、子孝、夫信、妇贞、兄敬、弟顺等儒家伦理纲常思想。由上述可见，道教对儒家思想的吸取。但另一方面，儒学也从道家、道教中吸收思想养分。当时的儒士喜注被称为"三玄"的《易经》、《老子》、《庄子》。由于援道入儒，此后兴起的玄学取代了两汉经学。

魏晋之际，道教与佛教、儒学的关系主要是融合。不过，佛道之间也有小的斗争。西晋惠帝时，沙门帛远和道士王浮二人常争二教的邪正，王浮屡屈，于是作《老子化胡经》。由于当时佛教势力还弱小，并未对此进行辩驳。这次的斗争在当时影响不大。但此经开启了此后二教斗争之端。

南朝释道之间的斗争与融合。释道之间的斗争是围绕着顾欢的《夷夏论》展开的。顾欢，字景怡，吴郡盐官人。他于宋末发表《夷夏论》。文章宣称"道则佛也，佛则道也"，有调和二教之意，但主要是强调佛、道的夷夏之别。他认为佛教出自西土，只宜行化于西戎；道教源于东方，故应教化于中国。他打了个比方："舟、车均于致远，而有川陆之节；佛、道齐乎达化，而有夷夏之别。若谓其致既均，其法可换者，而车可涉川，舟可行陆乎？"正由于顾欢党道抑佛，所以其论一出，就遭到佛教徒及其信奉者的强烈反对。首先是宋司徒袁粲托为道人（即僧人）通公著论驳之。他主要从佛、道的差别否认释迦牟尼为老子所化，他说："孔、老治世为本，释氏出世为宗，发轸既殊，其归亦异。符合之唱，自由臆说。"针对于此，顾欢再次著论强调老先于佛和夷夏有别，再次提出："佛非东华之道，道非西戎之法，鱼鸟异渊，永不相关，安得老、释二教交行八表？"此后，佛教方面驳斥的文章纷纷出世。现存于《弘明集》卷六、卷七的，计有：明僧绍的《正二教论》、谢镇之的《折夷夏论》和《重与顾道士书》、朱昭之的《难夷夏论》、朱广之的《咨夷夏论》、释惠通的《驳夷夏论》、释僧愍的《戎华论》等。其中大部分文章语气平和，以理反驳顾欢尊道排佛的观点。继《夷夏论》论战之后又有道士假托张融作《三破论》诋毁佛教。该论谓佛教"入国破国，入家破家，入身破身"。并坚持老子化胡说，云："胡人无仁，刚强无礼，不异禽兽，不信虚无，老子入关，故作形象以化之。"论出，刘勰作《灭惑论》，释僧顺作《释三破论》，释玄光作《辩惑论》斥之。双方都极尽谩骂诬陷之能事，使得二教的矛盾加深。

南朝释道双方虽有对立也相互学习。从道教方面说，东晋中叶出现的上清、灵宝两派（特别是灵宝派），进入南北朝时期，在其所著的道经中继续吸收了佛教因果报应、五道轮回、地狱天堂等思想。如《灵宝智慧本愿大戒上品经》宣扬："生时不修善治身，忍割可欲，死方殡葬其骸骨，不知魂魄已更五毒，幽囚地狱，苦恼三涂，轮转五道也。"南朝佛教也吸取道教信仰内容，这突出体现在天台宗第三祖陈代僧人慧思身上。他在其所著的《誓愿文》中说："今故入山，忏悔修禅，学五通仙，求无上道，愿先成就五通神仙，然后才学第六神通，受持释迦十二部经及十方佛所有法藏。"① 又说："我今入山修习苦行，……为护法故求长寿命，不愿升天及余趣，愿诸贤圣佐助我，得好芝草及神丹，疗治众病除饥渴。……借外丹力修内丹，欲安众生先自安。"② 虽然他把修神仙作为修禅成佛的步骤和阶梯，但明显是吸收了道教的思想。

南朝道教还积极融摄儒家思想，如南朝出世的大量戒律中继续引进儒家的伦理说教。《灵宝智慧罪根上品大戒经》称："与人君言则惠于国，与人父言则慈于子，与人师言则爱于众，与人兄言则悌于行，与人臣言则忠于君，与人子言则孝于亲，与人友言则信于交，于人妇言则贞于夫，与人夫言则和于室，……与奴婢言则慎于事。"这段话几乎涵盖了儒家推崇的所有道德规范。

北朝三教之间的斗争与融合。与南朝相比，北朝三教之间的斗争有自己的特色，表现在儒、道联合促成了两次灭佛事件。一次发生在魏太武帝拓跋焘时，在儒士崔浩、道教徒寇谦之的劝说下，主要是由于魏太武帝想证明自己亲汉不亲胡，借以缓和汉士族与鲜卑贵族之间的矛盾，巩固自己的统治，446年，他宣布废佛。在这个事件中，儒道联合，并肩战斗，一同向佛教发起进攻。于是，"土木宫塔，声教所及，莫不毕毁矣。……佛沦废终帝世，积七八年"③。但政治暴力并不能消灭宗教信仰。同上书记载，到魏文成帝时，"往时所毁图寺，仍还修矣。佛像经论，皆复得显"。北齐时候，佛教更见推崇。555

---

① 《南岳思大禅师立誓愿文》，载《大正藏》卷四十六，第789页。
② 《南岳思大禅师立誓愿文》，载《大正藏》卷四十六，第791页。
③ 《魏书·释老志》。

年，齐文宣帝高洋灭道兴佛，强迫道士剃发为僧，齐境佛教大盛。

另一次灭佛发生在北周武帝宇文邕时，当时道士张宾与卫元嵩彼此声气相通，共同排佛。"帝纳其言，信道轻佛，亲受符箓，躬服衣冠。"周武帝又崇信儒术。于是，儒、道两家联合向佛教发难。北周武帝的这次灭佛没有采用暴力残杀的手段，而是用辩论、说理的方式，逐步推进。574年，周武帝下诏："初断佛、道二教，经像悉毁，罢沙门、道士，并令还俗。并禁诸淫祀，非祀典所载者，尽除之。"[1] 他虽然下令同时禁止佛、道二教，但当年六月又别设通道观，选著名的道士、僧人120人到通道观学《老子》、《庄子》、《周易》，名为通道观学士。所谓通道，就是要佛教徒通过学习变为道士。所以，名义上佛、道二教同废，实际上只废除佛教一家。经过这次废佛，北周境内的佛教势力大受打击。

北朝的三教斗争，特别是释道斗争很激烈。但同时，释、道之间的交流也在继续。从现存资料看，北朝的道教造像就深受佛教造像艺术的影响。如424年的"魏文朗造佛道像"，其中的道像斜身而坐，状貌似佛教造像中的维摩诘。557年的"强独乐等造佛道二尊像"，道像著佛装，与佛像无异。还有其他一些流传下来的北朝道教造像（主要是石像）都可窥见佛教的痕迹。北朝佛教也吸取道教的内容。就造像艺术而言，佛教的造像艺术对道教产生极大影响，但道教文化也反过来影响了它。如建于北魏时期的敦煌莫高窟249窟顶部的壁画，既有佛教的形象，又有坐在龙车上的东王公和坐在无轮车上的西王母，还有朱雀、玄武（龟蛇相交）、青龙、白虎等道教内容。建于西魏时期的285窟顶部壁画中，除佛教内容外，又有道教神像。酒泉、敦煌出土的北凉石塔中，佛教造像杂糅了北斗、八卦等道教题材。在佛经造制上也体现了佛道交融。北魏文成帝时沙门昙靖所撰的《提谓波利经》将佛教的五戒与儒家的五常、阴阳家的五行、五方、五脏相比附，是一部三教杂糅的典型著作。北朝佛教还流行一种延寿益算的信仰，认为人行五戒，修功德，即延年益算，反之，则减算促年，死入地狱。而主宰此事的是帝释，他遣神考校人的功过，以确定是延年还是减算。延年益算本是道教的信仰，由司命考校人之功过，佛教不过改司命为

---

[1] 《北史·周武帝本纪下》。

帝释而已。另外，在吸取道教思想方面，著名僧人昙鸾表现突出。昙鸾是净土宗初祖，他闻江南陶隐居（弘景）擅方术，往从之。既见弘景，得《仙方》10卷，辞还魏境，欲往名山依方修炼。至洛，遭菩提流支唾地相斥，才烧了仙方，专宏净土。但他并没有完全抛弃长生信仰，在他所撰著作中，除净土著作外，还有不少仙方书。

（三）道教和古代化学

魏晋南北朝时期，许多道士在长期的炼丹实践中，积累了一些古代的化学知识，为中国古代化学的发展做出了出色的贡献。

1. 道士在炼丹实践中，对一些炼丹的常用物诸如汞、金、铅、硫和砷等单质和化合物有深入的认识，在汞化学、金化学、硫化学、铅化学、砷化学等方面取得突出成就

葛洪在《抱朴子·金丹》中称："丹砂烧之成水银，积变又还成丹砂。"这个过程用化学公式表达则是：

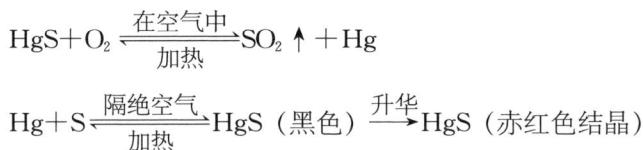

$$HgS+O_2 \xrightarrow[\text{加热}]{\text{在空气中}} SO_2 \uparrow + Hg$$

$$Hg+S \xrightarrow[\text{加热}]{\text{隔绝空气}} HgS（黑色）\xrightarrow{\text{升华}} HgS（赤红色结晶）$$

古代先民和炼丹家还知道利用汞易和金属以任何比例互溶形成新的合金"汞齐"来给铜器和银器镀金。这种技术叫鎏金技术，即把汞金液态（或泥膏状）合金涂布于铜、银等器物表面，再加热烘烤，挥发掉其中的水银，就得到镀金器物了。而关于鎏金术的最早文字记载，则见于《抱朴子·神仙金汋经》中："上黄金十二两，水银十二两。取金锡作屑，投水银中令和合。恐锡屑难煅铁质，煅金成薄如绢，铰刀剪之，令如韭菜许，以投水银中。此是世间以涂杖法。金及水银须臾皆化为泥，其金白，不复黄。"南朝陶弘景也明确提出金和银可以和汞化合成汞齐，用来镀金镀银，"今水银有生熟。……甚能消化金银，使成泥人以镀物是也"[1]。此外，葛洪在《抱朴子内篇·论仙》中曾说："铅粉……化铅所作。"这说明到了西晋人们对铅和铅粉（碱式碳酸铅）之间的

---

[1] 李时珍：《本草纲目·石部·水银条》。

互变关系已有较多的认识。在矾化学方面，炼丹家也做出了大贡献。葛洪在《抱朴子内篇·仙药》篇中载有六种处理雄黄的方法。他说："又雄黄……饵服之法：或以蒸煮之；或以酒饵；或先以硝石化为水，乃凝之；或以玄胴肠裹蒸之于赤土下；或以松脂和之；或以三物炼之，引之如布，白如冰……"[1] 其中第六种方法根据模拟实验结果表明，其生成物是单质砷和氧化砷。这表明我国炼丹家早在 1500 年前就懂得了炼制单质砷的方法。

2. 道教炼丹术在实验操作中对一些基本的化学反应类型如化合反应、分解反应和置换反应有一定的认识，做出了一些重要的科学发现

陶弘景说："（水银）烧时飞着釜上灰，名汞粉，俗呼为水银灰。"[2] 这是汞和氧的化合反应，反应式为：$2Hs + O_2 \rightleftharpoons 2HgO$。葛洪认识到铅和氧会发生化合反应：$2Pb + O_2 \rightleftharpoons 2PbO$，他指出："铅性白也，而赤之以为丹。"关于分解反应，陶弘景观察到硝石在加热的情况下会分解，并指出可以根据分解产物的颜色来鉴别真假硝石："以火烧之，紫青烟起，云是真硝石也。"他还发现可以用石灰石来烧制石灰："近山生石，青白色，作灶竟烧，以水沃之，即蒸热而解。"[3] 这也是个分解反应：

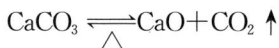

$$CaCO_3 \underset{\triangle}{\rightleftharpoons} CaO + CO_2 \uparrow$$

$$CaO + H_2O \rightleftharpoons Ca(OH)_2$$

对于金属间的置换反应，葛洪、陶弘景在他们的著作中都明确记载了铁可以置换可溶性铜盐中的铜。其化学反应式为：

$$Fe + CuSO_4 \rightleftharpoons FeSO_4 + Cu$$

道士在炼丹实践中还初步积累了一些可逆反应的知识。在这方面认识最深入的莫过于葛洪，他提出"丹砂烧之成水银，积变又还成丹砂"，对硫和汞之间的可逆变化的性质有准确的认识。另外，葛洪在《抱朴子》书中还讲到铅和铅的氧化物之间也存在着可逆变化："铅性白也，而赤之以为丹；丹性赤也，而白之以为铅。"这就是说铅本来是白色的，烧之变为赤红色的黄丹；黄丹是赤红色的，以炭烧之可化为白色的铅。

---

① 王明：《抱朴子内篇校释》，第 203 页，北京，中华书局，1980。

② 李时珍：《本草纲目·石部·水银条》引。

③ 李时珍：《本草纲目·石部·硝石·石灰石条》。

道教炼丹术对古代化学做出了引人瞩目的成就，然而最终没能衍化出中国近代化学，原因是复杂的。有学者认为这既有外部的社会原因，也有炼丹术内在的原因。① 外部的原因，主要是由于中国封建社会长期延续，封建专制的政治制度、经济结构和文化科学政策对科技发展有严重的束缚和阻碍作用。内在原因主要是：炼丹术的理论指导思想从总体上讲是错误的，其目标是虚幻的，这使化学发展偏离了正确的方向；炼丹术缺乏严格的定量研究，没有运用"以量求质"的研究方法；道教炼丹术的化学实验活动受到宗教神秘主义的严重影响，难以健康顺利开展；古代中国炼丹家没能使用玻璃器具于金丹实验，大大影响了他们对化学反应过程全面、细致的观察和实验研究。

（四）道教和医药学

道教以长生成仙为最终目标，因此特别重视医药学和养生术。魏晋南北朝时期的道教医学家在吸取中国传统医学理论和医术的基础上，又发展了医药学。

道教与医药学的密切联系由来已久。道教创立时期，五斗米道、太平道就以医传教，广纳信徒、扩大教势。到了魏晋，葛洪建构了神仙道教理论体系以及上清派、灵宝派的形成，更促进了道与医的结合。葛洪神仙道教理论体系的建立，使得道教基本教义从早期的"去乱世、致太平"发展为追求"长生久视"和"度世延年"。而要达到这一长生不死的目的，道教徒就必须掌握一定的医药知识和技能以治病强身。葛洪还提出长生成仙不仅要"内修金丹"，还需"外修道德"，而行医施药则是一种济世利人的"上功"与"大德"，所以修"仙道"必须通"医道"。葛洪的这些主张，得到当时道门中人的普遍认同。因此，随着此后道教的进一步发展，特别是上清派和灵宝派的出现，道教与医药学的关系更加密切，因为上清、灵宝两派（尤其是上清派）的修持理论，是结合传统医学理论进行建构的。这种做法既弘扬了道教义理，同时也促进传统医药学的发展。

魏晋以来，历代修道而兼通医术者层出不穷。据盖建民博士研究，"魏晋

---

① 卿希泰、詹石窗主编：《道教文化新典》，第294～297页，上海，上海文艺出版社，1990。

南北朝时期较著名并且入列《古今图书集成·医部·医术名流列传》的道医有于法开、蔡谟、殷仲堪、葛洪、许逊、徐熙、徐秋夫、羊欣、刘涓子、徐謇、张远游、马嗣明、张子信等；此外，葛洪之妻鲍姑、上清派茅山宗宗师陶弘景也精于针灸、医药和养生术"[1]，"这时期道医占同时代医家的百分比高达二十八点七"[2]。限于篇幅，下面仅介绍当时道医的两大代表人物——葛洪、陶弘景在医药学方面的成就。

西晋的葛洪和南朝的陶弘景既是道门大师，又是著名医学家，对道教的发展做出巨大贡献的同时，也给后世留下了大量可贵的医药学文献。葛洪有《肘后备急方》和《抱朴子》中的《仙药篇》、《杂应篇》，陶弘景有《本草经集注》、《肘后百一方》、《效验施用药方》、《服食草木杂药法》、《药总诀》、《陶隐居本草》、《名医别录》等。他们对医药学的贡献主要体现在病因病理学、临床医学、预防医学和药物学方面的化学制药学和本草学等方面的成就上。

在病因病理学方面，葛洪在他的医著中对致病的内因、外因及其相互作用做了明确的阐述。陶弘景则将先秦道家关于精气一元论的思想用以阐发人的生理和病理，并提出了按病分类的主张。他们认为致病因素大体可分为自然、生物、物理、化学和精神等方面，而致病后又多涉及人体的呼吸、消化、神经、循环等系统的病变，以及诸如皮肤科、五官科、妇儿科等等。

在临床医学方面，这时期一些道医的见识是世界一流的。葛洪关于沙虱病的认识比日本学者的同类记载早了 1000 多年。该病是由于沙虱蜇刺人体后，将寄生于体内的微生物恙虫传入人体而造成的。葛洪描述了此病的病症，他说："初得之，皮上正赤，如小豆、黍米、粟粒，以手摩赤上，痛如刺。三日之后，令百节强、疼痛、寒热、赤上发疮。此虫渐入至骨，则杀人。"这些描述都与现代临床观察相符合，是难能可贵的。在临床治疗上，葛洪在《肘后备急方》中，载有这样一则治猘犬咬人方："仍杀所咬犬，取脑傅（同"敷"）之，后不复发。""猘犬"即疯狗。葛洪创造性地发明了用疯狗的脑浆涂在被疯狗咬伤的患处来防治狂犬病。这一临床方法，是世界医学史上首例应用免疫学原理来治疗狂犬病，这一创举具有极高的医学价值。

---

① 盖建民：《道教医学导论》，第 105 页，台北，中华道统出版社，1999。
② 盖建民：《道教医学导论》，第 479 页，台北，中华道统出版社，1999。

在预防医学方面，葛洪已认识到肺结核有极强的传染性，他称之为"尸注"或"鬼注"，"尸"、"鬼"指病原体，"注"是传染的意思。他称："其病变动，乃有三十六种，至九十九种。大略使人寒热淋沥，恍恍默默，不知其所苦，而无处不恶。累年积月，渐就顿滞，以至于死。死后复传之旁人，乃至灭门。觉知此候者，便宜急治之。"① 他告诫人们患上此病，要及时隔离治疗，并提出一些具体的预防措施。这种对肺结核病的认识和预防措施比西方早1000年以上。

在药物学的化学制药学和本草学方面，葛洪和陶弘景都很注意使用金石药，在他们的医书中有许多这方面的记载。如葛洪的《抱朴子内篇》卷十七《登涉》中介绍了雄黄随身佩带可以防蛇咬，并且"蛇若中人，以少许雄黄末内疮中，亦登时愈也"②。陶弘景在《肘后百一方》中也记载了不少化学制药的方法和技术，并将一些金石药用于临床治疗。比如他用矾石与硝石为末治女疸，以胡洽水银丸治水肿等。这些道医以金石矿物为原料炼制丹药，扩大药物的来源与品种，提供了化学制药的技术与设备，客观上促进了制药化学的肇始。陶弘景不仅以金石为药，他还大大推动了本草学的发展。在其所著的《本草经集注》中收录的药物品700多种，其内容包括药物炮炙和配制方法、诸病通用药、中毒解救法、服药后的宜忌、药物不宜入汤酒、药物畏恶等七情和四季药物相使等，是对5世纪以前药物学的一次全面总结。

魏晋南北朝道教医学家除了在病因病理学、临床医学、预防医学、药物学等方面成就辉煌，在养生学上也做出卓越贡献。

（五）道教和养生学

魏晋南北朝时期的道教之于养生学也有积极影响。这时期的道教养生学形成一些行之有效的养生方法。

1. 守一存神

守一是道教内炼方术之一，渊源于老、庄思想。其最先的意义是守魂神；战国时发展为守精气、守元气；到西汉时又变成守身内、身外的人体神，守一

---

① 葛洪：《肘后备急方·治尸注鬼注方》。
② 王明：《抱朴子内篇校释》，第305页。

术成了守神术或存神术。守一当守身中何处？有诸多说法。魏晋所出的许多道书，则非常注重守上丹田（在头部）、中丹田（心窝处）、下丹田（脐处）。东晋葛洪《抱朴子·地真》中就记载："一有姓字服色，男长九分，女长六分，或在脐下二寸四分下丹田中，或在心下绛宫金阙中丹田也，或在人两眉间，却行一寸为明堂，二寸为洞房，三寸为上丹田也。"《黄庭经》更是大讲存神之术，该书称人体四肢百骸、五脏六腑，皆有神灵驻守，时时思存它们，可以长生。东晋中叶出现的上清、灵宝派大力提倡存神术，以此为主要修炼方法，使得这种方术兴盛起来，唐末存神术变为内丹的组成部分。守一存神要求人身心入静，意念高度集中。现代心理学认为这可以使人抛开外界事务的干扰，缓解精神压力。现代气功研究也表明，人把自己的意念集中身体的某个部位，可以调动植物神经系统，使人体发挥出巨大的潜能，强身健体。

2. 导引

导引指伸屈、俯仰、行卧、倚立等各种人的肢体运动。它与气息调节相配合，求得血脉畅通、延年益寿和祛除百病。约在秦汉时已经流行。曹魏时道士华佗发展了导引之术。他对弟子吴普说道："人体欲得劳动，但不当使极耳。动摇则谷气得销，血脉流通，病不得生，譬犹户枢，终不朽也。是以古之仙者为导引之事，熊经鸱顾，引挽腰体，动诸关节，以求难老。吾有一术，名五禽之戏，……亦以除疾，兼利蹄足，以当导引。"[1] 导引之术类似于现代的柔软体操，经常练习，确实有益于身体健康。导引术从汉至唐都很盛行，唐末内丹术兴起，才趋向衰落。

3. 服食辟谷

服食指通过服用特定的食物或药物来求得长生成仙。战国时已出现，魏晋时成为主要的养生方法之一。葛洪认为服食、行气、房中并列为欲至神仙的三种至要。服食的对象大致有两类：草木药和金石药。葛洪说："先将服草术以救亏缺，然后服金丹以定无穷。"服饵药物，是养生保健、防治疾病的重要方法。道教服食之士服饵的药物，除了一部分是由金石炼成的丹药外，大部分是天然的草木类药物。这些天然的草木类药物不仅能有效地补充机体气血、阴阳

---

① 《后汉书》卷八十二下，《方术列传》第十册，第2739～2740页。

的亏损，而且还能充实和调整脏腑组织的生理功能，扶正祛邪，提高机体对恶劣环境的适应能力，达到防治疾病延年益寿的目的。道教服食家还深信：服食草木类药物不仅可以轻身益气，延年益寿，而且如果服食到一定程度，配合气功修炼，还可以使身体处于"不饥"、"不饿"的状态，甚至达到不食五谷而长生的"断谷"境界。断谷，即辟谷，辟谷思想源于战国时期的神仙方术。秦汉时期，辟谷术开始流行。方士们认为人吃五谷杂粮，肠中积成粪便，秽浊充塞体内。《抱朴子内篇》称："欲得长生，肠中当清；欲得不死，肠中无滓。"[①]所以必须修炼辟谷之术，"却谷食气"，以求长生。道徒在行辟谷之术时，并不一下子就"急断"谷物，而是采取逐渐减食的方法，并代之以饮水、服食草木类药物，坚持服气导引锻炼。从现代医学角度看，断谷虽不能达到长生不死的目的，但适当减少食量，空腹一段时间，可以清洁肠胃，对治病有一定作用。总之，道教服食养生方术是祖国医学养生术中的一块瑰宝，值得我们进一步发掘整理，去芜存菁，造福人类。

4. 房中

房中术指男女性生活的节制和谐、还精补脑等房事方法，以求长生。战国时期，房中术已经形成。汉魏之际，由于道教的推动，房中术研究出现高潮。葛洪《抱朴子》中，著录房中著作八种，即《玄女经》、《素女经》、《彭祖经》、《陈赦经》、《子都经》、《张虚经》、《天门子经》、《容成经》。葛洪本人对房中术也有一些精辟的见解。他把性生活看成人类正常的、必要的生理活动，但也反对纵欲。他在《抱朴子·释滞》中说："人复不可都绝阴阳，阴阳不交，则坐致壅阏之病，故幽闭怨旷，多病而不寿也。任情肆意，又损年命。唯有得其节宣之和，可以不损。"葛洪主张房事适度，还针对人的年龄、身体健康状况、情绪、日月运行及气候变化等主客观条件，详细规定男女性生活的时间、射精次数，其中有相当部分内容是合乎性科学的。不过，道教房中术也含有许多不科学成份，如"采阴补阳"和"还精补脑"两说，应加以剔除。到了魏晋时候，一些道士把房中术变成淫秽之术，北魏寇谦之改革天师道时，把它当作"三张伪法"之一加以废除。但南宋以后，内丹双修派又把此术纳入自己的修

---

① 王明：《抱朴子内篇校释》，第 206 页。

炼方术中，形成与专炼精气神的清修派不一样的内丹流派。

从现代医学和养生学的角度来认识，这些道教养生术确实存在着某些糟粕和杂质，同时也包含着许多科学的成分，至今仍然适用。

（六）道教和文学

道教产生于东汉末年，魏晋南北朝时期成熟定型。由于现实政治黑暗，战争频仍，天灾人祸，人民痛苦不堪，上至封建统治阶级上层，下到普通老百姓都对宗教有强烈的需求。这造成佛教、道教的兴盛。随着道教的发展和道教思想的传播，许多文人士大夫受道教的濡染日深，有的甚至成为道教徒，这必然给他们的文学创作带来某些影响。这些影响体现在道教给他们提供了新的创作题材和创作方式上。这时期，与道教关系密切的文学形式主要有：炼丹诗、咒语诗、游仙诗、山水诗、玄歌变文、仙歌道曲、志怪小说等，下面略加分析。

1. 炼丹诗和咒语诗

两者秘传于道门。炼丹诗是以炼丹为内容的诗歌作品。因炼丹有外丹、内丹之分，所以炼丹诗的内容，有的主内丹，有的主外丹，有的两者兼有。这类诗歌用语隐晦，但比喻、象征手法的运用则增加了作品的生动性。现存《道藏》中暗示外丹炼法的有《太清金液神丹经》，描述内丹修炼的有《黄庭内景经》和《黄庭外景经》。道门中还注意创作咒语诗。道教初创时，咒语被道士们用以召神驱鬼、治病求道。魏晋时期，咒语得以发展，有散文体和诗体两种，但以诗体居多。咒语诗注意模拟自然声响与节奏，重视用典与气氛的渲染，表达明显的爱憎。现存较著名的咒语诗有《真文咒》、《三皇咒》、《洞渊神咒》等。

2. 游仙诗

有学者认为游仙诗有三种类型。一是纯粹宗教性质的游仙之作，如上清道士杨羲、许穆、许翔等人的作品；二是借游仙之乐，表达一种颐养心身、绵延寿考的养生理想，如魏之三曹、梁之君臣的诗作；三是表达一种全生葆真、高蹈遗世的思想感情，如嵇康、阮籍、郭璞的游仙诗。但可以肯定的是这三种游仙诗都打下了道教的明显印记。这些游仙诗的主要内容，大致有二个方面：一是采药炼丹或希冀神人授仙丹灵药，服食成仙。郭璞《游仙诗》云："登岳采五芝，涉涧将六草。散发荡玄溜，终年不华皓。"嵇康《代秋胡歌诗》曰："思与王乔，乘云游八极"，"授我神药，自生羽翼"。二是歌咏神仙生活的自由与美好，想象与仙人一道，进行"逍遥游"。如曹操《陌上桑》写道："驾虹霓，乘赤云，登彼九疑历玉门。"阮籍《咏怀诗》曰："愿登太华山，上与松子游。"

3. 山水诗

六朝山水诗作家有道教信仰的很多。如王羲之"雅好服食养性"，且与上清派道士许迈共修服食。他认为寄情山水是益寿延年的最好方法。《兰亭诗》云："虽无丝与竹，玄泉有清声；虽无啸与歌，咏言有馀馨。取乐在一朝，寄之齐千龄。"谢灵运是写作山水诗的大家。他的许多山水诗都能看到道教的影响。他常于诗中表达摄生的见解，如《石壁精舍还湖中作》："昏旦变气候，山水含清晖。清晖能娱人，游子澹忘归。……寄言摄生客，试用此道推。"他的山水诗还常表现出对山林隐逸、神仙飘忽生活的向往。如《登石门最高顶诗》："……心契九秋榦，且玩三春黄。……惜无同怀客，共登青云梯。"此外，山水诗人颜延之、江淹、吴均、刘峻都与道教神仙信仰有关系。

4. 玄歌变文和仙歌道曲

玄歌属于道教说唱曲艺作品中的唱词之类，通过对道教神仙奇异故事的讲述来宣传道教信仰，已经具备了叙事诗的基本特征。《老子化胡经》所收的《化胡歌》即是此类。道教变文是演述道教神变故事的一种体式，往往韵文、散文相结合以适应说唱的需要。《老子化胡经》所收《老君十六变词》就是变文。仙歌道曲则是配乐演唱的道教诗词。仙歌体裁皆为五言，句数不一，表现了"以诗为词"的创作特点。《无上秘要》卷20尚录有仙歌数首。道曲在魏晋南北朝的主要体式是步虚词。步虚词与音乐、舞蹈紧密结合（后文还将提及），内容不外神仙之事。晋代《太上洞渊神咒经》卷15所列之《步虚》以及《洞玄灵宝玉京山步虚经》中之《空洞步虚章》，还有北周庾信创作的步虚词，影响较大。

5. 志怪小说

六朝志怪小说也和道教关系密切。它的主要内容包括三方面：（1）描写道教神仙境界，如《神异经》、《十洲记》、《诸名山》、《博物志》等可谓是专记神仙境界的作品。它们所描绘的大多荒诞不经，却蕴含着丰富的想象力。（2）刻画道教神仙。志怪小说所刻画的神仙：一类是炼丹成功，能飞升变化，上天入地，治病除妖，预知吉凶，无所不能的仙人。葛洪的《神仙传》记载的即属此类。另一类是貌美心善、侠义钟情的女仙。如《搜神记》中同情贫苦农民，屈尊下嫁董永的织女；《搜神后记》中有白水素女化作田螺投身穷人谢端家中为妻。（3）宣扬著名道士之方术。大量志怪小说绘声绘色谈论道士神秘莫测的方技。《搜神记》中两次记载华佗的高超医术，即是例证。有的学者又把道教志怪小说的这三种内容分别称为："反映道教思想的地理博物体小说、神仙道人传记体小说、表现道教观念叙述梦幻奇异现象的杂记体小说。"①

宗教以文学为思想载体和传播工具，其发展给文学提供新的创作内容和表现手法，两者交相辉映、相得益彰。魏晋南北朝时期，道教与文学的关系正好说明了这一点。

（七）道教和艺术

道教历来重视用各种艺术形式如美术、音乐、舞蹈、建筑来阐教、弘教。同时，道教也给这些艺术形式以思想营养和精神动力，提供了创作方式上的借鉴，促进它们的发展。下面谈谈魏晋南北朝道教对美术、音乐、舞蹈、建筑的影响。

魏晋南北朝时期，道教造像、文人道画和方术示意画是当时美术的一个组成部分。刘宋陆修静时代，道教已经开始造像活动，此时道教造像主要是学习、模仿佛教造像，如有莲花、火焰纹等装饰文样，头光、身光、举身舟形大背光等背光，四足座、莲花座等座式，以及用飞天、狮子、供养人相配合等。从现在发现的当时道教造像形象来看，早期道教造像人物均着肥大的道袍，为秀骨清像，用深直平梯式衣纹，线条匀称细密。这时期，道教也成为绘画的表现题材。东晋明帝司马绍曾作《瀛洲神仙图》，大画家顾恺之曾画《列仙图》，描绘道教神灵。顾恺之还画有《云台山》，已佚。据留存下来的他的《画云台山记》，可知该画绘述的是张陵度弟子的故事。张道陵带弟子登云台绝岩，看见岩下有一颗人臂大的桃树结满了果子，于是传令说谁敢跳下摘了桃子上来，

_____

① 卿希泰主编：《中国道教》第四卷，第55页，北京，东方出版中心，1994。

就把"道要"传给谁。胆小的弟子都害怕得大汗淋漓，唯独赵升跳下摘了桃子，并将桃子一个个往上扔。画面上丹崖险峻，颜色红紫，显示其为神仙之境。张天师脸型瘦削，飘然若仙。弟子中有的魂飞魄散，汗流失色，赵升则神清气爽。从顾恺之的画记中可见他对道教炼形养神有很深理解，该画力图表现道士临危不惧、舍身求道的意蕴。道教绘画中还值得注意的是方术示意画。道士们在长期的修炼实践中，总结出了种种方术。对方术的表达，他们既担心泄漏天机，又害怕闭塞"天道"。这就造成了有关方术典籍的神秘性。这种神秘性在方术示意画中表现得尤其明显。如《五岳真形图》，本是一种山水抽象画，用以指示道士进山的路径。但后来被道门中人认为又是导引行气的感应图。道士们认为人体之中也存在"五岳"，东西南北中合木金火水土，依图存想，可以调理体内五行平衡。类似五岳真形图的方术示意画，魏晋南北朝时期出现了不少，是道教绘画艺术中奇特的一部分，理应重视。

大约在南北朝时期，道乐开始出现。早期的道教法事活动时诵经为直诵，没有与音乐结合起来。《魏书·释老志》记载，北魏明帝神瑞二年（415年），寇谦之自称于嵩山遇老君，授其天师之职，并赐《云中音诵新科之诫》20卷，制定了《乐章诵戒新法》，于是才有了《华夏颂》、《步虚辞》等最初的道乐。《华夏颂》是吸收秦汉时宫廷中演奏的雅乐改编而成的，大概是在道教仪式开坛前行进中吟咏的一种音韵。《步虚辞》多是对神仙的颂赞之词，一般是五言、七言的诗歌词，长短不拘，视法事的需要而定。因其音韵若众仙飘渺行于虚空歌诵之音而得名，风格古雅。南朝道士陆修静所撰《太上洞玄灵宝授受》中便收有《步虚辞》。这是两种新的音乐品式。其所用的乐器（道书称法器）以钟、磬和鼓等打击乐器为主。此外，这时期还出现了一些具有道家、道教思想的音乐理论，如嵇康的《声无哀乐论》、阮籍的《乐论篇》等，这表明了道教对音乐的渗透。

道教舞蹈与道教音乐一样都由来已久。道乐是适应道教法事科仪之需要而产生；而法事科仪的动作体系从某种意义上说就是舞蹈。道教科仪源于上古的巫文化。道教斋仪之进行，高功法师等唱《步虚》声韵，往往与步罡踏斗相配合。所谓步罡踏斗就是禹步，它实际上是古老的巫舞步法之沿袭。禹步之作法，按葛洪《抱朴子内篇·仙药》所述，乃"前举左，右过左，左就右。次举右，左过右，右就左。次举右，右过左，左就右。如此三步，当满二丈一尺，后有九迹"。魏时出的《洞神八帝元变经·禹步致灵》谈到禹步之迹成离坎卦。《秘藏通玄变化六阴洞微遁甲真经》卷上还进一步描述了禹步的具体线路顺序：坎、坤、震、巽、乾、兑、艮、离。行走轨迹形成一个九宫八卦图。可见，禹步是根据后天八卦方位而定的。在"步虚声韵"的演唱过程中，根据禹步的进退曲伸、变态离合、对比反叉而有了人体内部"气"的流变和呼吸的节奏感，这就形成了轻重缓急、抑扬顿挫的舞蹈韵律。①

前面已经谈到了，道教初创时期，天师道的主要宗教活动场所是治、靖、庐或静室，建造规格比较低。上清派和灵宝派创立以后，由于它们提倡道士出家住宫观，道观才兴盛起来。南北朝时，北方寇谦之、南方陆修静改革天师道，以适应儒家礼教，受到封建统治阶级的认可，许多崇道皇帝在京邑为道士大兴道观。如北魏太武帝为寇谦之建五层重坛道场；南朝宋建崇虚观；齐梁建兴世馆、朱阳馆等。当时道教建筑已达到相当的规模，并趋于定型。道教宫观的布局有两种形式，一种是按中轴线前后递进、左右均衡对称展开的传统建筑手法；另一种是按五行八卦方位确定主要建筑位置，然后再围绕八卦方位放射展开具有神秘色彩的建筑手法。道教观宫除了奉祀系统的建筑主要是为宗教服务显得较刻板外，大都利用地形地貌，巧妙地构建楼、阁、亭、榭、塔、坊、游廊等建筑，造成以自然景观为主的园林系统，配置壁画、雕塑和碑文、诗词题刻等，以供观赏。而道教建筑的装饰，则鲜明地体现了道教追求吉祥如意、延年益寿和羽化登仙的思想。道教建筑在中国古建筑园林中占有突出的位置，其中一些重要的建筑被列为国家级和省级文物保护单位。

总之，魏晋南北朝时期，由于道教本身刚刚走向成熟，它与各种艺术形式的交涉还不是很深，但其辐射作用已经显露出来了。

---

① 卿希泰、詹石窗主编：《道教文化新典》，第 1023～1024 页。

第六章
学术的创新与育人途径的多样化

一、南北学风的差异

经过五胡十六国巨变，中国不但在政治上南北分裂，而且在生活习俗、社会风气乃至学术氛围等诸多方面，南北也颇不相同。这种差异，有的是因为各民族的生活习俗不同所造成，有的则是源于不同的道德伦理观念和不同的社会价值取向。而且，还与政治经济制度，以及社会发达程度有密切的关系。

在北方，由于长期战乱所造成的巨大破坏，社会生产力水平低下，统治者的许多政治经济措施，其着眼点更多在于如何安定社会，把人与土地结合起来，恢复生产，增加国家财政收入。五胡十六国的施政，基本都具有这种性质。北魏建立以后，逐步完成胡族从游牧向农业社会的转型，大力推行均田和租庸调制度。均田制的根本思路在于通过国家行政手段，把社会各类人口与农村大量抛荒闲置的土地结合起来，提高生产，与豪强大族争夺劳动力，安定社会。这种国有制度推行的前提，是社会的破坏和不发达，其手段为国家的行政强制，力图对社会进行强有力的控制。总的来说，胡族统治下的北方社会，更加注重畜牧业和农业，而手工业，尤其是商业和货币不如南方发达。经济上的落后以及国家的行政强制，都带来文化上的保守。这是北方文化的社会背景及其基本特点。

在南方，自晋室播越江南，倚仗王导为代表的南来士族，笼络南方世家大姓，建立起"王与马共天下"的朝廷，其统治一直就建立在内部各大士族势力微妙的平衡之上，风雨飘摇，惨淡经营，外有胡族虎视眈眈，内部矛盾重重，皇权不振。周围是世族占山封水，庄园林立。而且，南方丘陵水网地形，农业开发必须在一个点上集中大量的劳动力方能进行，助长了占有大量人口与土地的私人所有制的发展。王权衰落与士族强盛，是南方社会的基本特点。而这种社会状况，却有利于生产的自由发展，推动手工业、商业和货币的繁荣。城市的繁华使得士人生活富裕而奢靡，标新立异，更加注重美的追求与享受。《宋书》卷五十四"史臣曰"说：

> 江南之为国盛矣，虽南包象浦，西括邛山，至于外奉贡赋，内充府实，止于荆、扬二州。……地广野丰，民勤本业，一岁或稔，则数郡忘饥。会土带海傍湖，良畴亦数十万顷，膏腴上地，亩值一金，鄠、杜之间，不能比也。荆城跨南楚之富，扬部有全吴之沃，鱼盐杞梓之利，充仞八方，丝绵布帛之饶，覆衣天下。

江南开发出扬、荆这等富庶的地区，不是关中平原所能望其项背，而成为南朝立国的中心区域。故《宋书》卷66"史臣曰"说："江左以来，树根本于扬越，任推毂于荆楚。扬土自庐、蠡以北，临海而极大江；荆部则包括湘、沅，跨巫山而掩邓塞。民户境域，过半于天下。"长江中下游地区，也相当发达。雍州所在的襄阳地区，"田土肥良，桑梓野泽，处处而有"；湘州一带，"湘川之奥，民丰土贤"；益州自古称天府之国，"州土瑰富"①。

在如此富饶的土地上，拥有权势声望的士族广求田舍，建立庄园，役使成百上千的奴婢部曲，辛勤劳作。著名的谢灵运庄园，有水田、旱田、果园、菜圃、鱼塘等，生产出各类产品。大量的产品，必然要进入市场，故南朝的商业十分发达，《隋书·食货志》不无夸张地说："人竞商贩，不为田业。"梁人郭祖深也说："今商旅转繁，游食转众，耕夫日少，杼轴其空。"② 商业的发达，从南朝国家财政收入也可见其一斑。南朝的税收，与商业有关的直接或间接税名目繁多，举其大者，有估税、市税、津税、牛埭税等等，税额不低，如估税（交易税）税率就达 4%。而国家变相的收入还有许多，如和市和籴，虽说是政府出钱向百姓购买货物（或粮食），但由于政府控制价格甚至不还钱，所以实际上成为一种盘剥。不管怎么说，商税在国家财政收入中占有相当比重，说明社会经济还是比较繁荣发达的。③

南朝的士人居住在傍山带江，尽幽居之美的庄园里，寄情山水，追求艺术的完美境界，同时又经营田野，入市逐利，尽情享受。这种生活方式与态度，规定了南朝文化是悠远闲逸而又是流动创新的特点。

不同环境中形成的文化氛围和学术风气，自然各有特色。对此，当时人早有察觉并做了深入的评价。《世说新语·文学篇》说：

> 褚季野语孙安国云："北人学问，渊综广博。"孙答曰："南人学问，清通简要。"支道林闻之，曰："圣贤固所忘言。自中人以还，北人看书，如显处视月；南人学问，如牖中窥日。"（刘孝标注：支所言，但譬成孙、褚之理也。然则学广则难周，难周则识暗，故如显处视月；学寡则易核，易核则智明，故如牖中窥日也。）

据周一良先生考证，上文所说的南北，"主要恐怕还不是指十六国的北方与东晋，而是指魏晋以来的趋势，是为时已久的区别了。到南北朝对立时，这样的区别继续存在"④。所以，《隋书·儒林传序》也说：

---

① 《南齐书》卷十五《州郡志下》。

② 《南史》卷七十《郭祖深传》。

③ 南北朝经济的研究，参阅韩国磐：《南北朝经济史略》，厦门，厦门大学出版社，1990。

④ 《略论南朝北朝史学之异同》，收于《周一良学术论著自选集》，北京，首都师范大学出版社，1995。

> 南北所治，章句好尚，互有不同。江左《周易》则王辅嗣，《尚书》则孔安国，《左传》则杜元凯。河、洛《左传》则服子慎，《尚书》、《周易》则郑康成。《诗》则并主于毛公，《礼》则同尊于郑氏。大抵南人约简，得其英华，北学深芜，穷其枝叶。考其终始，要其会归，其立身成名，殊方同致矣。

文中以江左同河、洛的对举，可知周一良先生关于"南北"的划分法是成立的。

所谓"北人学问，渊综广博"和"南人学问，清通简要"，与"大抵南人约简，得其英华，北学深芜，穷其枝叶"，大意相近。余嘉锡先生在《世说新语笺疏》中解释道："此言北人博而不精，南人精而不博。"从《隋书·儒林传》的记载来看，北方的学问主要沿袭汉儒旧学，而南方则多据玄学兴起以来的新说。汉儒经学，注重章句训诂，考证琐细，面广而庞杂。南方受玄学的影响，好标新立异，注重思辨。刘师培《南北学派不同论·南北经学不同论》指出："北方经术，乃守东汉经师之家法者也。南方经术，乃沿魏晋经师之新义者也。盖北方大儒，抱残守阙，不尚空言，耻谈新理。江左自永嘉构乱，古学消亡，故说经之徒，喜言新理。"① 亦即南北研究路数不同，学风各异。《隋书》的上述评论，亦见于《北史·儒林传》，可知南北学风的区别，是南北朝以来学界一致的见解。

南北文人好尚不同，学术氛围各具特色。这在许多方面都有表现，尤其在文学领域，《隋书·文学传序》总结道：

> 自汉、魏以来，迄乎晋、宋，其体屡变，前哲论之详矣。暨永明、天监之际，太和、天保之间，洛阳、江左，文雅尤盛。于时作者，济阳江淹、吴郡沈约、乐安任昉、济阴温子昇、和间邢子才、钜鹿魏伯起等，并学穷书圃，思极人文，缛采郁于云霞，逸响振于金石。英华秀发，波澜浩荡，笔有余力，词无竭源。方诸张、蔡、曹、王，亦各一时之选也。闻其风者，声驰景慕，然彼此好尚，互有异同。
>
> 江左宫商发越，贵于清绮，河朔词义贞刚，重乎气质。气质则理胜其

---

① 朱维铮编：《刘师培辛亥前文选》，北京，生活·读书·新知三联书店，1998。

词，清绮则文过其意，理深者便于时用，文华者宜于咏歌，此其南北词人得失之大较也。

余嘉锡在《世说新语笺疏》中为北方学术鸣不平道："北人著述存于今者，如《水经注》、《齐民要术》之类，渊综广博，自有千古，非南人所敢望也。"其实，《世说新语》及唐人正史所论，说的是学术风格的不同，故不必从成果优劣去理解。

南北学风的差异，在具体的学术成果多有所见。例如，南北朝时代的史学著作，南方可以范晔的《后汉书》、沈约的《宋书》和萧子显的《南齐书》为代表，北方则有魏收的《魏书》。南人史书，在叙述史实的基础上，十分重视对历史内在原因的探究与评论，如《后汉书·党锢列传》对东汉末年政治形势与思想舆论发展趋势的分析，入木三分。范晔自己对此颇为自负，曾在狱中给甥、侄信中说：

> 文患其事尽于形，情急于藻，义牵其旨，韵移其意，虽时有能者，大较多不免此累。

> 吾杂传论，皆有精意深旨，既有裁味，故约其词句。至于《循吏》以下，及《六夷》诸序论，笔势纵横，实天下之奇作。其中合者，往往不减《过秦论》。尝共比方班氏所作，非但不愧之而已。①

对自己的史评，赞叹不已，而这的确是其著作的精华。截取历史的一个方面，进行深入的研究，发前人所未发，恰似牖中窥日，故能得其英华。沈约和萧子显的著作，也都具有这一特点。故称南人喜思辨，清通简要，是有根据的。

魏收的著作，详于具体的人事记载，就事论事，对于北魏政治得失，缺乏全局性的考察评论，至于对五胡十六国以来复杂的民族关系、政权嬗替、社会变迁，以及重要历史事件与人物的深入研究剖析，更难有所见。由于缺乏对历史的深刻洞察和精辟评论，缺少画龙点睛之笔，便给人以显处视月的感觉，广而难周，和上述南朝的史著相比，颇有不如。

以上所述，并非对南北文化水平的裁判，而只是说明南北学风的不同。余嘉锡先生在前面例举的《水经注》和《齐民要术》，都属于知识广博、考证精

---

① 《狱中与诸甥侄书以自序》，收于《全宋文》卷十五。

细的类型，正显示了北学深芜、穷其枝叶的风格。在知识的掌握方面，北方学者颇有所长。《南齐书·五行志》记载，建元二年夏，庐陵石阳县水激山崩，冲下石柱，上有古文字。南齐才士江淹不识，请教王俭，王俭说道："江东不闲隶书，此秦汉时柱也。"可知江南士人喜欢标新立异，文化变迁迅速，对古时文物已不甚了了，而北方学者注重基础，知识广博。

这种学术风格的形成，与当时社会思想文化的变迁有着密切的关系。晋室播迁江南，名士大姓也纷纷南渡，把玄学之风也传了过来，论难诘辩，追求创新。这一时期，佛教取得长足的进展，在各地广为传播，给士人清新的刺激，进一步促进思想的解放。中外南北各种文化在这里交汇激荡，推陈出新，生机勃勃。而在北方，文化发展的道路崎岖坎坷。首先是胡族统治者对玄学的反感，认为西晋的灭亡是清谈所致，因而提倡朴实的学风，秉持文化保守主义的立场。其次是民族压迫下对思想言论的钳制，使得士人不得不把注意力集中在经籍古典方面。而且，北方屡遭兵燹，造成文化的大破坏，要到北魏孝文帝时代，情况才有所改观。《隋书·儒林传》说：

> 自晋室分崩，中原丧乱，五胡交争，经籍道尽。魏氏发迹代阴，经营河朔，得之马上，兹道未弘。暨夫太和之后，盛修文教，搢绅硕学，济济盈朝，缝掖巨儒，往往杰出，其雅诰奥义，宋及齐、梁不能尚也。

孝文帝盛修文教，北方出现了文化繁荣的景象，硕学大儒辈出，蔚为大观。在此之前，文化基础的薄弱，难以培育杰出的人才和文化的创新力。而在此之后，已经形成的学术传统，仍将规定学术发展的方向，我们在许多方面仍然看到南北学风的差异。

北周改革文体，文化复古的意图清晰可见。《周书·苏绰传》记载：

> 自有晋之季，文章竞为浮华，遂成风俗。太祖欲革其弊，因魏帝祭庙，群臣毕至，乃命绰为大诰，奏行之。……自是之后，文笔皆依此体。

实际上，用古奥艰涩的诰体文作为行政文书的标准文体，是很难行得通的。所以一直到隋代，仍可见到朝廷同华丽文体的斗争，尤其是针对江南的文风。《隋书·李谔传》记载：

> 谔又以属文之家，体尚轻薄，递相师效，流宕忘反，于是上书曰："……魏之三祖，更尚文词，忽君人之大道，好雕虫之小艺。下之从上，

有同影响，竞骋文华，遂成风俗。江左齐、梁，其弊弥甚，贵贱贤愚，唯务吟咏。遂复遗理存异，寻虚逐微，竞一韵之奇，争一字之巧。连篇累牍，不出月露之形，积案盈箱，唯是风云之状。世俗以此相高，朝廷据兹擢士。禄利之路既开，爱尚之情愈笃。于是闾里童昏，贵游总卯，未窥六甲，先制五言。至如羲皇、舜、禹之典，伊、傅、周、孔之说，不复关心，何尝入耳。以傲诞为清虚，以缘情为勋绩，指儒素为古拙，用词赋为君子。故文笔日繁，其政日乱，良由弃大圣之轨模，构无用以为用也。"

北朝提倡朴实的文风，理胜其词；南方强调表述清绮，文过其意。在不同文风的背后，潜存着注重实用与追求审美的不同意趣。

学风的不同，自然会招致相互之间的对立、轻视。我们先来看看南方的情况。

南朝得文化之正统，并在玄风佛理的刺激下，立意创新，文学艺术高度繁荣，因而对北方颇染胡风的文化心存轻视。《隋唐嘉话》记载：

> 梁常侍徐陵聘于齐，时魏收文学北朝之秀，收录其文集以遗陵，令传之江左。陵还，济江而沈之。从者以问，陵曰："吾为魏公藏拙。"

类似的故事还见于《朝野金载》：

> 南人问（庾）信曰：北方文士何如？信曰："唯有韩陵山一片石堪共语。薛道衡、卢思道少解把笔。自余驴鸣犬吠，聒耳而已。"

这种轻视当然含有偏见的成分。南方视北方为胡化之地，故自矜贵。陈朝使者袁雅入隋，隋文帝让元善"就馆受书，雅出门不拜。善论旧事有拜之仪，雅不能对，遂拜，成礼而去"[1]。此事例再一次反映出南北学术路数的差异。对典章故事等知识的把握，本是北方士人的专长，故袁雅徒取其辱。

当北方在和平年代获得文化新生之后，逐步建立起自己的文化中心，而贬低江南为地方文化。在全国统一之后，政治中心带来的强势文化效应，加强了这种趋势。隋炀帝时，曾令内史舍人窦威及起居舍人崔祖濬等撰《区域图志》和《丹阳郡风俗》等书，书中以吴人为东夷。炀帝阅后不悦，予以谴责：

> 昔汉末三方鼎立，大吴之国，以称人物。故晋武帝云："江东之有吴

---

① 《隋书》卷七十五，《儒林·元善传》。

会，犹江西之有汝颍，衣冠人物，千载一时。"及永嘉之末，革夏衣缨，尽过江表，此乃天下之名都。自平陈之后，硕学通儒，文人才子，莫非彼至。尔等著其风俗，乃为东夷之人。度越礼义，于尔等可乎。然著述之体，又无次序。各赐杖一顿。①

南北文化上的歧视和鸿沟，随着双方交流增多，书籍文化相互传播，而逐渐消解与填埋。前面引文中提到的薛道衡，曾接待陈使者傅绛，傅绛"赠诗五十韵，道衡和之，南北称美"。薛道衡因此在南方出了名，"江东雅好篇什，陈主尤爱雕虫，道衡每有所作，南人无不吟诵焉"②。在国家统一的隋唐时代，南北不同的文风相互激荡，反而促进文化的成长，呈现百花齐放、争奇斗艳的盛大局面。

二、史学之花灿烂芬芳

与社会动荡相对照的是史学的繁荣，主要表现为各种史学著作大量涌现和种类繁多，而最重要的进步，是史学从经学里解放出来，获得独立的地位。

我们知道，西汉刘向、刘歆父子在校订皇家图书时，编撰总目录《七略》，将《春秋》置于六艺略中，而班固的《汉书·艺文志》则沿袭此分类法，把史书列入《春秋》家中，根本没有独立的地位。曹魏时代，秘书郎郑默整理皇室藏书，编《中经》，其分类法为西晋的荀勖所继承，编成《中经新书》，将群书分为甲乙丙丁四部，甲部包括六艺及小学等书；乙部包括诸子、兵书、兵家、术数；丙部包括史记、旧事、皇览簿和杂事；丁部包括诗赋、图赞和汲冢书等。从目录学的发展可知，魏晋时代，史书首次独立成为一个门类，这是十分重要的演变。

此后，目录分类的次序及其收录范围有所调整，东晋著作郎李充在荀勖分类的基础上重加编排，以五经为甲部，史记为乙部，诸子为丙部，诗赋为丁

---

① 《全隋文》卷五"炀帝"，见严可均辑《全上古三代秦汉三国六朝文》第四册，第4043页，北京，中华书局，1958。

② 《隋书》卷五十七，《薛道衡传》。

部。"自尔因循，无所变革"①，直至近代。史学的地位大为提高，列于经学之后，故传统上称史学为"乙部之学"。

史学地位的提高，也促进着历史撰述的繁荣。

首先，在数量上，从东汉以来，史学著作一直在增加，到魏晋南北朝时代，则出现飞跃式的增长。

班固著《汉书·艺文志》时，仅收录史部著作 11 种 350 余卷，而到梁阮孝绪著《七录》时，猛增至 1020 种，14880 卷，千万倍的增长，十分惊人。梁朝是南朝史学撰述最为鼎盛的时代，以后由于战争的破坏而略有下降。魏取江陵，元帝将所聚图书十万卷付之一炬，损失惨重。但《隋书·经籍志》仍收录史部著作 817 部，13264 卷，数量还相当庞大。

北方则是另一种情况，由于战乱兵燹频仍，文教事业遭受巨大摧残。宋武帝刘裕北伐进入关中，收其图籍，才得 4000 卷。北魏孝文帝重兴文教，收集图书，但他死后，动乱旋起，图书散落民间。北周武帝保定初年，图书仅有 8000 卷，后经搜集，才增加到万余卷。统一北齐后，增加图书 5000 卷，和南朝完全不能相提并论。这是战乱破坏的惨状，但如后述，胡族统治者对历史的兴趣和重视相当高，因此，史学还是取得了明显的进步。

其次，史书种类增多，突破了以往纪传体和编年体的框框。

梁朝是南朝文教事业最为兴盛的时代，"四境之内，家有文史"。处士阮孝绪"博采宋、齐已来，王公之家凡有书记，参校官簿，更为《七录》"②。其第二"记传录"包括国史、注历、旧事、职官、仪典、法制、伪史、杂传、鬼神、土地、谱状、簿录十二门。和前述西晋荀勖丙部史籍种类相比，有成倍的增长，而且还超越经部，"众家记传，倍于经典"③。

《隋书·经籍志》对史籍种类重新整理，分为正史、古史、杂史、霸史、起居注、旧事、职官、仪注、刑法、杂传、地理、谱系和簿录篇等十三个门类，并首次以经史子集来命名，代替以往的甲乙丙丁编目。

在新增加的门类中，有几个方面具有重要的意义。

---

① 《隋书》卷三十二，《经籍一》。
② 《隋书》卷三十二，《经籍一》。
③ 阮孝绪：《七录·序》，收于《广弘明集》卷三。

第一是出现了记述各个民族国家的史书,突破以往将其列入夷狄传的写法,在一定程度上承认其存在的意义。"其君臣忠义之节,经国字民之务,盖亦勤矣"①。《隋书·经籍志》收录了 27 部,335 卷,全部是五胡十六国南北朝时人所作,如《赵书》十卷,为燕太傅长史田融所撰;《汉之书》十卷,常璩撰;《燕书》二十卷,燕尚书范亨撰;《南燕录》五卷,燕尚书郎张诠撰;《南燕录》六卷,燕中书郎王景晖撰;《燕志》十卷,魏侍中高闾撰;《秦记》十一卷,宋殿中将军裴景仁撰;《秦纪》十卷,魏左民尚书姚和都撰;《凉记》八卷,燕右仆射张谘撰;《凉书》十卷,凉大将军从事中郎刘景撰;《西河记》二卷,晋侍御史喻归撰;沮渠国史《凉书》十卷等。其中大部分是胡族政权的官员编修的前代或当代史,足见其对历史的重视。而东晋南朝的官员也编修胡族国家的史书,值得注意。

在这类史书中,魏崔鸿的《十六国春秋》和常璩的《华阳国志》最为重要。

崔鸿是东清河鄃人,好读书,博通经史,出仕北魏,曾参加撰写起居注、编修律令。崔鸿"弱冠便有著述之志,见晋魏前史皆成一家,无所措意。以刘渊、石勒、慕容俊、苻健、慕容垂、姚苌、慕容德、赫连屈子、张轨、李雄、吕光、乞伏国仁、秃发乌孤、李暠、沮渠蒙逊、冯跋等,并因世故,跨僭一方,各有国书,未有统一。鸿乃撰为《十六国春秋》,勒成百卷,因起旧记,时有增损褒贬焉"②。可惜崔鸿的著作在北宋时散佚,现在见到的百卷本《十六国春秋》是明朝人乔屠孙根据《晋书载记》等书伪造的,但其参据的史书颇多,故有一定的参考价值。

常璩的《华阳国志》记述巴蜀、汉中、南中的风土人情,叙述公孙述、刘璋、刘备以及李特政权的兴废过程,记载了两汉以来当地贤哲士女的事迹,兼具民族史与地方志的特点,颇有学术价值。

第二是谱牒之学兴盛。《隋书·经籍志》收录谱系 41 部,360 卷,通计亡书,合 53 部,1280 卷,数量庞大。除了叙黄帝以来祖世所出的《世本》外,

---

① 《隋书》卷三十三,《经籍二》。
② 《魏书》卷六十七,《崔鸿传》。

全部是魏晋南北朝时人的作品。实际上，当时流传的谱系，远不止此。^① 诚如唐人刘知几在《史通·书志篇》所说的："谱牒之作，盛于中古。汉有赵岐《三辅决录》，晋有挚虞《族姓记》，江左有两王《百家谱》，中原有《方思殿格》，盖氏族之事尽在是矣。"

这些谱系，大致可以分成三类：一是世族阶层的谱系，如王俭撰《百家集谱》十卷，王僧孺撰《百家谱》三十卷，贾执撰《百家谱》二十卷、《魏孝文列姓族牒》一卷等。二是地方性的世族谱系，如王司空撰《新集诸州谱》十一卷，《益州谱》三十卷，《冀州姓族谱》二卷，《洪州诸姓谱》九卷，《吉州诸姓谱》八卷，《江州诸姓谱》十一卷，《袁州诸姓谱》八卷，《扬州谱钞》五卷等。三是皇室大族一姓之谱，如元晖业撰《后魏辩宗录》二卷，《后魏皇帝宗族谱》四卷，《后齐宗谱》一卷，《京兆韦氏谱》二卷，《谢氏谱》一十卷，《杨氏血脉谱》二卷，《杨氏家谱状并墓志》一卷等。

从以上介绍来看，南朝的谱牒著述要盛于北朝。颜之推《观我生赋》说："中原冠带随晋渡江者百家，故江东有百家谱。"由此看来，东晋编撰的《百家谱》之类的谱系，应是南渡侨姓大族的家谱。东晋南朝是门阀世族垄断政治的时代，士庶之分，犹如天壤。梁元帝《金楼子·戒子篇》说："谱牒所以别贵贱，明是非，尤宜留意。或复中表亲疏，或复通塞升降，百世衣冠，不可不悉。"道出了谱牒的社会政治意义。

朝廷选官，世族婚姻，乃至国家差役，都要依据世族谱系，故谱系大盛，甚至出现专门研究谱系的谱学。谱学始于东晋，为贾弼所开创，其后代贾匪之、贾渊、贾执、贾冠世代相传，绵延近二百年。谱学兴盛，正是世族政治社会的反映。

第三是地理学成就斐然。《隋书·经籍志》收录地理书 139 部，1432 卷，反映出魏晋南北朝时代地理学兴盛的状况。"晋世，挚虞依《禹贡》、《周官》，作《畿服经》，其州郡及县分野封略事业，国邑山陵水泉，乡亭城道里土田，民物风俗，先贤旧好，靡不具悉，凡一百七十卷，今亡。"此后，学者纷纷继

---

① 杨殿珣：《中国家谱通论》，载《图书季刊》新第 3 卷第 1、2 期合刊。统计各种史书所见有书名的谱系，计有家谱 62 种，总谱 23 种，州郡谱 13 种，皇室谱 15 种。这仍只是该时期谱系的一部分。

起修撰，北齐陆澄"聚一百六十家之说，依其前后远近，编而为部，谓之《地理书》。任昉又增陆澄之书八十四家，谓之《地记》。陈时，顾野王抄撰众家之言，作《舆地志》。"[1] 山川人文地理著作日益增多，促使地理学（舆地学）从正史中分出来，成为专门的学问。

该时代出现两部重要的历史地理著作，亦即北魏末年成书的郦道元《水经注》四十卷和杨衒之《洛阳伽蓝记》五卷。

郦道元字善长，范阳（今河北涿州市）人，北魏孝明帝时，曾任御史中尉，以严猛见称。他勤奋好学，博览群书，不仅广泛搜集资料，而且常利用闲暇游览山川，实地调查，"访渎搜渠，缉而缀之，经有谬误者，考以附正"[2]。《水经注》行文优美，记述确凿，"于四渎百川之原委支流，出入分合，莫不定其方向，纪其道里，数千年之往迹故渎，如观掌纹而数家宝。更有余力铺写景物，片语只字，妙绝古今，诚宇宙未有之奇书也"[3]。

杨衒之为北平（今河北卢龙县）人，北魏时曾任太守、抚军府司马等官，随魏孝静帝迁至邺城，后因事重返洛阳，见洛阳宫城寺塔残破倾颓，恐当日1367所寺观的繁荣景象，不为后人所知，特修撰此书。书中涉及许多重要的历史事件，委实详尽，可与史籍相互参证。第五卷《城北》的绝大部分，乃依据《惠生行纪》、《道荣传》和《宋云家纪》撰就，记载了惠生、宋云至西域取经的经过，是重要的中西交通史和佛教史文献。

第四是道教、佛教史乘独立出来，占有一席之地。

五胡十六国的动乱，促进道教和佛教日渐普及，深深渗透于中国社会各个阶层之中，其价值逐渐获得承认。"道、佛者，方外之数，圣人之远致也。俗士为之，不通其指，多离以迁怪，假托变幻乱于世，斯所以为弊也。故中庸之教，是所罕言，然亦不可诬也。"[4] 随着宗教的发展，佛教经卷大量翻译出来，卷帙繁多。《隋书·经籍志》收录的道、佛经籍，多达 2329 部，7414 卷。对如此庞大的经籍，有必要进行编目整理。而此事业推动道教、佛经目录学发展

---

① 《隋书》卷三十三，《经籍二》。
② 《水经注》卷一，《序》。
③ 〔清〕刘献廷：《广阳杂记》卷四。
④ 《隋书》卷三十五，《经籍四》。

成为史学的一个分支。

东晋宁康二年（374），名僧道安编撰《综理众经目录》，依照年代顺序，列出佛经名目，注其翻译年代及译文优劣，予以评价。梁僧祐在此基础上，撰就《出三藏记集》，从四个方面介绍佛教典籍及其翻译者：其一，撰缘记，介绍佛经及其翻译的缘起；其二，铨名录，按时代和译者分类记载历代出经目录；其三，总经序，录载佛经的序文和后记；其四，述列传，记载译经者的传记。《出三藏记集》是佛经目录发展史上具有里程碑意义的著作。

与此相联系的是佛教史著作的出现。梁慧皎著《高僧传》，分译经、义解、神异、习禅、明律、亡身、诵经、兴福、经师、唱导等十门，收载东汉至梁初的中外大德高僧 257 人，附录者 200 余人。慧皎制定的体例，基本为后世僧传所沿袭。

在北朝，魏收的《魏书》专门设立《释老志》，记述佛教和道教的历史，实为史学史上的创新。

东晋时代，葛洪撰写《神仙传》，是早期的道教史籍。梁陶弘景所著《真诰》，也收录了道士的传记。只是道家的传记，多含迂怪故事，不尽真实。宋元嘉十四年（437 年），道士陆修静编撰《灵宝经目》，收录了当时所见到的道教经籍总目，虽然其书已佚，分类方法不得而知，但在道经目录史上具有重要的意义。

在各个史学分支蓬勃兴起的同时，断代史也取得十分突出的成就。东汉以降的各断代史，作者众多，著述丰富，尤其以东汉、三国和两晋史最为突出。

东汉史有孙吴谢承的《后汉书》一百卷，姚之骃《后汉书补逸序》称赞其为东汉"第一良史"。西晋时，又有薛莹的《后汉记》一百卷，华峤的《后汉书》九十七卷，司马彪的《续汉书》八十三卷。《文心雕龙·史传篇》赞誉华峤书准当，司马彪书详实，评价颇高。

东晋南朝，先后出现了多部东汉史书，如谢沉《后汉书》一百二十二卷，袁宏《后汉纪》三十卷，袁山松《后汉书》一百卷，刘义庆《后汉书》五十八卷等。

在此基础上，宋文帝时代的范晔"删众家后汉书为一家之作"，撰写了著名的《后汉书》。范书对班固《汉书》的体例颇有发展，设立"党锢"、"独行"、"逸民"、"列女"等传，既反映时代的社会变迁，又体现其历史观。尤其是在详实记载历史的基础上所做的评论，鞭辟入里，给人以深刻的启迪。例如《党锢传序论》写道：

> 逮桓、灵之间，主荒政谬，国命委于阉寺，士子羞与为伍，故匹夫抗愤，处士横议，遂乃激扬名声。互相题拂，品核公卿，裁量执政，婞直之风，于斯行矣。

短短几句话就将东汉后期政局变化的因果关系精炼地概括出来，表达了作者对清明政治与社会正义的向往与褒扬，很有感染力。范晔本人对其著作极感自豪，说道：

> 赞自是吾文之杰思，殆无一字空设，奇变不穷同合异体，乃自不知所以称之。此书行，故应有赏音者。纪、传例为举其大略耳，诸细意甚多。自古体大而思精，未有此也。①

可惜此书《志》的部分尚未完成，范晔就遇难了。梁代刘昭用前述司马彪《续汉书》的八志补范书，便是今日通用的《后汉书》。

三国史的著作也很多，例如：魏鱼豢《魏略》三十八卷和《典略》五十卷；晋王沉《魏书》四十八卷，孙盛《魏氏春秋》三十卷，阴澹《魏纪》十二卷，孔舒元《汉魏春秋》九卷和《魏尚书》八卷，梁祚《魏国统》二十卷；吴韦昭《吴书》五十五卷；晋环济《吴纪》九卷，张勃《吴录》三十卷；蜀王崇《蜀书》，谯周《蜀本纪》；晋王隐《蜀记》和习凿齿《汉晋春秋》等。其中最突出者，当属陈寿的《三国志》六十五卷，时人称其善叙事，有良史之才。但记载过于简略，故南朝宋文帝时，裴松之博采众家三国史书，为其作注，以补阙略，纠讹误，增加了大量的史料，篇幅多于《三国志》，"网罗繁富，凡六朝旧籍，今所不传者，尚一一见其厓略，又多首尾完具"②。正是有了裴注，遂使《三国志》流行至今。

晋史的研究更多，刘知几说有"十八家"，《隋书·经籍志》收录晋陆机《晋纪》四卷、干宝《晋纪》二十三卷、曹嘉之《晋纪》十卷、习凿齿《汉晋阳秋》四十七卷、邓粲《晋纪》十一卷、孙盛《晋阳秋》三十二卷，宋刘谦之

---

① 《狱中与诸甥侄书以自序》，收于《全宋文》卷十五。
② 《四库全书总目提要》卷四十五，《史部·正史类》。

《晋纪》二十三卷、王韶之《晋纪》十卷、徐广《晋纪》四十五卷、檀道鸾《续晋阳秋》二十卷和郭季产《续晋纪》五卷等 11 种。晋史多为当代人写当代史，因此，作者十分重视西晋灭亡原因的探讨，敢于秉笔直书，针砭时弊。孙盛在《晋阳秋》里如实记载枋头失利，引起当事人桓温的不满，以"门户事"相威胁，诸子"号泣稽颡"，请求删改，但孙盛不为所动。干宝撰写《晋纪总论》，痛斥西晋官场腐败，选举舞弊，导致国家灭亡。这篇史论后来被梁昭明太子萧统编入《文选》中，可知后人对其评价之高。

南朝时还有多部晋史问世，如沈约的《晋书》一百一十卷，何法盛《晋中兴书》七十八卷，萧子云的《晋书》一百一十卷等。其中，南齐臧荣绪的《晋书》，"括东、西晋为一书，纪录志传百一十卷"①，是第一部比较完整的两晋史书，成为唐朝修撰《晋书》的蓝本。

宋史有宋徐爰《宋书》六十五卷，齐孙严《宋书》六十五卷等。梁沈约在何承天、徐爰等人所著基础上，修订增补，撰写《宋史》一百卷，包括本纪、志和列传，是迄今流传的最完整的刘宋王朝的纪传体史书。

齐史也有多家著作，《隋书·经籍志》收录了萧子显《齐书》六十卷、刘陟《齐纪》十卷、沈约《齐纪》二十卷、江淹《齐史》十三卷、吴均《齐春秋》三十卷和王逸《齐典》五卷等。萧子显《齐书》是根据江淹和沈约著作改编修订而成，因为萧子显是南齐宗室，其编书得到梁武帝的支持，故可接触到更多的官方档案，记述较为可靠。

梁、陈史书，梁代就有谢吴《梁书》四十九卷，陈时还有许亨《梁史》五十三卷，以及何之元《梁典》三十卷等多种；陈史有陆琼《陈书》四十二卷等。陈朝姚察撰《梁书》和《陈书》，但书成于其子姚思廉时，已经到了唐朝。

北朝史学成就远在南朝之下。北魏太武帝时，崔浩奉命撰写北魏历史，结果招来横祸，被满门抄斩。此事可为北魏史官引以为戒。北齐时，魏收作《魏书》一百三十卷，纪、传、志俱全。此书在当时曾有许多非议，魏澹等人曾编《魏书》欲以取代魏收之作，但终未能果，仍是魏收的著书流传于世。李延寿《北史》评价魏收《魏书》道："追踪班马，婉而有则，繁而不芜，持论序言，

---

① 《南史》卷七十六，《隐逸·臧荣绪传》。

钩深致远。但意存实录，好抵阴私。至于亲故之家，一无所说，不平之议，见于斯矣。"还是给予较高的评价。但此书在宋朝已多残缺，刘攽、范祖禹等人用李延寿《北史》、《修文御览》、《高氏小史》和魏澹《魏书》等进行补阙，称"《魏书》十二纪、九十二列传、十志，凡一百一十四篇，旧分为一百三十卷"。现行的《魏书》，就是一百一十四卷本。

《隋书·经籍志》收录的史部著作，每一门类，只有寥寥几种三国以前的史书，其余几乎都出自魏晋南北朝时期史家之手，可见当时史著之兴盛。尤其值得注意的，是私人撰述的蓬勃发展，上面介绍的史书，基本都出自个人之手。显然，魏晋南北朝是私家撰史的繁荣时代。出现这种局面的原因主要有以下一些。

第一，魏晋思想解放使两汉建构的神学化经学体系瓦解，士人纷纷从历史中寻找社会与思想变革的源泉。《隋书·经籍志》说：

> 灵、献之世，天下大乱，史官失其常守。博达之士，愍其废绝，各记闻见，以备遗亡。是后群才景慕，作者甚众。又自后汉已来，学者多钞撮旧史，自为一书，或起自人皇，或断之近代，亦各其志，而体制不经。又有委巷之说，迂怪妄诞，真虚莫测。然其大抵皆帝王之事，通人君子，必博采广览，以酌其要。

所谓"史官失其常守"，已经说到点子上了。在政治与思想统治崩坏的形势下，不但官府控制史学的局面被打破，私人撰史，如雨后春笋，四处生长。而且，以往史书撰写的体例也被打破，杂史、霸史、地方史、宗教史、制度史、地理书，各种题材的史学著作纷纷诞生，百花齐放。

第二，史学的蓬勃发展，获得新的统治者的重视，专门设立史官，总结历史经验，提高史学的地位，这自然也促进了史学的兴盛。据《晋书·职官志》记载：

> 著作郎，汉东京图籍在东观，故使名儒著作东观，有其名，尚未有官。魏明帝太和中，诏置著作郎，于此始有其官，隶中书省。
>
> 著作郎一人，谓之大著作郎，专掌史任，又置佐著作郎八人。著作郎始到职，必撰名臣传一人。

晋初著作郎仍属中书省，惠帝元康二年（292），改隶秘书省，增设佐著作郎。

显而易见，魏晋以来历史撰述颇得朝廷重视，故著作佐郎一直是士族贵胄入仕时极力谋取的清闲官职。《晋书·阎缵传》记载，秘书监和峤称："（佐著作郎）此职闲重，贵势多争之。"南朝俗谚亦称："上车不落则著作，体中何如则秘书。"大士族出身，即可从著作佐郎、秘书郎等美好官职当起。

南朝宋文帝设立四学，史学为其中之一。《宋书·雷次宗传》记载："（元嘉）时国子学未立，上留心艺术，使丹阳尹何尚之立玄学，太子率更令何承天立史学，司徒参军谢元立文学"，与雷次宗所主持的儒学，"凡四学并建"。明帝继承此制，建总明观，分儒、玄、史、文四科。设立史学和文学两科，对后世的影响重大而深远，带来一个重要的转变，即人才铨选由两汉以经术举人，渐次转变到南朝多以文、史取士。

第三，胡族入据中原，注重以史为鉴，强调史学在现实社会中的实用价值，一定程度上鼓励史学的发展。

五胡首领，大多熟悉汉籍，留心汉族社会兴盛衰亡的历史经验，作为自己建立国家的借鉴。匈奴族的刘渊，"幼好学，师事上党崔游，习《毛诗》、《京氏易》、《马氏尚书》，尤好《春秋左氏传》、《孙吴兵法》，略皆诵之，《史》、《汉》、诸子，无不综览。"

后赵的创建者石勒，虽然文墨不多，但"雅好文学，虽在军旅，常令儒生读史书而听之，每以其意论古帝王善恶，朝贤儒士听者莫不归美焉。尝使人读《汉书》，闻郦食其劝立六国后，大惊曰：'此法当失，何得遂成天下！'至留侯谏，乃曰：'赖有此耳。'"正是出于对历史的重视，故石勒称赵王后，随即建立经学、律学、史学、门臣祭酒，以任播、崔濬为史学祭酒。这是最早的史学教授机构。

三、几经浮沉的官学

魏晋南北朝时期虽是丧乱之世，但统治者仍尽力在暂时的安定中，组织力量办学，使得封建官学还能在逆境中艰难地挣扎。而同时期的私学则在离乱的时代找到了其生根发芽的土壤，因学术环境宽松再加上官学本身的不景气而大放异彩。私人讲学、著录的风气极盛，其声势及影响均在官学上，成为魏晋南北朝时期教育事业发展的主旋律。而这时期世家大族的家学传承成为中国传统文化生衍不息的内力。

三国时代，因战祸连年，民不聊生，教育也十分衰落。然而，魏、蜀、吴在开国之初，都曾注意发展文教事业。魏武帝曹操因世风日下颁布了《修学令》："丧乱以来，十有五年，后生者不见仁义礼让之风，吾甚伤之。其令郡国各修文学，县满五百户置校官，选其乡之俊造而教学之。"① 文帝"黄初元年之后，新主乃复始扫除太学之灰炭，补旧石碑之缺坏，备博士之员录，依汉甲乙以考课，申告州郡，有欲学者皆遣诣太学，太学始开，有弟子数百人"②。刘备入蜀以后"乃鸠合典籍，沙汰众学，慈、潜并为学士，与孟光、来敏等典章旧文"③。吴国孙权于太常黄龙二年也诏立国学，置都长祭酒，以教学诸子。但由于博士们"率皆粗疏，无以教弟子"，弟子们也是"本亦避役，竟无能习学，东去春来，岁岁如是"④，而"高门弟子，耻非人伦"，所以太学"虽有其名而无其人，虽设其教而无其功"⑤。故三国时期，学校教育事业虽有所恢复，但也只是流于形式而已。

西晋建立初期，政治上一度出现了安定的局面，官学教育的发展也比较稳定。晋太学初立于泰始八年（272），规模较大，有太学生三千人，限六品以下一般子弟入太学。西晋时除在中央设有太学外，还创立了国子学。"晋初太学生三千人，既多猥杂，惠帝时欲辩其泾渭，故元康三年始立国子学，官品第五以上得入国学，天子去太学入国学，以行礼也。太子去太学入国学，以齿让也。太学之与国学，斯是晋世殊其士庶，异其贵贱耳。然贵贱士庶，皆须教成，故国学、太学两存之也。"⑥ 据吕思勉先生考证：国子学"盖屋宇起于咸宁二年，教官定于四年，生徒入学之法，实至元康三年而后定也"⑦。东晋时期的发展情况就比较糟糕。虽然孝武帝曾于太元元年九月"选公卿两千石子弟

---

① 《三国志》卷一，《魏书·武帝纪》。
②③ 《三国志》卷十二，《王肃传》。
④ 《三国志》卷四十二，《许慈传》。
⑤ 《三国志》卷十五，《刘馥传》。
⑥ 《南齐书》卷九，《礼志上》。
⑦ 《两晋南北朝史》第二十三章，第1335页，上海，上海古籍出版社，1983。

为生，增选庙屋一百五十五间"①。但一年之后，"太元十年正月，立国子学，学生多顽嚣，因风放火，焚房百余间"②。诚如国子祭酒殷茂上疏所言："自学建弥言，而功无可名。惮业避役，就存者无几。或假托亲疾，真伪难知。声实浑乱，莫此之甚。"③当时风纪败坏到如此程度，大概令统治者始料未及。

与东晋同一时期的五胡十六国政权，颇有仰慕汉族文化而兴办学校者。这些兴学者本身，多躬染中国文化。刘渊父子都曾系统学习过中国文化。刘渊"幼好学，师事上党崔游，……尤好《春秋左氏传》、《孙吴兵法》，略皆诵之，《史》、《汉》、诸子，无不综览"④。刘曜"善著文，工草隶"⑤，即帝位后，即"立太学于长乐宫东，小学于未央宫西"⑥。前凉亦重视兴学，曾"征九郡胄子五百人，立学校，始置崇文祭酒"⑦。十六国时期，后赵的官学教育较为完备。后赵建立者石勒"雅好文学，虽在军旅，常令儒生读史者而听之"⑧。即使像石虎这般昏虐无道之人，也"颇慕经学"，可见中国传统文化根深蒂固，影响之大。前秦苻坚，"八岁，请师就家学。……坚性至孝，博学多才艺"⑨。他在名儒王猛的辅佐下，亦重视兴办中央官学，还亲临太学，勉励学生。此外，后秦姚兴，"与舍人梁善等讲论经籍，不以兵难废业"⑩。并在长安创建律学。"兴办律学于长安，召郡县散吏以授之。其通明者，还之郡县，论诀刑狱。"⑪

南朝历宋、齐、梁、陈近170年，其间，宋、梁的官学相对发达。刘宋时期官学的兴办，似乎时间不长，"宋高祖受命，诏有司立学，未就而崩。太祖元嘉二十年，复立国子学，二十七年废"⑫。但宋文帝元嘉十五年（438）创设的四馆学，"上好儒雅，又命丹阳尹何尚之立玄素学，著作佐郎何承天立史学，司徒参军谢元立文学，各聚门徒，多就业者"⑬。再加上散骑常侍雷次宗所立

①③⑫《宋书》卷十四，《礼志》。
②《宋书》卷三十二，《五行志三》。
④《晋书》卷一百一，《载记第一》。
⑤⑥《晋书》卷一百三，《载记第三》。
⑦《晋书》卷八十六，《张轨传》。
⑧《晋书》卷一百五，《载记第五》。
⑨《晋书》卷一百十三，《载记第十三》。
⑩⑪《晋书》卷一百十七，《载记第十七》。
⑬《南史》卷二，《文帝纪》。

儒学，为四馆。一扫儒家垄断教育的局面，丰富了官学教育的内容，成为南北朝教育史上的里程碑，影响深远。宋文帝还重视兴办地方官学，下诏云："阙里往经寇乱，黉校残毁，并下鲁郡修复学舍，采召生徒"①，推进地方教育的普及。

梁武帝在位四十八年，社会安定，他本人也笃好文学，对学校教育非常重视。天监四年（505），"置五经博士各一人。二月初，置胄子律博士。五年，置集雅馆以招远学"。大同七年（541），"于宫城西立士林馆，延集学者"②。同时，为招徕学生，使更多的寒族子弟能接受学校教育，五馆的学生由政府供给伙食，"馆有数百生，给其饩廪，其射策通明者，即除为吏。于是怀经负笈者，云会京师"③。教育之盛，蔚为大观。

齐、陈两代，官学均无建树。齐代竟有两次因国哀而罢学之例。"建元四年九月丁巳，以国哀故，罢国子学。"④ "永泰元年，东昏侯即位，尚书府依永明旧事废学。"⑤ 而陈由于"承前代离乱，衣冠殄尽，寇贼未宁，既日不暇给，弗遑劝课"⑥。所以"世祖以降，稍置学官，虽博延生徒，成业盖寡"⑦。

北朝社会相对稳定，官学比较发达，其中尤以北魏为最。"太祖初定中原，虽日不暇给，始建都邑，便以经术为先，立太学，置五经博士生员千有余人。……太宗世，改国子为中书学，立教授博士。世祖始光三年春，别起太学于城东，后征卢玄、高允等，而令州郡各举才学。于是人多砥尚，儒林转兴，显祖天安初，诏立乡学……太和中，改中书学为国子学，……又开皇子之学。及迁都洛邑，诏立国子太学、四门小学。世宗时，……时天下承平，学业大盛。"⑧ 而一旦社会陷于动荡，学校教育也随之衰败，"暨孝昌之后，海内淆乱，四方校学所存无几"⑨。

北齐时官学兴办的情况乏善可陈。"齐氏司存，或失其守，师、保、疑、

---

① 《宋书》卷五，《文帝纪》。
② 《南史》卷六，《梁武帝纪》。
③ 《南史》卷七十一，《儒林传》。
④ 《南史》卷四，《齐武帝纪》。
⑤ 《南齐书》卷九，《礼志》。
⑥⑦ 《陈书》卷三十三，《儒林传》。
⑧⑨ 《魏书》卷八十四，《儒林传》。

北齐时期校书图

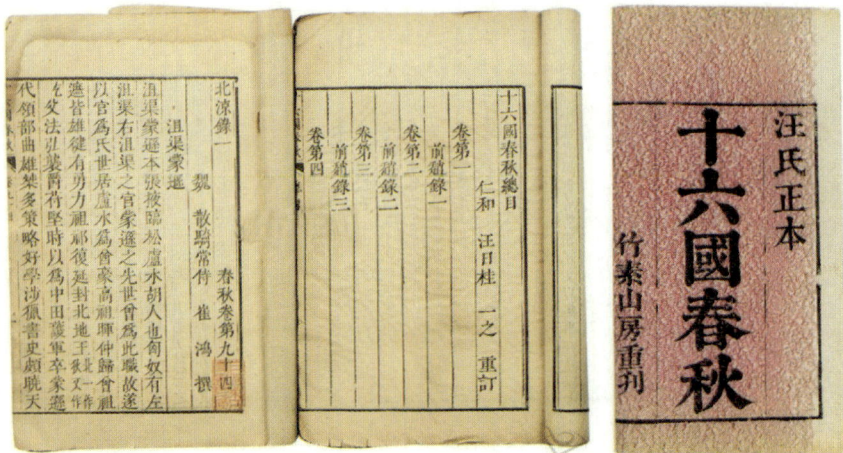

崔鸿《十六国春秋》

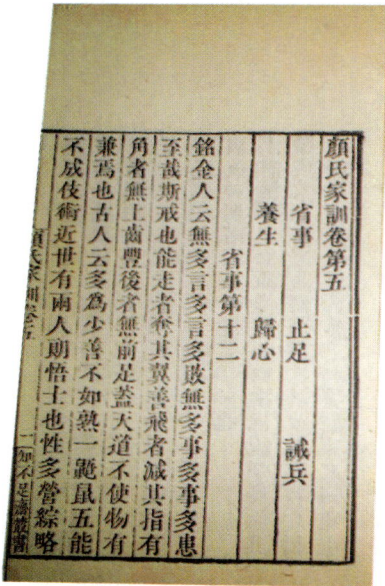

颜之推《颜氏家训》

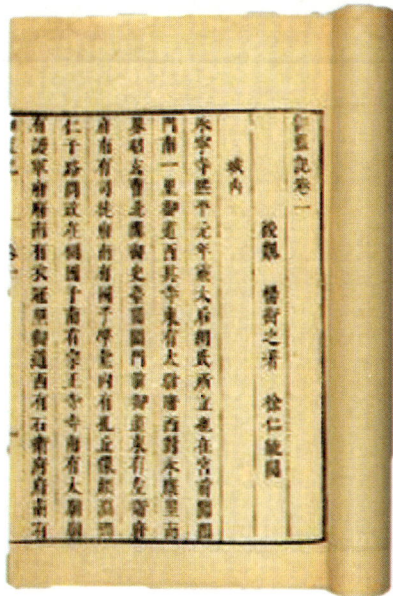

杨衒之《洛阳伽蓝记》

常璩《华阳国志》

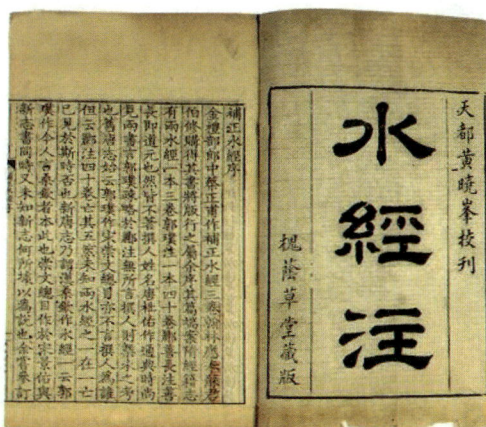

郦道元《水经注》

贾思勰《齐民要术》

葛洪像

丞皆赏勋旧，国学博士徒有虚名，唯国子一学，生徒数十人耳。"① 就学之人，大多也以贵族为多。因为"学生俱差逼充员，士流及豪富之家，皆不从调，备员即非所好，坟籍固不关怀。又多被州郡官人驱使，纵有游惰，亦不检治"②。可见当时师资与生员均不如人意，仅靠政府行为来推动教育事业的发展，是难有成就的。

就教育总的情况来说，魏晋南北朝的官学相当衰落，占据当时教育主流的是门第教育，即私学。主要的教育场所在民间，而非国家学校。此外，还有佛教寺院。虽然当时的政权经常发生更替，社会动荡不安，但中国文化命脉却能延续不断，下启隋唐文化盛世，实有赖于门第教育。这一时期可谓是国政乱于上，家教治于下。

四、大放异彩的私学

私学的起源大致可溯及诸子百家为宣扬自己思想言论而兴办的学堂，这也使教育向平民化的趋势发展。两汉时期，官私教育都极为昌盛。柳诒徵先生曾论及两汉的私学，"私学之盛，古所未有"。如马融"施养诸生，常有数千"，可见当时私学规模之大。

三国之时，官方教育如前所述已是名实不符。建安年间，侍中鲍衡奏称："今学博士并设表章而无所教授，兵戎未戢，人并在公，而学者少。"③ 当时由于政局动荡不安，许多学者如国渊、邴原、管宁、王烈等人，避难辽东，纷纷创立私学，招徒讲学，形成私学盛于一时的局面。东汉末年，"天下大乱，（管宁）闻公孙度令行于海外，遂与原及平原王烈等至于辽东。度虚馆以候之。既往见度，乃庐于山谷"。"越海避难者，皆来就之而居，旬月而成邑。遂讲《诗》、《书》，陈俎豆，饰威仪，明礼让，非学者无见也。"④ 隗禧，"年八十余，以老处家，就之学者甚多"⑤。乐祥，"至正始中，以年老罢归于舍，本国

---

①②《北齐书》卷四十四，《儒林传》。
③⑤《三国志》卷十三，《王肃传》。
④《三国志》卷十一，《管宁传》。

宗族归之，门徒数千人"①。蜀国的向郎"年逾八十，犹手自校书，刊定谬误，积聚篇卷，于时最多"②。同时，"开门接宾，诱纳后进，但讲论古义，不干时事"。吴国的虞翻"虽处罪放，而讲学不倦，门徒常数百人"③。从三国时期总的情况来看，魏国的私学较蜀、吴发达。

国家推行教育，必在社会政治稳定的大前提下。而晋代内乱不断，塞外胡人乘机崛起。永嘉乱后，北方长期陷于胡族统治之下。东晋南迁，偏安江南，却无振奋图强之志。在此政局动荡之际，教育重任，只能依托于私学。两晋时期，出现了一大批名儒，倡导并创立私学。西晋时，续咸"好学，师事京兆杜预，专《春秋》、《郑氏易》，教授常数十人，博览群书，高才善文论"④。杜夷，"世以儒学称，为郡著姓。……博览经籍百家之书。……年四十余，始还乡里，闭门教授，生徒千人"⑤。还有一些兴办私学者，专心致力于教育事业，而无意于仕进。如西晋的束皙，"博学多闻，赵王伦为相国，请为记室。皙辞疾罢归，教授门徒"⑥。刘兆，"博学洽闻，温笃善诱，从受业者数千人。武帝时五辟公府，三征博士，皆不就"⑦。特别值得一提的是西晋私学家范平的孙子范蔚，"家世好学，有书七千余卷，远近来读者恒有百余人，蔚为办食衣"⑧。范蔚所办私学比当时的官学更具吸引力，从中也可见当时私学的声势及影响确在官学之上。

十六国时期的私学也比较发达。如郭瑀，"隐于临松薤谷，凿石窟而居，服柏实以轻身，作《春秋墨说》、《孝经错纬》，弟子著录千余人"⑨。

南朝时期，有更多的学者淡泊名利，无意仕途，专心从事私学教育。刘瓛"除奉朝请不就，兄弟三人共处蓬室一间，为风所倒，无以葺之。怡然自乐，

---

① 《三国志》卷十六，《杜畿传》。
② 《三国志》卷四十一，《向朗传》。
③ 《三国志》卷五十七，《虞翻传》。
④ 《晋书》卷九十一，《续咸传》。
⑤ 《晋书》卷九十一，《杜夷传》。
⑥ 《晋书》卷五十一，《束皙传》。
⑦ 《晋书》卷九十一，《刘兆传》。
⑧ 《晋书》卷九十一，《范平传》。
⑨ 《晋书》卷九十四，《郭瑀传》。

习业不废。聚徒教授，常有数十"①。

当时，还有许多私人扶植私学的情况。沈道虔，"乡里年少，相率受学。道虔常无食，无以立学徒。武康令孔欣之，厚相资给，受业者咸得有成"②。"齐隆昌元年，征（苞）为太学博士，不就。始安王遥光及江祐、徐孝嗣共为立馆于钟山下教授，朝士多到门焉，当时称其儒者。"③ 诸葛璩"性勤于诲诱，后生就学者日至。居宅狭陋，无以容之。太守张友，为起讲舍"④。来自各方面的支持，也是私学蓬勃发展的重要因素。

此时期，道家与佛家的私学也都有所发展。杜京产"少恬静，闭意荣宦，颇涉文义，专修黄老。……于始宁东山开舍授学"⑤。何胤"至吴，居武丘山西寺讲经纶，学僧复随之。东境守宰经途者，莫不毕至"⑥。

北朝私学也相当发达。如高允"还家教授，受业者千余人"⑦。张买奴"经义该博，门徒千余人，诸儒咸推重之。"⑧ 刘兰"学徒前后数千，成业者众"⑨。可以说，北朝儒学的勃兴，其中心在私学而非官学。《魏书·儒林传序》说："虽黉宇未立，而经术弥显。时天下承平，学业大盛。故燕齐赵魏之间，横经著录，不可胜数。大者千余人，小者犹数百。州举茂异，郡贡孝廉，对扬王庭，每年逾众。"据《北史》记载，北朝大大小小的私学受业人数近万人，远远超过了当时官学的员额。

在北朝，也有地方官资助私家讲学的情况。《魏书·崔休传》记载："时大儒张吾贵有盛名于山东。四方学士咸相宗慕。弟子自远而至者恒千余人。生徒既众，所在多不见容。休乃为设俎豆，招延礼接，使肄业而还。儒者称为口实。"

魏晋南北朝时期由于王朝的频繁更迭，总的来说，官学教育处于低迷状

① 《南史》卷五十，《刘瓛传》。
② 《宋书》卷九十三，《隐逸传》。
③ 《南史》卷七十六，《吴苞传》。
④ 《梁书》卷五十一，《处士传》。
⑤ 《南史》卷七十五，《杜京产传》。
⑥ 《南史》卷七十五，《何胤传》。
⑦ 《北史》卷四十二，《高允传》。
⑧ 《北史》卷八十一，《张买奴传》。
⑨ 《北史》卷八十一，《刘兰传》。

态，但由于私学的发达，故教育事业依然有一定程度的发展，为隋唐时代教育的繁荣准备了条件。

动乱年代，学术的保持，有赖于家族内部的文化传承。"盖自汉代学校制度废弛，博士传授之风气止息之后，学术中心移于家族。"① 在社会教育急剧颓坏之中，"太学博士之传授变为家人父子之世业"②，家学成为文化不绝如缕的种子。在北方，士族的政治地位并不稳定，因此，文化上的优势是他们赖以保持门第不坠的凭藉。这就必须强调门第教育，使得学术的"家族化"趋势越来越得到加强，而中国的传统文化也在家学中得以延续。范阳卢氏是个文化积淀很深的家族，始祖卢植为东汉经学大师马融的弟子，"能通古今学"，由卢植到卢钦不过三代，已"世以儒业显"，到卢玄时，卢氏家族已是声名显赫，其后卢道裕"少以学尚知名，风兼美"③，卢昶"学涉经史，早有时誉"④，卢文甫"少有器尚，涉历文史，有誉于时"⑤。他们凭借门第之望，在官场上是如鱼得水。卢氏家族一直保持天下名门的地位，得益于家学的传承。

在南朝，齐梁以降，士族多贪图安逸而日渐腐败，文化上更趋于浮华，轻薄躁进。但是，有些家族依然门风肃然，注重传统文化的修养，足可称道。梁朝皇族萧氏家族对文化的孜孜追求，是一个明显的例子。梁武帝"少而笃学，洞达儒玄，虽万机多务，犹卷不辍手，燃烛侧光，常至戊夜。造《制旨孝经义》，《周易讲疏》，及六十四卦、二《系》、《文言》、《序卦》等义，《乐社义》，《毛诗答问》，《春秋答问》，《尚书大义》，《中庸讲疏》，《孔子正言》，《老子讲疏》，凡二百余卷，并正先儒之迷，开古圣之旨"⑥。昭明太子，是梁武帝的长子，"三岁受《孝经》、《论语》，五岁遍读《五经》，悉通讽诵"⑦。简文帝，是武帝第三子，其著述有七种，近百卷。梁元帝，为武帝第七子，《颜氏家训·勉学篇》记载："梁元帝尝为吾说，昔在会稽，年始十二，便以好学。……元帝召置学生，亲为教授，废寝忘食，以夜继朝。"萧氏家族醉心于学术，对南

① 《隋唐制度渊源略论稿》，第 17 页。
② 《隋唐制度渊源略论稿》，第 19 页。
③④ 《魏书》卷四十七，《卢玄传》。
⑤ 《魏书》卷四十七，《卢文甫传》。
⑥ 《梁书》卷三，《武帝下》。
⑦ 《南史》卷五十三，《昭明太子传》。

朝文化高潮的形成，有着不可磨灭的功绩。

这种文化世家，在南朝屡屡可见。梁刘孝绰兄弟及诸子侄七十余人，并能著文，近古未有。因此，南方门第家学对于传统文化的保存与赓续，贡献殊伟。

魏晋南北朝虽历四百年的社会动荡，但文化事业并未因战乱而泯灭。虽然时常处于风雨飘摇之中，但终归绵延不绝，在很大程度上，有赖于门第私学的传承维系，得以生生不息。

五、宗教教育

（一）佛教教育

中国的佛教教育，始于佛经翻译，安世高时，就已形成为边翻译边讲解、以讲学助翻译的传统。每次安世高讲经，总是听者云集。他依事数条目，预自设问，逐条演义，堪称"善诱之教"。安世高的助手，有下邳人严佛调，帮助安世高译出《法镜》。严佛调撰成《沙弥十慧章句》，择已解、未解之事数，钞而第之，逐条注释。它和安世高所撰《安侯口解十二因缘经》一样，都是中国佛教教育最早的启蒙教材。安世高所开创的译讲结合的传统，为后世的翻译家所继承，如真谛译《律二十二明了论》，都下阿育王寺慧恺请为笔受，翻论本得一卷，而注记解释得五卷。

就魏晋南北朝来说，讲经业已从译经活动中独立出来，成了佛教教育的主要方式。据文献记载，专业的讲经始于曹魏朱士行讲《般若经》；尼众讲经始于东晋道馨讲《法华》、《维摩》二经；讲律始于元魏之法聪；讲论则始于鸠摩罗什授嵩法师《成实论》。①

后赵崇信佛图澄，其本传记载，当时受业追随者，常有数百，前后门徒，将近一万；所历州郡，兴立佛寺893所。其讲经说法的规模，也很可观。弟子中有著名的道安。

---

① 道诚：《释氏要览》。

当初，道安游学至邺，入中寺遇佛图澄，佛图澄见而嗟叹，与语终日。众弟子见形望不称，咸共轻怪，佛图澄说："此人远识，非尔俦也！"后来，道安拜佛图澄为师。佛图澄讲经，道安复述，众弟子不服，欲令道安出丑。道安复讲时，疑难锋起，道安挫锐解纷，行有余力。时人曰："漆道人，惊四邻。"[①]"昆仑子"、"漆道人"，皆时人为道安相貌所起之绰号。可知这种复讲，犹如助教为教授做发挥和答疑。惟不知这种"复讲"是否普遍推广。

佛图澄死后，道安继续领导僧团。在他制订的"僧尼轨范"中，首次把以讲经为主的中国佛教教育纳入制度化的轨道，其中有行香定座上经上讲之法，然其具体仪轨，今日已难备考。据汉译之经、律来看，佛教敬重讲经的法师，可说是其来有自，如《法华经》中说："若有侵毁此法师者，则为侵毁是诸佛。"

1. 讲经

在讲经的教育过程中，有一种非常重要的都讲制度。汉代儒家讲经即立都讲。《后汉书·杨震传》提到有冠雀口衔鳣鱼飞集在讲堂前，这时都讲把鱼递过来，似乎都讲要为经师执役，亦有作为助教的。但这种制度似亦有释典之根据，康僧会《安般守意经序》说："世尊初欲说斯经时，大千震动，人天易色，三日安般，无能质者。于是世尊化为两身，一曰何等，一尊主演，于斯义出矣。"[②] 按佛教传说，世尊所化之一身，就安般事数分条问曰何等，另一尊化身则主于演唱应和。前身即中国佛教教育中的都讲，后者乃所谓法师。此外，吴支谦译《大明度无极经》第一品中说："善业为法都讲。"据此可以推测，佛书之问答，演变为现实中的都讲制度，当在三国之际。"都讲"之制，显然不是法师演毕，再作绍述复习的"复讲"。采用都讲参与的问答形式，显然有利于法师条分缕析，而后层层深入。

东晋玄学化名僧支遁，"晚出山阴，讲《维摩经》，遁为法师，许询为都讲，遁通一义，众人咸谓询无以厝难，询设一难，亦谓遁不能通，如此至竟两家不竭。凡在听者，咸谓审得遁旨，迥令自说，得两三反便乱。"此则都讲之职，亦偶有不分主伴，与法师竟成辩难往返矣。有的都讲师还要担当诵唱经文

---

① 《高僧传·道安传》。
② 《祐录》卷六，此据丽本。

的职责，道安把它当作一项制度规定下来，但后世并未完全执行。《释氏要览》记载："梁僧旻法师，讲次谓众曰：'昔弥天道安每讲，于定座后，常使都讲为含灵转经。此事久废，既是前修，欲屈大众各诵《观音经》一卷。'于是阖座忻然，远近相习耳。"讲堂上，升座的不仅是法师，还是都讲。谢灵运《山居赋》的自注，曾记述安居时的"斋讲"："众僧冬夏二时坐，谓之安居，辄九十日。众远近集，萃法鼓、颂偈、华、香四种，是斋讲之事。析说是斋讲之议。乘此之心，可济彼众生。南倡者都讲，北居者法师。"①

当时还有以转读、梵呗、唱导之法来辅助教学效果，期望能声情并茂。佛经文体大致有三类：一长行（契经），即敷演佛理的散文类；二重颂，即重述长行所说的韵句；三偈颂（伽陀），即长行之外另叙事义的韵句。在一般的佛经中，这三种文体常常是交互使用的。由于梵汉音隔，原本能够用于歌唱的重颂和偈颂，译成汉文以后便丧失了这种功能，所谓"自大教东流，乃译文者众，而传声盖寡。良由梵音重复，汉语单奇。若用梵音以咏汉语，则声繁而偈迫，若用汉曲以咏梵文，则韵短而辞长"②。

于是有人尝试用"汉曲"来演唱汉语佛经，仿效印度佛徒咏唱经呗的所谓"般遮"曲式。根据典籍中的传说，最初有魏陈思王曹植，曾游渔山，于岩谷间闻诵经声，远谷流美，乃创制"渔山梵呗"，并删改支谦所译《太子瑞应本起经》，以为学者模仿之范本，传声三千有余，在呗契则四十有二。③

在天竺，凡是歌咏法言，皆称为呗。而中国则称咏经为"转读"、歌赞为"梵呗"。虽称梵音，实乃汉曲。转读、梵呗常常是相互配合的，而转读则更为实用、更为普通。晋帛法桥，为学转读，曾绝粒忏悔七日七夜，尔后昼夜讽咏，哀婉通神。传说僧辩读经，竟使鸿鹤停飞，昙冯动韵，致令鸟马悲鸣，音声感动，一至于此。至于梵呗，昔日康僧会所造《泥洹梵呗》，到慧皎时，仍有流传。及至晋世，有生法师初传觅历，萧梁世之"行地印文"，即其法也。支昙籥所造六言梵呗，即《大慈哀愍》一契，后世常有演奏。另有《西凉州》呗，源出关右而流于晋阳，即后来的"面如满月"。以教学效果而言，听呗，

---

① 转引自汤用彤《汉魏两晋南北朝佛教史》。
② 《高僧转·经师论》。
③ 刘义庆：《宣验记》，见《高僧传·经师论》。

可有五利："身体不疲，不忘所忆，心不懈倦，音声不坏，诸天欢喜。"① "诸天欢喜"姑置不论，其余四条，所言非虚。

此外，还有"唱导"之法。转读主要是讽咏佛经，而"唱导"则以歌唱缘事为主。"唱导"用群众喜闻乐见的说唱形式来敷演佛理，音乐性较"呗"稍为逊色，内容上则以"杂序因缘，或傍引譬喻"为特点。它的创制要稍晚一些。东晋高僧慧远，每逢斋集，便自升高座，躬为导首，宣传三世因果，及辩一斋大意，后代传承，遂成通则。以后道照、昙颖等十余人，并皆为师，扬名当世。慧皎以为，唱导所贵者四事："谓声、辩、才、博。非声则无以警众，非辩则无以适时，非才则无言可采，非博则语无依据。至若响韵钟鼓，则四众惊心，声之为用也；辞吐俊发，适会无差，辩之为用也；绮制雕华，文藻横逸，才之为用也；商榷经论，采撷书史，博之为用也。"② 至如八关斋初夕，唱导师手擎香炉，含吐抑扬，辩出不穷，言应无尽。到梁陈之世，转读与唱导，逐渐趋于合流。

就佛教教育的内容而言，起初多用"格义"的方法讲经，亦即用中国道家、儒家，尤其是《庄子》、《老子》和《周易》"三玄"的命题和概念去比附、诠释佛典。最先自觉采用这种方法的，有竺法雅等。"法雅，河间人，凝正有器度，少善外学，长通佛义，衣冠士子，咸附谘禀。时依门徒，并世典有功，未善佛理。雅乃与康法朗等，以经中事数，拟配外书，为生解之例，谓之格义。"③ 这种外典和佛经递互讲说的方法，容易为士人所接受，但也不可避免地造成歪曲佛法本意的弊端。后来，随着译本质量的提高和世人对佛法的进一步了解，"格义"佛教的弊端才慢慢得到克服。

2. 南北佛教教育中心

东晋和十六国时期，有庐山和长安南北两大佛教教育中心。鸠摩罗什在长安逍遥园中的澄玄堂讲经说法，一时四方辐辏，义学沙门趋之若鹜，弟子常有三千余人，其中不乏僧肇等法中龙象。南方则有慧远在庐山聚徒讲学三十余年，率众行道，昏晓不绝。其时谨律息心之士，绝尘清信之宾，不期而至，望

---

① 《高僧传·经师论》。
② 《高僧传·倡导论》。
③ 《高僧传》卷四。

风遥集。慧远教学中的人格魅力非常突出，据说他"神韵严肃，容止方棱，凡预瞻视，莫不心形战慄"①。当时有慧义法师，强正少惮，不信传言，欲登庐山，亲自见识。他对慧远的弟子慧宝说："诸君庸才，望风推服，今试观我如何。"到山上，正值慧远讲《法华》，慧义每欲问难，便觉心悸汗流，竟不敢出言。出来后，再对慧宝说："此公定可讶。"由此可知慧远颇得僧众推服。

南北朝时期，讲学的规模愈见扩大。当时，建康是最大的佛学教育中心。晋宋之际，涅槃学振兴，学僧纷纷敷演，竞辩终日。竺道生立顿悟义，轰动一时。此后，《涅槃经》常常成为讲学的重点。如建康灵味寺宝亮撰《涅槃义疏》十余万言，并为之作序。②齐梁时义学名僧，如僧柔、僧旻、法云、智藏，聚集于建康，皆为涅槃学师，亦为讲授、研讨《成实论》的名师。

在北朝，邺城、洛阳之义林，也盛极一时。有法师慧光，推崇《十地经论》，使其成为显学。道光一系后来以邺都为中心，从事讲学。当时英俊聚集，每开法筵，听众千余。慧光、道凭、法融、慧远，高僧辈出。开剖经文，讲解词义，首推慧光法师。慧光历任东魏僧都、北齐国统，显赫一时。南北朝时的佛教讲学，据史料记载，常有听众千余人，讲授数十遍，为佛教事业的推广做出了贡献。

竺道生曾参照玄学题旨，提出"象者理之所假，执象则迷理；教者化之所因，束教则愚化，是以征名责实，惑于虚诞。求心应事，芒昧格言"③，指出株守文句、鲜见圆义，是佛教教育的一大弊端。道生本人既是一位理论大师，又是一位鞠躬尽瘁的教育家。刘宋元嘉十一年（434）冬十一月庚子，道生于庐山精舍升法座，讲授经义，穷理尽妙，听众莫不悟悦。法席将毕之时，道生端坐圆寂，实践了他早先被摈出庐山时的预言："若与实相不相违背者，愿舍寿之时，据师子坐。"

（二）道教教育

魏晋时期，社会长期动荡不安。动乱带来深重社会苦难的同时，却促成了

---

① 《高僧传》卷六。
② 《高僧传》卷八。
③ 《龙光寺竺道生法师之耒》所引《广弘明集》卷二十三。

社会意识形态的自由开放。在教育思想领域，玄儒佛道争奇斗艳，蔚为大观。道教起于东汉末年，到了魏晋还属草创时期，但也逐步形成了有自己特色的教育场所以及教育管理制度。高道葛洪的教育思想代表了这时期道教教育的成就，也不容忽视。

1. 道教的教育场所与教育管理制度

东汉末年道教创立伊始，尚无完整的教育思想和教育体系，早期的道教教育主要采取师徒问答的形式。魏晋时候，由于道教的发展，道馆随之建立。东晋许迈就曾"立精舍于悬山，而往来茅岭之洞室，放绝世务，以寻仙馆"①。之后更多的道士接踵建馆，收徒授业。南朝刘宋初年，道门高士陆修敬在庐山筑简寂馆，聚众传道，订立规章，此时道馆已颇具规模。道馆不仅是道士宗教活动、集体生活的场所，也是道教教育的场所。其宗教教育的大小事宜皆由馆主主持管理，馆主通过选举由贤能的人担任。当时的道师与弟子之间的关系是纯粹的师徒关系。各个道馆都努力宣扬道教的基本教义，并遵循着有关的规章制度。魏晋时期，道教已经有了一些类似后来清规戒律的行为准则，其主要内容是戒杀、戒淫、戒盗、戒酒等，用以约束道教徒的言行举止。这样，一个道馆就是一所学校，道教以此来传播思想，扩大影响。隋唐时，道馆扩大为宫观；宋政和年间，道教学校出现。与之相适应，道教教育管理制度也不断发展。此时的道教教育才比较成熟。虽然魏晋道教教育还很不完善，但其筚路蓝缕之功不可没。

2. 葛洪的教育思想

葛洪在中国道教史上有重要的地位，他推动了民间原始道教向官方神仙道教转变；同时他还系统地阐述了道教教育的目的、内容、原则、方法，甚至就当时社会的选举、考试提出自己独特的见解，在我国宗教教育史、古代教育史上有重要影响。葛洪认为道教教育的目的是培养既能"长生成仙"，又能"佐时治国"的"上士"（或称"长才"）。他认为"上士"要"内宝养生之道，外则和光于世，治身而身长修，治国而国太平，以六经训俗士，以方术授知音"②，就是这一教育目的的集中体现。这个教育目的鲜明反映了魏晋神仙道

---

① 《晋书·许迈传》。
② 《抱朴子·释滞》。

教的特点，调和了出世和入世这对矛盾。为了实现该教育目标，葛洪提出了以道为主，兼采儒、墨、名、法各家思想的神仙道教教育内容。道教是葛洪宗教教育的最主要内容。葛洪认为要成为"上士"既要内修，又要外养，即内保精气和外服上药。但在葛洪看来，单单研习道教是不够的，还要兼习儒、墨、名、法。应该说提出这样的教育内容是较全面系统的。这里限于篇幅，恕不赘述。葛洪在阐明了道教教育目的、内容之后，进一步提出了道教教育的原则与方法。这些原则方法有循序渐进、因材施教、防微杜渐、博闻体要、独立思考、改过就善、谦虚求教等方面。这在今天对教学都还很有启发。此外，葛洪还引用时人"举秀才，不知书。察孝廉，父别居。寒素清白浊如泥，高第良将怯如鸡"① 的话，对当时社会选举不实的情况做了尖锐的批评。针对于此，他强调通过贡举考试之法，来促进教育和社会风气的改变，并对考试工作的安排管理提出设想。这些思想为隋唐科举制的产生做了理论准备。

处于道教草创时期的魏晋道教教育，比起玄学、儒学教育，甚至佛教教育，显得相当不完善，但就其探索开创之功以及对玄儒佛思想的吸收渗透而言，在中国道教教育史、宗教教育史、古代教育史上还是有一定影响的。

---

① 《抱朴子·审举》。

第七章
社会风俗中的文化基因

  风俗，自人类社会诞生以来就如影随形地与人相伴，"至有人类，则渐有群；而其群之多数人之性情、嗜好、言语、习惯，常以累月经年，不知不觉，相演相嬗，成为一种之风俗"①。风俗是人类在共同的生产实践和社会生活中，约定俗成、相沿积旧而形成的社会风尚、礼仪、习俗等的合称，包含着关于人们的生老病死、衣食住行乃至宗教信仰、巫卜禁忌等内容广泛的各种行为规范。它是一种错综复杂的社会精神文化现象，是社会观念形态的表现，既反映着一个民族、国家和地区在各个历史时期的社会物质生活、经济文化水平、民族性格和社会心理，又制约着这个社会的人们对事物的认识及其行为模式。

---

① 张亮采：《中国风俗史》序例，上海，上海三联书店，1988。

魏晋南北朝时期，由于西晋政权极度腐败而在"八王之乱"的自相残杀中灭亡，边疆少数民族遂趁机南下，纷纷入据中原，建立各自的国家，出现了中国历史上空前规模的民族大迁徙。在中原大地上，各民族既相互斗争，也相互接触融合，造成各种文化相互渗透影响的局面，社会风俗大变化，呈现出与两汉时期不同的形态。其最大的特点，在于胡汉的融合。但由于社会风俗不仅因民族、阶层而异，还因时因地而异，难以一言概括，故本章拟重点从衣食住行、婚葬、节日娱乐和宗教迷信方面加以介绍和探讨。

一、衣食住行与文化

（一）服饰文化

东汉时期，作为政教思想反映的汉族服饰制度正式出现，对古代服饰文化产生重大而深远的影响。经过三国鼎立和八王之乱，中国再度陷入分裂状态，游牧民族入主中原，战争和民族大迁徙，促进了胡汉杂居。南北的频繁交流，导致了游牧民族异质文化与汉族文化的相互碰撞和影响，中国的服饰文化进入了一个变异发展的崭新阶段。

魏晋南北朝时期的服饰，在《舆服志》与相关文献中都有详细的记载，同时在大量的考古发掘品和传世保存下来的书画等文物中也可看见，为深入研究提供了必要的条件。下文便主要依据文献、结合考古材料对此时服饰的概貌进行恢复，探讨其文化上的意义。

1. 冕朝公服

作为古代服饰文化的代表，此时冕朝公服的发展略可分为两大阶段：魏晋南朝时期和北朝时期。

据研究，魏晋南朝多沿袭汉制。天子冕服备绣文日、月、星辰等十二章。[①] 冕綖广七寸、长一尺二寸，前周后方，垂白玉珠十二旒，冕綖加于通天冠上，上衣皂色下为绛裳。王公贵族以下仅纹饰和衣料有所差品。除冕服外，

---

① 周锡保：《中国古代服饰史》第二章，北京，中国戏剧出版社，1984。

皇帝在朝会及其他场合都穿袍服，而群臣等则穿五时朝服。

北朝时期，一些少数民族首领在中原建立政权后，将自己的一些民族服饰带入中原，但由于统治的需要和对汉族章服的迷恋，部分接受了汉族冕朝服，从而实现了汉胡服饰文化的两大转移。[①] 关于对高冠博带式汉服的吸收，典型的当为北魏孝文帝。486 年，孝文帝始服衮冕，494 年改革鲜卑族的衣冠制度，下诏废止裤褶服祭天朝贺的旧制，495 年班赐百官冠服。为实现改革的有效进行，并制定严厉的惩罚措施对付私穿胡服的人。但是由于晚期的起义和战争，汉化过程中断，中原地区反而出现鲜卑化的主流。北齐北周时期，其冕朝公服在北魏的基础上变革而显乖异，如《隋书·礼仪志》载："后魏以来，制度咸缺，大兴之岁，革创膳修，所造车服，多参胡制，因民因袭，大象承统咸取用之，舆撵衣冠甚多迁怪。"朝公服多为汉魏混杂情景，晚期则多为阑衫。

作为朝服的附件主要有绶带、笏、紫符、佩剑，对其变化的研究，成果较多[②]，现摘录如下。

印绶此时承袭汉制，按级别高低王侯、两千石、六百石分别佩带金印紫绶、银印青绶和铜印黑绶。笏，此时一般的官员所持的为手版，唯尚书令、仆射及各部尚书手版上饰白笔，以紫皮包裹，称为笏。佩剑方面，多用木剑，如《晋书·舆服志》云："晋世始代之以木，贵者犹用玉首，贱者亦用金银玳瑁等为雕饰。"紫符，魏晋南朝缀于朝服的左肩，北齐时尚书右仆射、吏部尚书则缀在右肩上。

2. 常服

常服方面，变化较甚。在门阀森严的汉族士族统治时期，名士们主宰着这一时期的时尚潮流。[③] 由于他们既注重个人的内在精神，也注意外在风貌与内心的完美统一，因此服饰与当时社会意识有密切的内在关系。在魏晋玄学清谈之风的影响下，服饰便形成了所谓的"魏晋风度"。这种服饰与秦汉时期流行的袍衫有明显的区别。汉代袍服的袖端装有一个收敛的袖口，魏晋时期则没

---

① 黄馥娟等：《中华服装史》，第 127 页，北京，中国旅游出版社，1995。

② 朱大渭：《魏晋南北朝社会生活史》，第 83 页，北京，中国社会科学出版社，1998。

③ 从《晋书·王导传》中所载便可反映，东晋苏峻之乱后，国库空虚，"库中唯有涷数千端，弥之不售，而国用不给。导患之，乃与朝贤俱制布单衣，于是士人翕然竞服之，涷遂踊贵"。

有，而是宽敞的大袖。仕宦文人皆以褒衣博带为尚，服装色彩则崇尚素雅，尤以白色为多。衫的穿法也不规整，有的敞胸露怀，有披搭在肩的，甚至披头散发，裸露身体的，反映了士大夫不为礼俗所拘、潇洒放达的气质和桀骜不驯的品格。

南京江宁西善桥发现的南朝模印画像砖室上的七位魏晋名士和荣启期的穿着便反映了这种精神。[1] 他们有的身穿直领宽袖的肥大长袍，敞开衣襟，露出里面的交领宽单衣，腰束宽带；有的上穿直领宽袖单襦。下束肥大的长裙；有的穿一件交领长袖的深衣。他们饮酒弹琴，谈玄论道，显示出寄情于山水、游心于宇宙的潇洒风度。他们的服装都有一个共同的特点，即宽松肥大。上衣的袖子的肘部特别宽，几乎拖至地面；腰间系的长带，似乎随风起舞。这种服饰即所谓的"褒衣博带"。(图一)

图一　竹林七贤砖印壁画（局部）

（南京西善桥南朝刘宋墓出土）

这种服饰在《洛神赋图卷》中也可看到，图上曹植身穿的便是。南京地区的几座东晋南朝墓葬出土的画像砖上甚至出行仪仗、鼓吹等仆役都身穿宽衣、长带人袖。[2]

这种服饰不仅男子穿，连女子也同样模仿。如河南邓县北朝墓葬中画像砖上两位出游的贵妇，[3] 她们的上衣宽大，外束半袖，腰系宽带，身着长裙。唐代阎立本所作陈文帝像旁的二侍女也身穿宽衣大袖。著名的服饰"杂裾垂髾"是此时的产物。其特点是将下摆裁成三角，上宽下尖，层层相叠。南北朝时，

---

① 南京博物院：《南京西善桥南朝墓及其砖刻壁画》，载《文物》1960 年第 8、9 期。

② 南京博物院：《江苏丹阳胡桥南朝大墓及砖刻壁画》，载《文物》1974 年第 2 期；《江苏丹阳县胡桥、建山两座南朝墓葬》，载《文物》1980 年第 2 期。

③ 河南省文化局文物工作队：《邓县彩色画像砖墓》，北京，文物出版社，1958。

去掉了长可曳地的飘带，而将尖角的燕尾大大加长。《洛神赋图》中的女子便穿此衣，有凌波微步之态。（图二）

图二　《洛神赋图》中女子服饰

　　除中原外，边远地区我们也可发现这种宽袖长衣，如甘肃嘉峪关魏晋壁画墓。① 可见褒衣博带服饰当时广泛流行。

　　宽大的裙袍式服装在汉人中是主要发展方向，但作为游牧民族的传统服装裤褶、裲裆和半袖衫，晋末也逐渐在汉人贵族中盛行起来。褶，既左衽袍，宽袖短身，前面大襟，面料毛布制作。裲裆不用衣袖，只有两片衣襟，其一当胸，另一当背，即后来的坎肩形式。半袖衫即短袖式的衣衫，秦汉时期汉人便穿裤和短上襦，合称襦裤，但贵族必须在襦裤外加穿袍裳。到了晋代，裤褶便定为戎服，天子和百官都可以穿。据《晋书·舆服志》记载，把裤褶定为"车架亲戎中外戒严之服，无定色。冠黑帽，缀紫标……"，《宋书·帝纪》中便载，宋后废帝便常穿裤褶而不穿衣冠。《南史·帝纪》中载齐东昏侯把裤褶作为常服。不过，受到褒衣博带的影响，南北朝时期的裤褶，衣袖和裤管都宽大，即广袖褶衣大口裤，由于裤管过大，不便于行动，往往在膝盖处用带子捆扎。河南邓县彩画砖中牵马者所着服饰便是。（图三）

　　较为实用的胡服渐渐被汉人接受的同时，而反映身份地位的褒衣博带式汉

---

　　① 张朋川等：《嘉峪关魏晋墓室壁画》，北京，人民美术出版社，1985。

图三　河南邓县彩画砖

服也逐渐为一些胡族首领接受，如魏孝文帝的改革。494 年，魏孝文帝改革鲜卑族的衣冠制度，下令全国都穿汉服。但是，鲜卑族的劳动百姓不习惯汉族的穿着，依然穿着他们的传统民族服饰。官员们"帽上戴笼冠，裤上着朱衣"，连魏孝文帝的儿子也私着胡服，从洛阳逃回大同，后被废为庶人。由于旧有势力的抵制，改革的效果有限，但最终还是取得了一些成效。考古的一些材料反映了这一点。如洛阳龙门宾阳洞中北魏男供养人像、敦煌 285 窟中西魏供养人像，其服饰几乎与《洛神赋图》上的人物一模一样，穿着宽松的交领长衣裙、头戴汉笼冠。北朝服饰汉化的状况，使得自认是中华文化正统所在的南朝人也自叹不如。如梁陈庆之出使北魏洛阳后，被那里衣冠礼乐所震惊，"羽仪服式，悉如魏法。江表士庶，竞相模揩，褒衣博带，被及秣陵"①。

3. 妇女服饰的变化

魏晋时期妇女服装承继汉代遗俗并吸收了少数民族服式，在传统基础上有所发展。

此时深衣已很少使用，女装一般为襦衫和长裙两大类，其式样、裁剪方法和质料都有较大的改变。上衣的衣身往往紧贴身体，对襟直领，多露脖子和胸，衣袖窄细，盛行薄且透明的衣料，如纱、縠等，用这种薄且透明的衣料制作服装，可以使身体的肌肤若隐若现，恰巧与魏晋时期上层社会追求声色之风

① 《洛阳伽蓝记》卷二《城东》。

一致，同时也反映了传统儒家礼教观念的彻底崩溃。裙子方面、较汉代明显加长，裙裾曳到地面，即上文中所说的"杂裾垂髾"。

南朝时，上衣逐渐变短，但袖子变宽大。由于衣裙过薄，此时女子多穿"抱腰"，即一条绸布，上下有带，包裹在腹部。

女子服装的变化发展与褒衣博带的盛行有密切的关系，上文已有论及，不再复述。

汉人的这种服装，给北朝女装以极大的影响，在北方所出土的文物上所反映的女装几乎与南朝女子一模一样，如山西大同北魏司马金龙墓漆屏风画中的贵妇，[①] 身着便是宽袖交领上衣，下身系曳地长裙（见图四）；河南邓县画像砖上也可看见这种服饰。北魏宁恕墓中侍女的服饰则明显反映了魏孝文帝提倡汉化后的服革风格，梳双鬟髻，穿大袖褥裙，但腰部并非缠"抱腰"，而是"裲裆"。这样的衣着在北方壁画石窟中到处可见，反映了南方服饰对北朝服装的影响状况。

图四　司马金龙墓
漆屏风画中贵妇

当然这种交流是相互的，北方部分女装也逐渐融入南方汉人的服装中，如裤褶、半袖衫、衣袖窄细等。由于北方各族杂居之故，其女子服装也远较南方复杂，既有汉族风韵，又有西域风情。如在敦煌莫高窟的北魏壁画中，既有身着汉式衣装的女供养人，也有头戴幂䍦的女子，反映了服装方面的胡汉交流，从而为隋唐时期服装的大发展奠定了基础。

4. 铠甲

三国时期，铠甲种类有：五折钢铠、明光铠、黑光铠、裆铠、环锁铠、马铠等。

西晋时期铠甲主要是筒袖铠，其把胸背甲片联缀在一起，肩部有筒袖，护头的兜两侧有护耳，顶上有长缨。

南北朝时流行裲裆铠和明光铠。只在前胸后背有两片甲，在肩上用带系联，腰上束带。明光铠在胸背部由左右两片近椭圆形的护片组成，因其反射光

---

① 山西大同市博物馆：《山西大同石家寨北魏司马金龙墓》，载《文物》1972年第3期。

而得名。南北朝末年，明光铠取代了裲裆铠。

5. 冠、发髻与其它

魏晋南北朝时期的冠式多继承秦汉，如汉代的冕冠、长冠、远游冠、通天冠、高山冠、进贤冠等等，魏晋时期继续使用。此外，还新加了四种冠式：白纱帽、笼冠、合欢帽和蛤。

白纱帽，是南朝特有的一种帽式。据《隋书·礼仪志》载，宋齐间，天子宴饮都戴白纱帽。笼冠，为左右侍臣及武官所戴。合欢帽，顶为圆状，由两片面料合缝于中央，与北方少数民族的"突骑帽"较为相似。蛤，即便帽。（图五）

图五　合欢帽　笼冠　蛤

发髻方面，不同朝代形式不同。魏有灵蛇髻、白绾髻、白花髻、芙蓉髻、泛烟髻等；晋有堕马髻、归真髻、郁葱髻等；陈有凌云髻、随云髻、叉手髻等。后期发髻趋向高大。此阶段还盛行假髻。发髻的形式复杂，必导致饰件多样，有花钿、簪、步摇等。

至于鞋履，魏晋南朝盛行木屐，上至天子下到百姓无不好之。《宋书·谢灵运传》便载"登涉常着木屐"。靴，原为游牧民族所穿，晋后，少数民族入主中原，靴便逐渐在中原流行起来。

南北朝时期胡汉服装的相互渗透，便是此时文化多元性的表现，也是民族融合的反映。

（二）食文化中的汉俗与胡风

1. 稻与麦为主食的基本构成

南方食稻、北方多粟与麦，这是自新石器以来便形成的两大饮食格局，即使在魏晋南北朝时期，南北人员迁徙频繁，但由于受南北土壤、气候等影响，这种格局并未得到改变，因此往往导致南粮北贵现象。这从《魏书·安同传》

中元老大臣所需的粳米都要皇帝特赐便可略见一斑，也从侧面反映了当时稻米在北方饮食中的比例。

饭与粥是当时的主要食物。南方食稻米饭，北方食麦饭，或蒸或煮，煮饭则往往留下锅底饭，即锅巴。《南史·孝义传上》载陈遗的母亲好食锅底饭，并经常收集，后来陈遗靠它度过了孙恩之乱。麦饭，由于质感粗糙，其价格也低廉，为一般百姓食物，因此朝臣官员食之，则往往被视为廉洁行为。

熬粥也是米的另一吃法，穷人由于粮食不足而常常食之。富人则多出于调济口味考虑，其原料、加工甚为讲究，这从王恺与石崇的豆粥之争便可看出。

除此之外，在北方，干枣的地位也不容忽视，如《世说新语·纰漏》便载王敦初为驸马时，到厕所见到漆盒中装满了干枣，本用来塞鼻孔的，他以为是果点而全部吃光。这说明干枣在平常百姓间是果点。在南方，据研究，① 还有一种雕胡饭，即用茭白的籽所做，后由于茭白改良为菜，雕胡饭便消失了。

此阶段主食的最大变化莫过于饼类食品的大量出现，如蒸饼、汤饼、油饼、烧饼、胡饼等。凡是如面条、馄饨、水饺、元宵等用水煮的面食则统称为汤饼；而用蒸笼蒸的各种包子、糕点、馒头之类称为蒸饼；用炉烧烤的则称为烧饼，若上面撒些芝麻则称为胡饼。《齐民要术·水引·馄饨法》和晋人束皙的《饼赋》分别对馄饨、面条和蒸饼的做法都做了详细的说明，可见魏晋时期的饼类食品的制作烹饪已达到很高的水平。

饼类当为北方食品，因为多用小麦磨碎成面粉加工而成。随着南北人员的流动，饼类食品也逐渐流入南方，并成为上至帝王下至百姓的日常饮食。如《世说新语·容止第十四》中便提到何宴食热汤饼，《晋书·何曾传》提到了开十字纹的蒸饼，《太平御览》卷 860 引王隐《晋书》载有王长文于成都"蹲地啮胡饼"，王羲之幼时"坦腹东床啮胡饼"。《南史·蔡廓传附孙搏传》载萧衍"尝殿大臣饼"。《南史·后妃传上》载："宣皇帝荐起面饼，……并生平所嗜也。"这些无不反映麦饼在当时的流行情况。

麦饼食品多由南渡的北人传入，且在他们当中盛行，如王氏、萧氏便是北人，而南人中并不普遍。这从《荆楚岁时记》中也可看出，"六月伏日，并作

---

① 《中华文明史》第 4 卷，第 670 页，天津，天津人民出版社，1994。

汤饼，名为辟恶"。这说明汤饼为特定日子制作，南方偶尔吃吃而已。

2. 丰富多彩的菜肴

此阶段，菜肴原料十分丰富，品种齐多，这与此时社会的政治经济状况有密切关系。

汉武帝时，"丝绸之路"开通，一方面使得中国的丝绸产品远销西方，另一方面也从西域等国引进了大量的农作物，如芹菜、扁豆、胡瓜、胡萝卜、胡豆、胡蒜、胡葱等，这些到了魏晋南北朝时期便成为人们日常蔬菜。菌藻类此时也已开发，据《齐民要术》载，有黑木耳、银耳、石耳、地耳、蘑菇、猴头、紫菜、海带等，书中并有详细的烹调记载。

同样由于受物产自然条件的影响，南北两地的菜肴也有差异。如菇菜、莼菜和竹笋、茭白等，便为江南特产，北方便少见。《晋书·文苑·张翰传》载吴人张翰入洛后，思吴中菇菜莼菜和鲜鱼脍而辞官回家，便说明这些菜的地域性。

至于肉类，地域性差别同样明显。在南方，鱼在肉类中占有重要的地位。《南史·褚裕之传附彦回传》记彦回的门生劝其卖掉别人送的三十枚鲛鱼时，彦回变色曰："我谓此是食物，非曰财货……少日便尽。"南人对鱼的爱好于此可知。与好食鱼的南方相比，北方则好吃羊肉，这是因为北方游牧民族多养羊的缘故。在《洛阳伽蓝记》卷3《城南》中记载北魏孝文帝让南方来的王肃比较羊肉与鱼肉的优劣，王肃为表示对其尊重，但又不失身份，称羊肉为陆产之最，而鱼为水族之长。这说明羊、鱼在南北两地的份量。

南方除鱼虾等水族外，鸭鹅等水禽在肉类中的地位也相当重要。南朝陈霸先在与入侵的北齐军队决战前，便收到侄子陈蒨送来的1000只鸭和3000斛米，使得将士饱餐，最终取得了胜利。①

瓜果之类，据张华的《博物志》、嵇含的《南方草木状》、贾思勰的《齐民要术》载，北方食石榴、胡桃、西瓜、甜瓜等，南方盛产龙眼、荔枝、橄榄、椰子、槟榔、甘蔗等。

至于加工方法，多与汉代相同，有炙、脍、酱、脯、烹、蒸等。作为美食

---

① 朱大渭：《魏晋南北朝社会生活史》，第130页，北京，中国社会科学出版社，1998。

家的何曾曾撰有《食疏》，记有各种美食的用料和烹饪方法，其中有一种"黄颌榷"，乃是用幼小动物的下巴肉为原料制成的肉羹，直到南朝萧齐时仍为权贵们津津乐道，可见当时烹饪的水平之高。

烹饪水平的提高，与调味品的使用有相当大的关系。魏晋南北朝时期，调味品的种类与使用已日渐丰富，有醋、糖、豆豉等。醋，在《齐民要术》中记载了二十多种制作方法，其中提及的原料有豆、大麦、酒糟、秫米。糖，此时已提到冰糖的制作，《齐民要术》载"甘蔗远近皆有，……汁如饴饧，名之曰糖，又煎而曝之，即凝而冰"。豆豉的制作。除上书中有记载外，《北堂书钞》引《博物志》中也有，"外国有豉法，以苦酒浸豆……以麻油蒸汽，复暴三过乃止。然后细捣椒屑筛下，随多少令投之，中国谓之康伯以，是胡人姓名"。可见，豆豉的制作乃从西域传入。

3. 酒茶与文化

饮酒之风盛行是这一阶段的突出现象。世家大族不务正业，闲得无聊，便以豪宴打发时间，如石崇之类。当然亦有借酒避祸的，如阮籍、顾荣等。他们或多或少刺激了社会的纵酒之风。但文人名士们的好酒是促使社会纵酒的主要因素，如陶渊明、王羲之、周凯、谢灵运等，无不嗜酒如命。"名士不必须奇才，但使常得无事，痛饮酒……"① 在这种观念指导下，假名士们便纷纷效法。

饮酒之风盛行，必导致制酒业的发达兴盛。在北魏洛阳，市的一半都是生产和营销酒的作坊。在《齐民要术》中，记载的酒类名称有：白堕曲、颐白酒、秦州春酒、粟米酒、黍米酒、糯米酒等 40 多种，可见酒业兴盛，其酿造工艺也达相当高的水平。在南方，除米酒外，还有屠苏酒、菊花酒，这在《荆楚岁时记》中都有反映。

饮酒的兴盛，耗用了大量的粮食，为此各个朝代都有酒禁。三国曹魏、东晋安帝、南朝宋文帝、齐武帝都有过酒禁，就连北方的石勒也"以百姓始复业，资储未丰，于是重制禁酿。郊祀宗庙皆以醴酒，行之数年，无复酿者"②。但由于上层的腐化和名士的放纵，收效甚微，饮酒之风久盛不衰。

饮茶之风，始于何时，说法不一。但到了魏晋，茶便成为统治阶层宴席聚

---

① 《世说新语·任诞》。
② 《晋书·石勒载记下》。

合时的必需饮料。《吴书·韦曜传》便提到孙皓"密赐茶荈以当酒"。东晋南朝时，江南除饮茶外，并备有茶点，《世说新语·轻诋》便载素有重名的储季野，初至江东时闯入吴中豪右茶会，在互不相识的情况下，仅得茶水招待，而不能品尝茶点。

饮茶对南方豪右来说为常事，但初至江南的北方士大夫则未必精于此道。《世说新语·纰漏》："王丞相请先度，时贤共至石头迎之……一见便觉有异，坐席竞，下饮设茶，使问人云：'此为茶为茗'。"王导虽位及人臣，但对茶所知甚少。可见到东晋初，饮茶之习仍限于江东一带，北方到了南北朝时还没有饮茶习惯。《洛阳伽蓝记》中"羊肉何如鱼羹，茗饮何如酪浆"即可说明。北方饮茶之风形成当为隋唐。不过侨居江左的北方士族在新的环境下也逐渐好茶。如桓温，"每宴唯七奠盘果茶点而已"[1]。齐武帝萧颐在临终前白："我灵上勿以牲为祭，唯设饼、茶饮、干饭、酒脯而已。"[2]

饮茶习俗的南北差异及演变，考古墓葬中出土的器物也可反映。作为茶具的鸡首壶，其发现主要在长江以南如重庆、芜湖、南京一带，江北甚少发现。而到了隋唐时期，茶具注子取代了鸡首壶并遍及全国，说明了北方饮茶之风的兴起为这一时期。（图六：鸡首壶）

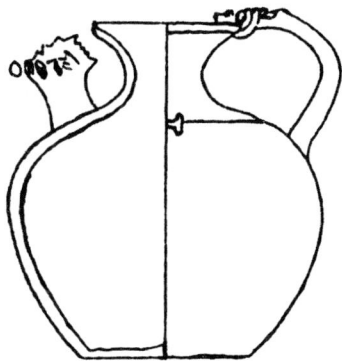

图六　鸡首壶
（南京建宁砖瓦厂 4 号墓出土）

（三）住宅

根据这一时期的石窟、壁画与模型明器分析，此时住宅与两汉较为相似，屋顶有庑殿顶、歇山顶、两面坡等。前两者多为贵族的住宅，上有鸱尾，其结构多抬梁式，上施大量的斗拱，有厅堂和回廊，墙上设直棂窗。

此时变化最大的莫过于园林的兴起。魏晋南北朝时期，社会的动乱和世风

---

[1]《晋书·恒温传》。
[2]《南齐书·武帝纪》。

的日下使士大夫们隐逸遁世思想蔚然成风。无为与追求自然野致的契合诱使此时园林的发展进入一个新的阶段。按规模的不同，此时园林略分两类。一种为庄园型，多为世家大族所有，其风格按园主的家世和身份分富丽和雅逸。前者如石崇的"金谷园"，园林显露出致仕畅达的士族官僚榜名显耀的一面，其《思归引》中便云："百木几千万株，流水周于舍下，有观阁池沼，多养鱼鸟，家素习伎……傲然有凌云之操。"后者如谢灵运的永嘉别业，"石横水分流，林密蹊绝综"，"海鸥戏春岸，天鸡弄和风"，反映出士族文人追慕雅逸自乐的心情。另一种为宅园型，如张伦园，《洛阳伽蓝记》载"园林山池之美，诸王莫及……是以山情野兴之士游以忘归"。如孔圭园，《南史·列传三十一》和卷四十九中云："列植桐柳，多构山泉，殆穷真趣。""居宅盛营山水，屏几独酌，傍无杂事。门庭之内，草菜不剪、中有蛙鸣。"无不反映文人们寄情于山水、悠然自得的心情。

室内家具方面，由于民族文化交流的影响，略有变化。睡眠用的床增高，四周有矮屏，如《南史·夏侯详传附鱼弘传》载鱼弘"有眠床一张，皆是蠡柏，四面周匝"。坐床和榻也加高加大，下面多用壶门装饰。魏晋以后，胡床渐渐在中原盛行（图七），一些高坐具如凳椅也开始输入。这些高坐具的出现从而改变着当时人们的起居习惯，如垂足而坐的出现。当然这是就汉人而言的。

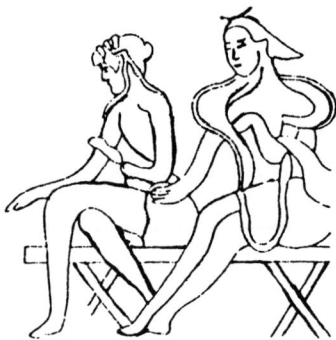

图七　胡床
（南京灵山大墓出土）

至于屏风、承尘、步障和帷帐之类，形状多袭汉制。汉代由于未在室内设天花之类，为防止灰尘，故床顶多设承尘。魏晋时期，平闇出现，承尘多在低层官员及百姓中使用。屏风作为独立的家具，多竖在室内以挡风用，仅画彩与汉代不同。步障，下是步障座，中竖木棍，棍头牵绳挂帷布，由于在庭院和郊外都可使用，非常方便，这阶段流行起来，如《邺中记》载有"石虎三月三日临水舍，公主妃主名

图八　步障座
（南京老虎山4号墓出土）

家妇女无不毕出。临水施帐帷",野外用的帷帐就是此类。在《晋书·王凝之妻谢氏传》中也提及步障,当谢道蕴欲替王献之解围时,"乃施青纱步障自蔽"。考古今现仅发现步障座(图八)。帷帐,分覆斗和殿项式,卢兆荫先生有过详细的探讨,① 故不提。

(四)坐牛车风俗的嬗变

汉初经济凋敝,民生艰辛,天子不能具钧驷,将相多乘牛车。但这不过是暂时的现象,一待经济好转,便又以坐马车为荣贵。正如《后汉书·朱浮传》中载"乘牛车者齐于编人"即是。

但是,到了汉末三国时期,牛车始贵,士大夫乘牛车交游已是社会常见现象。《晋书·舆服志》便言牛车"自灵、献以来,天子至士遂以为常乘",如《三国志·吴书·鲁肃传》中载"今肃迎操,操当以肃还付乡党,品其名位犹不失下曹从事,乘犊车,从吏卒交游士林,累官故不失州郡也",也反映了士大夫乘牛车的普遍。

两晋南朝时期,坐牛车蔚然成风,王公大臣多坐牛车。如《晋书·惠帝纪》载光熙元年(306)司马越遣其将祁弘等赴长安迎惠帝回洛阳时,"帝乘牛车"。《晋书·石崇传》中便提到与王恺竞相驱牛入洛的故事。而文献中载坐牛车的大臣还有西晋王衍,东晋顾荣、王导、恒玄、刘超,刘宋朱修之、江湛、何偃,萧齐萧景先、刘真长、王俭、褚渊、陈显达、梁王筠,陈徐陵等,其事例恕不详列。

坐牛车风盛,并形成一套等级分明的用车制度。

据《晋书·舆服志》载,皇帝所坐的牛车有:轺车、四望车、阳隧四望惠窗皂轮车、衣车、书车、药车、画轮车、鼓车等,王公大臣的牛车有:云母车、皂轮车、油幢车、通幰车,并多由皇帝赐给。如云母车,"以云母饰犊车,臣下不得乘,以赐王公耳";皂轮车、油幢车,"诸王三公有勋德者特加之"。这在《晋书·魏舒传》中便有实例,司徒魏舒主动逊位后,晋武帝"给赐阳遂四望惠户皂轮牛车一乘"。

① 卢兆荫:《略论两汉魏晋时期的帷帐》,载《考古》1984年第5期。

北朝牛车之风，始于魏孝文帝时，并有定制。《通典·嘉礼》便载："庶姓王侯及南书令、仆射以下，列卿以上。并轺车，驾一马，或乘四望通輧车，驾一牛。"孝文帝曾经赐给老臣高允"蜀牛一头，蜀车一乘"。到宣武帝时，牛车作为上流社会的交通工具，已经成为风气时尚。《魏书·北海王祥传》记载宣武帝亲政后，"祥与咸阳王僖、彭城王勰并被召入，共乘犊车"。而《彭城王勰传》记载永平元年，宣武帝召勰入宫，彭城王很忧惧，特别地与妃子告别，"入东掖门，度一小桥，牛不肯进，勰击之，良久"。北魏后期，官员活动多乘牛车，甚至连天子也备有牛车，《魏书·孝静帝纪》记载孝静帝为高洋所废，乘"牛车"出宫。东魏北齐时，社会虽然出现鲜卑化潮流，但上层乘牛车之风并未改变。北齐乘坐牛车的官员已经可以普及到七品官，连北齐的舆制都明确规定：七品以上，乘偏輧车，輧车牛饰以铜。

魏晋南北朝时期坐牛车盛行之风也得到考古的证实，如牛车模型，墓葬中便大量出土，而这在汉和唐则很少发现，并且出土地域广泛。这便充分说明此时牛车风俗的确广泛存在。

二、婚葬习俗的变化

（一）婚俗

各个时期的婚姻关系，都会受到各地区的生活习俗以及社会道德、人伦关系、价值观念和社会地位等因素的影响，虽民族、区域和时代的不同而形态各异，千差万别。民族关系复杂，人口流动频繁的魏晋南北朝时期，婚俗受到各种因素的影响，尤其是多元文化的碰撞与交融，在许多方面都融入胡族的习俗，更显现千姿百态流动多变的特点，并对隋唐时代发生长久的影响。

和前代相比，魏晋南北朝时期，妇女的社会地位大有提高。这从她们积极的社会交往上便可看出。西晋时期，士族妇女交游之风颇盛。当时，士族妇女常常互相招呼去串亲戚，即使夜晚也要披星戴月举火而行。她们或者游山玩水，或弦歌缦舞，自由地出入于公共场合，甚至公开与男子招呼传情。《世说新语·容止》记载："潘岳妙有姿容，好神情，少时挟弹出洛阳道，妇人遇者，莫不连手共萦之。"妇女这种自由自在、无拘无束的行为，在历史上并不多见。

胡族统治下的北方，妇女生活比传统汉族社会更加自由。《颜氏家训·治家篇》说：

> 江东妇女，略无交游，其婚姻之家，或十数年间，未相识者，惟以信命赠遗，致殷勤焉。

> 邺下风俗，专以妇持门户，争讼曲直，造请逢迎，车乘填街衢，绮罗盈府寺，代子求官，为夫诉屈。此乃恒、代之遗风乎？

其实，江东妇女地位也大有提高，后面将做介绍。

妇女地位的提高，自然也反映在家庭生活之中。最明显的，是当时所谓的"惧内"现象，不仅一般家庭"专以妇持门户"，而且，朝中大臣也多有"惧内"者，如贾充、王导，贵为宰相，在家里对夫人服服帖帖，诚惶诚恐。这种情况，到隋唐时代仍屡见不鲜。故《颜氏家训·治家篇》说："河北人士，多由内政。"

妇女地位的提高，有两个因素颇为紧要。

其一，是受胡族习俗的影响。游牧民族，妇女参加生产活动，无论在家庭内部，还是在部族社会，都享有较高地位，男女相对平等。史籍见到的悍妇、妒妇，多为胡族妇女，颇能说明这一点。

其二，是魏晋冲破思想禁锢与名教崩坏的形势下，人们对个性解放的诉求。士人"越名教而任自然"，"以任放为达"。妇女则"任情而动"，对礼教的束缚造成巨大的冲击。

这种冲击首先表现在爱情与婚姻观上。妇女对爱情与异性的赞赏和追求，相当开放。干宝《晋纪总论》称：

> 其妇女庄栉织纴，皆取成于婢仆，未尝知女工丝枲之业，中馈酒食之事也。先时而婚，任情而动，故皆不耻淫逸之过，不拘妒忌之恶，有逆于舅姑，有反易刚柔，有杀戮妾媵，有黩乱上下，父兄弗之罪也，天下莫之非也。又况责之闻四教于古，修贞顺于今，以辅佐君子者哉！

妇女不修四教（妇德、妇容、妇工、妇言），父母兄弟乃至左邻右舍并不以为非，可知这种现象已经相当普遍。所谓的"淫逸"，乃是冲破礼教束缚，大胆追求爱情与个性。因此，此时其妇女的婚姻观相当豁达。在择偶上拥有一定的自由，不必尽待父母之命、媒妁之言。《晋书·王濬传》记载，王濬任河东郡从事时，司州刺史徐邈的女儿因择夫而未嫁。徐邈便召集部属让女儿选择，女儿看中王濬，其父乃为之主婚。《世说新语·惑溺》记载，西晋宰相贾充的女儿看中韩寿，让婢女前去说合，盛赞贾女美貌，说得韩寿怦然心动，逾墙进入贾府，与贾女幽会。贾充知道后，顺水推舟，将女儿嫁给韩寿。这两则故事，反映了当时妇女婚姻的相对自由。

当然，男子也拥有择偶的自由。司空王昶之子王湛，选上地位低下的郝普之女，父母乃为之完婚。此类事例并不鲜见，兹不赘举。

除婚嫁较为自由外，社会还鼓励寡妇再嫁。东晋范宁给孝武帝的上疏中称："鳏寡不敢妻娶，岂不怨给人鬼，感伤和气。"① 庾亮的儿子死于苏峻之乱，儿媳将改嫁，亲家专门为此致书庾亮。庾亮答道："贤女尚少，故其宜也。"表现得通情达理。这些无不说明当时士人认为鳏寡再婚是合乎自然之事。因此，社会上寡妇再嫁的现象甚为多见。徐孝嗣之母，年少时丈夫被害，但已怀上了徐孝嗣，为了改嫁时没有拖儿带女之累，遂以衣捶捣腰，还服用坠胎药，想打掉孩子。民间如此，帝王也同样。魏文帝曹丕娶的甄氏，原为袁熙之妻；孙权的夫人徐氏，原是陆尚之妇；东晋简文帝司马昱母郑太后，曾嫁田氏并生有一子。正因为当时对寡妇的再嫁不仅不反对，甚至还持鼓励的态度，社会上才有如此之多的改嫁现象。

婚嫁自由和寡妇改嫁不过是这一时期婚俗比较宽松的方面。同时，我们也应该看到，魏晋南北朝仍是一个士族居统治地位的时代，士庶之别，更趋森严。因此，士族阶层的婚姻关系，为的是保持士族的政治基础和高贵血统而展开的，诚如周一良先生所谓："政治方面从'宦'字着眼，社会方面则以'婚'为中心。"② 这使人不由得想起恩格斯在《家庭、私有制和国家的起源》中所说的一段名言："结婚是一种政治行为，是一种借新的联姻来扩大自己势力的机会；起决定作用的是家世的利益，而决不是个人的意愿。"③ 无论是南朝北

---

① 《晋书》卷七十五，《范汪附范宁传》。
② 周一良：《南朝境内之各种人及政府对待之政策》，《周一良学术论著自选集》，北京，首都师范大学出版社，1995。
③ 《马克思恩格斯选集》第四卷，北京，人民出版社，1972。

朝，婚姻最讲究的就是门第。

从政治方面来看，士族之间相互通婚的情况十分普遍，形成错综复杂的婚姻网络，维护士族对政治的垄断。对《世说新语》及刘孝标注释整理的《世说新语士族婚姻谱》①，表明大族的婚姻关系，基本上是互为配偶的裙带关系。北方的情况也是如此。据《魏书·崔辩传附崔巨伦传》记载，崔巨伦姐因一只眼睛瞎了，内外亲属莫有求婚者，家人讨论降而嫁之。崔巨伦姑赵国李叔胤妻悲叹道："岂令此女屈事卑族！"遂让其儿子娶之。"卑族"甚至不能娶高门中一瞎女，可见士庶之别何等分明。

北魏孝文帝改胡姓为汉姓，令魏贵族与汉人大姓通婚，力图通过政治手段，巩固士族的政治统治。北齐、北周士族的婚姻情况，如出一辙。北周著名的"关陇集团"，典型地表现出"婚"与"宦"的结合。所以，古代将"婚宦"合为一词，深刻地揭示了古代士族社会的血统性政治特点。

强调门当户对的必然结果，便是身分内婚制的盛行，亦即高门大族间的循环婚配，婚姻范围相当狭隘。例如，东晋以琅邪王氏和陈郡谢氏相互间的通婚最为频繁，王凝之娶谢弈女，王询娶谢万女，王珉娶谢安女，而谢万则娶王述女，谢涛娶王静之女，谢兰娶王泰女等等。而北魏时期，与大族卢、崔氏通婚的除九例不可辨析外，其余为皇族和有一定郡望的大族。②

在如此狭小的范围内择偶，则异辈婚、中表婚的情况就很难避免了。东晋明帝娶庾冰之妹，而明帝之孙废帝又娶庾冰之女；简文帝的王皇后是王述的堂妹，而他的儿子会稽王司马道子的王妃却是王述之孙王国宝的堂妹。又如刘宋朝的蔡兴宗，将女儿嫁给外甥子；徐湛之和宋文帝之女南阳公主为中表姊妹，但其子却娶南阳公主，而其女又嫁给文帝之子。这类现象，在大族中非常普遍。

从社会方面来看，士庶不婚是门阀等级婚姻高度凝固化的体现。享有特权的高门大族为了维护等级界限，极其强调血统、门第和出身，通过婚配来保持高贵纯粹的血统，防止寒族利用婚姻来攻破门第的等级界限，也包括排斥那些

① 宁稼雨：《〈世说新语〉中的士族婚姻观念》，载《中国典籍与文化论丛》第六辑，北京，中华书局，2000。

② 朱大渭：《魏晋南北朝社会生活史》，第249页，北京，中国社会科学出版社，1998。

渡江较晚的北方士族。因此，非士族之间门当户对的婚姻，便被斥为"婚宦失类"，在政治上遭到弹劾，在社会上为士族所不齿。杨佺期出自名门弘农杨氏，五胡入据中原，他南迁江左，"自云门户承籍，江表莫比"。然而，由于他"婚宦失类"，所以一再受到排抑。此风愈演愈烈，以至士庶通婚会被弹劾，典型的例子如萧齐时王源嫁女给富阳满氏，遭到沈约的弹奏："非我族类，往哲格言，薰莸不杂，闻之前典。岂有六卿之胄，纳女于管库之人。……高门降衡，虽自己作，蔑族辱亲，于事为甚。此风弗剪，其源遂开。点世尘家，将被比屋。宜置以明科，黜之流伍，使已污之族，永愧于昔辰。方媾之党，革心于来日。臣等参议，请以见事免源所居官、禁锢终身。"①

那么，是不是士庶之间绝对没有婚姻关系呢？应该说的确不多，而且还有条件。宁稼雨《〈世说新语〉中的士族婚姻观念》认为："如果说士庶之间的婚姻还有什么松动和通融的余地的话，那就是要对'娶'和'嫁'加以严格区分。一般来说，士族之子娶寒族之女，尚情有可原；但士族之女，则决不可下嫁寒族。"

为了严格士庶之间的婚姻界限，士族采取收纳高额娉财的办法，人为设限，令寒族知难而退。但实际上，这种办法多沦为变相的买卖婚姻。如上面提到的王源与满氏的婚姻，满氏"下钱五万，以为聘礼，源先丧妇，又以所聘余直纳妾"。士族贪财与虚伪，在金钱面前暴露无遗。因此，对"婚宦失类"的纠弹，从另一个侧面来看，也具有挽救伦理道德与社会风气的意图。

大收聘财，南北皆同，北方甚至有过之。《颜氏家训·治家》说：

> 近世嫁娶，遂有卖女纳财，买妇输绢，比量父祖，计较锱铢，责多还少，市井无异。

唐太宗曾对大姓相互为婚与财婚现象提出激烈的批评，唐朝也对此一再设限，可知这种风气之炽盛，影响长远。

士庶有如天隔，反映在家庭里，则是妻妾嫡庶界限森严。当然，南北风俗颇不相同。《颜氏家训·后娶》总结道：

> 江左不讳庶孽，丧室之后，多以妾媵终家事；疥癣蚊虻，或未能免，

---

① 《文选》卷四十《弹事·奏弹王源》，北京，中华书局，1977。

限以大分，故稀斗阋之耻。河北鄙于侧出，不预人流，是以必须重娶，至于三四，母年有少于子者。后母之弟，与前妇之兄，衣服饮食，爰及婚宦，至于士庶贵贱之隔，俗以为常。身没之后，辞讼盈公门，谤辱彰道路，子诬母为妾，弟黜兄为佣，播扬先人之辞迹，暴露祖考之长短，以求直己者，往往而有。

家庭内部的争讼，是社会士庶待遇悬殊所致。

魏晋南北朝时期的另一个普遍现象，就是早婚。上至皇帝，下至百姓，大多如此。如西晋晋武帝为太子衷选妃成亲时，司马衷不过 13 岁，而贾妃也才 15 岁。南朝齐高昭皇后、南朝梁太宗简皇后、陈后主贵妃张丽华均为 10 岁出嫁。东晋安禧王皇后、宋前废帝何太后、明恭王皇后、刘聪左皇后、后凉吕光妻、北魏平文皇后、孝文昭皇后、冯太后等多为 12 岁，很少有超过 15 岁的。帝王如此，臣民也一样。西晋傅咸 6 岁时便定婚，南朝宋杜骥为 13 岁，齐谢瀹 8 岁尚公主等等。此外，南齐萧惠基、萧梁柳偃、张瓒，陈朝周弘正、王元规等，都在 13 岁或以下成亲。一般百姓早婚情况，从法律规定可以得知。西晋规定，凡女子 17 岁未嫁者，由政府代找配偶，说明在当时 17 岁不嫁已属太晚。一般的婚配年龄，西晋束皙以为：男 16 可娶，女 14 可嫁。①

北朝的早婚情况更为突出，赵翼《廿二史劄记·魏齐诸帝皆早生子》条说："魏道武帝十五岁生明元帝，景魏太子十三岁生文成帝，文成十五岁生献文帝，献文帝十三岁生孝文帝。北齐后主纬十四岁生子恒，纬弟俨被诛时年十四，已有遗腹子四人。按高澄年十二尚魏孝静帝妹冯翊长公主，盖魏、齐之间，皇子皆早娶，故生子亦早。"从见诸史书的实例来看，北朝的婚配年龄的确很早。西魏大统十二年下诏："诏女年不满十三以上，勿得以嫁。"② 说明当时女子在 13 岁以前婚嫁的非常普遍。北朝的早婚，是鲜卑族的习俗，而影响中原。

当然，早婚与当时人口缺少有很大的关系。魏晋南北朝时期，战乱和自然灾害频发，人口数量急剧下降，为了增加劳动人手，各朝代都实行鼓励早婚早育的政策。刘宋的周朗认为："凡为国，不患威之不立，患恩之不下；不患土

---

① 《初学记》卷十四，《婚姻第七》。
② 《北史》卷五，《魏文帝纪》。

之不广，患民之不育。"所以，他向政府建议："女子十五不嫁，家人坐之。"①
北周建德三年（574 年）也同样规定："自今已后，男年十五，女年十三已上，
爰及鳏寡，所在军民，以时嫁娶，务从节俭，勿为财币稽留。"②

（二）葬俗

魏晋南北朝历时达三个半世纪，经历了汉唐一个较长的过渡阶段，其葬俗
是建立在汉代葬俗的基础上，融汇了许多民族的葬俗特征。但是葬俗往往因社
会的政治氛围、伦理观念、经济发展水平而异，因此魏晋南北朝时期的葬俗不
仅表现出地区上的差异，还表现出其发展演变的阶段性。

陈寅恪先生早在 20 世纪 40 年代便分析了曹魏、孙吴时期南北两大阵营统
治者的阶级性。曹操出身于寒族，以法术为治。而孙吴政权是由汉末江东地区
的强宗大族拥戴江东地区具有战斗力的豪族，即当时不以文化见称的次第士族
孙氏，借其武力，以求保全从而组织起来的政权。③ 这种阶级性的差异，导致
对汉代、尤其汉末丧葬观念扬弃态度上的差别。

曹操出身寒族，尚节俭，文献中已有较多记载。其不以汉代传统的儒家思
想为可，这从"求才三令"中便可证明："夫有行之士。未必能进取，进取之
士，未必能有行也。""或不仁不孝而有治国用兵之术，其各举所知，勿有所
遗。"而仁孝乃儒家大族立身之本，其往往表现为厚葬。对儒家礼教的排斥，
必表现出薄葬观念。当然曹魏政权力行薄葬与当时中原地区经济凋敝、大量百
姓死于战祸和饥荒有关，如"引军从泗南攻取虑、雎陵、夏丘之县，皆屠之，
鸡犬亦尽，墟邑无复行人"④。经济的衰败导致统治者无力举行奢侈的丧葬。
另一个重要的原因是，曹操本人在战乱时期都大规模盗掘坟墓，如"操又特置
发丘中郎将，摸金校尉，所过隳突，无骸不露"⑤。故对前代厚葬的坟墓所招
到的破坏深以为介。因此在 205 年左右便下令禁止厚葬，不封不树，220 年遗
令埋葬时"敛以时服，无藏金玉珍宝"。曹丕也承袭节葬主张，在其所作《终

---

① 《宋书》卷八十三，《周朗传》。
② 《周书》卷五，《武帝上》。
③ 万绳楠：《陈寅恪先生魏晋南北朝史讲演录》，第 1~11 页，合肥，黄山书社，1987。
④ 《三国志·魏书·荀传》注引《曹瞒传》。
⑤ 《文选》卷四十四，《为袁绍檄豫州》。

南北朝时期砖刻浮雕
河南邓县出土

洗烫家禽图

宰牛图

310

宴乐图
东晋时期 漆盘
南昌市博物馆藏

311

角抵图
吉林集安高勾丽墓壁画

制》中已可说明。上行下效，故薄葬之风社会盛行。因此墓葬方面，东汉时期流行的玉衣制度消失，而豪华的大型多空砖室墓并附有奢侈的随葬品等也绝迹。如1993年在山东东阿县鱼山发现的陈思王曹植墓便可充分说明。[①] 其墓室为中字形，长为11.4米，墓室抹石灰面，无壁画雕刻之类，随葬品方面，除几件金饰玉璜之外，其余为陶罐、杯之类，也无金缕玉衣。在洛阳地区发现的曹魏墓葬同样不论在墓葬结构还是随葬品方面，与东汉相比都有简化的趋向。这已在考古研究中得到证实。[②]

而孙吴政权控制的江东地区更多地沿袭了汉制。因为作为腐朽的士族，在其儒家思想统治下，忠孝观念并未改变，因此厚葬必行。我们通过墓葬便可知晓。如在鄂州西南发现的孙邻墓[③]，墓葬长14.5米，有甬道、双耳室、前后室，规模甚大。马鞍山发现的朱然墓葬结构也同样承袭汉制[④]，为吕字形。随葬品方面也承袭了东汉的习俗，有日常生活用具、兵器、钱币以及仓灶家畜等大量的模型明器，质料上有金银琉璃铜漆瓷等。江东地区的厚葬之风既是江东大族兴起的反映，也是当时社会奢侈的表现，与中原地区形成鲜明的对比。

曹魏后期，司马氏控制了中原政权并一统了天下。这时期的葬俗在统一前后发生了变化。作为士族大族代表的司马氏，其以儒家思想为立身之本，必然厚葬。但在早期司马懿、司马师时期，受曹操的严厉打击下，并不敢有所表示，况且也看见厚葬尤其是封树的坟墓遭盗的惨况，故多遵循节葬，不封不树，结构也简化。如司马昭、司马炎的陵墓，都为单室墓，墓室长仅5米左右。[⑤] 统一以后，士族势力大盛，其奢侈腐朽的本性便暴露无遗，如平吴大将王睿，"葬柏谷山，大营葬域，周45里，面别开一门，松柏茂盛"[⑥]。随葬品方面与东汉比较有过之而无不及。如元康九年徐美人墓[⑦]，便随葬有大量的牛

---

① 《中国文物报》1993年12月9日。

② 朱亮等：《洛阳魏晋墓葬分期的初步研究》，《洛阳考古四十年》，北京，科学出版社，1996。

③ 鄂州市博物馆：《湖北鄂州鄂钢饮料厂一号墓发掘简报》，载《考古学报》1998年第1期。

④ 安徽省文物考古研究所：《安徽马鞍山东吴朱然墓发掘简报》，载《文物》1986年第3期。

⑤ 中国社会科学院考古研究所洛阳汉魏故城考古队：《西晋帝陵勘察记》，载《考古》1984年第12期。

⑥ 《晋书·王睿传》。

⑦ 河南省文物局文物工作队第二队：《洛阳晋墓的发掘》，载《考古学报》1957年第1期。

车、男女侍俑、武士俑和家畜等模型明器，并有贵重的金饰。因此不封不树不过是其厚葬的权变之术，如不在坟上立祠，便在墓室中设榻放酒祭奠；不树碑，但将碑小型化放入墓中，墓志出现，其性质与东汉毫无差别。

洛阳地区魏晋时期墓葬同样显示魏与西晋葬俗的变化。[①] 曹魏时期的墓葬，数量和种类都很少；但西晋时期，数量众多，形制多样，部分墓葬规模宏大，随葬品丰富，这种由简到繁，由少到多的变化，与社会丧葬风气的变迁有极大的关系，当然必须与经济的发展同步。

西晋厚葬之风，与最高统治者的推波助澜也有关系。如何曾死后，"帝于朝堂素服举哀，赐东园秘器、朝服一具衣一袭、钱三十万、布百匹"[②]。郑冲死后，晋武帝"于朝堂发哀，追赠太傅，赐秘器、朝服、衣一袭、钱三十万、布百匹"[③]。贾充死，晋武帝"为之恸，使使持节、太常奉册追赠太宰，如衮冕之服、绿绶、御剑，赐东园秘器、朝服一具、衣一袭，大鸿胪护丧事，假节钺、前后部羽葆、鼓吹、缇麾、大路、銮路……葬礼依霍光及安平献王故事，给茔田一顷"[④]。裴秀死后，晋武帝下诏"赐秘器、朝服一具、衣一袭、钱三十万、布百匹"[⑤]。这些做法多多少少刺激了社会的厚葬之风。

西晋过后，北方陷入五胡十六国时期。由于战乱频繁，民族关系复杂，葬俗呈现出胡汉混杂的局面，如西安草厂坡M1[⑥]，其结构和随葬品还保留西晋的特点，但俑类除了男女侍俑外，还有军事气氛极厚的出行仪仗俑，其中的马都有铠甲。辽宁一带的墓葬，则多为土或石圹，随葬大量的马具、兵器等，有的发现壁画。前者墓主为汉人最为可能，后者则是胡人无疑。此时墓葬中最明显的特征即反映军事的武士俑的大量出现，而晋时流行的家畜模型明器几乎不见。随葬品的这种变化，是北方社会军事冲突频繁的见证。

北魏时期，墓葬从保留较多的鲜卑习俗，逐渐向接受中原旧制转化。在内

---

① 朱亮等：《洛阳魏晋墓葬分期的初步研究》，《洛阳考古四十年》，北京，科学出版社，1996。

② 《晋书·何曾传》。

③ 《晋书·郑冲传》。

④ 《晋书·贾充传》。

⑤ 《晋书·裴秀》。

⑥ 《中国大百科全书·考古卷》，第543页，北京，中国大百科全书出版社，1986。

蒙古呼和浩特发现的北魏初期的墓葬，虽系砖室、木棺和较多的随葬陶器，但还出土了草原民族风格的高足双耳铜鍑、铜羊距骨、兽纹铜牌饰等。晚期阶段，中原影响明显加强。如山西大同司马金龙墓①，从墓室结构到随葬品的组合，都显示出中原的风格。

东西魏、北齐北周时期，墓葬形制在恢复中原旧制基础上又受到南朝的影响，如墓葬多为单室砖室墓。随葬品方面，代表死者地位官阶的以牛车和鞍马为中心的出行俑类数量大增，明显成为显示死者身份地位的主要象征物之一。如东魏武定八年茹茹公主闾叱地连墓出土俑达 1064 件，主要为出行仪仗俑。②河北磁县湾漳大墓出土的俑则超过了 1500 件。③ 除出行的仪仗俑外，还有家内仆侍俑。时代越晚，数量越多，并再次出现了家畜、家禽及井、灶、仓和厕等模型明器。

南方，东晋南朝，多为薄葬，盖经济紧缩之故。墓葬甚至皇陵多为单室。不过墓室结构较前复杂，多模仿生前房室，有棂窗、灯龛、排水沟、祭台等。这说明"视死如生"的观念依然强烈。随葬品的变化同样引人注目。此时陶制与青瓷制成的谷物加工工具和家禽、家畜、仓、灶、井等模型明器基本未见，代之而兴起的则是陶俑、马、牛车、凭几、耳杯等，且在不少墓中出现砖刻或石刻的墓志，而孙吴和西晋时期墓中常见的砖、铅地券已很少发现。这种变化，与北人南渡有较大关系。北方门阀大族的南渡，必然对吴地土著豪族的自给自足的庄园经济进行冲击，他们主要依靠军事力量逐渐打破江南大族所依靠的"闭门为市"的壁垒，从而葬俗上也发生转变。其间厚葬时有抬头，多与上层阶层堕落奢侈有关。如东晋后期，据《宋书·孔琳之传》载："凶门柏装，不出礼典……实为民患乎。凡人士丧仪，多出闾里，每有此需，动数十万，损民财力，而义无所取。至于寒庶……莫不倾产殚财……"由此可见东晋后期的厚葬之风。

---

① 山西大同市博物馆：《山西大同石家寨北魏司马金龙墓》，载《文物》1972 年第 3 期。
② 磁县文化馆：《河北磁县东魏茹茹公主墓的发掘报告》，载《文物》1984 年第 4 期。
③ 河北文物考古研究所：《河北磁县湾漳大墓》，载《考古》1990 年第 7 期。

三、节令与娱乐

（一）岁时节令

我国古代的节日很多，大都不是一个时代里形成的，而是经过长期的累积而成。魏晋南北朝时期的岁时节令，多袭汉代，偶有变动而已。下面把主要的节日按时间顺序分别叙述。

1. 元旦

正月初一，为农历春节。其来源于原始社会的蜡祭。每年此时，上至皇室下至百姓都举行各种庆祝活动，如朝廷举行盛大的元会仪。元会仪自从秦始皇作为重要礼制推行以后，不断有所扩展。东汉时期，它不仅召集中央一级重要官员参加朝贺，还有少数民族使者参加，同时皇帝还接受刺史的"上计"，因此便成为总结全国过去一年成绩和推展未来一年政务的主要方式。这种以郡国上计和元旦朝贺相结合的元会仪，魏晋南北朝时期继续推行。如《宋书·礼志》中便有详细记载，与《后汉书·礼仪志》记载非常相似，都是接受百官朝拜，向皇帝"上寿"，并举行酒会和各种杂技表演。北朝略有改变，如北齐元会仪，"侍中依仪劳郡国计吏，问刺史……及谷价、麦苗善恶、人间疾苦"①。这种元会仪，到隋唐时期便演变为外朝。关于元日朝贺，辞赋中也可看见。如曹植的《元会》诗，便描绘了曹魏时期元旦朝会的隆盛情景："除岁元祚，吉日为良。乃为嘉会，宴此高堂。衣裳鲜洁。"晋代的傅玄在《朝会赋》和王沉的《正会欢》中便渲染了元旦朝贺的庄严肃穆，如"投次而入，济济洋洋，肃肃习习，就位重列"。至于民间，据南朝梁代宗懔《荆楚岁时记》载："正月一日，鸡鸣而起，先于庭前爆竹，以辟山臊恶鬼。""进椒柏面，造饮桃汤。进屠苏酒……下五章盘"等，多有巫术色彩，希望以此驱邪消灾、身体健康。如椒酒，据《四民月令》云："椒是王衡星精，服之个人身轻能走。"柏酒，汉人便认为是一种仙药，吃了能除百病，元旦饮柏酒，在于祝吉长寿，如《汉官仪》载"正旦饮柏叶酒上寿"。

---

① 《隋书·礼仪志》。

2. 元宵

元宵即上元日。起源于汉代，与汉武帝祭祀"太一"天神有关。东汉汉明帝便下令此夜"燃灯表佛"，后传到民间，故出现观灯活动。魏晋南北朝时期同样如此。如陈后主便有咏上元观灯的诗篇，《宴光壁殿咏遥山灯》云："照耀浮辉明，飘摇落烬轻。枝多含树影，烟上带玲生。"关于元宵节男女出游，在陈后主乐昌公主与徐德言的"破镜重圆"故事中便可反映。农村，人们多祭蚕神，或祠门祭户。如《荆楚岁时记》载："正月十五日，作豆糜，加油膏于其上，以祠门户。"这显然为南方风俗，而北方多打族，据《北齐书·尔朱文畅传》载："自魏氏旧俗，以正月十五日夜为打族之戏，有能中者，即时赏赐。"可见南北差异较为明显。南方多带祭祀色彩，这与南方好淫祀有关，北方则多有娱乐性质。

3. 上巳节

三月三日。汉代多用浸泡了的香草水沐浴，以除疫病和不祥，如《通典·礼典》所载："后汉三月上巳，官民皆洁于东流水上，曰洗涤驱除，去宿垢灾，为大洁。"魏晋南北朝时期，这种古老的巫术仪式渐斯让位于充满生活情趣的娱乐活动，如宴饮游乐、曲水流觞等活动。关于这方面的文献记载非常丰富。如《兰亭序》载："永和九年……修事也。群贤毕至，少长咸集……引以为流觞曲水，列坐其次。"东晋之后，南朝君臣，每于三月三日即宴饮取乐，如梁庾肩吾有《三日侍宴咏水中烛影》，《荆楚岁时记》载有"三月三日，士民并出江渚池沼间，为流杯曲水之饮"。北方也同样，如《邺中记》载有"石虎三月三日临水会，公主妃主名家妇女无不毕出。临水施帐帷，车服灿烂，走马步射，饮宴终日"。其活动也与其游牧民族好骑马射箭有关。

4. 浴佛节

四月初八，南北朝时兴盛。据《洛阳伽蓝记·法云寺》载："四月初八，京师士女多至河间寺。"

5. 端午

五月五日。赛龙舟是魏晋南北朝时期端午节中主要的节俗活动，《荆楚岁时记》中载："按五月五日竞渡，俗传为屈原投汨罗日，人伤其死，故并命舟楫以拯之，至今竞渡是其余俗。"书中还记载了南北朝节日竞渡的风俗，"舸舟取其轻利，谓之飞兔。一自为水军，一自为水马，州将及土人悉临水而观之"。至于吃粽子，汉代时期便有，但多为夏天食品，与端午无关，魏晋南北朝时期也同样。魏晋南北朝时期还有采艾草、系朱丝等活动，主要是用来去瘟禳疫。由于五月江南湿热，暑气上升易导致毒气，故古代多称五月为"恶月"，而五月五日则更被视为恶月恶日。为了驱除疾疫，相应的禊祓活动，如浴兰、除瘟等亦随之产生。艾草是端午用来除病驱毒的应节之物，《荆楚岁时记》载"五月五日，采艾以为人形，悬于门户上，以禳毒气"。或采艾草焚烧，或以菖蒲泛酒，上书亦载"端午，以菖蒲生山涧中一寸九节者，或镂或屑，泛酒以避瘟气"。这种做法现在江南农村还有。

以符图驱邪避毒也是端午节的传统风俗，南北朝时期仍盛行五色丝和桃印悬于门上，如北齐魏收《五日》诗云："辟兵书鬼字，神印题灵文。"即指此事。

6. 中元节

七月十五，佛道为亡者解苦之日。《荆楚岁时记》载："僧尼道俗悉营盆供诸寺。"南朝梁武帝首次在汉地创设盂兰盆会。期间，寺院往往举行水陆道场、放焰口等。

7. 重阳节

九月九日。古人以九为阳数，故名重阳。正如魏文帝曹丕《九日与钟繇书》云："岁往月来，忽复九月九日，九为阳数，而日月并应，俗嘉其名，以为宜于长久，故以享宴高会。"据研究，重九登高、饮菊花酒、佩茱萸等风俗，西汉时期始盛行。[1] 这些习俗魏晋南北朝时期多承袭下来。如赏菊，据《续晋阳秋》载：一年的重阳节，陶渊明正在东篱下赏菊，忽地酒瘾大发，但又无酒可饮，只好独自惆怅。未几，一白衣人载酒而来，大喜，即于花丛中畅饮，醉而后归。关于饮菊花酒，《西京杂记》已有记述，并谈到了其制作过程，"菊花舒时，并采茎叶，杂黍米酿之，至来年九月九日始熟就焉，古谓之菊花酒"。《荆楚岁时记》中也提到饮菊花酒事。南朝梁庾肩吾诗中已吟及菊花酒："玉醴吹花菊，银床落井桐。"（《九日宴乐游苑应令》）关于登高插茱萸，晋周处的

---

① 韩广泽：《中国古代诗歌与节日习俗》，第 230 页，天津，天津人民出版社，1992。

《风土记》云："以重阳相会，登山饮菊花酒，谓之登高会。""此日折茱萸以插头，言辟除恶气，令御初寒。"民间如此，封建帝王也多有此举。为了登高，有的甚至专门修建重九登高台。《南齐书·礼志》载：宋武帝在彭城时，每逢九日即去项羽戏马台登高。民间多在野外宴饮，如《荆楚岁时记》载："九月九日，四民并籍野饮宴。"而朝廷则举行重九会宴，如《南齐书·武帝本纪》又载齐武帝永明五年重九日于孙陵岗商飙馆登高，并大宴群臣。

8. 腊日

十二月八日。多举行傩戏以祛疫。《荆楚岁时记》载："村人并击细腰鼓，带胡头，乃作金刚力士以祛疫。"腊日又是家人团聚的日子，《世说新语·德行》载："王朗每以识度推华歆。教腊日尝集子侄燕饮。"《晋书·范乔传》中所在也有反映："初，侨邑人腊夕盗斫其树，人有告者，乔佯不闻，邑人愧而归之。乔往喻曰：'卿节日取柴，欲与父母相欢娱乐，何以愧焉。'"可见人们对腊日团聚的重视。

9. 除夕日

多驱傩、守岁，饮屠苏酒，吃团圆饭。《荆楚岁时记》载："家家具肴馔，相聚酣饮。留宿岁饭，至新年十二日，列弃之街衢，以为去故纳新也。"

（二）娱乐活动

关于娱乐，上文所述有赛龙舟等，多为节日时的活动，平时并不举行。魏晋南北朝时期的娱乐，重要的有舞蹈、围棋、樗蒲、戏射、角力、投壶和杂技，现分别论述。

1. 围棋

这是当时饮宴交往的常见娱乐，又名"手谈"。三国时期围棋活动进入了大发展时期，下棋蔚然成风。如《三国志·魏武帝纪》引张华《博物志》载："冯翊、山子道、王九真、郭凯等善下棋，太祖皆能醮之。"费娲常以早晨和黄昏处理政务，而其余时间多博弈为乐。《三国志·吴书·陆逊传》中记载陆逊逢战事毫不惊慌，与"诸将弃棋射戏如常"。由于下棋风气，妨事费日，时人韦曜曾作《博弈论》讽之。

晋代，棋风益盛。如惠帝的儿子常招贾充等入宫，"弈棋争道"①。南北朝时期，围棋成为士族文化中的重要成分。王公大臣、文人墨客无不以此为乐。宋文帝好弈，曾令围棋高手褚思庄与羊玄保对弈，并录成"图局"，供其欣赏。② 齐明帝"好围棋……帝终不觉，以为信然，好之弥笃"③。南朝时期，皇帝下令品棋之事，习以为常。如梁武帝萧衍令长史柳恽品棋，"登格者二百七十八人，第其优劣，为棋品三卷，恽为第二焉"④。足见棋艺评比规模之大。根据邯郸淳的《艺经》、《隋书·经籍志》里的《棋九品序禄》等记载可知此时棋品制按棋手技能高低分为九品。《南齐书·萧惠基传》便载"琅琊王抗第一品，吴郡褚思庄、会稽夏赤松并第二品"。

北朝图棋之盛，并不亚于南朝，其棋手的水平甚至还超过南方。如《北史·范宁儿传》便载："始孝文时，有范宁儿者善围棋，曾与李彪出使齐，齐令江南王抗与宁儿，制胜而还。"

此时围棋之盛，甚至影响邻国。《周书·异域列传》载百济国"然尤尚弈棋"。

除娱乐外，围拱还多赌博之用。如《晋书·谢安传》中便载，谢安与谢玄曾弈棋赌别墅，谢玄棋高一着，但因战事心神不定，把别墅输了。《南史·羊玄保传》载宋文帝曾与"三品"棋手羊玄保弈棋赌郡。"玄保戏胜，以补宣城太守"。

2. 樗蒲

樗蒲为博戏的一种。此法以掷骰决胜负，鹘子有五枚，上黑下白，黑者刻二为犊，白者刻二为雉，根据五子的黑白分若干等。魏晋南北朝时期十分盛行。桓温好樗蒲，一次输掉数百斛米，只得向高手袁耽求救。⑤ 温峤未做高官时，便经常与扬州、淮中一带的商人樗蒲，有一次惨败而向庚亮赎身。⑥樗蒲的赌博色彩太浓，庚翼当政时为整齐风俗，便下令加以禁止。但这种禁令并未得到贯彻执行。樗蒲之风后来愈演愈烈，甚至少儿都樗蒲，而不再像东晋王献

---

① 《晋书·贾充传》。
② 《南史·萧惠基传》。
③ 《南齐书·虞愿传》。
④ 《南史·柳恽传》。
⑤⑥ 《世说新语·任诞》。

之年少时观众人樗蒲，因年幼而为人所轻视。如《太平御览》卷 754 引《江蕤别传》便载："蕤年十一，始学樗蒲。"《宋书·何尚之传》载何尚之"少时颠轻薄，好樗蒲"。南齐时明帝平定叛乱举行宴会时便樗蒲以乐。樗蒲之风同样盛行于北朝。《魏书·张烈附张僧皓传》使载张僧皓特别好樗蒲而不分对象。宇文泰与大臣宴会时便拿出绢樗蒲。

3. 角力

汉时，角力是百戏的一种。魏晋南北朝时期，由于各民族之间的交流，角力在全国盛行起来。

据《荆楚岁时记》载，荆楚一地五月多举行角力活动，"五月间，相伴为相费之戏"。

当时民间喜欢角力，贵族也不例外。如《北齐书·孝昭帝纪》载："孝昭帝或入诸贵戚家角力批拉，不限贵贱。"

关于角力的实例，在敦煌 290 号窟北面壁画中可见，角力双方均赤膊上阵，下着短裤，一方已将对方按倒。（图九）

图九　角力图

（敦煌莫高窟 290 窟壁画）

4. 戏射

魏晋南北朝时期，社会动荡，射艺由于军事上的重要价值，在社会上颇为流行。如《三国志·魏武帝纪·文帝纪》载曹操"才力绝人，手射飞鸟，射禽猛兽，尝于南皮一日射雉六十三头"。而曹丕"八岁能骑射"。骑射是游牧民族的传统，他们入主中原后，经常通过因猎和戏射来保持其传统的习俗。如《魏书·裴叔业传》载，北魏每年都举行"九日马射"活动，"敕京师妇女悉赴观，不赴者罪以军法"。《北齐书·唐邕》载"军民教习田猎，依令十二月，月别三围"。说明北齐依时令举行围猎。

由于习武成风，故以射为娱乐的活动也常出现。如《北史·魏诸宗室》云：孝武在洛，于华林园戏射，以银酒卮容二升许，悬于百步外，命各射者十余人共射，中着即以赐之。《魏书·世祖纪》载拓跋焘亲自登台观走马，"王公诸国君长驰射，中者赐金锦絮等各有差"。

北方盛行，南方也同样。东晋时，庾翼与谢尚对射，说："卿若破的，当以鼓吹相赏。"①

5. 投壶

魏晋南北朝时期投壶活动的风行，与士大夫好饮宴的习气有关。南齐竟陵王萧子良，曾因与柳恽于宴饮时"投壶枭不绝"，甚至误了早朝。② 颜之推由梁到北齐邺中时，亦见广宁、兰陵诸王有此校具③，可见南北两地统治者的宴饮中，常以投壶为乐。魏晋以后，由于壶具加耳，促进了投壶技术的提高。"耳小于口，而赏其用愈精，遂使耳弄倍多。"④ 即指壶具加了双耳后，花样增多，有"侍竿、带剑、狼壶、豹尾、龙首之名，其尤妙者有花骉"⑤。关于投壶的技巧，晋代已有隔障投壶，如《太平御览·工艺部》引《晋书》载："石崇有妓，善投壶，隔屏风投之。"而引《晋阳秋》云丹阳县尹王胡之"善于投壶，言乎熟闲目"。

6. 杂技

此时由于南北民族交融，杂技较汉代也出现变化，其内容十分丰富。《晋书·乐志下》载有夏育扛鼎、巨象行乳、神龟卜舞、背夷灵岳、桂树白雪、画地成川、绝倒、鳌食、齐王卷衣等。葛洪《抱朴子·辨问》载有"跳九、弄剑、逾锋、投狭、登幢"等。《魏书·乐志》载："六年冬，诏太乐、总章、鼓吹、增修杂技，造五兵、角抵、麒麟、凤凰、仙人、长蛇、白象、白虎及诸畏

---

① 《晋书·谢尚传》。
② 《南史·柳恽传》。
③ 《颜氏家训·杂艺》。
④⑤ 《经说·投壶》。

兽、鱼龙、辟邪、鹿马仙车、白尺、跳丸、缘幢、五案以备百戏……"其中有很多项目是在汉籍中找不到的，其原因，多与此时一部分杂技的内容来自西南、西域等少数民族有关。杂技的表演水平因资料问题无法详述，只能从略。

7. 舞蹈

魏晋南北朝时期，宫廷和豪门大族大肆收养歌舞伎人，促进了舞蹈艺术的繁盛。如梁朝衡州刺史羊侃，府中有"舞人张净婉腰围一足六寸，时人咸推能掌中舞；又有孙荆玉，能反腰贴地，衔得席上玉簪"①。

北朝继承了汉晋的舞蹈艺术，并将西北少数民族的"龟兹乐"、"西凉乐"、"西戎乐"等乐舞传入中原，实现了各民族舞蹈的大融合。这种融合同样也对南朝产生了影响，如陈后主时，曾"遣宫女习北方萧鼓，谓之代北"②。

在佛教艺术中也有优美的舞蹈活动，如敦煌壁画中的"天官伎乐"。杨衒之在《洛阳伽蓝记》中便提及北魏洛阳的景乐寺，"常设女乐，歌声绕梁，舞蹈徐铃。得往观者，以为至天堂"。

四、宗教信仰与世俗迷信

在中国人的文化心理形成的过程中，宗教迷信有着十分重要的作用，而在民间，这种信仰主要表现为对各种神灵鬼怪的崇拜、方术和禁忌三种形式上。

魏晋南北朝时期，战争频仍，皇纲不振。作为统治工具烦琐僵化的儒家礼教已趋于崩溃。在这种情况下，外来的佛教与中国土生土长的道教及各种各样的民间信仰便兴盛起来。鉴于儒道佛已另有章节论述，故于此不提。对魏晋南北朝时期民间宗教信仰方面的研究，近年来颇受人关注，笔者将在前人研究的基础上，从神灵鬼怪、方术两个方面进行探讨，而禁忌由于多表现为各种节日活动，前文已述，故于此省略。

（一）神灵鬼怪信仰

大概是由于万物有灵的残余观念，中国自古以来就有种类繁多的神鬼信

---

① 《梁书·羊侃传》。
② 《隋书·音乐志》。

仰，魏晋南北朝时期也不例外。根据信仰的对象，大体可分成三大类：人、物和自然，具体分类与梁满仓先生大体相同①，唯自然方面笔者仅分天属和地属两类。下文便具体论述。

1. 被神化的先人

据研究②，此时被神化的先人有：黄帝、蚩尤、伏羲、女娲、尧、舜、禹、赤松子、奚仲、周文王、姜太公、孙叔敖、伍子胥、屈原、西门豹、刘邦、项羽、张良、汉武帝、秦始皇等，其中有传说中的人物，也有帝王将相之类，也不乏忠义之臣。将其神化和供奉的过程，便反映了这个时代民间的文化精神所在。

上述传说中的人物，都是有德于民的古帝王，对于他们功绩的纪念，便往往会将其神化。一般的帝王，由于汉代君权神授观念的影响，作为天之子，自然神味十足，如《后汉书·冯异传》便载汉光武帝梦乘青龙上天。而忠义之臣，由于具有忠孝义节廉耻高超的伦理品德而不由自主地受人尊重，后来便逐渐成为百姓供奉的对象。在这些人身上，集中反映了饱受战祸和动荡割据之苦的老百姓渴望安定幸福生活的愿望。

神化过程不同，他们被供奉的地域也各不同，多为他们的出生地或活动地域，如：黄帝，其分布范围在陕甘冀一带，据《晋书·地理志》和《魏书·地形志》载，雍州扶风、幽州襄乐、广宁都有黄帝祠。尧，则广布于黄河中下游。据《魏书·地形志》载，伏羲主要分布在河南、山东，女娲在河北，舜在山东，禹在河南，周文王在陕西咸阳，姜太公在河南汲县，刘邦和张良在徐州等等。

当然也有少数例外，如伍子胥，本为楚国和吴国人士，却在山东秦安和河南长恒受到供奉；秦始皇，其庙宇却在绍兴。其原因，与民间信仰中的短期、势利性有关，不管什么对象，只要一旦"显灵"，便往往被供奉，这也反映了民间信仰的随意性。

2. 被神化的当时官吏

据研究③，此类人主要有：曹操、邓艾、贾逵、诸葛亮、孙坚、周瑜、蒋

---

①②③ 朱大渭等：《魏晋南北朝社会生活史》，第346页，北京，中国社会科学出版社，1998。

子文、苏峻、袁双等。他们大多或文才智识，或勇武过人，或忠义孝节，由于十分符合民间的审美观而被神化，即所谓"名德大贤，死则托之"。如诸葛亮、周瑜，上知天文下晓地理且足智多谋，无不料事如神；贾逵，《三国志·魏书》载其刚正不阿，并修建水利，从而造福于民；曹操、孙坚等，"有包藏宇宙之机，吞吐天地之志"。

对英雄们的崇拜和神化，是民间信仰中光明的一面，但也往往有随意、灰暗的一面，上文也说过，只要"显灵"的东西，人们都奉以为神。苏峻、蒋子文的奉祀同样反映了这一点。苏峻，因私怨与祖约举兵反晋，刘宋时冀州人却为其造像，供奉于唐尧庙中；蒋子文，《搜神记》卷5中便载"嗜酒好色，挑达无度"，但死后"显灵"便为人所祀。

3. 被神化的民间百姓

此类有紫姑、丁姑、于吉、赵丙等，多为含冤而死，或死后"显灵"，或生前善方术而受人尊敬，从而为人间奉祀。如赵丙，《搜神记》卷2中说他善方术，百姓蒙服，后因惑众之嫌遭杀，但扬州人士建庙祭祀。于吉，《三国志·吴志·孙策传》注引《江表传》中载他是三国时期道士，"制作符水以治病，吴、会人所事之"。后也因惑众之嫌遭杀，但"诸事之者，不谓其死而云尸解，复祭祀求福"。

4. 生活中的器具

民间对生活器具祭祀的对象主要有灶和门。

灶神，是中国民间信仰最为普遍的神，上至天子下至庶民家家户户都要供奉。其起源也相当早，在《礼记》、《史记》中都有记载，职责主要是掌伙食。魏晋南北朝时期则发生了变化，《抱朴子·微旨》载："又月晦之夜，灶神亦上天白人罪状。大者夺纪。纪者，三百日也。小者夺算。算者，三日也。"从而转变成管理人间世务、掌管生死祸福的神。这种转变，据研究，与汉代的方士鼓吹祠灶可以致物炼丹长生不老有关。①

对门神的祭祀亦由来已久，原始崇拜认为凡与人们日常生活有关的事物皆有神在，五祀所奉，即对人们居处出入饮食有用的事物，故祭之以抱德。这便

① 宗力：《中国民间诸神》，第248页，石家庄，河北人民出版社，1986。

是门神观念的最早来源。早期门神的职责是主出入平安。汉晋时期其职责发生转变，或主出入平安，或驱鬼辟邪，或居人间司察小过以作谴告。《荆楚岁时记》载："今州里风俗，望日祭门……仍以酒脯饮食及豆粥插箸而祭之"，其又载"正月一日，贴画鸡户上，悬苇索其上，插桃符其旁，百鬼畏之"。可见南方门神多辟邪之用。

5. 对天属的祭祀

天属之神，有天、日、月、风、雨、雷、电、星诸神。

对天神的祭祀，《尚书·尧典》中有"舜在璇玑玉衡，以齐七政，遂告于上帝"的记载。《史记·封禅书》云：汉代最高的天神为"太一"，其佐为五帝。祭天活动，历代重视，《魏书·礼志》中便详细记述了 405 年的一次祭天过程："祭之日，帝御大驾，百官及宾国诸部大小毕至部所。帝之青门内近南坛西，内朝臣皆位于帝北……女巫执鼓，立于陛之东、西面；选帝之十族子弟执酒，在巫南、西面北上……帝拜，后肃拜。"历代祀天大典的对象皆为昊天上帝。

民间对昊天上帝的崇拜，汉以后由于道教与佛教影响的扩大而日渐淡漠，如《抱朴子·杂应》、《魏书·释老志》中都提到老子，"道自原，出于老子。其自言也，先天地生，以资万类。上处玉京，为神王之宗；下在紫微，为飞仙之王……好异者往往而事之"。

关于日月的信仰，《礼记·祭义》中载："邦之祭，大抱天而主日，配以月。"战国时期楚地信仰"东君"神，即神化了的太阳神。汉代开始转变为东王公和西王母。魏晋时这种崇拜保持着，如此时的神兽镜上便有反映。[①]

星辰繁杂，星神也同样。中国古代把全天连续通过南中天的恒星分为二十八群，称为二十八宿，到战国时期又将其分为四组，分别配置四灵：东方青龙，南方朱雀，西方白虎，北方玄武。魏晋时依然沿袭。四神镜的流行便反映了这种情况。诸星宿中，南斗和北斗为重，有"南斗注生，北斗注死"之说。在《搜神记》卷 3 中管救颜起的故事中便可体现。

---

① 如孔祥星、刘一曼：《中国古代铜镜》第 120 页中便提到"吴黄武六年重列式神兽镜"，其第一段为南极老人，第二段为神农、仓颉，第三段为西王母、东王公，第四段为黄帝，第五段为天皇大帝。

关于对风雨雷电祭祀的原因，主要是由于对它们错误的认识和屈服其威力的心理才导致。

《搜神记》中对雷神做了详细的描述："色如丹，目如镜，毛角长三尺余，状如六畜，头如猕猴。"此时雷神的职责是司雷电职的，电神的信仰据研究出现于宋代。[①]

风神信仰，春秋战国时已渐成体系，楚地风神形象便为鸟形或有翼的怪兽形的飞廉。魏晋时，风神为屏翳，如《文选》卷十九曹植《洛神赋》中便载："屏翳收风，川后静波。"

雨神早期同风神，皆为屏翳，魏晋时期始分开，如《抱朴子·登涉》中云："山中辰日有自称雨师者，龙也。"而《搜神记》卷1中云："赤松子者，神农时雨师也……随风向上下。"这说明民间雨神往往因地而异，并不固定。

6. 对地属的崇拜与祭祀

魏晋南北朝时期，对地属祭祀的对象主要有：土地神、城隍、山川湖泊、灵兽和树。

对土地的崇拜和祭祀，原始时期便出现，如"封土为社而祀之"。国家出现之后，抽象的大地神由皇帝专祀，即社神，民间多奉祀地区性的社神，如三国时期，蒋子文作为钟山的土地神而被奉祀，南朝梁时沈约因将父亲的墓地捐献给普静寺便被奉为土地神。

城隍神即城市保护神。城，新石器时期已出现，但城隍神的出现时代为南北朝，如《北齐书·慕容俨传》云："城中先有神祠一所，俗号城隍神……乃相率祈请，冀获其佑。"梁代也有。据《隋书·五行志》中云："梁武陵王纪城隍神，将烹牛，有青蛇绕牛口。"

山川湖泊崇拜与土地崇拜一样，由来已久，但与后者不同的是，土地神的观念可以抽象出来，而山岳河川则分别具有突出的个性，故民间这些神呈多元化，最具有地域性。在所有的山川神之中，最重要的当为五岳（泰、衡、嵩、华、恒）、四渎（江、河、淮、济），其祭祀仪式由皇帝直接控制。民间除此之外，据研究[②]，山神还有昆仑山、茅山、会稽山、石鹿山、雨母山、慈姥山；

① 宗力：《中国民间诸神》，第175页，石家庄，河北人民出版社，1986。
② 朱大渭等：《魏晋南北朝社会生活史》，第332页，北京，中国社会科学出版社，1998。

水神有渭水、蒋公湖、官亭湖。

动物崇拜是自然崇拜中一个重要组成部分，我国古代十分盛行，如《山海经》中，便把所有的神灵都描述为动物状。这种万物有灵的观念魏晋南北朝时期同样盛行，大量的动物都被视为吉祥物，如玄武、朱雀、白虎、青龙、麒麟、辟邪、白狼等。其中以四神崇拜为首，其图案在壁画砖、铜镜和瓦当上经常出现。辟邪的崇拜主要在南方，东晋南朝大量的皇、贵族墓道上树辟邪成为定例。但是，这些灵兽多与上层社会发生联系，并成为改朝换代或年号的借口。如《宋书·王昙首传》中载刘裕从江陵沿江而下入建康时便遇见黄龙，皇帝非他莫属；《晋书·吕光载传》载吕光时张掖有麒麟出现，群众皆从。吕光遂改年号麒麟。这类记载历代都有，不复胜举。

与民众关系最为密切的当为家畜神的崇拜，如牛王、马王、蚕神等。

牛神的祭祀，据文献记载最早可能在秦朝，《水经·渭水注》引《秦集史》载："故道县有怒特祠，《列异传》曰武都故道县有怒特祠云：神本南山大梓也。昔秦文公二十七年，伐之，树疮随合。文公乃遣四十人持斧砍之，犹不断，疲士一人伤足不能去，卧树下，闻鬼相与言曰：'劳攻战乎？'其一曰：'足为劳矣。'又曰：'秦公心持不休'。答曰：'赤灰涉于子，何如？'乃默无言。卧者以告。令士皆赤衣、随所砍以灰涉。树断，化为牛，入水。故秦立为祠。"为牛立祠，仅因其"显灵"，但给民间带来何益，文献中不清楚。牛是中国古代农村中的主要耕畜，南朝时期历代特下禁令不许吃牛肉也出于此。

马神的出现，周代便有，其有马祖、先牧、马社、马步四神，春夏秋冬四祀，甚为隆重。我们虽未见魏晋南北朝时期相关的记载，但据研究①，隋唐也以四时祀马神，如炀帝大业七年，设坛祀马祖，命有司祭先牧和马步。辽代也同样。因此我们推断魏晋南北朝尤其北方存在这种信仰。

蚕神的出现，在传统的"男耕女织"经济结构的古代是十分自然的事情。自商周、历秦汉以至明清，均将蚕神列入国家祀典中，魏晋南北朝也不例外，如《通典·礼六》中便载："魏文帝黄初七年，皇后蚕于北郊，依周礼也。""晋武帝太康六年，蚕于西郊。"《隋书·礼仪志》载："后周时，皇后以一太牢

---

① 宗力：《中国民间诸神》，第 443 页，石家庄，河北人民出版社，1986。

亲祭；进奠先蚕西陵氏神。"其对象较为复杂，有雷祖、寓氏公主，或婉妇人。民间则不同，往往于正月十五以膏粥祭祀，蚕神也复杂，有马头娘及不知名者，《搜神记》卷十四和卷四中均有记载。

民间信仰讲求实用性，对家畜神的祭祀，无非是求这些神灵保佑家畜兴旺，在当时生产力和科技水平低下情况下，这也是一种寄托。

对树神的崇拜，其原因可能与树木不仅提供人类庇护，还提供生存的食物有关。先民在这种思想基础上逐渐地把树木神化了。

这种崇拜的迹象，我们在《山海经》中关于扶桑树的记载便可见到。树枝插入天上，根深入黄泉，树上有十头代表太阳的三足金乌，这些乌轮流围绕树转象征一天的起始。

周代则把树崇拜纳入国家祀典之中，即社树。春秋战国时期，每国都有自己的社树，魏晋南北朝时期是否存在目前不得而知，但不能排除其可能。

民间对树的崇拜则有另外形式，认为一些树是神树，可以辟邪用。这种观念魏晋南北朝也广泛存在，如桃树，《荆楚岁时记》中载元日植之门户以避邪害，柏树也可辟邪，一些帝王贵族墓地广种柏树便是其因，如上文王睿墓地。"松柏茂盛"，葬具也多使用柏木，如"黄肠题凑"。

神树不能亵渎，否则会有恶报。《三国志·魏书·武帝纪》注引《曹瞒传》载曹操修宫殿，砍伐了基址上的梨树神，未几便病死。

（二）方术

魏晋南北朝时期，方术相当盛行且内容广泛，有风角、遁甲、七政、孤虚、谶纬、厌胜、望云、须臾等等，此处仅择当时较盛行、与信仰关系密切的几种做详细论述。

1. 谶纬

自曹魏以来，历代以为禁，谶纬之术式微，但魏晋南北朝时期谶语十分流行。如梁满仓先生书中所举的①，西晋末的"五马浮波江，一马化为龙"；前秦符坚时期的"河水清又清，符绍死新城"、南朝萧齐代宋之际的"天子何在

---

① 朱大渭等：《魏晋南北朝社会生活史》，第310页，北京，中国社会科学出版社，1998。

草中宿"等等皆为实例。

根据功用来分，谶语可分为三类：① 成为政客中伤敌人的阴谋手段。如《宋书·王景文传》载，刘宋明帝考虑到太子及诸皇子年幼，怕一些权臣在他死后篡位，先杀了吴景等人后，便拟对王景文、张永久采取行动，但又无借口，遂自为谶语："一士不可亲，弓长射杀人。"最后迫使王张二人就范。② 政治预言。如西晋惠帝时：有首谶谣，"邺中女子莫千妖，前至三月抱胡腰"，果然未几，匈奴人刘渊等造反，陷洛阳、长安，中原女子皆为其掳。③ 舆论工具。如《南齐书·祥瑞志》中所载"萧为二士，天下大乐"，便是为萧齐代宋做准备的。

魏晋南北朝时期谶语的盛行，与其时历史动荡有关。朝代更替政治斗争频繁，必定需要一些易于欺骗的工具和手段，而谶语由于其"天人合一"、"人事天定"观念容易为人接受。此时谶语多以拆字方式出现，后来谜语便渐渐流行。

2. 风角、望气

这两项方术都是古代人类观察自然界变化的经验总结，其根源仍在于天人感应的宗教观。

风角，即根据风的方向、强弱、状态和声音来占验吉凶。望气即占云，依据云气的色彩、形状和变化来预测人事吉凶。这两种魏晋南北朝甚是盛行。如望气，《三国志·魏书·文帝纪》注引《魏书》载曹丕"生时，有云气青色而图如青盖当其上终日"。《梁书·武帝纪》所载梁武帝"所住斋常有五色回转，状若蟠龙，其上紫气腾起形如伞盖"。此种例子文献中多见。风角，《三国志·魏书·方伎传》注引《管辂传》中便提到管辂与王弘直对风角的讨论。据统计①，此时善风角的人甚多，如孙吴的吴范、两晋的陈训、戴详，北魏的王早，北齐的王睿、许遵等。

3. 堪舆

堪舆即看风水，主要用来择墓地和宅地。和风角、望气一样，它把人的未来命运、子孙后代的福祸与环境联系起来。此时期堪舆隆盛，如《晋书·羊佑

---

① 朱大渭等：《魏晋南北朝社会生活史》，第 309 页，北京，中国社会科学出版社，1998。

传》便载："有善相墓者，言佑祖墓有王气，若凿之则无后。佑遂击之。相者见曰：'尤出折臂三公。'"同书《魏舒传》中载："魏舒字阳元，任城樊人也。少孤，为外家宁氏所养。宁氏起宅，相宅者云：'当出贵甥。'"此时看风水大师甚多，著名的有郭璞，其事例《世说新语·术解》中有大量记载。

风水对中国人的生活有着极大的影响，无论帝王还是百姓都希望能找到好风水，以冀自己的江山永固，或子孙兴盛、官运亨通，因此久盛不衰。

4. 占星术

自古以来，人物就"观乎天文，以察时变"，用天象的变化来预测人事吉凶，占星术为其中的一种，魏晋南北朝时期影响也大。如曹魏代汉，王立便曰："前太白守天关，与荧惑会；金火交会，革命之像也。汉祚终矣。晋魏必有兴者。"①

5. 厌胜

厌胜术在周时便出现，如《史记·封禅书》记周灵王时诸侯不朝，苌弘设射狸首，以狸首相诸侯之不朝者，欲以物怪致诸侯。汉晋南北朝时期，厌胜之术盛行，墓葬中各种厌胜物品大量增加，有解谪瓶、铅人、买地券、镇墓兽、镇墓俑等。其原因，与东汉求不死药渐渐消失有关。

买地券，顾名思义，就是墓主人所持墓地的"证券"。东汉时仿简册形状，多刻在长条形铅板上，三国、西晋开始多刻在砖上。除少数的地券与真券一致外，多数充满了迷信思想，如句容行香中学西晋元康元年李达墓地券便刻有"从天买地，从地买宅，东极甲乙，南极丙丁，西极庚辛，北极壬撰……任知者，东王公、西王母，若后志宅，当诣东王公、西王母是了。如律令"②。以此形式为死者找到安乐之所，而不受鬼神侵害。（图十）

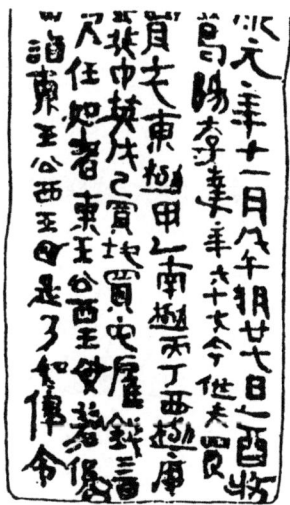

图十 买地券
（句容行香中学西晋
李达墓出土）

---

① 《三国志·魏书·武帝纪》注引张璠《汉纪》。
② 转引自罗宗真：《六朝考古》，第175页，南京，南京大学出版社，1996。

镇墓兽，即镇墓辟邪，春秋楚国时期出现，西晋时期多为牛状"穷奇"，之后为一人面一兽面两个。镇墓俑为武士俑。它们一般在墓门口，防止墓主人受到鬼神的骚扰。（图十一）

图十一　穷奇
（南京灵山大墓出土）

解谪瓶，同样是"镇安墓冢"，"为死者解谪，生人除罪过"之用，上以朱、墨书解谪文。汉时瓶中往往放置铅人、铜钱和玉，魏晋时期还有发现，如1985年甘肃敦煌祁家湾西晋十六国墓地发现了88件。解谪文都用朱、墨两色书写，多"生死各异路，千秋万岁不得相注忤，便利生人如律令"，或"生人前行，死人却步，不得相注件如律令"之类，瓶内或装谷物、或铅人，为历年来最集中出土，而江东一带多为五管瓶和魂瓶，多装稻米。（图十二）

图十二　五管瓶
（南京幕府山黄
甫1号墓出土）

铅人、钱、玉和谷物的性质有所不同。据瓶上所书"铅人持代死者"，说明铅人是代替死者在冥闻服役的。钱、玉和谷物则用来贿赂冥官，以求安宁。

从上看出，当时人们对地下鬼怪抱着十发恐惧的心理，他们希望用地券、镇墓兽、铅人、镇墓瓶等镇邪之物，以达到镇墓辟邪的目的。

厌胜之术，除为上述外，还有巫蛊，鉴于资料缺乏，无法深入研究。

从上看出，魏晋南北朝时期民间宗教迷信十分复杂，虽历代曾有过不同程度的禁令。其原因，与"乱世信巫史"有关，也与古人"万物有灵"的信仰有关。它们在世俗生活中有着十分重要的地位，并表现在哲学、科学、文学、艺术、建筑等各个方面，说明中国人对神灵的广泛依赖心理。

五、铜雀高台与人间佛陀

对都城、宫殿建筑的关注，中国人的热情远超过其他国度。每次改朝换代，都城和宫殿的建设都成为统治者们当政后的首选，在"非壮丽无以重威"的精神下，如何尽量地发挥其威慑感染力便是那个时代建筑水平的体现。

有人研究，要完成上述，主要通过三种艺术手法：一、量；二、"中正无邪"的中轴对称式；三、陪衬烘托。① 但是，自龙山时代晚期以来至三国时期诸王朝的都城建设，大多围绕第一种进行，即使在富饶强盛的大汉帝国，都城的规划和建设在建筑史上也不堪提及。唯汉末三国时期曹魏邺城的出现，打破了旧有都城规划的模式，标志着由第一种向第二、三种方法的转变。

曹魏邺城的建设，始自东汉建安九年左右，曹操击败袁绍后开始营建，后经后赵、冉魏和前燕，北周大象二年遭到彻底的破坏。据考古勘测和《水经·漳水注》，邺城被漳水分为南北两半，北邺城为长方形，一条东西大道将全城分为南北两区，以北区为主体。北区中部建宫城，宫城以东为贵族居所和官署，西部为禁苑铜雀园，园内置武库、仓库等，其北则为著名的铜雀三台。南区为一般官署和居民区，即长寿、吉阳、永平和思忠四里，四里中安置强制集中的各地劳动人民和投奔曹魏的强宗巨豪。在全城中轴线的位置上开辟南北干道，南通大城正南门，北达宫城。

这种布局区划分明，交通便利，改变了汉及以前宫殿南北分散的形制，也改变了以前都城的不规则布局。通过这种布局，也大大展示了君临天下、唯我独尊的气势。如宫城集中在北半的正中，坐北朝南，自有位至中极感觉，旁置铜雀三台，以俯视全城；而衙署戚里分布在南北大道两旁，以拱卫陪衬，这充分显示了曹操一代枭雄法治国家的决心和气魄，也是中央集权、皇权至上的表现。邺城的布局从而开创了古代城市规划的一种新鲜模式，以后的城市便多继承其规划而发展的，如魏、晋、北魏洛阳城，合汉时的南北两宫为一宫，置于城的中北，在城的中轴位置开辟铜驼大街，北接宫城，南达城门，也将中央官署置于街的两侧，仿邺城于西北设金墉城，这样既增加了实用性，也体现了"重威"效果。

佛寺建筑的兴起，是这一时期建筑的一大特色。寺的最初出现，当为东汉永平十年的洛阳白马寺。到汉末三国之际，丹阳人笮融在徐州"大起浮图，上累金磐，下为重楼"，便是我国目前所见造塔的最早记录。到东晋南北朝，兴建佛寺塔窟便成为当时重要的建筑活动，发展十分迅速。据载，南朝建康便有

---

① 萧默：《文化纪念碑的丰采——建筑艺术的历史与审美》，第27页，北京，中国人民大学出版社，1999。

500多所佛寺①；北魏洛阳一地便有1367所②。其原因与魏晋南北朝时期特殊的政治环境有相当的关系。晋末八王之乱，导致了北方少数民族统治者在中原的连年混战，接着中国一分为二，残酷的阶级斗争和民族矛盾夹杂在一起，人们生活十分痛苦，希望能摆脱苦海。在这种情况下，佛教大乘派"涅槃"佛性说大量流行，宣扬"顿悟成佛"，以廉价的天堂入场券拉拢低层人士，同时，佛教也公开维护统治者的利益，称皇帝为"当今如来"；上层统治者也有意识地利用佛教来统治人民，引诱佛教上层参与政治活动，如后赵石勒起用佛图澄等。因此佛教与佛教建筑空前兴盛。

佛教建筑的形式大致包括寺、塔和石窟寺三种。此时的塔，有楼阁式和密檐式两种，都较印度的塔有较大差异。中国采取了把印度的塔即堵坡和中国传统建筑——楼阁结合的做法，将窣堵坡抬高到顶上，变为了"刹"，从而完成了塔的中国化过程。楼阁式塔，著名的为永宁寺塔，高九层，正方形，开间九间，每面有三门六窗，塔刹的高度约塔的三分之一，刹顶为金宝瓶，宝瓶下置金盘十一重，气势十分壮观，惜永熙三年为火所毁。密檐式塔，现存河南登封嵩岳寺塔，为砖砌十二边形，高39.5米，塔身之上置密檐十五层，轮廓秀丽。

塔与寺院结合在一起，称"塔院"，早期多为中心塔式佛寺布局，即塔是寺院的主体。其原因，与印度的佛教观念有关。在早期，印度还未受到陀罗艺术的影响，佛像崇拜尚未出现，佛门弟子尊崇的对象只是佛的遗物和遗迹。鉴于佛遗迹的空洞和不切实际，相比较，有佛骨的塔则更接近佛和现实，故佛塔自然成为当时最重要的尊崇对象。印度风俗围绕所尊崇物右旋回行礼是最大的功德。这种观念传入中国，故中心塔型佛寺盛行。据考古发现，北魏洛阳最大的佛寺永宁寺便是这种布局。

以塔为中心，四周配以廊庑和院墙，塔的高大与廊墙的低矮形成了鲜明的对比，除显示出当时对塔无比崇拜的宗教心理外，这本身便是一道美丽的风景，来自于建筑家们合理的构思。

除中心塔式佛寺外，由于"舍宅为寺"，故出现"以前厅为佛殿，后堂为讲堂"的佛寺布局，从此中国佛教寺院便以第宅布局的基本构图为基础发展起

---

① 《南史·郭祖深传》。
② 《魏书·释老志》。

来，以塔为中心的布局类型渐渐消失。

这两种佛寺的布局，反映了两种不同的佛教修行方式，中心塔式佛寺，其对塔的礼拜，说明看重的是实践和戒行；讲堂式佛殿似乎与"顿悟成佛"更有联系，侧重于对佛教义理的探索。考虑到东晋南朝玄学的流行，对义理的探索南方必然重于北方。这两种佛寺的分布，北方中心塔式更多，南方则流行讲堂式。

石窟寺也是佛教建筑中的一重要组成部分，南北朝时期，凿崖造寺之风遍及全国，西起新疆，东至山东，南起浙江，北到辽宁，都有此时的石窟遗存，其中最重要的有山西大同的云冈石窟和太原的天龙山石窟、甘肃敦煌的莫高窟和天水的麦积山窟、河南洛阳的龙门石窟、河北的南北响堂山石窟等，这些石窟的出现与上层好佛有极大的关系，如北响堂山石窟为北齐高欢的灵庙，龙门三窟则是为北魏皇帝祈求功德而建。

石窟的建筑方法与中国汉代崖墓的构造一样，皆为掏空方式形成的一种建筑空间，其形制各个时期有所变化。受中心塔式佛寺的影响，此时的形制多为中心塔柱式，也称为塔庙窟。其特点是，在洞窟的中央矗立一方形柱体，将洞窟的顶部与地面连为一体，柱体的前方空间较大，为洞窟的主室所在，柱体的另外三侧壁与洞窟的诸侧壁之间，形成可以通行、右绕礼拜的通道，中间的柱体便是塔的象征。如莫高窟北朝石窟第2期，便主要是中心柱窟，方形塔柱四面开龛，上雕佛像，以供礼拜。云冈第6窟也同样明显，窟中心雕一大塔，在窟内左、右和前壁下部浮雕出一圈带有柱枋斗拱屋顶的廊庑，显然是对佛寺内中心塔和周围廊庑的模仿。

除塔庙窟之外，此时石窟还有穹隆窟、覆斗式窟等。穹隆窟如云冈第16至20窟，穹隆顶，椭圆形平面，在后壁中央俱雕出一巨大佛像，顶和周壁皆无建筑处理。覆斗式窟即顶为斗帐式，后壁或左右后三面开龛，莫高窟中数量仅次于塔庙窟，其形制便是宅第式寺院的反映。

上文所讲的石窟寺大多在北方，而南方较为少见，其原因，与早期石窟寺的传播路线有关。中国早期的石窟寺，大体上是沿着汉代通西域的路线分布的，如开始为新疆的库车、焉耆、吐鲁番，后进入河西走廊，由敦煌、天水等，进入了陕地，便在北方并逐渐向南扩展。当然也与南方重义理、轻禅定有关，他们认为在家也可成佛，而并非一定要去偏僻的地方掏挖石窟、坐禅入定方可成佛。

六、怡情山水的园林建筑

人与自然对话沟通的最好工具莫过于园林，人们把对自然或世间的感受通过一水一石而展示，鉴于此，园主的文化修养和艺术情操便往往决定园林的风格和品位。

对园林的研究，由于中国园林文化内涵的复杂性，往往侧重于三个方面：对园林本身的艺术形式的探讨；对产生园林这种艺术形式的社会文化背景的研究；对园林创作者主体的审视。但是任何园林的建设，都必须获得经济上的支持，因此在园林出现的文化背景下，园林主体思想和经济上的独立至关重要。

中国古代的园林，根据文化品位和艺术特征，大体可分为皇家园林、文人园林和寺观园林，鉴于经济和政治实力，早期出现的园林多为皇家禁苑便不足为奇。

中国古代最早的皇家园林当属于《诗经·灵台》篇中记述的灵台，但一直到战国时期，多为皇族射猎场所，并没有多少人与自然对话的成分。秦一统中国后，大量营建宫室，同时也按自己的理愿构造另一个心中的自然，如"引渭水为池，筑为蓬、瀛"，即对虚拟中蓬瀛二洲的刻意模仿，反映了当时的社会上层对长生不老之所的向往和寄托。汉代著名的上林苑，在汉武帝追仙好神的影响下，同样也尽量模仿传说中的仙境，"其北治大池，渐台高二十余丈，名曰太液池，中有蓬莱、方丈、瀛洲，壶梁象海中神山、龟鱼之属"。

皇家园林一统天下的情况，汉时期发生了变化。一些权贵利用强大的财力和物力模仿皇家园林。如《前汉书·梁孝王传》："孝王筑东苑，方三百余顷，广濉阳城七十里，大治宫室，为复道，自宫连属平台，三十余里。"《西京杂记》卷三载茂陵富人袁广汉，"于北邙山下筑园，东西四里，南北五里。激流水注其内，构石为山，高十余丈……积沙为洲屿……后有罪诛，没入官，园鸟兽草木，皆移植于上苑中"。东汉恒帝时大将军梁冀，"广开园囿，采土筑山，十里九坂，以象二崤，深林绝涧，有若自然"。由于模仿皇家园林，故风格多豪华奢侈，园林形式较为粗略模仿自然。

到东汉时期，随着士族阶层的兴起，园林品位与风格逐渐发生变化。

士族阶层的兴起首先表现在具备了充足的经济财力上，如《后汉书·郑太传》载："家富于财，有田四百顷……日引宾客，高会倡乐。"此士族阶层非战国或以前依附豪门寄人篱下充当食客舍人的士。经济上的解放，必导致士人阶层精神思想的解放，因此士的群体与个体自觉日益显著，其表现往往在书法、音乐和园林等功能性的艺术上。文人园林的发轫便基于这种文化氛围。而后汉晚期的玄学和遁世思想便直接催化了文人园林的产生。如《后汉书·逸民传》序中云："甘心畎亩之间，憔悴于江湖之上，岂必亲鱼鸟，乐林草哉?"经济上的独立，导致士大夫们对政治的厌恶及皇权的藐视，故能从纷扰的尘世转向清静无为的隐居生活，而归宿便是畅志怡情的园林，如仲长统的《乐志论》中所载："使居有良田广宅，背山临流，沟池环匝，竹木周布，场圃在前，果园树后……逍遥一世之上，睥睨天地之间，不受当时之责，永保性命之期。如是则可凌霄汉，出宇宙之外。"

文人寄情于山水的雅兴，到了魏晋南北朝时期则更为突出。由于社会的动荡，更多的人因厌世而回避现实。他们或皈依佛门，希冀灵性的解脱；或遁迹山林，追求自然的田园生活。在这种思潮下，园林自然也以追求山林野趣，崇尚自然景色为风尚。如石崇的金谷园，"前临清渠，百木几于万株，流水周于舍下"。陶渊明的小园，竹篱茅舍，三径松菊。戴逵的园，"聚石引水，植林开涧，少时繁密，有若自然"。孔圭园，"列植桐柳，多构山泉，殆穷真趣"。"凭几独酌，傍无杂事。门庭之内，草莱不剪，中有蛙鸣。"园林形式由粗略的模仿真山真水转变为种草种树，追求野致；园林建筑也多结合山水布置成为点缀，而非皇家园林式的徘徊连属。

此时皇家园林仍保持规模宏伟华丽的风格，如魏芸林苑，"起陂池，楫越歌……通引水过九龙殿前为玉片绮栏。蟾蜍含受，神龙吐水……负土成山，树松竹杂木善草于其上，捕以禽兽置其中"。北魏的华林苑，《洛阳伽蓝记》载："华林苑中有大海，既魏天渊池，池中犹有文帝九华台。高祖于台上造清凉殿，世宗在海内作蓬莱山。山上有仙人馆，上有钓台殿……海西有景山殿，山右东羲和岭，岭上有温风室。山西有姮娥峰，峰上有露寒馆。并飞阁相通，凌山跨谷。"

　　寺观园林，是此时期佛教兴盛的产物。由于上层统治者的扶植，较大的寺院都拥有大量的土地和附庸，经济上的强大为寺观园林的出现奠定了基础。出于参禅修炼的需要，佛寺多建在清净之所，故"深山藏古寺"成为寺观园林常用的手法。而不少官僚舍宅为寺，原有的宅园便也成为寺庙园林的一部分，也是寺观园林产生的方式。

第八章
绚丽多彩的文学艺术

　　关于魏晋南北朝的文学艺术，宗白华先生有这么一段精辟的论述："汉末魏晋南北朝是中国政治上最混乱、社会上最痛苦的时代，然而却是精神史上极自由、极解放，最富于智慧，最浓于热情的一个时代。因此也就是最富有艺术精神的一个时代。王羲之父子的字，顾恺之和陆探微的画，戴逵和戴颙的雕塑，嵇康的广陵散（琴曲），曹植、阮籍、陶潜、谢灵运、鲍照、谢朓的诗，郦道元、杨衒之的写景文，云岗、龙门壮伟的造像，洛阳和南朝的闳丽的寺院，无不是光芒万丈，前无古人，奠定了后代文学艺术的根基与趋向。"①宗先生对这一时代文学艺术成就和地位的评价是正确的，而他把这一时代文学艺术成就的取得归于思想的解放、精神的

_____

① 《美学散步》，第 177 页，上海，上海人民出版社，1981。

自由，也显示了卓越的见识。的确，继春秋战国之后，这个时代奉献了伟大的思想，辉煌的文学艺术成就，在中国文化发展史上占有极其重要的地位。

一、文人诗的变迁

钟嵘在论及汉代文学时说："辞赋竞爽，而吟咏靡闻。"① 认为汉代文学的主流是辞赋，诗歌只处于从属的地位。但到了魏晋南北朝，这种情形得到了彻底的改变，诗歌成为这个时代文学的主流，一代作家不懈的努力和耕耘，为我国诗歌的发展做出了重要的贡献。这主要表现在：1. 诗体基本完成了由古体到近体的转变；2. 形成了文人文学集团和诗歌流派风格。这些都为唐代诗歌的发展和繁荣准备了充分的条件。

（一）曹氏父子与建安诗歌

曹操、曹丕、曹植父子，是建安时代文学的领袖。刘勰说："魏武以帝王之尊，雅爱诗章；文帝以副君之重，妙善辞赋；陈思以公子之豪，下笔琳琅。"② 他们以自己政治家的特殊身份，吸引了很多文人，第一次掀起了文人诗歌的高潮。

曹操（155—200），字孟德，沛国谯（今安徽亳县）人。20 岁举孝廉，步入官场。汉末爆发了大规模的黄巾起义，曹操起兵镇压，靠收编黄巾军，壮大了自己的军事力量。汉建安元年迎献帝定都许昌，受封为丞相，从此"挟天子以令诸侯"。曹丕代汉后追尊他为魏武帝。

诗歌是曹操最主要的文学成就。他的诗全部都是乐府歌辞，这些歌辞虽沿用汉乐府古题，但并不因袭古辞古意，而是"用乐府题目自作诗"（清方东树语），这可以说是继承了乐府民歌"缘事而发"③ 的精神，直接面对了社会、面对了现实。

曹操乐府诗的内容有以下两个方面。

---

① 《诗品序》。
② 《文心雕龙·时序》。
③ 《汉书·艺文志》。

一是反映动乱的汉末社会现实。这方面的代表作是《薤露》和《蒿里行》。《薤露》写董卓迁帝室于长安，帝王及王公大臣在途路中所遭受的痛苦和不堪，旨在哀君，合于《薤露》原曲用于王公贵人之意。《蒿里行》则写关东州郡群雄共讨董卓事，既写这场战事中袁术等军阀为争权夺利而自相残杀，但更重要的是把眼泪洒向这场战事中遭受苦难的人民，合于《蒿里》原曲用于一般人民之意。

蒿里行

关东有义士，兴兵讨群凶。初期会盟津，乃心在咸阳。军合力不齐，踌躇而雁行。势利使人争，嗣还自相戕。淮南弟称号，刻玺于北方。铠甲生虮虱，万姓以死亡。白骨露于野，千里无鸡鸣。生民百遗一，念之断人肠。

由于这两首诗记事的真实、感人，所以明人钟惺给了这样高的评价："汉末实录，真诗史也。"[1]

二是抒写人生感慨，表现政治抱负。这类诗悲歌慷慨，具有较浓厚的抒情气氛。这方面的代表作有《短歌行》和《步出夏门行》。《短歌行》表达的是时光易逝、功业未就的苦闷和作者渴慕贤才，希望他们帮助建功立业的意志。诗流动着一种悲凉慷慨、深沉雄壮的情调，充满着建安时代健康向上、昂扬奋发的精神。《步出夏门行》第一章《观沧海》描绘了大海的壮阔景象，以状自己博大的胸怀。第四章《龟虽寿》倡导的是乐观向上的人生观，抒发了作者老当益壮的英雄情怀。

曹操诗极为本色、古直，体现出了鲜明的个人风格，人言其诗"如幽燕老将，气韵沈雄"[2]，实为的评。曹操在诗歌史上的贡献是极人的。首先表现在，他把民间文学形式的乐府诗改造成了文人文学的重要形式，给后来文人乐府诗的创作以重要启示，其次，曹操是四言诗的终结者，在他手里，沉寂了多年的四言诗再一次放出光采，成为后人无法逾越的高峰。再次，他的诗开了建安文学的新风气，代表了一代文学的发展方向。

曹丕（187—226），字子桓，曹操次子，建安十六年为五官中郎将，二十

---

[1]《古诗归》。

[2] 敖陶孙：《诗评》。

二年立为魏太子，二十五年代汉帝自立，谥文帝。他的诗学习民歌的各种体裁，形式多样，语言明白自然。他的诗以七言《燕歌行》二首最为著名，七言诗在曹丕以前只有东汉张衡的《四愁诗》，但第一句夹有"兮"字，曹丕的这两首则无"兮"字，可算是现存最早的完整的七言诗，对七言诗的形成是有贡献的。

曹植（192—232），字子建，曹操第三子，曹丕同母弟。封陈王，谥曰思，故世称陈思王。他是建安时代最杰出的文学家。《诗品》称之为"建安之杰"。

曹植的生活和创作，可以公元200年曹丕称帝为界，分为两个时期。

前期他在相对安定的环境中过着贵介公子的生活，颇有建功立业的抱负，希望"建永世之业，流金石之功"①。所以前期作品也就反映了两方面的内容：一是记叙酣宴交游的富贵生活，如《名都篇》、《公宴》、《待太子坐》、《斗鸡》等。二是抒写雄心壮志。其代表作品有《白马篇》和《虾䱇篇》。《白马篇》描写边塞游侠儿捐躯赴难，奋不顾身的英勇行为，实际上是作者自我的化身。《虾䱇篇》则直抒胸臆，壮怀激烈，表现了气吞万里的气慨。后期曹植备受曹丕父子的猜忌和迫害，心情十分苦闷和压抑，因而作品充满激愤情绪，往往通过比兴寄托的方法来抒写受到压抑的不平之感和要求个人自由解脱的心情。这时期的代表作有《赠白马王彪》、《吁嗟篇》、《野田黄雀行》。《赠白马王彪》写曹植和白马王曹彪在回国途中被迫分手的悲愤情绪以及对任城王曹彰暴死京城的深沉悼念，反映了统治者内部萁豆相煎的残酷，意义极为深刻。《吁嗟篇》以"转蓬"自喻，对"十一年中三徙都"的流宕生活表示了强烈的不满。《野田黄雀行》通过黄雀投罗的比喻，表现了朋友遇难而自己无力援救的心情，寄寓了作者对曹丕势力剪除己所亲近的不满和反抗情绪。

《诗品》评曹植的诗"骨气奇高，词采华茂"，较为准确地概括了曹植诗的艺术风格。曹植诗的出现在我国诗歌史上具有重要意义，主要表现在，建安诗歌从乐府出来逐渐文人化，到了曹植就更具文人诗的面目。这个面目具体说来就是"词采华茂"。他的诗善用比喻，并且常常是以全篇为比，如《野田黄雀行》、《吁嗟篇》等等。他的诗又注意对偶、炼字和声色，如"凝霜依玉除，清

---

① 《与杨德祖书》。

风飘飞阁"(《赠丁仪》),"白日曜青春,时雨静飞尘"(《待太子坐》),"秋兰被长坂,朱华冒绿池"(《公宴》)之句,不唯对仗工稳,炼字也颇具匠心。他的诗还工于起调,善为警句,如"高树多悲风,海水扬其波","惊风飘白日,光景驰西流"之句,都能起到渲染气氛,笼罩全篇的作用。曹植这些光辉的艺术创造赋予了文人诗以新的内涵,成为中国古典文人诗歌艺术上的基本特征。

建安七子指孔融、陈琳、王粲、徐幹、阮瑀、应玚、刘桢七人,由曹丕在《典论·论文》中提出。他们是曹氏文学集团中的重要人物,建安文学繁荣局面的开创者。王粲为"七子之冠冕"[1],诗歌的代表作有《七哀诗》二首。第一首写诗人由长安避乱荆州时所见,通过"白骨蔽平原"的概括描写和饥妇弃子的特写场面,深刻地揭露了军阀混战给人民带来的深重灾难。七子之外,女诗人蔡琰最为著名,蔡琰字文姬,生卒年不详,汉代文学家蔡邕的女儿,博学能文,妙于音律。初嫁河东卫仲道,夫亡无子,归母家。兴平中,天下丧乱,为胡骑所掳,展转流落于南匈奴十二年,生二子。后为曹操用重金赎回,再嫁陈留董祀。她的传世之作有三篇:五言《悲愤诗》、骚体《悲愤诗》和《胡笳十八拍》。五言《悲愤诗》和《胡笳十八拍》疑为后人伪托。五言《悲愤诗》通过作者自身不幸遭遇的叙述,展现了东汉末年混乱的社会面貌,揭露了军阀混战的罪恶,胡兵的残暴,反映了战争中广大人民妻离子散,被奴役被侮辱的悲惨境地。五言《悲愤诗》长达五百四十字,为此前文人诗所无,作为成熟的五言长篇叙事诗,在中国诗歌发展史上具有重要的地位,唐代伟大诗人杜甫的《北征》、《自京赴奉先咏怀五百字》等五言长篇叙事诗就受到它的影响。

(二)正始诗歌

正始是魏废帝曹芳的年号,时间是240～249年。这时期在诗坛上的代表作家是阮籍和嵇康。

阮籍(210—263),字嗣宗,陈留尉氏(今河南尉氏)人,"竹林七贤"之一,曾为步兵校尉,世称阮步兵。阮籍生活在魏晋易代之际,曹氏统治集团与司马氏统治集团的斗争尖锐复杂,为了全身远祸,他采取了不问世事、纵酒谈

---

① 《文心雕龙·才略》。

玄的生活方式。虽然他不满于司马氏政权，但又不能公开反对，只能醉酒佯狂以示反抗，因此内心非常痛苦，著名的《咏怀诗》八十二首大多就是写他对现状的不满和无法解脱的矛盾苦闷心情。由于处境的艰难，阮籍《咏怀诗》的创作手法进行了革命性的变革，这就是以求仙访道、香草美人作比喻，以象征性的语言来表达自己的感情，用笔曲折，辞旨隐晦。钟嵘在《诗品》中概括了他作诗的这一特征："言在耳目之内，情寄八荒之表。……颇多感慨之辞，厥旨渊放，归趣难求。"阮籍诗歌创作手法的变革在中国古代诗歌的发展过程中具有重要意义。从阮籍开始，诗歌创作已完全摆脱了对民歌的模仿，已经是地地道道的文人创作。到了《咏怀诗》，中国古典诗歌"吟咏情性"这一特征更其明显，婉转曲达以求诗味的方式也基本得到认同。另外，《咏怀诗》这种以咏怀为题的抒情组诗形式对后来诗歌创作具有深远的影响。陶渊明的《饮酒》、庾信的《拟咏怀》、陈子昂的《感遇》、李白的《古风》，都是采用组诗的形式来抒发内心深层的情绪。

嵇康字叔夜，谯国铚（今安徽宿县西）人，"竹林七贤"之一，曾为中散大夫，世称嵇中散。他在文学上的成就主要是散文，诗不如文。嵇康性情耿介，政治上拒绝与司马氏合作，抨击虚伪的礼法和趋炎附势之士，终为司马昭所杀。嵇康诗如其人，著名的作品有四言《幽愤诗》和《赠秀才从军》。《幽愤诗》为嵇康因吕安事被系狱中时所作，诗自述身世、志趣和耿介的性格，抒写了被囚以后的忧郁和愤慨。《赠秀才从军》为送哥哥嵇喜从军而作，有激昂之气。二首诗的共同特点是清峻，与阮籍诗风相反。

（三）西晋诗歌

西晋最著名的文学家有三张（张载、张协、张亢兄弟）、二陆（陆机、陆云兄弟）、两潘（潘岳、潘尼叔侄）、一左（左思）及傅玄、张华、刘琨、郭璞等。

"陆机为太康之英"①，在西晋文坛上，陆机是开西晋一代诗风的文学家。

陆机（261—303），字士衡，吴郡华亭（今上海松江县）人。吴大司马陆

————————

① 《诗品序》。

抗之子，吴亡入洛，后为成都王司马颖后将军、河北大都督，率兵攻长沙王司马乂，兵败，为司马颖所杀。陆诗名重当时，概括说来有以下几个特点。一是尚模拟。他写了很多乐府诗，但大多是因袭旧题，敷衍成篇。他模仿《古诗十九首》所写的《拟古诗》十二首，钟嵘《诗品》虽有"一字千金"之许，但实际上却是袭其意而变换其辞。黄子云《野鸿诗的》说他的拟古诗"锺前人步伐，不能流露性情"，确实道中了他的病根所在。二是讲求辞藻和排偶，钟嵘《诗品》早已看出这一点，说他的诗"才高辞赡，举体华密"。他选择词汇注重声音和色彩，爱用书面语和成语，使语言趋于华美典雅，带有明显的贵族文学的特征。偶句的使用并非陆机的发明，但陆机诗中使用偶句却走了极端，他的诗中偶句的使用常常占到一半以上，像《苦寒行》、《招隐诗》差不多是全篇使用偶句。

在中国诗歌史上，陆机是曹植之后又一个重要的人物，他的诗论者虽多有异议，但却是忠实地实践了"缘情绮靡"的主张，进一步将诗歌推向文人化、贵族化。开了六朝诗坛重辞藻、音律、典故的风气。

陆机代表了西晋诗坛的主流方向，左思则代表了西晋诗歌的最高成就。

左思（约250—约305），字太冲，齐国临淄（今山东淄博市）人，出身寒微。晋武帝时，以妹左棻被选入宫，全家迁居京师，官秘书郎。惠帝时，预贾谧二十四友之列。后齐王冏命为记室，辞不就。

左思存诗十四首，《咏史》八首是他的代表作。《咏史》的内容，其一是表现为国立功的雄伟抱负，如第一首说："铅刀贵一割，梦想骋良图。左眄澄江湘，右盼定羌胡。"第三首通过对段干木、鲁仲连的歌颂，寄托自己的政治理想。其二是揭露和抨击腐朽的门阀制度。如第二首前半幅以形象的比喻指出了门阀制度的不合理，后半幅则借古讽今，给予坚决的批判。第五首则对门阀社会表示了鄙弃，希望隐居高蹈，以全志节。

以前的咏史诗大多是"隐括本传，不加藻饰"，基本上是一诗咏一事，在史事的客观复述中体现作者的意旨。左思的咏史诗"或先述已意，而以史事证之。或先述史事，而以已意断之。或止述已意，而史事暗合。或止述史事，而已意默寓"①。这是作者对咏史诗创造性的发展。左思在"建安风骨"之后独标"左思风力"(《诗品》),体现了古典诗歌现实主义精神的继承与发扬。从他的诗歌中可以看出,无论是对偶、辞藻还是用典,都表现出了技巧的纯熟,说明五言到了左思,艺术表现已更为成熟。

(四)陶渊明与东晋诗歌

在东晋诗坛上,陶渊明的诗歌并不代表东晋诗歌的主流,占东晋诗坛统治地位的是玄言诗。玄言诗是玄学清谈风气影响下的产物,其内容是专述老庄哲理。《宋书·谢灵运传论》是这样总结和评价玄言诗的:"虽比响联词,波属云委,莫不寄言上德,托意玄珠。遒丽之词,无闻焉耳。"这说明玄言诗只是老庄哲学的宣传工具,并不为抒写情性。陶渊明的诗虽不代表东晋诗歌的主流,但却代表了东晋诗歌的最高成就。

陶渊明(365—427),字元亮,一说名潜,字渊明,浔阳紫桑(今江西九江)人。早年曾任江州祭酒、镇军参军、彭泽令等职,后因厌恶官场污浊,遂归隐田里。死后友朋私谥"靖节",世称靖节先生。

陶渊明诗歌最为集中的主题是写田园生活,这可以从这几个方面来说。一是陶渊明经历过污浊喧嚣的官场,他常把宁静、平和的农村生活作为它的对立面,表现自己的社会理想和人生观念。这方面的代表作是《归园田居》第一首,《饮酒》第五首。二诗都对丑恶的官场表示了鄙视,对纯洁、幽美的田园风光给予了赞美,尤其是对自由、恬静的心境的获得表示了极大的满足。二是渊明亲自参加了农业劳动,对农业劳动有了相当的体验和认识。梁启超说:"他不过庐山底下一位赤贫农民,耕田便是他唯一的事业。"② 如《庚戌岁九月于西田获早稻》说:"人生归有道,衣食固其端。孰是都不营,而以求自安?……田家岂不苦,弗获辞此难。"这已认识到了劳动对于生存的重要意义。《丙辰岁八月于下潠舍获》说:"贫居依稼穑,戮力东林隈。不言春作苦,常恐负所怀。"耕作虽然辛苦,但他不在意,他所关心的,是怕农作物生长不好,有负自己的期望,这样的心理正是农民的心理。

---

① 张玉谷:《古诗赏析》。
② 《陶渊明之文艺及其品格》。

饮酒也是陶诗的一个重要内容。萧统说他的诗"篇篇有酒"①。他的诗为什么"篇篇有酒"？这主要是他本身就好酒。《宋书·隐逸传》说他"嗜酒"，王维说他"耽酒"②，李白说他"日日醉"③，白居易说他"以酒养身"④。他自己在《饮酒序》中也说："偶有名酒，无夕不饮，顾影独尽，忽焉复醉。"可见他是一个魏晋风度十足的人。但是，陶渊明写酒却意不在酒，而是"寄酒为迹"，抒写情怀，寄寓感慨。如《饮酒》第一首指出人生衰荣无定，应该达观对待。第三首则表达自己不愿同流合污的坚决意志。这就是陶渊明酒中的深意。

陶渊明在田园生活中的思想感情是极其复杂的，有时他的内心也表现得不那么静穆、平和，而是被壮志难酬的苦闷占据着。因为他曾希望做稷契一类的人物，并不想一生碌碌无为。《杂诗》第二首说："日月掷人去，有志不获骋。念此怀悲凄，终晓不能静。"从中我们可以体味到诗人事业未竟的痛苦心境。

陶渊明诗歌的艺术风格是平淡自然。他生在诗歌讲求音律、词藻、典故的时代，但却不受时风的薰染，他自然地写其情思，述其幽怀，不求工而自工，创造了一种淡而有至味的艺术意境。然而，陶渊明这种卓越的艺术创造却不为时人所理解，钟嵘《诗品》仅将他列为中品，萧统《文选》选录他的诗也不过数篇。唐以后，陶渊明的诗才越来越为人们所重视，不少大诗人如李白、杜甫都学习和追捧他的诗。

陶渊明在中国诗歌发展史上具有崇高的地位，他开创了田园诗一体，为中国古典诗歌开辟了一个新的境界。自他以后，田园诗作者日多，到了唐代就形成了田园山水诗派。

（五）南朝诗歌

南朝文学的发展以追求新变为其特征。谢灵运扭转玄言诗风，开山水一派；鲍照则致力于七言诗的创作，并有意识地写作边塞题材；沈约把考辩四声

---

① 《陶渊明集序》。
② 《偶然作》。
③ 《与魏居士书》。
④ 《郊陶潜体十六首》。

的学问运用到诗歌创作中，创为四声八病之说，号为永明体，造成了古体诗向格律诗演变的一次关键性的转折；著名的宫体诗也是梁代文人庾肩吾"好为新变"的结果。

1. 谢灵运与鲍照

谢灵运（385—433），小字客儿，陈郡阳夏（今河南太康附近）人。东晋名将谢玄之孙，袭封康乐公，世称谢康乐。曾任永嘉太守、侍中、临川内史等职。

谢灵运是我国诗歌史上第一个大力摹写山水的作家。《宋书》本传说他"寻山陟岭，必造幽峻，岩障千重，莫不备尽"。他的山水诗就是其游历的记述，饱含作者对山水自然深刻的体验和认识。

谢灵运的山水诗"窥情风景之上，钻貌草木之中"①，表现出作者对自然景物之美的高度敏感和刻画，再造而使之成为精美的诗歌意象的能力。正因为这一点，所以他的诗"各章迴句"很多，如这些诗句："野旷沙岸净，天高秋月明"（《初去郡》）；"池塘生春草，园柳变鸣禽"（《登池上楼》）；"白云抱幽石，绿筱媚清涟"（《过始宁墅》）。总给人以"如初发芙蓉，自然可爱"之感，使人不得不叹服作者状物巧似的深厚功力。

山水也是谢灵运心灵的象征形式。山水的形态、流动、颜色都与他的个性和心境有关。如这些句子："林壑敛暝色，云霞收夕霏"（《过始宁野》）；"春晚绿野秀，岩高白云屯"（《入彭蠡湖口》）；"乱流趋正绝，孤屿媚中川"（《登江中孤屿》）。其意境都以幽深、明丽、孤峭为特征，象征他那超拔流俗，孤芳自赏的情怀。

谢灵运诗的缺点是"颇以繁芜为累"②。在写山水之后总喜谈玄说理，给人以终篇不协调的感觉，这说明谢诗尚未完全脱离玄言诗的影响。但不管怎么说，谢灵运是这个时期扭转玄言诗风、开创山水诗派的第一人，给后来唐代的王孟诗派以重要影响。另外，谢诗又尚雕章琢句，这为齐梁以后新体诗的发展打下了基础。

鲍照（414—466），字明远，东海（今江苏涟水县北）人。出身寒微，曾

---

① 《文心雕龙·物色》。
② 《诗品上·宋临川太守谢灵运诗》。

做过临海王萧子顼的前军参军，世称鲍参军。后子顼作乱，鲍照为乱兵所杀。

鲍照的诗可分为五言古体和乐府体二大类。五言古诗内容多为记述行旅及赠答酬唱，成就不如乐府。乐府有五言和七言，而七言尤为杰出。鲍照一生不得意，其乐府诗充满了怀才不遇的愤懑不平之感，表现了寒门对世族大地主政治的不满。如《代放歌行》上半节写小人为利禄而奔竞，下半节设言贤君爱才，劝旷士出仕，以正言若反的语气曲折地写出了贤士受压抑的痛苦心情。《拟行路难》第四、第五首则直抒胸臆，喊出怀才不遇者的悲愤和不平，表现了他孤直耿介的性格和对门阀社会傲岸不曲的态度。鲍照乐府诗的另一个重要内容是描写边塞生活。如《代出自蓟北门行》写将士为国捐躯的壮烈情怀；《代苦热行》写战争的艰苦；《代东武行》写军中的苦乐不均；《拟行路难》第十三、十四首则写远离故土的将士对故乡及妻子的怀念。内容范围极为广泛，为唐代高、岑边塞诗派树立了样板。

在我国诗歌史上，鲍照的乐府诗创作具有重要意义。首先，鲍照变乐府为七言歌行，创造了一种自由奔放、抒情性极强的诗体，开李白之先鞭。其次，鲍照的七言诗变逐句用韵为隔句用韵，并且可以自由换韵，为七言诗走向近体打下了基础，七言诗自他以后影响日深，在诗歌史上成为与五言诗并行的重要诗体。

2. 沈约、谢朓与永明体

齐永明年间，周颙发现汉字的平、上、去、入四种声调，同时的著名诗人沈约（441—513）等人，又根据四声和双声叠韵来研究诗句中声、韵、调的配合，指出平头、上尾、蜂腰、鹤膝、大韵、小韵、旁纽、正纽等八种声病必须避免，做到"一简之内，音韵尽殊；两句之中，轻重悉异"①。一时诗人竞相使用沈约等人发现的诗歌音律，形成了新诗体，号为永明体。永明体的出现是我国诗歌史上的大事，它是我国格律诗的开端，沿着它的道路，我国诗歌由自由发展的时代走向了遵循一定规律的格律时代。

谢朓是永明体的参与者，可以说是新诗体最成功的实践者。谢朓（464—499），字玄晖，陈郡阳夏（今河南太康县附近）人，曾任宣城太守，尚书吏部

---

① 《宋书·谢灵运传论》。

郎等职，世称谢宣城。后为萧遥光诬陷，下狱死。

谢朓在谢灵运之后发展了山水诗，他一改谢灵运诗的富艳精工、典丽厚重，诗风趋于清新流丽，显得更为成熟。读谢朓的山水诗，其画面总给人以萧疏淡远的感觉。如这些诗句："余霞散成绮，澄江静如练"（《晚登三山还望京邑》）；"天际识归舟，云中辩江树"（《之宣城郡出新林浦向板桥》）；"寒城一以眺，平楚正苍然"（《宣城郡内登望》）；"余雪映青山，寒雾开白日"（《高斋视事》）等等，都是历来传诵的名句，其自然秀逸，为后来诗人所折服。梁武帝就说："不读谢朓诗，三日口臭。"沈约更称："二百年来无此诗也。"①

谢朓致力于新体诗的创作，做到了平仄调协，音韵铿锵，词采华丽，对仗工整，为五言律诗、五言绝句的最终形成打下了坚实的基础。严羽《沧浪诗话》说："谢朓之诗，已有全篇似唐人者。"说的就是他对五言律、绝诗形成的贡献。

3. 梁陈宫体诗

《梁书·徐摛传》说："摛属文好为新变，不拘旧体。……文体既别，春坊尽学之，'宫体'之号，自斯而起。"据此，可知宫体诗乃太子家令徐摛首创，后则为太子萧纲为首的东宫文人竞相效仿，由此才大有名声。作为一种新诗体，它究竟有些什么特征呢？《隋书·经籍志》是这样概括的："清辞巧制，止乎衽席之上；雕琢蔓藻，思极闺闱之内。"意即宫体诗写的都是关于女性的内容，风格轻靡绮艳。这个概括是符合实际的。但值得注意的问题是，宫体诗的创作目的是否就是为极欲宣淫？近年来有学者提出了疑问。

（六）北朝杰出的诗人庾信

庾信（513—581），字子山，南阳新野（今河南省新野县）人。早年出入于梁朝宫廷，为文学侍臣。梁元帝时出使西魏，梁亡后被强留在北方。因有很高的文学修养，先后得到西魏和北周的礼遇，官至骠骑大将军、开府仪同三司，世称庾开府。

庾信的创作以出使西魏为界分为前后两期。前期他基本上是一个宫廷文学

---

① 《南齐书·谢朓传》。

侍臣的角色，所写诗大多是宫体诗和一些奉和应酬之作，价值不高。后期被留屈事敌国，他的生活、思想发生了极大的变化，诗歌的内容风格也随之一变。著名的《拟咏怀》二十七首就是他后期生活、思想、感情的写照。它们大多叙述丧乱、感叹身世。如第一首写他流落异域、思念乡国的悲愤感情；第二首写梁朝对自己有知遇之恩而不能报答的苦闷；第三首悼念遭兵败而致覆灭的故国。他的其它诗如《和张待中述怀》、《和王司徒褒》、《寄王琳》、《寄徐陵》等，也都是伤心故国、自悲身世。前人评庾信后期的诗，认为得刚健、苍凉之至。杜甫就说："庾信文章老更成，凌云健笔意纵横"①；"庾信平生最萧瑟，暮年诗赋动江关"②。

作为南北朝最后一个优秀诗人，庾信在诗歌格律的发展上也有重要贡献。他的五言新体诗如《对宴齐使》、《寄除陵》、《秋日》，在声律上已暗合后来唐代的五言律诗和五言绝句。在七言形式上，他的《燕歌行》比鲍照七言有更大的篇幅。《秋夜望单飞雁》、《乌夜啼》、《代人伤往二首》等篇，句数、章法、对仗都开唐人七律、七绝的先河。

二、神怪小说与札记文学

"小说"之名最早见载于《庄子·外物篇》："饰小说以干县令，其于大达亦远矣。"这里所说的"小说"，是指一些不合于大道的琐屑之谈，而不是指文体。班固《汉书·艺文志》说："小说家者流，盖出于稗官，街谈巷语，道听涂说者之所造也。"此说才具有文体的意义，但与文学中的小说（真正意义上）还有相当的距离。《汉书》曾著录小说家书 15 种，1380 篇，是我国文学史上最早见于著录的小说作品。这些作品虽大多散佚，但其数量足已说明汉代小说创作基础的深厚，此后魏晋南北朝小说大放异彩是极其自然的了。

小说至魏晋南北朝始盛，写作小说蔚然成风，在数量和内容上都取得了超越前代的丰收。就内容而言，这个时期的小说大体上可分为两类：一是谈鬼神怪异的"志怪小说"，二是记录人物轶闻琐事的"轶事小说"（也可称札记文学）。

---

① 《戏为六绝句》第一首。
② 《咏怀古迹》五首之一。

（一）志怪小说

鲁迅《中国小说史略》说："中国本信巫，秦汉以来，神仙之说盛行，汉末又大畅巫风，而鬼道愈炽，会小乘佛教亦入中土，渐见流传，凡此皆张皇鬼神，称道灵异，故自晋迄隋，特多鬼神志怪之书。其书有出于文人者，有出于教徒者。文人之作，虽非如释道二家，意在自神其教，然亦非有意为小说，盖当时以为幽明虽殊途，而人鬼乃皆实有，故其叙述异事，与记载人间常事，自视固无诚妄之别矣。"鲁迅对魏晋南北朝志怪小说兴盛原因的概括是准确的，信鬼、信佛、信道确是让人们醉心于鬼怪之事而不返，于是，作者把怪异传说视为事实来记载也就不足为怪了。

按《隋书·经籍志》，魏晋南北朝的志怪小说数量很多，现保存下来的只有三十余种。其中较为重要的有托名汉东方朔的《神异经》、《十洲记》，托名郭宪的《汉武洞冥记》，托名班固的《汉武帝故事》、《汉武帝内传》，托名曹丕的《列异传》，晋张华的《博物志》，王嘉的《拾遗记》，荀氏的《灵鬼志》，干宝的《搜神记》，托名陶潜的《搜神后记》，宋王琰的《冥祥记》，刘义庆的《幽明录》，梁吴均的《续齐谐记》，北齐颜之推的《冤魂志》等等。在这些小说中，干宝的《搜神记》成就最高，堪称六朝志怪小说的代表。

《搜神记》的作者干宝（？—336），字令升，新蔡（今河南）人，两晋之际的著名史学家。著有《晋纪》，又好阴阳术数，神仙鬼怪。在《搜神记》序中，干宝阐明了他写作此书的目的，一是"发明神道之不诬"，二是保存遗闻和供人"游心寓目"。

《搜神记》的内容，一是"承于前载"，对流传的鬼怪故事进行加工改造；二是"采访近世之事"，由作者自己进行创作。由于《搜神记》的创作目的是"发明神道之不诬"，证明神仙及幽冥世界的实有和神鬼的威灵，以宣扬宗教迷信思想，所以有一些作品的内容是不足取的。如《阮瞻》一篇叙述"素执无鬼论"的阮瞻被鬼吓坏的故事，《蒋济亡儿》一篇写蒋济亡儿死后在阴间衙门当差，都是刻意地宣扬鬼神实有的思想。另一方面又由于《搜神记》的写作还有供人"游心寓目"的意图，所以作者在创作过程中也就注意到了积极的主题意义的发掘，力图把现实生活中真、善、美和假、丑、恶的对立借助鬼怪的题材深刻地体现出来，并且特别注重故事性。如一些优秀的传说故事《李寄斩蛇》、《韩凭妻》、《东海孝妇》、《三王墓》、《董永》、《紫玉》等，都是借神异世界影写人世的杰作，对后代文学产生了重要影响。

《董永》叙董永家贫，父死后自卖为奴以供丧事，天帝为之感动，派织女下凡为董永妻，织缣百匹偿债然后归于天庭。后来"天仙配"的故事即据此演变而来，成为贫穷人心中永远的童话。《韩凭妻》、《紫玉》是两则十分凄艳的爱情故事。《韩凭妻》写宋康王见韩凭妻美丽，夺为己有。夫妇不甘屈服，相约自杀。康王愤怒，不愿使其夫妇合葬，故意让其"冢相望"。但宿昔之间便从二人墓中长出大树，根相交而枝相错，又有一对鸳鸯栖于树上，悲鸣不已。故事热烈地歌颂了韩凭夫妇坚贞不渝的爱情，谴责了强权对美好爱情、幸福家庭的破坏，结尾的幻想情节，富有强烈的浪漫主义色彩，在中国古典文学中颇具典型性。《紫玉》叙述吴王小女紫玉和童子韩重相爱，私订终身，吴王不许，结气而死。后韩重在墓前痛哭祭吊，紫玉魂灵出现，与韩重在墓中同居三日，完成了夫妇之礼。这也是谴责传统婚姻制度对青年男女自由恋爱、自由婚姻的戕害。故事情调悲凉凄婉，所谓"紫玉烟然"，以其最美好的艺术形象留在了中国文学史上。

《李寄》和《三王墓》歌颂的是大无畏的斗争精神。前者写闽中庸岭有巨蛇作祟，官府昏庸、怯弱，不能为民除害，只得每年招募一名童女献祭。少年女英雄李寄不顾家人反对，自出应募，以其机智和勇敢杀了大蛇。最后李寄对以前被蛇所食的九个女骷髅说："汝曹怯弱，为蛇所食，甚可哀愍。"借女主人公的口道出了在对敌斗争中怯弱者死、勇敢者存的道理，具有普遍的教育意义。《三王墓》记巧匠莫邪替楚王铸成雌雄二剑后被楚王杀死，其子赤为父报仇的故事。文既激赏赤矢志报仇的反抗精神，又热情称颂山中行客见义勇为、自我牺牲为赤复仇的豪侠气概。其中山中行客持赤头见楚王一节，写得悲壮惨烈，惊心动魄，为我国古典文学中的经典。

> 客持头往见楚王，王大喜。客曰："此乃勇士头也，当于汤镬煮之。"王如其言煮头。三日三夕不烂，瞋目大怒。客曰："此儿头不烂，愿王自往临视之，是必烂也。"王即临之，客以剑拟王，王头随堕汤中，客亦自拟己头，头复堕汤中，三首俱烂，不可识别，乃分其汤肉葬之，故通名曰

三王墓。

由于这则故事包蕴着中华民族不屈不挠、矢死复仇的优秀精神品质在内，所以在国难当头、民族危亡的关头，它往往会成为激励中华民族团结战斗的精神力量，鲁迅在 30 年代把这个故事改编为故事新编《眉间尺》就生动地说明了这一点。

《搜神记》中的一些优秀作品，由于其创作是有意识地供人娱乐，所以作者在创作中就十分注意其故事性，做到引人入胜，改变了过去小说"丛残小语"，粗陈梗概的形态。

《搜神记》之外，优秀的志怪小说当推刘义庆的《幽明录》和刘敬叔的《异苑》。

《幽明录》书久已散佚，鲁迅《古小说钩沉》辑得二百六十多则。《幽明录》可能是刘义庆组织其门下的文学之士所编，其不同于《搜神记》的地方是很少采录旧籍记载，多为晋宋之际新出的故事。《幽明录》中所载，以《刘晨阮肇共入天台山》一则最为著名。刘阮二人入天台山迷路，在溪边遇到二个女子，二女邀他们还家，结为夫妇。在山中居住半年，"气候草木是春时，百鸟啼鸣，更怀悲思，求归甚苦"。二女同意他们回家，"既出，亲旧零落，邑屋改异，无复相识，问讯得七世孙，传闻上世入山，迷不得归"。这一人神相恋的主题编织了美好的理想和憧憬，常为文人用作典故以曲达情性。

刘敬叔的生平不见史传，据明人胡震亨说，他是彭城人，起家中兵参军，元嘉三年为给事黄门郎，泰始中卒。《异苑》中对后世影响较大的故事有"燃犀烛照"。

> 晋温峤至牛渚矶，闻水底有音乐之声，水深不可测，传言下多怪物，乃燃犀角而照之。须臾见水族覆灭，奇形异状，或乘马车，著赤衣帻。其夜，梦人谓曰："与君幽明道隔，何意相照耶？"峤甚恶之，未几卒。

其它故事在当时和后世也很有影响。如钟嵘《诗品上·宋临川太守谢灵运诗》关于谢灵运幼时事迹就本于《异苑》，唐人所修《晋书》、《南史》，也采用了此书中不少材料。

志怪小说对后世小说创作具有深远的影响。唐传奇就是在它的基础上发展起来的。沈既济的《枕中记》就来源于《幽明录》中的《焦湖祝庙》故事。李公佐的《南柯太守传》则脱胎于《搜神记》中的《卢汾梦入蚁穴》故事。在中国小说史上，魏晋志怪小说开创了说狐道怪一派，后世著名的小说如宋洪迈的《夷坚志》、明瞿佑的《剪灯新话》、清蒲松龄的《聊斋志异》等都和它有一脉相承的关系。魏晋志怪小说还是后来戏曲、小说的素材库，很多著名的戏曲小说都是吸收其素材，进行加工提炼，推陈出新，在中国文学史上大放异彩的。

（二）轶事小说

轶事小说就是记录现实生活中人物轶闻琐事的小说。鲁迅认为轶事小说在魏晋南北朝的盛行与当时社会品评人物的清谈风气有关。他说："汉末士流，已重品目，声名成毁，决于片言。魏晋以来，乃弥以标格语言相尚，惟吐属则流于玄虚，举止则故为疏放。……世之所尚，因有撰集，或者掇拾旧闻，或者记述近事，虽不过丛残小语，而具为人间言动，遂脱志怪之牢笼也。"①

记载名人轶事的著作，在现存的书籍中较早的有东汉应劭《风俗通义》中的《正失》、《愆礼》、《过誉》、《十反》、《穷通》中的一些片断，还有托名汉刘歆实为晋葛洪所撰的《西京杂记》以及三国张骘的《文士传》、晋傅玄的《傅子》等。但以上诸书所记轶事，往往杂以评议。纯粹记录人物轶事的小说，当以东晋裴启的《语林》、郭澄之的《郭子》为最早，二书纯记事实，绝少评骘，可以说是轶事类小说的先导。之后又有宋刘义庆的《世说新语》、梁沈约的《俗说》、殷芸的《小说》等。遗憾的是，这些书大都散佚，比较完整流传至今的只有《世说新语》一书，堪称魏晋轶事小说的集大成之作。

《世说新语》的作者刘义庆（403—444），南朝宋武帝刘裕之侄，长沙王刘道邻之子，出继临川王刘道规，袭封临川王，曾任荆州刺史、江州刺史及南徐州刺史等职。《宋书·刘道规传》说他"性简素"、"爱好文义"、"招聚文学之士，近远必至"。《世说新语》很可能就是刘义庆及其门下文人采摘众书加工润色而成。梁时又有刘孝标为之注，于人物事迹，记述更加详备。

今本《世说新语》凡三卷，每卷又分上下，分《德行》、《言语》、《政事》、《文学》等三十六门。所记事上起西汉，下迄于宋，尤详于东晋。涉及到的重

---

① 《中国小说史略》。

要人物不下五六百人，上自帝王卿相，下至士庶僧徒，都有所记载，从中我们可以观察到当时人物的风貌、思想、言行和社会的风俗、习尚。

《世说新语》的重要主题是"魏晋风度"、"名士风流"。它主要从以下几个方面来着重体现。

一是描写人物的仪表风采，展示其令人艳羡的内在的人格修养。如《容止篇》记嵇康、裴楷、王羲之等人。

> 嵇康身长七尺八寸，风姿特秀。见者叹曰："萧萧肃肃，爽朗清举。"或云："肃肃如松下风，高而徐引。"山公曰："稽叔夜之为人也，岩岩若孤松之独立；其醉也，傀俄若玉山之将崩。"

> 裴令公有隽容仪，脱冠冕，粗服乱头皆好。时人以为"玉人"。见者曰："见裴叔则如玉山上行，光映照人。"

> 时人目王右军："飘如游云，矫若惊龙。"

嵇康爽朗清举的风貌所蕴涵着的是独标于世的清峻之志；裴楷光映照人的玉山之姿则色孕着无限的神隽，这令王衍叹服不已；王羲之"飘若游云，矫若惊龙"的神采乃是他自由放达、不拘矩度的内心世界的写照。

二是以喜怒忧惧不形于色为不失名士风度。如《雅量篇》载谢安得谢玄淮上大捷消息，"意色举止，不异于常"。裴楷被收，"神气无变，举止自若"。王献之见房顶着火，"神色恬然，徐唤左右，扶凭而出，不异平常"。

三是崇尚自然，以能赏玩山水为名士风雅。如许询"好游山水"，又"体便登陟"，时人大为称许，说他"非徒有胜情，实有济胜之具"（见《栖逸篇》）。卫永不谙山水，孙绰便讥议他"此子神情都不关山水"（《栖逸篇》）。

四是以语言的简约玄澹、机警多锋作为品藻名士风流的重要标准。江左善清谈，士人有聚集论辩之习，由此培养了语言表达的机智敏捷，如其人有美言流布，必然会带来举世之美誉。《言语篇》、《赏誉篇》、《品藻篇》就记录了士人们的不少连珠妙语。

> 庾公尝入佛图，见卧佛，曰："此子疲于津梁。"于时以为名言。
>
> ——《言语》

> 竺法深在简文坐，刘尹问："道人何以游朱门？"答曰："君自见其朱门，贫道如游蓬户。"
>
> ——《言语》

> 徐孺子年九岁，尝月下戏。人语之曰："若令月中无物当极明邪？"徐
> 曰："不然，譬如人眼中有瞳子，无此必不明。"　　　　——《言语》

魏晋人体物悟道，认为"未见理时，必须言津"①。所以在清谈或为文时特别讲求"筌象之美"②。这个时代的诗文刻意追求声音、词采、典故，恐怕与这一风气不无关系。

《世说新语》主要写名士，但生活在这一时代的一些上层妇女也受时代风气的薰染，表现出有别于传统的气质和风采，为此，《世说新语》做了专门记述。如《贤媛篇》载山涛妻韩氏，为了一睹嵇康、阮籍的风度，竟"穿墉以视之，达旦忘返"。最后还对山涛、嵇康、阮籍三人做了恰当的品评，令后人叫绝："君才致殊不如，正当以识度相友耳。"谢道韫初嫁，很看不起丈夫王凝之，回娘家对叔父谢安大发牢骚："不意天壤之中，乃有王郎！"又《假谲篇》载：温峤诈称为从姑刘氏之女作媒，自己却把她娶了回来，"既婚交礼，女以手披礼扇，抚掌大笑曰：'我固疑是老奴，果如所卜。'"这几个妇女，均生于名门，精通诗礼，但却不为传统礼教所束缚，表现出了以新的思想言行重铸道德规范的气概和精神。

《世说新语》在艺术上有较高的成就，鲁迅说它"记言则玄远冷俊，记行则高简瑰奇"③。清袁褧也说它"简约玄澹，尔雅有韵"④。这主要表现在，它善于通过一言一行来刻画人物肖像、精神面貌和内心世界。如《忿狷篇》写王述动辄暴怒的病态性情，吃鸡子时"以筋刺之，不得，便大怒，举以掷地。鸡子于地圆转未止，仍下地以屐齿蹍之，又不得，瞋甚，复于地取内口中，啮破即吐之"。通过吃鸡子时所表现出的不同寻常的四个小动作，把一个变态狂活画在纸上。其次，它还表现在能化生活口语为文学语言，隽永传神。明胡应麟《少室山房笔丛》对此就深有体会："读其语言，晋人面目气韵，恍然生动，而简约玄澹，真致不穷。"如《赏誉篇》载何充往王敦处，敦"以麈尾指坐，呼何共坐曰：'来！来！此是君坐。'"王敦的话已然生活口语，虽然只有一句，但已透露出王敦与何充关系的亲密以及王敦对何充平日的赏爱和器重。

---

① 竺道生：《法华经注》。
② 丘道护：《道士支昙谛诔并序》。
③《中国小说史略》。
④《世说新语序目》。

《世说新语》是我国笔记小说的先驱，在中国小说史上具有重要的地位。后世有很多小说直接仿其格式而作。如唐王方庆的《读世说新语》，宋王谠的《唐语林》，孔平仲的《续世说》，明何良俊的《何氏语林》，冯梦龙的《古今谭概》和清王晫的《续世说》等，都是在《世说新语》的影响下成书的。

三、乐府与民歌

自汉代立乐府，魏晋南北朝代有其制，未尝废止。郭茂倩说："凡乐府歌辞，有因声而作歌者，若魏之三调歌诗，因弦管金石，造歌以被之是也。有因歌而造声者，若清商、吴声诸曲，始皆徒歌，既而被之弦管是也。"①

所谓"因声作歌"，就是倚旧有的声调而另创新词，也就是我们平常所说的旧题乐府。曹氏父子是旧题乐府的开创者，曹操的现存作品，都是依旧乐而作的乐府歌辞，从音乐分类上说以《相和歌》为主。"相和歌"为汉代旧曲，都是"街陌讴谣"。在此之前文人多不屑于创作。曹操作为杰出的政治家和诗人，他大量创作乐府诗的行为具有划时代的重要意义。这就是从曹操开始，作为民间文学形式的乐府诗已改造成为文人文学的重要形式。他的儿子曹丕所作七言《燕歌行》二首，不仅是乐府的新体制，而且开我国纯粹七言诗体的先河。次子曹植则集五言乐府之大成，为三曹之冠。三曹乐府虽倚旧声而为之，但都是雅好慷慨之作，充满了"志深而笔长""梗概而多气"的时代精神。所以《文心雕龙·乐府》评云："魏之三祖，气爽才丽，宰割辞调，音靡节平，观其'北上'众引，'秋风'列篇，或述酣宴，或伤羁旅，志不出于淫荡，辞不出于哀思。"但自晋代以后，这种借古题而叙时事，因旧曲以申今情的传统遭到了破坏，文人们拟古过当，多在古题中讨生活，所用为何题，则所咏亦必为何事。如傅玄《和秋胡行》即咏秋胡事，陆机《婕好怨》即咏班婕好事。南朝文人拟古乐府也复如此，作品没有多少价值。

所谓"因歌而造声"，也就是我们平常所说的新声乐府。具体说来，就是此时产生于南方和北方的民间歌曲。

---

①《乐府诗集》卷九十。

（一）南朝民歌

南朝乐府民歌，以《清商曲辞》中的"吴声歌"和"西曲歌"为主，前者计 326 首，后者 142 首，共 468 首。吴歌产生于都城建业及其周围地区，《宋书·乐志》说："吴歌杂曲，并出江东，晋宋以来，稍有增广。"《乐府诗集》也说："盖自永嘉渡江以后，下及梁陈，咸都建业，吴声歌曲，起于此也。"西曲产生于江汉流域地区。《乐府诗集》说："按西曲歌，出于荆、郢、樊、邓之间。""吴歌"、"西曲"乃旧有名称，北魏孝文、宣武南侵，收得此两种歌曲，借用汉乐府分类，总谓之"清商"。后世因之。

吴歌、西曲为百分之百的情歌。这主要是由于南朝统治者有意识地采集的结果。汉代设乐府采集民歌的目的是"观风俗、知薄厚"，南朝乐府则不为此，一般说来，他们只是按照自己的趣味、享乐要求来采集民歌。而南朝人士生活奢靡，爱好伎乐，采摘风情小调是十分自然的事。裴子野《宋略·乐志》就记录了当时的这种情况："王侯将相，歌伎填室，鸿商富贾，舞女成群，竞相夸大，互有争夺。"另外，吴歌、西曲多为情歌也与南朝风化不竞，民多追求享乐生活、浪漫情思有关。此情况见《南史·循吏传》。

1. 南朝民歌的内容

南朝民歌所表现的爱情内容，几乎都是有悖于传统伦理因素的，充满了浪漫与激情。这显然与旧有思想体系被打破以后南朝社会民风尚新、人慕放荡有关，体现了都市社会人们对一种新的生活方式、情感方式的积极追求。如《子夜歌》、《子夜四时歌》所写的情爱生活：

> 气清明夜朗，夜与君共嬉。郎歌妙意曲，侬亦吐芳词。
>
> 宿昔不梳头，丝发被两肩。婉伸郎膝上，何处不可怜？
>
> ——《子夜歌》

> 思见春花月，含笑当道路。逢侬多欲撷，可怜持自误。
>
> 反覆华簟上，屏帐了不施。郎君未可前，待我整容仪。
>
> 秋夜凉风起，天高星月明。兰房竞妆饰，绮帐待双情。
>
> 炭炉却夜寒，重抱坐叠褥。与郎共华榻，弦歌秉兰烛。
>
> ——《子夜四时歌》

诗中的男女主人公，并非是婚后的欢与爱，而是没有婚姻状况的欢与爱。可见这时传统的礼教确实是为他们所崩坏了。南方民族富于情感、浪漫昌逸的天性在这些歌中得到了真切的体现。

2. 南朝民歌的语言

南朝民歌的语言，可用《大子夜歌》中的两句来概括，这就是"慷慨吐清音，明转出天然"。陈绎曾和胡应麟对此十分推崇。陈绎曾《诗谱》云："三国六朝乐府，犹有真意，胜于当时文人之诗。"胡应麟《诗薮》云："若《子夜》、《欢闻》、《团扇》等作，虽语极淫靡，而调存古质。至其用意之工，传情之婉，有唐人竭精殚力，不能追步者。余尝谓《相和》诸歌后，惟清商等绝，差可继之。"所谓"犹有真意"，"调存古质"，实际上就是"天然"的另一种说法。

3. 南朝民歌的修辞

双关隐语的广泛运用，这为历代诗歌所罕见，可以说是南朝民歌对我国诗歌艺术的杰出贡献。双关是一种谐声的隐语，有一底一面，可分为两类。一类是同音同字的。如《三洲歌》中的"遥见千幅帆，知是逐风流"。以船的随风漂流暗喻男性生活上的追逐风流。《读曲歌》中的"朝霜语白日，知我为欢悄"。以霜的消融比喻人的消瘦。另一类是同音异字的。如《读曲歌》中的"燃灯不下炷，有油那得明"？用点灯的"油"双关理由的"由"。《子夜歌》中的"雾露隐芙蓉，见莲不分明"，以"莲"谐"怜"字。南朝民歌双关隐语的巧妙使用，一方面显示了民歌作者的丰富想象，另一方面增强了表情达意的委婉含蓄。

4. 南朝民歌的形式

南朝民歌的形式，以五言四句为主，略占总数的三分之二，余则四言及杂言诗体，篇制也很短小。因其篇制的短小，故后世也称之为清商小乐府。

"杂曲歌辞"中记有一首著名的抒情长诗——《西洲曲》，标志着南朝民歌在艺术发展上的最高成就。这首诗《乐府诗集》和《古诗纪》均作"古辞"，《玉台新咏》作江淹，《诗镜》等又作梁武帝。全篇通过季节变换的描写，表达一女子对所爱男人深长的四季相思。诗在艺术上的第一个特点是熟练地运用系列双关语"采莲"、"弄莲"、"怀莲"等，表现了女人对男子的一往情深，有无限低回之妙。第二个特点是运用了民歌惯用的"接字"法，首尾相衔，蝉联而

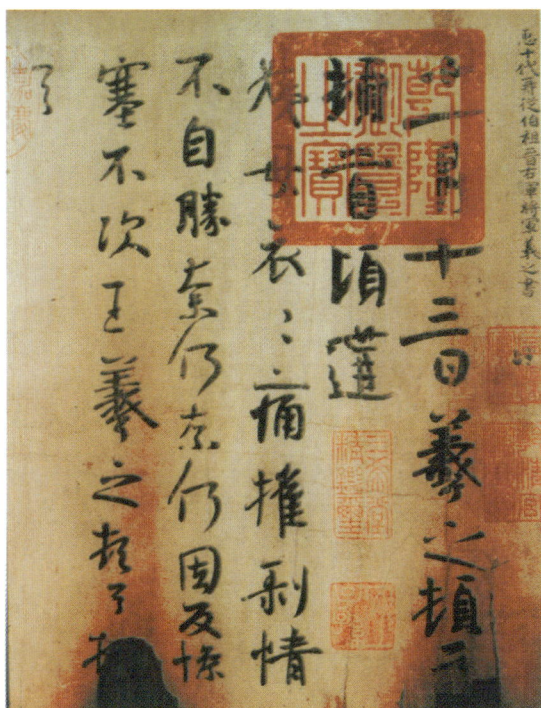

东晋王羲之《姨母贴》

辽宁省博物馆藏

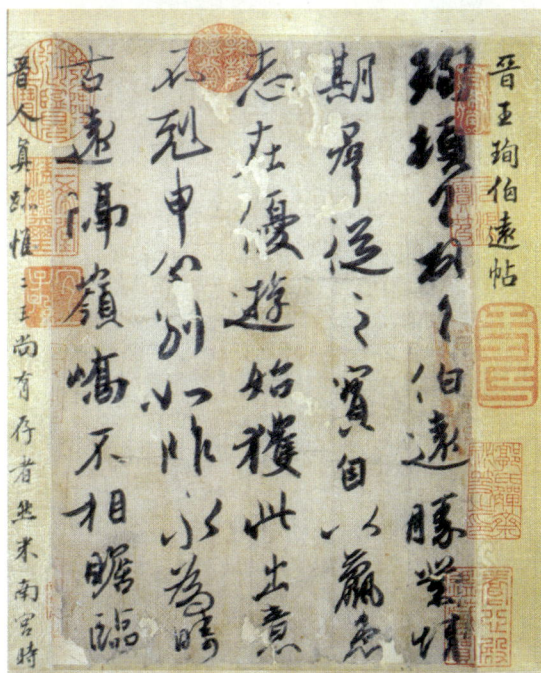

东晋王珣《伯远贴》

北京故宫博物院藏

361

顾恺之《洛神赋图》（宋摹本）

三国魏钟繇《宣示表》邮票

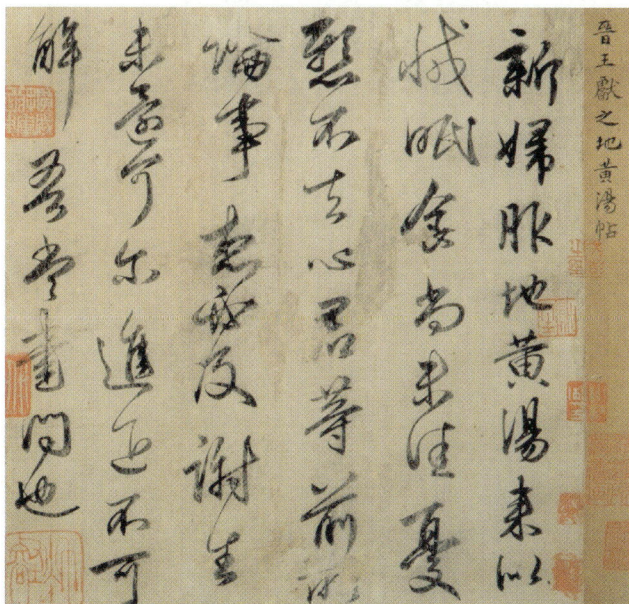

东晋王献之《地黄汤贴》（唐摹本）
东京书道博物馆藏

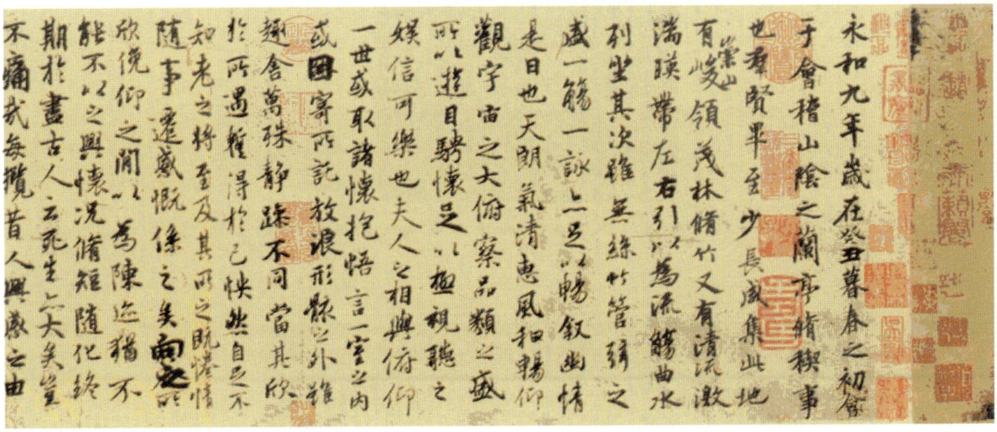

东晋王羲之《兰亭序》（唐摹本）
北京故宫博物院藏

下造成了音韵和协、节奏明快之美。《西洲曲》在诗史上具有重要意义，有人认为唐张若虚的《春江花月夜》、李白的《长干行》都是从此篇脱出者。

（二）北朝民歌

北朝乐府民歌现存六十多首，大多收录在《乐府诗集·梁鼓角横吹曲》中，另有几篇收到《杂曲歌辞》和《杂歌谣辞》中。歌辞的主要作者为鲜卑族和北方其他民族。其中一部分是由胡音翻译过来的。如《折杨柳歌》、《敕勒川》等。另一部分则是用汉语创作的。据《南齐书·东昏侯纪》、《南史·茹法亮传》的有关记载以及梁武帝和吴均所作《雍台诗》可知，北朝的鼓角横吹曲曾先后输入齐梁，并由梁乐府保存，陈释智匠著《古今乐录》因冠以"梁"字，后人遂沿用不改。

北朝民歌数量虽远不及南朝民歌，但内容却丰富得多，涉及社会的各个方面。

1. 战争

郭茂倩说："《梁鼓角横吹曲》，多叙慕容垂及姚泓时战阵之事。"郭氏之说大抵符合北朝乐府民歌的实际情况。北朝长时期处于干戈战乱之中，反映战争的歌曲本来就应该多些。另一方面，"梁鼓角横吹曲"属军乐，所采录的歌曲也必然偏重和战争有关的一类。如《企喻歌》、《慕容垂歌》、《紫骝马歌》、《李波小妹歌》、《陇上歌》等都是其类。试看《企喻歌》三首：

> 男儿可怜虫，出门怀死忧。尸丧狭谷口，白骨无人收。

> 放马大泽中，草好马著膘，牌子铁裲裆，钲铮鹳尾条。

> 前行看后行，齐著铁裲裆。前头看后头，齐著铁钲铮。

前一首写从军赴死的悲壮豪气，如读汉乐府之《战城南》，后两首直写军容之整，表达了从军者的自豪心理。

2. 羁旅行役

由于长期处于战乱，社会上大批人离乡背井，过着流亡生活。北歌中的一些作品反映了人们的这种羁旅之思。

> 上马不捉鞭，反拗杨柳枝。下马吹长笛，愁杀行客儿。

> ——《折杨柳歌》其一

陇头流水，流离山下。念吾一身，飘然旷野。

——《陇头歌辞》

高高山头树，风吹叶落去。一去数千里，何当归故处。

——《紫骝马歌辞之二》

值得注意的是，同样是写对故乡的怀念，南歌一般是泣啼涟涟，多作女儿状。上列北歌虽也肝肠断绝，但却无一滴眼泪，这也是北方民族性格不同于南方民族的地方。

3. 任侠

北方民族以刚猛为强，"衽金革，死而不厌"[1]。北朝民歌在表现北方民族的任侠性格时，充分注意到了这一点。如《企喻歌》：

男儿欲作健，结伴不须多。鹞子经天飞，群雀两向波。

健即健儿，以雄健的鹞鹰冲天而起，怯懦的群雀如水波躲向两侧的形象，热情赞美好男儿以一当十的英雄气概。胡应麟评云："《企喻歌》，元魏先世风谣也。其词刚猛激烈，如云男儿作健，结伴不须多等语，真《秦风·小戎》之遗。其后雄据中华，几一宇内，即数歌词可证。六代江左之音，率《子夜》、《前溪》之类，了无一语丈夫风骨！恶能抗衡北人。"[2] 其它如《瑯琊王歌》所歌："新买五尺刀，悬著中梁柱，一日三摩娑，剧于十五女。"写爱宝刀甚于爱美人，铁血男儿的心性跃然纸上。

4. 爱情婚姻

这是北朝民歌中数量最多的一类。北方民族有着较多的原始风俗，男女之间并无汉族那样复杂的礼数。诸如父子同川而浴，同床而寝，以及兄弟姊妹相为婚姻，母子叔嫂递相为偶，实让汉人不可理解。然而正是这种两性观念决定了他们对爱情和婚姻与南方民族相比有着自己的独特的内涵和方式。其集中的特点就是表情的坦率粗犷。

谁家女儿能行步，反著袂裆后裙露。

天生男女共一处，愿得两个成翁姬！

——《捉搦歌》

---

① 《礼记·中庸》。
② 《诗薮》。

门前一株枣，岁岁不知老。阿婆不嫁女，那得孙儿抱？

——《折杨柳枝歌》

月明光光星欲堕，欲来不来早语我。

——《地驱乐歌》

在他们看来，男欢女爱或男女婚嫁，原是极正常、极简单的事，实无须故作矜持或转弯抹角。《地驱乐歌》咏唱幽会，情人不至，也不哀伤地哭诉，只是简截地指斥对方。《折杨柳歌》更是以枣起兴，用老人喜爱孙辈的心理打动对方，写得十分有趣。范成大评云："阿婆不嫁二语，老妪所能解，而绝不鄙俗。乃知真正俚言，未有不雅者也。"在北歌咏唱爱情婚姻的诗中，有几首提到"老女不嫁"的事，很值得我们注意。

驱关入谷，白羊在前。老女不嫁，蹋地呼天。

——《地驱乐歌》

烧火烧野田，野鸭飞上天。童男娶寡妇，壮女笑杀人。

——《紫骝马歌》

这说明由于连年战祸，丁壮死亡过多，已造成了男女嫁娶失时的严重社会问题。《北史》卷六载东魏高欢曾请释芒山俘桎梏，配以人间寡妇。可见这些诗也正是这一社会问题的直接的反映和揭露。

5. 贫苦

北地土地贫瘠，民多衣食之忧。《颜氏家训》就曾间接提到当时的这种情况："今北土风俗，率能躬俭节用，以赡衣食，江南奢侈，多不逮焉。"但更重要的是北地存在的贫富不均和残酷剥削，使北方人民痛苦不堪。

雨雪霏霏，雀劳利。长嘴饱满短嘴饥。

——《雀劳利歌辞》

这首诗以鸟喻人。以"长嘴"喻机灵滑头的人，以"短嘴"喻老实本分之人。对现实中颠倒了的生活逻辑表示了极大的不满。《幽州马客吟》更是喊出了"有钱始作人"的惊世之言。

快马常苦瘦，剿儿常苦贫。黄禾起嬴马，有钱始作人。

剿儿指强盗。这首诗以强盗的口吻来吟唱其阅世之谈，实际上是对浅薄、窳败的世风所作出的最深刻的批判。《捉搦歌》第一首则为被压迫者的悲愤之词。

粟谷难春付石臼，弊衣难护付巧妇。男儿千凶饱人手，老女不嫁只生口。

北朝乐府民歌中最为著名的是《敕勒歌》与《木兰辞》。

《敕勒歌》收于《杂歌谣辞》，史称"北齐神武使斛律金唱敕勒歌"。《乐府广题》说："其歌本鲜卑语，易为齐言，故其句长短不齐。"可见该诗应该是一首原汁原味的民歌了。诗只用二十七个字，便出色地画出了辽阔苍茫的草原景象，反映出北方民族的生活和精神面貌。

敕勒川，阴山下。天似穹庐，笼盖四野。

天苍苍，野茫茫，风吹草低现牛羊。

《木兰辞》是一首歌颂女英雄木兰女扮男装代父从军的叙事诗。它和《孔雀东南飞》是我诗歌史上先后辉映的双璧，胡应麟《诗薮》说："五言之赡，极于焦仲卿妻；杂言之赡，极于木兰。"《木兰辞》产生的年代问题历来颇多异议，魏晋、齐、梁、隋、唐，各说都有。但陈释智匠撰《古今乐录》已著录此诗，这说明《木兰辞》已不可能作于陈之后。《木兰辞》之所以千古传诵，最主要的是它用诗的语言讲述了一个历史上罕见的女扮男装、代父从军的女英雄传奇故事。这对自古英雄出男儿的传统性别观念是一次巨大的冲击。它以人类最残酷的争斗形式——战争，证明了女人的价值，在封建社会中体现出了崭新的教育意义。《木兰辞》的语言浅近、轻快，具有深郁的民歌风味，谈起来极易上口。它之所以千古流传，也还在于这个特点。自"万里赴戎机"以下四句，文字精炼概括，似经文人加工改造过。

《北史·文苑传》从南北人物好尚不同来论南北文学的不同："江左宫商发越，贵于清绮；何朔词义贞刚，重乎气质。"北齐颜之推则从地域的角度来论南北文学的不同："南方水土和序，其音清举而切诣，失在浮浅，其词多鄙俗；北方山川深厚，其音沉浊而钚钝，得其质直，其词多古语。"[①] 南北乐府民歌总体上的不同也正如以上所言。具体讲来，可析为以下几点：

其一，在情感表现上，北歌以直率粗犷为特征，很少有南歌那种婉转缠绵、哀怨的情调。

---

① 《颜氏家训·音辞第十八》。

其二，在语言风格上，北歌质朴刚健，不若南歌文辞华美，手法巧妙。

其三，在诗歌形式上，南歌、北歌均以五言四句为主，但北歌同时还创造了七言四句的七绝体，并发展了七言古体和杂言体。

四、文学评论与文艺理论成就

魏晋以前，论文的著述有二类。一类是偶尔论文或兼论文学的著作，如《论语》、《孟子》以及汉代杨雄的《法言》、王充的《论衡》等，固然论及了文学问题，但只是一些零散的意见。另一类是专门论文的著作，如《毛诗序》、《离骚序》、《楚辞章句序》等，虽是专门论文，但讨论的对象只是一篇文章、一部书，或一种文体，谈不上是在系统地讨论文学。造成这种情形的原因主要在于当时人们对文学性质的认识还不能到达一定的水平。到了魏晋时代，由于政治社会状况及时代思潮的变化，文学能够更自由地从作家的切身体验来表现社会生活和个人情感，显示了相当强烈的自觉精神。这时不但作品数量激增，体裁、题材、技巧均有很大发展，而且在理论上对文学问题的研究和探讨也较以往更为深入，提出了一系列重要的问题，诸如文学的性质与特点、文体的区分、创作的过程、作家的风格、文学的流变、评价的标准等等。争论既多，创见叠出，体现了这个时代卓越的理论意识。

（一）《典论·论文》与《文赋》

《典论》是魏文帝曹丕所作的一部学术著作，全书已佚，只有《论文》一篇传世。《论文》所谓"文"，乃指广义上的文章，当然也包括文学作品在内。《论文》是我国第一篇文学批评的专门论文，提出的问题涉及了文学的价值，作家的个性与作品的风格，文体、文学批评的态度等，虽是略引端绪，但在文学批评史上却开了一代风气。

关于文学的价值，曹丕把它做了大力的提举，认为是"经国之大业，不朽之盛事"。以文学和事功并立，并鼓励作家们毕生为之努力，话出自于曹丕这样一个政治上的重要人物，其对后世文学创作的影响是可想而知的。

关于风格，曹丕认为，作家的气质、个性形成了各自独特的风格。他说："文以气为主，气之清浊有体，不可力强而致。""文气"的概念，对后来影响很大，刘勰、沈约关于此问题的论述多少都受到了曹丕的影响。

关于文体，曹丕说："夫文本同而末异，盖奏议宜雅，书论宜理，铭诔尚实，诗赋欲丽。"这不仅把文学与其它运用文字作了区别，而且还为多体文章的创作与批评找到了一个初步的客观的标准。以后，文体研究在此基础上逐步深入，取得了重要的成果。如桓范的《世要论》、陆机的《文赋》、挚虞的《文章流别论》、李充的《翰林论》、刘勰的《文心雕龙》等，都是对曹丕文体论的进一步发展。

关于文学批评的态度，曹丕批评了文学评论中存在的"贵远贱近，向声背实"的不良倾向以及"文人相轻"、"暗于自见"的错误态度，主张持一种比较客观的、实事求是的态度去批评文学，认为文人应有自知之明，不要"各以所长，相轻所短"，掺杂个人主观爱憎来评论文学是极不公正的。这对健康的文学批评的发展具有重要的意义。

陆机的《文赋》是中国文学批评史上第一篇完整而系统的文学理论专门论文。这篇文章以赋的形式细致地分析了文学创作的过程，提出了文学理论上很多重要的问题。后来刘勰《文心雕龙》的写作深受其影响。章学诚就说："刘勰氏出，本陆机氏而昌论文心。"[1] 可见在中国文学理论发展史上《文赋》的地位。

《文赋》首先论作文之由，一是感于物，二是本于学，强调创作的欲望和冲动源于生活的感动和文化知识的薰陶。

其次论构思的过程。陆机以精彩的文字做了形象的描述：

> 其始也，皆收视反听，耽思傍讯，精骛八极，心游万仞。其致也，情瞳昽而弥鲜，物昭晰而互进，倾群言之沥液，漱六艺之芳润，浮天渊以安流，濯下泉而潜浸。于是沈辞怫悦，若游鱼衔钩，而出重渊之深；浮藻联翩，若翰鸟缨缴，而坠曾云之峻。收百世之阙文，采千载之遗韵，谢朝花于已披，启夕秀于未振，观古今于须臾，抚四海

---

[1]《文史通义》。

于一瞬。

注意到文学创作要用形象思维这一带有普遍规律性的问题，是陆机前无古人的杰出贡献。

最后论写作过程。一说意和辞的主从关系。主张"理扶质以立干，文垂条而结繁"。二说文体特征，表明文体风格。有意识的把文学作品与多种运用文体区别开来。认为"诗缘情而绮靡，赋体物而浏亮"。这对后来六朝文学的创作起了极大的指导作用。三说作文利害关键，先提出作文的三个重要问题："其会意也尚巧，其遣言也贵妍。暨声音之迭代，如五色之相宣。"即构思巧妙，词藻华美，音韵和谐。不仅如此，这三个方面都要符合"达变识次"的原则。后则提出具体的写作方法：意与辞考选至当，首尾一贯；立片言以突出主题，纲举目张；反对模拟、抄袭、主张创新；精彩与寻常相得，达到"石韫玉而山辉，水怀珠而川媚"的境界。最后说创作中常见的毛病：一是唱而靡应，二是应而不和，三是和而不悲，四是悲而不雅，五是雅而不艳。

陆机《文赋》在文学理论上的另一重大贡献是提出了艺术构思过程中的灵感问题，即他所说的"应感之会"。陆机认为，文思之通塞决定于灵感之有无。灵感出现时，则"思风发于胸臆，言泉流于唇齿"，"文徽徽以溢目，音泠泠而盈耳"。当灵感枯竭时，则"六情底滞，志往神留，兀若枯木，豁若涸流"，"理翳翳而愈伏，思轧轧其若抽"。然而灵感的来去又是非常微妙的，"来不可遏，去不可止。藏若景灭，行犹响起"。灵感的获得既非人力所能左右，那么作家就只能顺乎自然了。

（二）刘勰与《文心雕龙》

刘勰（469？—532），字彦和，东莞莒人，世居京口。早孤，笃志好学，家贫不能婚娶，依沙门僧佑居定林寺十余年。做过仁威将军南康王萧绩的记室和太子萧统的通事舍人。后出家，名慧地。

《文心雕龙》作于南齐末年，清刘毓崧《通谊堂文集·书文心雕龙后》中已有十分精当的考证，似不能再疑。《文心雕龙》共五十篇，体例周详，论旨精深，是一部有完整科学体系和严密组织结构的文学理论巨著。根据《叙志》篇对全书体系所做的概括说明，我们可以知道，《文心雕龙》从总体上来说可分为上篇及下篇两部分。上篇包括总论和文体论,下篇包括创作论和批评论。总论五篇,论"文之枢纽",为全书理论纲领。文体论二十篇,每篇分论一种或两三种文体,对主要文体都做到"原始以表末,释名以章义,选文以定篇,敷理以举统"。分体详细,论述系统周密,非曹丕和陆机能及。创作论十九篇,分论创作过程,作家个性风格,文质关系,写作技巧,文辞声律等问题,远远比陆机详密深刻。批评论五篇,从不同角度对过去时代的文风、作家的成就做出批评,并对批评方法进行专门探讨。最后一篇《叙志》是全书的总序,说明写作缘起与宗旨。

总论五篇是刘勰文学思想的中心。《原道》根据《易经·系辞》的天道自然观念来说明文章"与天地并生","心生而言立,言立而文明"是合乎"自然之道"的。有心之器所创作的美丽文章,是龙凤、虎豹、云霞、草木等"郁然有彩"的无识之物的合乎自然的反映。然而,这个"道"又非一般人所能理解,只有圣人才能领会,圣人们"原道心"、"研神理"之后,写出了"恒久之至道,不刊之鸿教"的经典,所谓"道沿圣以垂文,圣因文而明道",就是这个道理,所以,一般人要深刻体悟道的神奥,就必须"征圣"——向圣人学习,同时还必须"宗经"——效仿经书的榜样。刘勰之所以强调宗经,有两重意义。一是强调五经是后来一切文体的来源,如赋、颂、歌、赞都源于诗经。作家如能认识这个本源,就可以"禀经以制式,酌理以富言",极大地提高自己的文学修养。二是体会五经文章的精神风貌,从中树立文学批评的原则标准。

> 故文能宗经,体有六义:一则情深而不诡,二则风清而不杂,三则事信而不诞,四则义贞而不回,五则体约而不芜,六则文丽而不淫。

此六义的中心是雅正,是对文章从内容到形式的要求,这说明刘勰在文学思想上还是继承了汉代文学批评的依经立论,但有所不同的是,刘勰虽然是依经立论,却不是让作家们简单地规模经典,而是要求作家认真体会经典文章的精神和风格,在此基础上体现其艺术创造性。所以《正纬》篇说纬书的奇特想象和富艳辞采对文学创作有益,《辨骚》对楚辞作品中"绮靡"、"伤情"、"瑰诡"、"慧巧"、"耀艳"等不符合经典规范的特点表示赞赏。这表明刘勰的文学观并非是一味的保守,而是具有相当的宽容性和开放性。

《明诗》以下二十篇，不只是在《典论·论文》、《文赋》等批评著作的基础上继续深入地探讨文体之别，而且还进一步演绎其发展历史，可以说是初步建立了以历史哲学的眼光来分析、批评文学的观念。如《明诗》说建安诗歌"慷慨以任气，磊落以使才；造怀指事，不求纤密之巧；驱辞逐貌，唯取昭晰之能"。说正始诗歌"唯嵇志清峻，阮旨遥深，故能标焉"。都能结合历史现实，对各个历史时期诗歌的风貌特色做出准确的概括。

　　创作论十九篇是《文心雕龙》中的主要部分。围绕文章的具体写作过程，提出了许多有价值的看法。《神思》列在创作论之首，具有纲领性质。它着重论述了形象思维的问题。首先，它以形象的语言描绘了这一思维方式的特征，这就是从想象开始，由想象而构成意象，然后又接受思想意志的制约。其次，他提出了在创作中实现构思的几个重要方面："积学以储宝，酌理以富才，研阅以穷照，驯致以怿辞。"《体性篇》把文章风格分为八类，一典雅、二远奥、三精约、四显附、五繁缛、六壮丽、七新奇、八轻靡。认为此八种风格的不同是由作者才能、气质、学养、习染的不同决定的。《风骨篇》要求文学作品在文章和文辞上要明朗健康、遒劲有力。此后，风骨也就成了文学批评中常用的概念之一。《通变》篇论文学新变。提出了两点要求：一是"凭情以会通，负气以适变"。根据表达情志的需要来推陈出新。二是"望今制奇，参古定法"，按照现实需要批判继承。纪昀认为，刘勰以通变立论是针对齐梁绮靡文风发的，用心在于补偏救弊，这是对的。《情采》篇论情志与文采的关系，提出文质并重的主张："文附于质"，"质待于文"。要求"为情而造文"，反对"为文而造情"。对当时文学作品中"繁采寡情"的现象进行了批评。《镕铸》、《声律》等十篇集中谈修辞问题，肯定了当代文学中普遍运用的声律、骈偶、用事等修辞手段。

　　批评论五篇，从更为广泛的范围和更为宏观的角度讨论关于文学的问题。《时序》从政治状况、社会风气、统治者的好恶等方面来阐述文学与社会现实的关系，提出了"文变染乎世情，兴废系乎时序"的著名命题，认为文学创作是随着时世的变化而变化的，创立了从历史哲学的角度来研究文学史的重要方法。《才略》篇简论历代作家，与《时序》相表里，是重要的作家论。其对作家作品的写法，影响了后来的文学史研究者。《知音》篇初步建立了文学批评的方法论。在这篇文章里，刘勰发展了曹丕的观点，指责了"贵古贱今"、"崇己抑人"、"信伪迷真"、"知多偏好"等错误的批评态度，认为正确的批评态度应该是"无私于轻重，不偏于憎爱"。他还要求批评家应该具有深广的学识和修养，"凡操千曲而后晓声，观千剑而后识器"。为了改变现实的文学批评中存在的"准的无依"的混乱现象，他从正面提出了"六观"之术：一观位体，二观置辞，三观通变，四观奇正，五观事义，六观宫商，要求批评者用这六种手段去探讨作者的才能技巧。

总之，《文心雕龙》空前地对中国古代文学理论进行了一次总结，在关于文学创作、文学史、文学批评的众多问题上，提出了相当系统而富于创新的见解，真可谓"体大而虑周"，"笼罩群言"①。

（三）钟嵘的《诗品》

钟嵘（约 468—518），字仲伟，颍川长社（今河南长葛）人。在齐为南康王萧子琳待郎，出为安国令。梁天监十七年授晋安王萧纲记室。世称钟记室，不久病卒。

《诗品》本名《诗评》，撰于天监十三年至十六年间，专评五言诗。原则上"不录存者"，共品评了自汉迄梁的 122 位诗人。计上品 11 人（含古诗），中品 39 人，下品 72 人。每品一卷，共三卷。《诗品》这种以品论文学优劣的方法，是时代风气影响的产物。汉末清议，士人常相聚评论人物，至曹魏建立九品中正制，更以品第论人。影响到文学艺术领域，就有《画品》、《书品》、《棋品》之类作品的产生。

《诗品》是我国文学批评史上第一部讨论五言诗的专著，章学诚说它"思深而意远"②，评价极高。钟嵘《诗品序》论及其创作动机说，当时创作五言诗的风气很盛，"王公晋绅之士，每博论之余，未尝不以诗为口实"。评诗论诗的风气也盛，但大多"随其嗜欲，商榷不同。淄渑并泛，朱紫相夺，喧议并起，准的无依"。他想写这部书的目的，就是要纠正当时诗坛上作诗、评诗的混乱局面。

---

① 《文史通义》。
② 《文史通义·诗话》。

《诗品》在文学理论上的贡献主要在于以下几个方面。

第一，对诗歌本质的认识。

在《诗品序》中，钟嵘首先提出了他对诗歌本质的看法：

> 气之动物，物之感人，故摇荡性情，形诸舞咏。

钟嵘认为，诗歌是作者情感活动的外在表现。而造成诗人性情摇荡的原因，是由于外界事物对诗人的感发触动，这外界包括自然的和社会的。他有过非常生动和精彩的描述：

> 若乃春风春鸟，秋月秋蝉，夏云暑雨，冬月祁寒。斯四候之感诸诗者也。嘉会寄诗以亲，离群托诗以怨。至于楚臣去境，汉妾辞宫；或骨横朔野，魂逐飞蓬；或负戈外戍，杀气雄边，塞客衣单，孀闺泪尽；或士有解佩出朝，一去忘返；女有扬蛾入宠，再盼倾国。凡斯种种，感荡心灵，非陈诗何以展其义？非长歌何以骋其情？

由于注意到了诗歌抒情这一本质特点，所以钟嵘对诗歌的功能也就有了全新的认识。在他看来，诗歌的功能只在于"群"和"怨"，"使穷贱易安，幽居靡闷"，而不是什么政治教化功能。以此为基础，钟嵘给了诗歌一个全新的定位："至若诗之为技，较尔可知，以类推之，殆均博弈。"

第二，提出滋味说。

在中国文学批评史上，钟嵘是第一个以"滋味"论诗的诗歌评论家。钟嵘说："五言居文词之要，是众作之有滋味者也。"它之所以有"滋味"，是由于它"指事造形，穷情写物，最为详切"。那么，怎样才能使诗歌产生令人体玩不尽的滋味呢？钟嵘认为这应该在创作中综合运用赋、比、兴三种手法。

> 故诗有三义焉：一曰比，二曰兴，三曰赋。文已尽而意有余，兴也；因物喻志，比也；直书其事，寓言写物，赋也。宏斯三义，酌而用之，干之以风力，润之以丹彩。使味之者无极，闻之者动心，是诗之至也。

钟嵘的"滋味说"在中国文学批评史上影响深远，唐代司空图提出的"韵外之至"、"味外之旨"就是对它的进一步深化和发展。

第三，反对声病和用典。

反对声病和用典，在梁代可谓是特出的看法。钟嵘认为，作诗只要"清浊通流，口吻调利"，具有自然音声，就足够了，如果过分讲求声病的回忌，反而会使"文多拘忌，伤其真美"。理由是，"古曰诗颂，皆被之金竹，故非调五音无以谐会。……今既不被管弦，亦何取于声律耶"？至于用典，钟嵘认为，古代的好诗警句，都由"即目"、"直寻"而得，并非是"补借"而来。用典只能是破坏诗的自然美，造成"拘挛补衲，蠹文已甚"的恶果。钟嵘的看法虽然有些绝对，但他是针对时风而发，出发点是无可非议的。

钟嵘品评历代诗人，有两个重要的特点：一是论述诗歌的源流。根据创作的特点及其渊源，他把五言诗人分为两个大的系统，以《诗经》和《楚辞》分别为其源头。这是一项很有意义的工作，对后来研究者很有启发。二是概括诗人风格、作出评价。在这方面，钟嵘大体能做到简要准确，一语中的。如评曹操："曹公古直，甚有悲凉之句。"评刘锟云："善为凄戾之词，自有清拔之气。"

章学诚认为《诗品》深从六艺溯流别，"论诗论文而知溯流别，则可以探源经籍，而进窥天地之纯、古人之大体矣。此意非后世诗话家流所能喻也"[1]。章氏指出《诗品》为诗话开山的意义及其地位，是合乎《诗品》的实际的。

（四）萧子显、萧纲、萧绎的文学批评

萧子显《南齐书·文学传论》是文学批评史上一篇重要的文章。首先，他提出了"在乎文章，弥患凡旧，若无新变，不能代雄"的著名观点。其次，他对南朝文坛片面追求声音、词采、典故的风气进行了批评，主张文意协和，达到"轮扁斲轮，言之未尽"的高度，还文章一种自然的旨趣。作为史学著作，针对当代文学进行批评，其总结性的意义是显然的。

梁简文帝萧纲关于文学的意见体现在《与湘东王书》一文中，文章针对当时文坛拟古的不良习气，提出了尖锐的指责。他认为吟咏情性为特征的文学应与儒家经典有着本质的区别，二者不能混为一谈。其反对宗经复古、追求新变的主张与萧子显是一致的。

萧绎的文学观主要反映在《金楼子·立言》篇中。在前人论述的基础上进一步细致地区分"文"与"笔"的概念。萧绎认为："笔退则非谓成篇，进则

---

① 《文史通义·诗话》。

不云取义，神其巧惠，笔端而已。至如文者，惟须绮縠纷披，宫徵靡曼，唇吻遒会，情灵摇荡。"从强烈的抒情特征和声音与辞采之美来确定"文"的概念，代表了南朝人对文学性质认识的新水平。

五、绘画、书法和雕塑

（一）绘画

汉代绘画的时代特征是充满了理性精神和功利意识，体现了帝国恢宏、昂扬的气度。但随着帝国的崩溃，董卓将汉宫藏之画焚灭殆尽之后，这一格局被彻底地打破了。此后魏晋南北朝凡 361 年间，动乱中绘画艺术形成了强烈的时代个性，这就是超越理性美，追求内在精神和人格美，推崇为艺术而艺术的思想。画家们以自己光辉的艺术实践，开启了一个充满艺术创造精神的伟大时代。

东吴曹不兴无疑是这一艺术转型时代最重要的人物。他的画虽然遗有汉代粗犷和简略的作风，但已开始朝着精深细微的方向转化。其具体表现是，写生画人极像真。相传他为孙权画屏风，遗墨于纸，遂顺势涂为一蝇，孙权竟以为是真蝇而举手拂之。又，《建康实录》载他曾在五十尺长的卷上画人物，"头面、手足、心臆、肩背、亡遗尺度"。吴赤乌十年天竺高僧康僧会抵建康，营立茅茨，设像行道。曹不兴即据康僧所携印度佛画范本绘制佛画，时称"曹家样"，由此他以"佛画之祖"的美誉而载于画史。

真正开一代风气，完成人物画由古朴简略向精深细微转化，追求气韵与丰神的是曹不兴的弟子卫协。卫协相传作有《七佛图》、《寒林骑驴图》、《伍子胥像》、《醉客图》、《刺虎图》、《吴王舟师图》等。谢赫《古画品录》评协画云："古画皆略，至协始精，六法颇为兼善，虽不备该形似，而妙有气韵，凌跨群雄，旷代绝笔。"指出了在晋代画坛上他作为"画圣"的杰出地位。

晋以后，专业画家人数剧增。唐张彦远《历代名画记》所载当时画家凡 104 人。知名的有东晋的顾恺之、戴逵、戴勃，南朝刘宋的陆探微、宗炳、王微、顾宝光、袁倩、顾骏，南齐的谢赫、毛惠远、宗测、刘瑱，萧梁的张僧繇、陶弘景，陈顾野王、殷不害。北朝则有北魏的蒋少游、北齐的杨子华、曹仲达，北周的田僧亮等人。

顾恺之是东晋乃至于整个魏晋南北朝时代最伟大的画家。这主要是他在绘画理论上开创了六法的规矩，在人物画、山水画的发展过程中给予了后世以深远的影响。

顾恺之（344～405），字长康，小字虎头，晋陵无锡人，博学有才气。曾为桓温、殷仲堪、桓玄参军。60 岁时升散骑常侍。一年后卒于官。

谢安尝称顾恺之的画"苍生以来，未之有也"①，时人也誉之为"三绝"（即才绝、画色、痴绝）。但其命运却有类于和他同时的大诗人陶潜，一百多年后谢赫著《古画品录》将其列为第三品第二人，评曰："格体精微，笔无妄下，但迹不逮意，声过其实。"直到陈，这个结论才为姚最推翻。在唐代，经著名评论家张怀瓘、李嗣真、张彦远的推崇，终于奠定了他百代画圣的不朽地位。

顾恺之师承卫协，绘画主张"实对"，但更主张传神。他画人往往数年不点目睛。人问其故，他说："四体妍蚩，本无关于妙处，传神写照，正在阿堵中"②。他既知画好眼睛对于表现人物内心世界的重要性，也知道画好眼睛并非易事，所以深有感触地说："手挥五弦易，目送归鸿难。"③除此而外，顾恺之也善于通过细节的刻画和环境的烘托来表现人物的个性和内心世界，达到传神的境界。他把这种表现方式称之为找"识具"。《世说新语·巧艺第二十一》载他为裴楷画像，颊上加三毫。人问其故。他说："裴楷隽朗有识具，正此是其识具。"又载他画谢鲲在岩石中，人问其所以，他说："谢云：'一丘一壑，自谓过之。'此子宜置丘壑中。"顾恺之"以形写神"，注重刻画人物的内心世界和表情动态的一致性与复杂性。这可以说是站了当时绘画艺术的最高峰。为此，唐张怀瓘在《画断》中给了他这样的评价："象人之美，张得其肉，陆得其骨，顾得其神。神妙无方，以顾为贵。"

顾恺之为人"痴黠各半"，是魏晋风度的重要表现人物之一。他的绘画艺术理念深深地打上了那个时代"得意忘言"的哲学思想的印痕。从上述他画人重风度、气质，到他为瓦棺寺画维摩诘像有"清羸示疾之容，隐几忘言之

---

①②③《世说新语·巧艺》。

状"①，我们都可以深切地感受到这一点。

据载，顾恺之的作品不下七十件，题材十分广泛，包括历史、佛教、神仙、人物、仕女、山水、禽兽以及文学作品等方面的内容，可惜原作均已佚失，现只有《女史箴图》、《洛神赋图》、《会稽山图》等几个摹本传世。其中最有名的是《女史箴图》和《洛神赋图》。这两幅画是顾恺之"春蚕吐丝"般的高超画技的最好说明，线条粗细均匀，紧劲连绵，给人以含蕴、飘忽、静中见动的感觉。这种细密而均匀的线型是顾恺之对战国以来即已运用的"连绵均匀线型"的极大发展，在后来的人物画十八法中，被归为"高古游丝描"。顾恺之还是古代画论的奠基人，著有《论画》、《画云台山记》、《魏晋胜流画赞》，对后来的画论有着深远的影响。

南朝最著名的画家是陆探微和张僧繇。

陆探微在画坛上的地位当时远远高于顾恺之，齐高帝萧道成将他的画列为古今第一，谢赫《古画品录》也认为他"包前孕后，古今独立"，评为第一品第一人，甚至还说是"屈标第一"。陆探微对绘画的贡献大致有这样几个方面。一是他在顾恺之线条"紧劲连绵"的基础上，创造了"笔迹劲利，如锥刀焉"的笔法，以表现"秀骨清像"的造型，烘托出"清利润媚，新奇妙绝"的艺术氛围。二是陆探微将书法引入绘画，创"一笔画"。清人方薰《山静居论画》说："曾见海昌陈医家陆探微《天王像》，衣褶如草篆文，一袖转折起伏七八笔。细看竟是一笔出之者，气势不断，后世无此笔也。"

张僧繇，吴县人，历任右将军，吴兴太守，他是结束魏晋，开启唐代画风的重要画家，在绘画史上的贡献有以下几个方面。一是吸收西域画风，创造了"没骨法"（即不用线条勾勒而直接以色彩点染），这就是著名的"张家样"。二是改变了魏以来瘦削的人物造型，创造了较丰腴的人物造型。他画天国之天女，人间之宫女，都"面短而艳"。画其他人物，也均"得其肉"，这可以说是开了唐代人物画尚丰腴的先河。三是一改魏晋以来细密的画风，趋向于豪迈疏朗，初步展示了大唐气象。

北朝最杰出的画家是杨子华和曹仲达。

---

① 《历代名画记》。

杨子华在北齐有画圣之称。其画形象逼真，画面生动。《历代名画记》说他在壁上画马，"夜听啼啮长鸣，如索水草"，于绢上作龙，"舒卷辄云气萦集"。他还刻意追求人物的形象美，唐阎立本评论说："自象人以来，曲尽其妙，简易标美，多不可减，少不可逾，其唯子华乎？"

曹仲达，中亚曹国人，善画梵像。所画佛像，"其体稠迭，而衣服紧窄"，与印度犍陀罗王朝的雕刻风格相近。因其画风别具一格，故有"曹家样"或"曹衣出水"之称。

在顾恺之之后，南朝的画论有宗炳的《画山水序》、王微的《叙画》、谢赫的《古画品录》。宗炳的《画山水序》和王微的《叙画》奠定了山水画理论的基础。他们认为，山水画不是面对实景的写生，而是通过体验、想象，把它集中、概括为更理想、更完美的艺术形象，这样，才能把非人之目力所能及的"千仞之高"和"百里之回""围于寸眸"，做到"不以制小而累其似"。谢赫的《古画品录》是我国第一部绘画理论专著。他从总结传统绘画经验入手，提出了著名的"六法"论，即气韵生动、骨法用笔、应物象形、随类赋彩、经营位置、传移模写，对中国古代绘画的发展产生了深远的影响。

南北朝时期画家的作品除极少数摹本外，极少传世。但大量石窟壁画、墓室壁画、画像砖线刻被保存了下来。

在南京西善桥发现的梁墓画像砖及在江苏丹阳发现的南齐墓画像砖，内容为竹林七贤和荣启期，是南朝画像砖中最具代表性的作品。砖画作者似乎没有用更多的情节和动作来描绘人物的好尚和生活特征，而是用简炼的笔触来传达人物的内在精神和气质。两墓内容相同，粉本必是当时丹青高手所为。

洛阳出土的宁懋石室和孝子棺石刻是北魏晚期绘画的代表作。宁懋石室石刻线画表现的是贵族生活场面和孝子故事，在较为方正的画面上用阴线条刻出，构图极富层次变化。孝子棺线刻画则是以阴刻减地的方法表现横列的构图，用山水树石把三个故事组成一幅完整的画。

山西太原发现的北齐东安王娄睿墓壁画共有200余平方米，规模宏大，构图完整，技艺成熟，显示了北朝末期壁画艺术已跃入了一个新的发展阶段，具有承上启下的意义。

现遗存的北朝石窟壁画以新疆克孜尔石窟和敦煌莫高窟最为有名。

克孜尔石窟共 236 个洞窟，有 70 余窟壁画保存完好。壁画的内容包括佛经故事和佛、菩萨、伎乐、飞天等。在画法上用严谨生动的铁线描与立体烘染相结合，用笔流畅遒劲，如"曲铁盘丝"，人物衣着紧窄，依然"曹衣出水"的样式，是中国传统绘画艺术与外来绘画艺术相结合的典范。

敦煌莫高窟始开凿于苻秦建元二年（公元 366 年），现存北朝石窟尚有 43 个。壁画的题材内容与克孜尔石窟相似。在艺术表现上，多吸收来自佛教发源地的犍陀罗艺术和笈多艺术以及波斯、中亚等地的艺术因素。从中我们可以深深地体味到当时中华民族在文化上的开放和自新精神。例如 254 窟的"降魔变"壁画，传统的线描并不明显，赋色极其厚重，衣饰的褶痕用白色的线，这正是使用了域外传来的"曲铁盘丝"法。但到了 285 窟的"说法图"、"五百强盗"、"佛像"、"飞天"等壁画，情况就发生了变化，传统的画技与域外画技真正达到了合壁的境界。位于西壁的供养菩萨，形象的塑造重在色彩烘染，衣褶的画法以"曹衣出水"的方式处理。躯干四肢则用"天竺法"，强调浑圆感。北壁相对的二菩萨，除面颊、眼脸微施晕染，轻灵的线条在整个画面中占了重要的地位。

（二）书法

在书法史上，魏晋南北朝是一个名家辈出、书体大备的光辉时代，和其它艺术门类一样，书法艺术也高度地体现了这个时代不朽的艺术创造精神。

三国书法承汉遗风，开启了书法史上一个极其重要的时代，这就是孙虔礼所说的"书体上一大转关"。即隶书开始由汉代的高峰地位降落衍变出楷书，成为书法艺术的又一主要书体。在这一书体的形成过程中，钟繇做出了杰出的贡献。

钟繇（151—230），字元常，颍川长社人。官至太傅，封东武亭侯。他把东汉以来民间流行的隶书中那些不尚规矩、方正平直、简省易写的成分集中起来，以楷书的横、捺取代了藏锋、翻笔的隶书的蚕头燕尾，参以篆、隶的圆转笔画，使楷书走向了定型化。钟繇楷书，是现所见最早的楷书遗迹。传世刻本有《贺捷表》、《宣示表》、《荐季直表》、《墓田丙舍帖》等。

《贺捷表》"备尽法度，为正书之祖"①，《荐季直表》则"高古纯朴，超妙入神，无晋唐插花美女之态"（陆行直语）。而《宣示表》则为诸帖之冠，是书法史上最具有重要意义的书迹。此表写于黄初二年，后流传至王导家，永嘉南渡，王导携此物避乱江东，后知王羲之必成大器，将此表遗赠羲之。羲之认真临习，终成一代书圣，开创了书法的南方传统。

钟繇另一重要的书迹是《魏公卿上尊号奏》，它与卫觊的《受禅表》同为魏开国两大碑刻。

此碑书法为汉隶之一变，点画现出折刀头，雄强锋利。《书品》评云："钟书天然第一，工夫次之，妙尽许昌之碑，穷极邺下之牍。"此碑为钟繇前期书法的代表作，堪称魏隶典范。

钟繇说："笔迹者，界也；流美者，人也。"② 认为笔迹只有通过人心的流美，才能成为生命的旋律、个性自由的象征。钟繇留下的这一名言，成为中国书法美学的最高原则。

曹魏另一杰出的书家是卫觊。觊曾官尚书、侍中、侍郎，封敬侯。觊最有名的书法作品是《受禅表》和由他组织人力写成的《三体石经》。《受禅表》为曹丕受禅而作，与钟繇《上尊号奏》同为魏隶典范，其特点是结体尚密，行笔凝重，典雅中露张势。③ 康有为说："敬侯受禅表，鸱视虎顾，雄伟冠时。"④因其成就，此碑遂为北派书法滥觞。

东吴最为杰出的书家是皇象。象字休明，广陵江都人，官至侍中、青州刺史。善章草、八分。留传下来的书作有《急就章》、《文武帖》、《天发神谶碑》。其中，《天发神谶碑》最负盛名，碑为篆书，笔法甚奇。竖笔末端皆尖垂，横划起笔用隶之方笔，转折处方圆兼用，字形近方，气势雄强，堪称当时篆书的最高成就，深为历代书论家激赏。张叔未说："吴《天玺纪功碑》（即《天发神谶碑》）雄奇变化，沉著痛快，如折古刀，如断古钗，为两汉来不可无一，不可有二之第一佳迹。"⑤

---

② 〔元〕郑杓、刘有定：《衍极并注》。

③《广艺舟双楫》。

④⑤《历代书法论文选》，上海，上海书画出版社，1981。

东吴还有两块在中国书法史上占有重要地位的碑刻。这就是《九真太守谷朗碑》和《吴故衡阳郡太守葛府君碑》。二碑虽为隶书，但体势已非常接近楷书。孙星衍说："楷法之见于法帖者，则有陈遵最先，然不足信；其见于碑碣，殆始于此，良可宝也。"很显然，二碑实际上已宣告了隶书时代的终结和楷书时代的到来。

马宗霍说："书以晋人为最工，亦以晋人为最盛。"① 晋书号为最工、最盛主要体现在晋人发扬、光大了行书，行书被赋予了强烈的时代个性和人物品格、精神。清乾隆皇帝把他得到的晋代三体书帖：王珣《伯远帖》、王羲之《快雪帖》、王献之《中秋帖》称为三希帖，可见他对晋代行书的推崇。当然，行书外，晋人在楷、草、隶等书体上也有卓越的表现。

最早在晋代书坛亮相的书家是时人号为"一台二妙"的卫瓘和索靖。

卫瓘是大书家卫觊之子，在晋拜尚书令、加侍中，封菑阳侯。瓘善小篆、隶、行、草等体书法，而尤以章草为能。《书断》列其为神品。评曰："天姿特秀，若鸿雁奋六翮，飘摇乎清风之上。率情运用，随心所欲，如天姿之美。"遗憾的是，卫瓘书作并没流传下来。

索靖字幼安，在晋官尚书郎。以章草名动一时，遗迹有《七月帖》、《月仪帖》、《出师颂》、《急就章篇》、《毋丘兴碑》等。《月仪帖》是索靖章草的代表作。李嗣真《书后品》云："索有《月仪帖》三章，观其趣况，大为遒竦，无愧珪璋特达。"《月仪帖》除追求书写迅疾外，更著意于笔划波拂之美，为章草发展的一座高峰。

在西晋，大文学家陆机也是重要的书家。他的《平复帖》是两晋时代流传下来的唯一真迹，弥足珍贵，深为历代书家推重。

东晋是书法艺术尽情发挥，蔚为壮观的时期，其间，涌现了光照千古的"二王"，开唐宋诸代书法先河。

王羲之（303—361），字逸少，号澹斋，琅琊临沂人。起家秘书郎，官至右军将军，会稽内史。世称王右军。羲之书法少学卫夫人，后则师法众碑，终于"贵越群品，古今莫二；兼撮众法，备成一家"②。

---

① 《书林藻鉴》。
② 庾肩吾：《书品》。

羲之的成就主要在楷书、行草，传世作品极多，但真迹几乎不存，现传世的多为传摹响拓本。

《乐毅论》是王羲之小楷的代表作。据《书断》，《乐毅论》是羲之写给小儿子王献之作为传习之用的。此作开阖纵横，柔中见刚。褚遂良谓其"笔势精妙，备尽楷则"①，推为羲之正书第一。从中可以看出，楷书到了羲之手里，已经是脱尽隶意，赫然而为后世法则了。

《兰亭序》为羲之行书的代表作，写于永和九年，被称为天下第一行书。明董其昌说："右军《兰亭序》章法为古今第一，其字皆映带而生，或大或小，随手所如，皆入法则，所以为神品也。"② 章法如此，笔法结构也精妙多变，点画自如，线条如行云流水。《序》写好后，羲之甚为得意，复写十余遍均不及原作。

《十七帖》是羲之草书的代表作，因卷首有"十七日云"而得名。宋黄伯思称其为"逸少书中龙也"。朱熹也说："十七帖玩其笔意，从容衍裕，而气象超然，不为法缚，不求法脱。真所谓——从胸襟流出者。"③《十七帖》书写草逸，如清风出袖，明月入怀，故历代奉为摹习范本。

羲之是书法史上最伟大的书法家。其书学理论的中心是求意，认为"点画之间皆有意，自有言所不尽"④。刘熙载就很能理解羲之书法实践中的这一特点。《艺概·书概》说："右军《兰亭序》言'因寄所托'，'取诸怀抱'，似亦隐寓书旨。""得意忘言"是当时哲学思想的中心，羲之的书学理论自然受其影响。

羲之之后，东晋书坛出现的另一座丰碑是羲之的儿子王献之。王献之（344—386），字子敬。小字官奴，羲之第七子，曾官中书令，故称"大令"。

献之家学渊源，于父亲处所得甚多。少时所作《洛神赋》，就得力于《乐毅论》的深刻影响。该作字法端劲，用笔外拓，风格宏逸。献之在书学上的最重要的贡献是创造了"破体"和"一笔书"。何谓"破体"？《书议》说："非草

---

① 《榻本乐毅论记》。
② 《画禅堂随笔》。
③ 《朱子大全》。
④ 《法书要录》。

非行，流便于草，开张于行，草又处其中间，无藉因循，宁构制则，挺然秀出，务于简便。"破体"的代表作为行楷《二十九日帖》和行草《鸭头丸帖》。"一笔书"乃献之推进今草而成，笔势如长江大河，滔滔滚滚，一泻千里。其代表作有《中秋帖》和《十二月帖》。米芾《书史》论曰："大令《十二月帖》，运笔如火筋画灰，连属无端末，如不经意，所谓一笔书，天下子敬第一帖也"。

书史论二王书风异同，以为献之神骏，羲之灵机。于笔法论之，献之用笔外拓而开廓；羲之则凝神静气，笔力内敛。后世书法，均不出二王规范。

书法在南北朝形成了两大派，这就是南帖北碑。

南朝书家甚多，上自天子，下至士庶，都奉二王为楷则。著名的有南朝四家：宋之羊欣，齐之王僧虔、梁之萧子云、陈之智永。马宗霍说他们"皆足以左右一代，独出冠时"[①]。一般说来，帖宜于行草，以流美为能，再加上历史、地理、民族、政治以及生活习尚等多方面的影响，故南朝书法体现为婉丽清媚，富有逸气。

除帖外，南朝还有几块名碑。一是被称为大字之祖的《瘗鹤铭》，二是被阮元称为"云南第一古石"的《爨宝子碑》和《爨龙颜碑》，在书法史上具有较高的地位。

北朝碑多，碑宜于楷隶，以方严为尚，又因历史、地域、民族各方面的原因，北地书法体现为雄奇方朴，富有豪气。北地书家的代表人物是郑昭道父子。郑昭道的《郑文公碑》被称为北碑之冕，叶昌炽在《语石》中评论其诸碑云："其笔力之健，可以剸犀兕，搏龙蛇，而游刃于虚，全以神运。唐初欧、虞、褚、薛诸家，皆在笼罩之内。不独北朝书第一，自有真书以来，一人而已。"

北碑蔚为中国书法史上的奇观，是楷书艺术一大高峰，其代表可分为四类：一是龙门造像，二是云峰刻石，三是四山摩崖，四是邙山墓志。

（三）雕塑

魏晋南北朝是古代雕塑史上的一个重要发展时期，因佛教的输入，造像的

---

① 《书林藻鉴》。

宗教崇拜的影响，中国原有的雕塑格局和传统被打破了。这就是佛教雕塑在这一时期占了主体的地位，其它方面诸如陵墓雕刻等则退居次要地位。佛教雕塑成就巨大，艺术水平较高，可以说是外来文化和中国文化交流的一面镜子。

魏晋南北朝雕塑家载于史册者极少。这大概是由于古代雕塑家地位较低，人们一般地把他们等同于匠人的缘故。既使是当时最有名的雕塑家戴逵、戴颙父子，也不是因其雕塑的成就而称名于世，而是因他们其它方面的影响得载于史册。

戴逵（326—396），字安道，晋谯郡铚县人。东晋名士，巧慧博学，善鼓琴，工书画雕刻。《历代名画记》云："逵既巧思，又善铸佛像及雕刻，曾造无量佛像，高丈六，并菩萨，逵以古制朴拙，至于开敬，不足动心。乃潜坐帷中，密听众论。所听褒贬，辄加详研，积思三年，刻像乃成。"可见戴逵是一位十分认真严肃的雕塑家。戴又是一位极富创造力的雕塑家，他把脱胎漆器的工艺技术运用于雕塑方面，创造了夹苎行像，克服了造像尺寸增大而重量加重的矛盾，为后世广泛采用。

戴逵之子戴颙，字仲若，颙子承父业，精于雕塑。《宋书·隐逸传》载："宋世子铸丈六铜像于瓦宫寺，既成，面恨瘦，工人不能治，乃迎颙看之。颙曰：'非面瘦，乃臂胛肥耳'。既错减臂胛，瘦患即除，无不叹服焉。"于此可见颙雕塑水平已是一代之冠。

北魏文成帝推崇佛教，460年昙曜为沙门统，"于京城西武州塞，凿山石壁，开窟五所，镌建佛像各一。高者七十尺，次六十尺，雕饰奇伟，冠于一世"[1]。这就是云冈16～20窟，也即著名的昙曜五窟。昙曜五窟俱为椭圆形洞窟，外壁雕满千佛。主像高大庄严，盘腿而坐，面庞丰满，五官线条简洁有力，造形比例合度，宽肩厚胸，孔武健硕。此后至北魏迁都洛阳之前，皇室也仍在云冈凿了一些重要的洞窟，即1、2、5、6、7～13窟。洞窟均以双窟形式出现。雕刻内容繁复多样，大像已不再雕凿。孝文帝太和十年前后北魏实行汉化，造像以褒衣博带代替了通肩外衣的僧服。面貌清癯，眉目开朗，第五窟前室北壁小龛中佛像及第六窟后室中山塔柱上层立佛和供养菩萨就是其代表，体

---

[1]《魏书·释老志》。

现了佛像雕刻成熟期的高超技艺。

甘肃天水麦积山石窟，始凿于十六国。共存石窟 190 多个，因山为粗松的砂岩质，故多泥塑作品。作品风格以清丽、典雅为尚，与云冈、龙门及敦煌石窟的雄伟、庄严大不一样。

499 年北魏宣武帝即位，在京城内外大兴庙宇。又在洛阳南二十五公里洛水畔的龙门伊阙山，仿云冈石窟的规模，为孝文帝及其后营造石窟二所，后又为己营一所，这就是著名的宾阳三洞。

宾阳三洞仅中洞如期完成，在龙门的北魏石窟中，规模最大，内容最丰富，且布局完整雕艺精良，堪称北魏后期龙门石窟的代表。造像身体浑厚，不显笨重，面貌温和清秀，衣纹处理圆熟妥贴，是南北艺术交融的杰作。

古阳洞是龙门较早开凿的一个洞窟，佛像造型以秀骨清像为主，雕刻更加精细。实际上已成为合乎当时中国审美习惯的艺术形式，说明北魏造像在北朝已达到顶峰。

魏晋南北朝陵墓雕刻遗迹以南朝为多，在南京市郊和句容、丹阳县境内，现存有 30 余座帝王及贵族陵墓，分属宋、齐、梁、陈四个朝代。墓前依制而雕刻的石兽、石碑、神道石柱等，是南朝雕刻艺术最集中的体现。墓前石兽通称辟邪。南朝帝王墓前的辟邪有一个共同的特点就是形体硕大、气度恢宏，似乎是在借其体积感和重量感来有意显示什么。如句容梁萧绩墓前的左辟邪，体形庞大，昂首向天，给人以极度夸张的感觉，这显然是以物的气势来衬托墓主人的尊贵身份。

六、汉乐胡舞

（一）音乐

魏晋南北朝是民族大融合的时代，也是我国音乐文化空前大融合的时代。此时，我国的音乐文化增添了很多新鲜血液。后来构成著名的隋唐九部、十部乐中的重要部门的少数民族音乐和国外音乐，如《隋志》所列的龟兹乐、西凉乐、高昌乐、康国乐、疏勒乐、天竺乐、安国乐、高丽乐等，此时均已在国内流行，并和汉乐产生交流。隋唐时期的大部分重要乐器如曲项琵琶、五弦琵琶、筚篥、方响、钹、羯鼓等此时都已在国内使用。这无疑促进了中国音乐文化的大发展，昭示了一个更加伟大的音乐时代的到来。

魏晋南北朝的音乐种类主要有相和歌、清商乐、鼓吹曲三类。

相和为汉代旧歌。其特点是"丝竹更相和，执节者歌"①。本为一部，魏明帝分为二部，原十七曲，朱生、宋识、列和等人合之为十三曲。曹氏父子是相和歌词的重要作家。裴松之《三国志》注引《魏书》说曹操"登高必赋，及造新诗，被之管弦，皆成乐章"。他填写的相和歌词如《惟汉二十世》、《蒿里行》、《短歌行》、《苦寒行》、《步出夏门行》等不仅是音乐史上，也是文学史上的不朽之作。魏文帝曹丕所作相和歌如《燕歌行》二首也是在音乐史上，更在文学史上产生重要影响的作品。曹魏立国后，曹丕就设立了专门的音乐机构——"清商署"，从事收集整理西汉以来相和旧曲和创作新曲。曹魏时善唱相和的歌唱家有宋容华，她的声音清彻，当时特妙。

西晋时，著名音乐家荀勖执掌清商署。勖精通律学，在音乐理论方面有较高的造诣。247年，他与乐工列和初步找到了准确地造出符合于三分损益律的管乐器"笛"的计算方法，即"管口较正"，这是律学上的新成就。另外荀勖还与其他音乐人士一起从事相和歌的加工改编工作，《宋书·乐志》称他们"尤发新声"，艺术上极有创新精神。

西晋以后，中原动荡，政权南移，乐工转死沟壑，流行的相和歌大多失传，取而代之的是新兴的清商乐。

清商乐，又名清乐。它是晋以后中原旧曲相和歌及江南吴歌、荆楚西曲的总和。

吴声歌原用乐器为箜篌、琵琶和篪，后又用笙和筝。西曲则用筝和铃鼓。

一般说来，吴歌、西曲多为五言四句一曲。但也有少数歌词是用长短句的。从曲式上看，常常是每一"曲"之前加一个曲调相同的引子，称为"和"。末尾再加上一个尾声，称为"送"，但有的情况却是有和无送或有送无和。清商乐宛转明丽，清新自然。《大子夜歌》是这样概括它的演唱风格的："歌谣数

---

① 《宋书·乐志》。

百种，《子夜》最可怜；慷慨吐清音，明转出天然。"

清商乐中的"大曲"，又称"清商大曲"，比相和大曲有新的发展。大曲结构除主曲外，还包括"艳"、"趋"、"乱"等部门。"艳"为序曲，在主曲前，乐声抒情宛转。"趋"或"乱"则在主曲后，把主曲推向高潮，音声激烈紧张。

清乐中的民间制作，九成以上为情歌，其声以哀怨为主，六朝文人十分爱好，结果是群起仿效，争新哀怨。著名文学家鲍照、梁武帝萧衍、梁简文帝萧纲、陈后主陈叔宝是醉心于清商的词作者。此期间最为杰出的文人清乐作品是东晋桓伊创作的笛曲《三弄》。

桓伊字叔夏。《晋书·桓伊传》说他"善音乐，尽一时之妙，为江左第一"。著名书法家王徽之久闻其善吹笛，但一直未见其面，一次二人在旅途中偶然相遇，徽之请求桓伊演奏，伊即兴吹奏了《三弄》，从此《三弄》便名扬天下，广为流传。后为琴家改变为琴曲《梅花三弄》[1]。《梅花三弄》结构简明，曲调朴实，以奔放的曲调刻画和赞美了梅花不畏严霜的品格。

鼓吹是一种以击乐器鼓和管乐器排箫、横笛、笳、角等合奏的音乐，有时也伴以歌唱。鼓吹最早流行于北方少数民族居住区，汉代传入中原，为宫廷采用，用于军队、仪仗和宴乐之中。由于乐队的编制和使用场合的不同，鼓吹又有"横吹"、"骑吹"、"短箫铙歌"、"箫鼓"等不同的称谓。

横吹：以其用横笛作为主奏乐器而得名。

骑吹：以其用鼓、笳等乐器在马上演奏而得名。

短箫铙歌：以笳、排箫、鼓、铙等乐器在马上演奏而得名。

箫鼓：以其用排箫与鼓合奏而得名。

鼓吹在三国晋南北朝得到继续发展。曹操曾使缪袭据西汉以来的鼓吹曲调，写了《战荥阳》、《克官渡》这样的歌词。及魏立国，又使袭改其十二曲。东吴也令韦昭改制十二曲。晋武帝受禅，命傅玄制二十二曲。其后在南朝，鼓吹也代有其制。而鼓吹在北方则有新的发展。相继进入中原地区的各少数民族带来了大量本族或外族的音乐，鼓吹乐在这时就吸收了其他民族音乐文化的养分而表现出新的面貌。其中，北魏鲜卑族所做的贡献最多。他们在鼓吹曲中揉

---

① 〔明〕朱权：《神奇秘谱》小序。

进了鲜卑民族曲调，填新词凡一百五十章，叫作"真人代歌"，亦称"北歌"。南朝陈后主非常喜欢北歌，曾派宫女去学习，称之为"代北"，酒酣则奏之。

魏晋南北朝的琴曲创作也有极好的成绩，这主要是留下了几首对后世具有相当影响的传世之作，如《流水》、《幽兰》、《酒狂》、《古风操》等。

《流水》，相传为战国时著名琴家伯牙所作，但无确证，不能尽信。明朱权《神奇秘谱》小序称："《高山》、《流水》两曲，本只一曲……至唐分为两曲，不分段数。"说明至迟也应是汉或魏晋时的作品。《流水》结构精巧，曲调开朗明快，通过对山涧深处潺湲溪流的描绘，寄托了作者对自然和生活的情思。

《幽兰》，又名《碣石调幽兰》，据谱前小序，知此曲乃是梁代著名琴家丘明的传谱，记谱大约在武周朝，是我国现存记谱最早的一首琴曲。据蔡邕《琴操》载：孔子从卫至晋的途中，见深谷芝兰与荒草为伍，触动了怀才不遇、生不逢时的情怀，写下了这首琴曲。事固不足信，但却道中了这首曲子的主题。《幽兰》结构短小精悍，曲调清丽委婉。陆机《日出东南隅行》云："悲歌吐清音，雅韵播《幽兰》。"鹿悉《讽真定公二首》："援琴起何调，《幽兰》与《白雪》。"看来《幽兰》确实风韵雅致，是名符其实的君子之歌。

《酒狂》相传为阮籍所作，内容主要是揭露残酷的政治高压，表示强烈的不合作态度。

《古风操》乐谱最早见于朱权《神奇秘谱·太古神品》，《序》以为是写太古人民"甘食而乐居"，"鸡犬之声相闻，老死不相往来"的生活。但其是否写于晋南北朝，还存在很大的疑问。

隋大业中，隋炀帝定九部乐，有七部来自域外。它们都是在晋南北朝流入中原，与汉族音乐交融的。

西凉乐：起于符秦末年，吕光、沮渠蒙逊等占据凉州时变龟兹声而成，号为秦汉伎，魏太武帝平定西河得此伎，称之为西凉乐。到了魏周之际，又称之为国伎。

龟兹乐：吕光灭龟兹，得其伎回中原，吕光亡后，其乐分散，后魏平定中原又复得之。龟兹乐在流传过程中不断吸收汉族音乐，本身也有所发展和变化，故《隋志》说它"后多变易"。

康国乐：乐元 568 年，周武帝娉北狄为皇后，康国乐即随皇后而来。疏勒、安国、高丽等乐则是后魏平冯氏及通西域所得。

以上七部乐为西北少数民族音乐，经过二百年左右与汉族音乐的融合，为以后隋唐燕乐的进一步发展，打下了坚实的基础。

此时期西南各少数民族也对中华音乐文化做出了重要的贡献。近年在云南楚雄万家坝出土的编钟及云南晋宁石寨山出土的编钟、铜鼓和葫芦笙等，都是这一贡献的最好说明。

魏晋南北朝最杰出的音乐论著是嵇康的《声无哀乐论》。这篇文章在当时玄学思想盛行的背景下，从音乐本身理论的阐述出发，否定了儒家以《乐记》为代表的音乐思想，提出了自己全新的音乐理论。嵇康认为，"心之与声，明为二物"，阐述音乐是客观存在的音响，哀乐是人们被触动以后产生的感情，两者并无因果关系。音乐的"善与不善"是乐曲的声音和谐与不和谐的问题，人们欣赏音乐时所产生的美与不美的感觉，是对乐曲和谐与不和谐的一种反应。它们与爱憎哀乐无关。他还认为，音乐和谐之美，是音乐的一种自然属性，是不依赖于人情之哀乐而存在的。《声无哀乐论》不仅是音乐史上，也是文学批评史上的重要理论巨著。

（二）舞蹈

魏晋南北朝乐舞纷呈，一个重要的特点是中原传统乐舞、江南民间歌舞、域外歌舞交汇交融，表现出了有异于前代的面貌和开启一个乐舞盛世的意义。

雅舞用之郊庙、朝飨，为历代之制。雅舞分为文舞和武舞。是祭祀天地祖宗时的礼仪性舞蹈，已十分程式化，汉魏以后，历代只对名称、歌词进行改革，舞则不改。

杂舞为传统乐舞，用于宴飨，最早起于民间，后才进入庙堂。按《乐府诗集》，杂舞有《公莫》、《巴渝》、《槃舞》、《鞞舞》、《铎舞》、《拂舞》、《白纻》之类。汉魏以后，以鞞、铎、巾、拂四舞专用于宴飨，似乎也走向了程式化。但到了南朝宋明帝时，情况有了变化，杂舞中渗入了西伧羌胡杂舞。北朝后魏、北齐也参于了胡戎伎。由于杂舞注入了这样的新鲜血液，所以此后大盛，并延及唐代。杂舞中，最为有名的是《白纻》。《宋书·乐志》考其出处云："《白纻舞》，按舞辞有巾袍之言，纻本吴地所出，宜是吴舞也。晋俳歌云：'皎皎白绪，节节为双。'吴音呼绪为纻，疑白绪即白纻也。"可见《白纻》舞本江南民间之制，其有浓厚的地方气息自是无疑。《白纻》古辞描写舞者的服饰说："质如轻云色如银，制以为袍馀作巾，袍以光躯巾拂尘。"又，《晋白纻舞歌诗》盛赞其舞姿云："轻躯徐起何洋洋，高举两手白鹄翔。宛若龙转乍低昂，凝停善睐客仪光，若推若引留且行，随时而变诚无方。"这说明《白纻舞》是颇具表现力的舞蹈，不仅注重舞者的形，而且还十分注重舞者的神，就形而言，它主要是手和袖的功夫。沈约《冬白纻》咏云："双去双还誓不移，长袖拂面为君施。"刘铄《白纻舞词》咏云："仙仙徐动何盈盈，玉腕俱凝若云行。佳人举袖耀青娥，掺掺擢手映鲜罗，状似明月泛云河，体如轻风动流波。"就神而言，它主要是盼笑的功夫。梁武帝《白纻词》咏云："短歌流目未肯定，含笑一转私自怜。"沈约《春白纻》咏云："如娇如怨状不同，含笑流眄满堂中。"

中国的歌、乐、舞历来都是三位一体的艺术。因而魏晋南北朝乐府中的相和、清商等，大多不仅仅是以歌、乐的形式存在着，而且还以舞蹈的形式存在着。如在《西曲歌》三十四曲中，就有《石城乐》、《乌夜啼》、《莫愁乐》、《估客乐》、《襄阳乐》、《三州歌》、《襄阳蹋铜蹄》、《採桑度》、《江陵乐》、《青骢白马》、《共戏乐》、《安东平》、《那呵滩》、《孟珠》、《翳乐》、《寿阳乐》等十六曲为舞曲。这种民间乐舞兴盛的情况实缘以南方汉民族爱好歌舞的传统和习惯。《南史·循吏列传》记宋文帝时，"凡百户之乡，有市之邑，歌谣舞蹈，触处成群"。南齐永明时，"都邑之盛，士女昌逸，歌声舞节，祛服华妆，桃花绿水之间，秋月春风之下，无往非适。"

《宋书·乐志》云："魏晋以来，尤重为舞相属。""以舞相属"实际上就是宴会中的一种礼节性舞蹈，就人而言，是展示其风度、气质的一种最好的方式。故魏晋以来上自帝王，下逮臣子，无不爱好。晋人谢尚善跳《鸲鹆舞》，一次参加王导家宴，王导对谢尚说："闻君能作《鸲鹆舞》，一坐倾想，宁有此理否？"谢尚欣然允诺，在众人击掌伴奏下俯仰舞蹈，旁若无人。[1] 刘宋车骑将军王彧，与表兄弟谢孺子饮宴，王彧在谢孺子吹笙伴奏下起身独舞。[2] 北朝北魏、北齐也是喜以舞自娱或"以舞相属"的民族。北魏文明太后与孝文帝在

[1] 《晋书·谢尚传》。
[2] 《宋书·王彧传》。

灵泉池宴群臣及外国使节和各族首领时，令各人表演一段本民族的舞蹈。孝文帝亲率群臣起舞，向文明皇后敬酒。① 北齐魏收"好声乐，善胡舞"，在山东与优人一起"为弥猴与狗斗"，为此深得帝宠。②

魏晋南北朝另一个突出的现象是，宫廷乐伎式微而家伎兴盛，当时士大夫可以说是家有声伎，玩伎成为一时风尚。《宋书·颜师伯传》载颜师伯"多纳货贿，家产丰积，伎妾声乐，尽天下之选"。《南史·张裕传》载张瓌"居室豪富，伎妾盛房。或者讥其衰暮畜伎。瓌曰：'我少好音律，老而方解。平生嗜欲，无复一存，唯未能遣此耳。'"北朝贵族士大夫也喜好蓄伎，而其行为更无复顾忌。北周宣帝宇文赟在夜里同宫伎手挽手连臂踏歌，口唱"自知身命促，把烛夜行游"③。北魏高阳王元雍"出则鸣驺御道，文物成行，铙吹响发。笳声哀转；入则歌姬舞女，击筑吹笙，丝管迭奏，连宵尽日"④。

魏晋南北朝既重"以舞相属"，又尚蓄养声伎，这自然提高了当时人们的舞蹈艺术修养和舞蹈技能，这从时人的咏舞诗中就可以看出。刘遵《应令咏舞诗》云："倡女多艳色，入选尽华年。举腕嫌衫重，回腰觉态妍。情绕阳春吹，影逐相思弦。履度开裙褶，鬟转匝花细。所愁余曲罢，为欲在君前。"刘孝仪《又和咏舞诗》云："转袖随歌发，顿履赴弦馀。度行过接手，回身乍敛裾。"很显然，这时人们心目中最美的舞蹈，乃是绮丽、纤巧、柔曼、含蓄一格，而非汉代舞的粗放、豪健。

西北及北方少数民族的舞蹈，一般称为胡舞，不仅流行于北方，在南方也十分盛行。隋炀帝所定九部乐中的西凉、龟兹、康国、疏勒、高丽、安国等乐舞当时传遍大江南北，深为人们爱好。《隋书·音乐志》记北齐后主高纬"唯赏胡戎乐，耽爱无已，……故曹妙达，安未弱，安马驹之徒，至有封王开府者，遂服簪缨而为伶人之事"。又《北齐书·祖珽传》载，北齐武成帝高湛"于后园使珽弹琵琶，和士开胡舞，各赏物百段"。在南朝，不仅历代帝王爱好胡舞，士大夫也可以说家有胡伎。宋明帝娱乐的歌舞就包括"西伧羌胡诸杂

---

① 《魏书·皇后列传第一》。
② 《北齐书·魏收传》。
③ 《隋书·五行上》。
④ 《魏书·乐志》。

舞"①，萧齐时"羌胡伎乐"颇为盛行，齐高帝萧道成即位前，"与左右作羌胡伎为乐"②。郁林王萧昭业"尝列胡伎二部夹阁迎奏"。东昏侯萧宝卷的仪仗列有羌胡乐。梁元帝萧绎《夕出通波阁下观妓》诗云："胡舞开齐阁，盘铃出步廊。"周舍《上云乐》诗云："举技无不佳，胡舞最所长。"说明梁代士人对胡舞的耽爱也到了何等程度。陈胡舞也号为最盛。《隋书·章昭达传》载：章昭达每逢宴会"必盛设女伎杂乐，备尽羌胡之声。音律姿态并一时之妙，虽临对寇敌，旗鼓相望，弗之废也"。胡舞在大江南北的深入人心，表明它与汉民族乐舞的融合已至无间之境，这为隋唐舞蹈艺术的高度发展奠定了基础。

---

① 《宋书·乐志》。
② 《南齐书·本纪一》。

第九章
征服自然的文明硕果

中国古代科学技术自秦汉形成体系之后，至魏晋南北朝又得到进一步的充实和提高，在诸多领域，尤其在数学、天文学、农学、地学、化学、医药学等领域取得了重大的进展，从而为后来的科学技术发展乃至宋元时期达到科学技术的高峰奠定了基础。

一、发达的数学和天文学

在这一时期，最重要的数学家当数刘徽和祖冲之。其间还出现了大量的数学著作，主要有：赵爽的《周髀注》，刘徽的《九章算术注》和《海岛算经》，祖冲之与其子祖暅的《缀术》，甄鸾的《五曹算经》、《五经算术》和《数术记遗》，以及《孙子算经》、《夏侯阳算经》、《张丘建算经》等等，这些数学著作后来大都被收入著名的"算经十书"之中。这一时期还取得了一些在世界数学史上具有重要价值的成就，主要有：刘徽把极限的概念运用于解决数学实际问题并求得了当时最佳的圆周率 π 的近似值，祖冲之求得了圆周率 π 更加精确的数值，《孙子算经》提出"孙子问题（一次同余式问题）"，《张丘建算经》提出"百鸡问题（求不定方程问题）"，等等。

这一时期天文学的成就侧重于天文观测方面，主要有：对交食的研究，岁差的发现与测定，太阳视运动不均匀性的发现等。

（一）刘徽的《九章算术注》

中国古代数学体系的形成以汉代出现的《九章算术》为重要标志。后世的数学家大都沿袭《九章算术》的模式，着重在解决实际问题和计算方面进行研究；或者通过对《九章算术》作注，引入新概念和新方法，推动数学的发展。刘徽的《九章算术注》就是一部在中国数学史上具有重要地位的著作。

刘徽是魏晋时期的数学家。关于他的生平，史料甚少。《隋书·律历志》载："魏陈留王景元四年（263）刘徽注九章。"除《九章算术注》之外，刘徽还撰《重差》一卷，与《九章算术注》并传。

刘徽的《九章算术注》不仅对《九章算术》中所提出的各种解题方法进行了整理和说明，而且把极限的概念运用于解决数学实际问题，尤其是运用于计算圆面积和圆周率。在刘徽之前，计算圆面积大都取"周三径一"，即圆周率 π＝3。刘徽在计算圆面积时，首先肯定圆内接正多边形的面积小于圆面积，而正多边形的边数越多，其面积越大，也就越接近于圆面积。他说："割之弥细，所失弥少。割之又割，以至于不可割，则与圆周合体而无所失矣。"[1] 显然，这是把极限的概念运用于计算圆面积。正是依据这一思想，刘徽从圆内接正六边形算起，并依次计算出圆内接正十二边形、正二十四边形、正四十八边形、正九十六边形、正一百九十二边形的面积，从而算得：π＝3.14，或 π＝157/50。有数学史家认为，刘徽曾得出 π＝3927/1250，或 π＝3.1416，并通过求得圆内接正三千零七十二边形的面积来加以证实。[2]

---

[1] 《九章算术·方田章》刘徽注。

[2] 钱宝琮：《中国数学史》，第68页，北京，科学出版社，1964。

刘徽关于圆内接正多边形的边数越多其面积就越接近于圆面积的思想，公元前 5 世纪的古希腊数学家安提丰（Antiphon）就已提出过，但没有用来计算 π 的数值。公元前 3 世纪的古希腊科学家阿基米德（Archimedes）依据圆周长介于圆内接多边形周长与外切多边形周长之间，算出 π＝3.14。相比之下，刘徽的计算方法要简便得多，所求得的圆周率 π 的数值也精确得多。公元 150 年前后，古希腊科学家托勒密（C. Ptolemy）提出 π＝3.141666，显然，刘徽求得的 π 的数值要更加精确，并且成为当时世界的最佳值。尤为重要的是，刘徽计算 π 的方法为后来的祖冲之获取更精确的 π 的数值奠定了方法基础。此外，刘徽把极限的概念运用于解决数学问题，这在世界数学史上也具有重要意义。阿基米德在计算 π 的数值时并不是采用极限概念；而刘徽则是运用极限概念加以解决，这在世界上为最早。

刘徽的《九章算术注》除了在计算圆面积和圆周率方面有重要突破外，在计算弧田面积、圆锥体积与球体积等方面也有所创新；他还主张用十进分数来表示方根的近似值，提出了比较简捷的解方程新术和其他求解数学问题的方法。

刘徽的《重差》有九个例题，都是属于运用勾股定理测量高度或者深度、间隔距离之类的数学问题。其中第一题是测量海岛的高度，因而后来《重差》又改名为《海岛算经》。该著作还包括测量山上树木的高度、远处城的大小、峡谷的深度等等；就测量方法而言，有通过两次观测解决的问题，也有需三次或四次观测解决的问题，内容涉及中国古代的三角学。唐初，《重差》以《海岛算经》被收入"算经十书"。

（二）祖冲之的数学与天文学成就

无论在中国数学史上还是在世界数学史上，祖冲之的名字总是与圆周率联系在一起。祖冲之（429—500），字文远，范阳逎县（今河北涞水）人。历任从事史、公府参军、娄县令、长水校尉等职。由于受家庭世代研究天文历法的影响，祖冲之自少年起就开始研究数学和天文学，经过长期的探索研究，在数学和天文学等领域都取得了杰出的成就，成为中国古代著名的科学家。

关于祖冲之在计算圆周率 π 的数值方面的成就，《隋书·律历志》记载：

"……南徐州从事史祖冲之更开密法，以圆径一亿为一丈，圆周盈数三丈一尺四寸一分五厘九毫二秒七忽，朒数三丈一尺四寸一分五厘九毫二秒六忽，正数在盈朒二限之间。密率：圆径一百一十三，圆周三百五十五；约率：圆径七，圆周二十二。"有数学史家认为，祖冲之计算圆周率 π 是采用了与刘徽相仿的方法，因而得：

$$3.1415926<\pi<3.1415927①$$

这一结果，直到公元 1427 年才由阿拉伯数学家阿尔·卡西（al-Kashi）予以刷新，时隔近千年。此外，祖冲之还得密率：355/113，约率：22/7。其中密率355/113 这一用分数表示的结果，直到公元 1573 年才由德国人奥托（V. Otto）得出，时隔一千多年。

《隋书·律历志》在叙述了祖冲之的圆周率之后，接着说："又设开差幂，开差立，兼以正圆参之。"数学史家钱宝琮认为，"'开差幂'是已知长方形的面积和长、阔的差，用开平方法求阔或长。'开差立'是已知长方柱体的体积和长、阔、高的差，用开立方法求它的一边。"并说："开带从立方法似乎是祖冲之所创立。"② 这实际上涉及三次方程的求解问题。

祖冲之的儿子祖暅也是著名的数学家和天文学家。关于他的生卒年月，已无从查考。曾任朝廷官员，至于最后的官职，有不同说法。在科学上，他曾撰《天文录》三十卷，《漏刻经》一卷；并与祖冲之共同完成《缀术》，该书后来被收入"算经十书"，但已在唐宋年间失传。祖暅在数学上提出"幂势既同，则积不容异"③，即"等高处横截面积相等的两个立体，其体积必相等"，这在西方最早是由 17 世纪意大利数学家卡瓦列里（B. Cavalieri）提出来的，被称为"卡瓦列里公理"，但是比祖暅迟了一千多年。祖暅还根据"幂势既同，则积不容异"的原理，得出求球体体积的公式。即：

球体体积＝π/6（球体直径）³。

祖冲之在天文学领域的成就体现在他所编制的《大明历》中。南朝宋大明六年（462）祖冲之已完成了《大明历》；但直到他去世后十年，梁天监九年

---

① 钱宝琮：《中国数学史》，第 87 页。
② 钱宝琮：《中国数学史》，第 89 页。
③ 《九章算术·少广章》李淳风注。

（510），这部历法才由于祖暅的请求和天文实测的验证与比较得以正式颁行。

在《大明历》中，祖冲之首次在历法推算中将岁差所产生的影响作为考虑的因素之一。岁差问题是天文观测中所发现的；它的研究在祖冲之之前已经取得了很大的进展。祖冲之在岁差的研究上虽然未有大的突破，但他把岁差问题引入历法推算，这对于提高历法推算的精确度具有重要作用，并且对后世产生很大的影响。

在《大明历》中，祖冲之还给出了一些较前更精确的天文数据。他推算的回归年长度为 365.2428148 日，较前人更加精确；他提出每 391 年设置 144 个闰月，也较前人更好；他还在我国历史上第一次提出交点月（月亮连续两次经过黄道和白道的同一交点所需的时间）的长度为 27.21223 日，同现今推算的比较，只差十万分之一日。他推算的五星会合周期的数值也较过去有了显著的进步，接近现今的数值。①

（三）“孙子问题”与“百鸡问题”

“孙子问题”是《孙子算经》下卷的一道著名数学难题。《孙子算经》分上、中、下三卷，主要叙述了筹算的乘除、分数计算、开平方等算法，其中选取了一些算术难题，“孙子问题”为其中之一。该问题是：“今有物不知其数；三三数之剩二，五五数之剩三，七七数之剩二，问物几何？”“答曰，二十三。”② 这个问题的求解可以用现代数论里的同余式符号表达为：

$N \equiv 2 \ (mod \ 3) \equiv 3 \ (mod \ 5) \equiv 2 \ (mod \ 7)$，

求 N；答案是 $N = 23$。

《孙子算经》的解法是：“三三数之剩二置一百四十，五五数之剩二置六十三，七七数之剩二置三十，并之得二百三十三，以二百一十减之，即得。凡三三数之剩一则置七十，五五数之剩一则置二十一，七七数之剩一则置十五。一百六以上，以一百五减之，即得。”③ 因此，上述问题的解可以列成算式：

$N = 70 \times 2 + 21 \times 3 + 15 \times 2 - 2 \times 105 = 23$

---

① 参见陈遵妫：《中国天文学史》（第三册），第 1449～1450 页，上海，上海人民出版社，1984。

②③《孙子算经》，南宋刻本。

如果余数分别用 R_1、R_2、R_3 表示，那么按照《孙子算经》的解法，同余式组：$N\equiv R_1$（$mod3$）$\equiv R_2$（$mod5$）$\equiv R_3$（$mod7$）的解是：

$$N=70R_1+21R_2+15R_3-105p\ （p\ 为整数）。$$

"孙子问题"在后世又得到深入的研究。宋代著名数学家秦九韶将"孙子问题"的解法进一步推广，提出了求解一次同余式组的一般计算方法。从世界数学史的发展看，一次同余式问题的研究以《孙子算经》为最早。在欧洲，18世纪著名的数学家欧拉（L. Euler）、高斯（K. F. Gauss）等都曾对一次同余式问题做过研究；1801年，高斯提出了著名的剩余定理。19世纪中叶，《孙子算经》传到欧洲。1874年，德国的马蒂生（L. Mathiesen）指出"孙子问题"的解法符合高斯的定理，西方数学史界因而称这一定理为"中国剩余定理"。

"百鸡问题"是《张丘建算经》下卷的一道著名数学难题。《张丘建算经》分为上、中、下三卷，现传本略有缺失，保存有92道数学题，内容涉及分数运算问题、等差级数问题、开立方问题等等。"百鸡问题"是《张丘建算经》下卷的最后一题。该题目是："今有鸡翁一，直钱五；鸡母一，直钱三；鸡雏三，直钱一。凡百钱买鸡百只。问鸡翁、母、雏各几何？"① 依照现代的列方程解法：

设鸡翁、母、雏分别为 x、y、z 只，那么方程为，

$$x+y+z=100 \quad 5x+3y+1/3x=100。$$

这是一种求正整数解的不定方程组问题。其正整数解应该是，

$$x=4t,\ y=25-7t,\ x=75+3t\ (t=1,2,3)。$$

共有三组答案。原题没有说明该问题的具体解法，只给出"鸡翁每增四，鸡母每减七，鸡雏每益三"，其中的四、七、三正好是该问题整数解中参数的三个系数。

在世界数学史上，与一次同余式问题的研究始于《孙子算经》的"孙子问题"一样，求不定方程问题的研究始于《张丘建算经》的"百鸡问题"。在此之后，古印度以及中世纪欧洲国家才有数学家研究此类问题。

———————————

① 《张丘建算经》，南宋刻本。

（四）交食研究的新进展

交食主要包括日食、月食以及月或行星遮掩恒星等天文现象。在我国，早在西汉之前就已经发现交食的周期变化规律。此后，还对交食的推算与预报方法做了深入的研究。魏明帝年间（230 年前后），杨伟造《景初历》，在交食推算与预报方法的研究方面又有了新的进展。

杨伟发现，黄道和白道的交点，每年都会有变动，而且交食并不一定都发生在这一交点。他经过推算认为，在交点十五度（按赤道上计算）以内遇到朔或望，就可能发生日食或月食，这个数值界限就是现今所谓的食限。杨伟的推算与现今日食的内限值几乎一致。杨伟的发现和他的《景初历》较以往的历法增加了计算日食去交限、日食亏起角和食分多少等方法①，这在交食推算与预报的准确性上是显著的进步。

继杨伟之后，何承天也对交食进行了深入研究。何承天（370—447），南朝宋天文学家，东海郯（今山东郯城）人，官至御史中丞。因曾任衡阳内史，故被称"何衡阳"。他利用其舅父徐广曾积累的四十多年的日月五星观测纪录，加之他自己四十多年的观测，撰《元嘉历》，对旧历做了多项的改进。其中提出废除平朔法使用定朔法最为特出。何承天发现，采取以往的平朔法（按日月的平均视运动计算朔望的方法），日食有时发生在晦日或初二，月食有时发生在望的前后。因而他提出以日月的实际位置关系来确定朔望的日期，使日食一定发生在朔日，月食一定发生在望日，这就是所谓的定朔法。何承天主张的定朔法在当时遭到反对，并没有实行，但是，却被后世的历家所采纳。此外，何承天的《元嘉历》还采用的一种新的推算技术，即调日法，这也给后世历家很大的影响。②

北齐时的民间天文学家张子信对交食的研究也有所突破。他曾说："合朔月在日道里则日食，若在日道外，虽交不亏。月望值交则亏，不问表里。"③认为推算与预报交食不仅要考虑食限，还要顾及当时月亮所处的位置；在合朔

---

①② 陈遵妫：《中国天文学史》（第一册），第 223 页，第 225～226 页，上海，上海人民出版社，1980。

③ 《隋书·天文志》。

时入食限的情况下，如果月亮在黄道之北，则可能发生日食；如果月亮在黄道之南，则未必会发生日食；而在望时入食限的情况下，无论月亮在黄道的南或北，都可能发生月食。张子信的这一研究成果对于交食的推算与预报无疑是一大贡献。

（五）岁差的发现与测定

所谓岁差，是指由于地球自转轴的进动而使春分点缓慢西移的现象，其西移的平均速率约为每年 50.2 秒，即 71 年 8 个月差一度，按我国古度计算，大约是 70 年 7 个月差一度。与此相应，冬至点也按同样的速率西移。我国古代以冬至点为基点，因而对冬至点西移现象的研究也就是我国对岁差现象的研究。早在汉代，就有一些天文学家已经通过观测觉察到冬至点位置的变化，但他们只是做实测纪录而没有对此进行分析研究。东晋的虞喜最早提出岁差的概念，并对此进行了研究。

虞喜，东晋时期的天文学家。字仲宁，会稽余姚（今属浙江）人。著有《安天论》，在宇宙论上倾向于"宣夜说"，反对天圆地方的说法。东晋成帝年间（公元 330 年前后），虞喜把古代对星宿所在位置的纪录与他当时的观测结果相比较，结果发现其位置已有所变化，从而认为，太阳在天球上运行一周天并不等于冬至过了一周岁，所以应当"天为天，岁为岁"[①]，把二者分别开来。太阳从今年的冬至到明年的冬至，并没回到原来的位置，即还没有运行一周天，他把这种现象称作岁差。于是，他根据历史纪录和当时的观测结果进行推算，提出冬至点每 50 年西移一度的岁差值，一岁日行度数与周天度数相差 1/50 度。在古希腊，岁差现象最早是由天文学家伊巴谷（Hipparchus）于公元前 125 年发现的，他提出的岁差值为每 100 年差一度，这个数值在欧洲一直沿用到 7 世纪之后。虞喜的发现虽然比伊巴谷迟了 450 多年，但所推算的数值要更加准确。

继虞喜之后，南朝的何承天也对岁差做了研究。他把上古时期的天象纪录与他当时的观测结果相比较。经过推算，他认为岁差值是每 100 年差一度。但

---

①《新唐书·历志》。

是，他的《元嘉历》并没有把岁差计算进去。

如前所述，祖冲之首次在历法推算中将岁差的影响作为考虑的因素之一。他推算的岁差值是每 45 年 11 个月差一度。这一时期开始的对岁差的研究，虽然岁差值的推算尚不太精确，但在当时世界天文学的发展上还是领先的，这为后来进一步提高岁差研究与测定的水平奠定了基础。

（六）太阳视运动不均匀性的发现

关于月亮的视运动有迟疾，东汉末已经有人做了推测。而太阳视运动的不均匀性，首先是由张子信发现的。张子信，北齐时的天文学家。他曾为避战乱而隐居海岛，专心于用浑仪观测日月五星的运行规律达三十年之久，做出了许多重要的发现。除前面所提到的日月食规律的发现外，更为重要的是，他发现了太阳视运动的不均匀性。

太阳视运动的不均匀性，又称日行盈缩；这一现象在张子信之前并不为人们所知。以前人们认为，太阳一年运行一周天，一年三百六十五又四分之一日，因此，分一周天为三百六十五又四分之一度；太阳每日平均运行一度。但是，这往往与太阳的实际位置相差很大。张子信经过观测发现了太阳视运动的不均匀性，他说："日月交道，有表里疾迟"，"日行在春分后则迟，秋分后则速"[1]；认为太阳的视运动与月亮的视运动一样，都会有时快，有时慢；春分后较慢，秋分后则较快。此外，张子信对五星视运动的不均匀性也有所论述。[2]

张子信对太阳视运动不均匀性的发现，虽然其在测定、描述与解释上尚有欠缺，但开辟了古代天文学研究的新领域，是继岁差现象发现之后的又一划时代的发现。[3]至唐代天文学家一行，太阳视运动不均匀性问题的研究又有了新的进展。张子信的发现，要求历法在定二十四节气各气的日数时、在日月食的推算与预报以及定朔望的计算上都要考虑日行盈缩的原因，这对于历法的改进也具有深远的影响。事实上，后世的历法很快就采纳了张子信的这一研究成果。

---

① 《隋书·天文志》。
②③ 参见杜石然等：《中国科学技术史稿》（上），第 244 页，第 244 页，北京，科学出版社，1982。

二、农学和地学的成就

这一时期农学的发展以贾思勰的农学著作《齐民要术》为最高成就。该书集当时以及之前的农学之大成，奠定了中国古代农学体系的基础，在中国古代农学史上具有承先启后、继往开来的地位。

这一时期的地学也有了新的进展，最主要的是：在地图学上，裴秀提出"制图六体"，建立了古代地图的绘制理论；在地理学上，郦道元撰《水经注》，在世界古代地理学史上具有重要地位。此外，这一时期记载有地理知识的各类地记、方志以及地理游记也具有很高的地理学价值。

（一）贾思勰的《齐民要术》

中国古代的农学以《管子》"地员"、"度地"以及《吕氏春秋》的"上农"、"任地"、"辨土"、"审时"为发端，经汉代的《汜胜之书》，至贾思勰的《齐民要术》，形成庞大的农学体系。贾思勰是北魏时期的农学家，齐郡益都（今山东寿光）人，曾任高阳太守。他到过山西、河北、河南等地，足迹遍及黄河中下游地区，于公元 6 世纪三四十年代写成农学著作《齐民要术》。"齐民"即平民百姓。全书共十卷，九十二篇，约十一万多字。其内容丰富，"起自耕农，终于醯醢，资生之业，靡不毕书"①，涉及精耕细作、选种播种、作物栽培、果木种植、畜禽饲养、食物加工等等许多方面。它在农学上的贡献，主要是总结出以下几个方面的技术。

1. 耕作保墒技术

《齐民要术》所讨论的主要是黄河中下游地区；该地区气候干旱少雨，因此，精耕细作、保墒防旱十分重要。首先是"秋耕欲深"。就是要通过深耕，既熟化土壤，又蓄积水分，以便为春播提供好的墒情。其次是及时耙耢。《齐民要术·耕田第一》（以下只写篇名）提出，土地深耕后，要"以铁齿镉榛再徧杷（耙）之"，"犁欲廉，劳（耢）欲再"，要耕得细，并且反复耙耢；《齐民

---

① 《齐民要术·序》。

要术》非常强调耢的作用，要求"春耕寻手（随手）劳"，《耕田第一》认为"春既多风，若不寻劳，地必虚燥"，"再劳地熟，旱亦保泽"。又次是播种后再耢。《黍穄第四》提出，种黍穄，"下种后，再劳为良"；《大豆第六》提出，种大豆，"若泽多者，先深耕讫，逆垡掷豆，然后劳之"。再次是中耕保墒。《种谷第三》指出，"苗出垄，则深锄，锄不厌数，周而复始，勿以无草而暂停"，"苗既出垄，每一经雨，白背时，辄以铁齿䎺楱纵横杷而劳之"；《黍穄第四》提出，种黍穄，"苗生陇平，即宜杷劳，锄三徧乃止"，通过反复杷耢，以起到保墒的作用。

2. 育种播种技术

《齐民要术》非常重视选育优良品种，主张要"选好穗纯色者"，单独割取留种，次年进行精心的种植和收藏，以作为下一年的种子。它还要求妥善保管种子，以防受潮变质。《收种第二》告诫说："凡五谷种子，浥郁则不生，生则亦寻死。"播种前，还要求对种子进行各种处理。"将种前二十许日，开出水淘，浮秕去则无莠。即晒令燥，种之"，这就是要选种、晒种。接着就是浸种、催芽。《水稻第十二》指出，稻种要"渍，经五宿，漉出"，放在草篮中保温保湿，"复经三宿，牙生，长二分"，再播种；不同作物、不同土壤和不同气候，其浸种、催芽的做法也不尽相同。播种时，它要求及时，强调早播，同时还规定了播种的"上时"、"中时"、"下时"；它还要求根据播种期、土壤状况、播种方法确定播种量的多少；要求按墒情、季节、作物的不同确定播种的深度；此外，它还具体叙述了各种播种的方法。

3. 轮作养地技术

《齐民要术》已经认识到有些农作物不可连作。《种谷第三》指出，"谷田必须岁易"；《水稻第十二》指出，"稻，无所缘，唯岁易为良"，因而必须轮作。它非常强调豆类作物与谷类作物的搭配轮作，以提高土壤的肥力。《种谷第三》指出，"凡谷田，绿豆、小豆底为上"，这里的"底"就是指前茬。《齐民要术》还十分重视栽种绿肥，《耕田第一》认为"凡美田之法，绿豆为上，小豆、胡麻次之。悉皆五六月中穊种，七月、八月犁掩杀之。为春谷田，则亩收十石，其美与蚕矢、熟粪同"。

4. 植物保护技术

《齐民要术》所涉及植物保护方面的技术，最突出的有三个方面：其一是水稻除草。《水稻第十二》认为，通过轮作可以减少稻田杂草，如果连作而造成"草稗俱生，芟亦不死"，就应当秧苗"七八寸，拔而栽之"，这就是拔起秧苗，清除杂草，然后再栽。这实际上就是后来育秧移栽的雏形。其二是病虫害防治。《种麻第八》认为，种麻不可连作，以防"点叶夭折之患"；《种枣第三十三》提出，种枣要除尽杂草以防虫害，"荒秽则虫生，所以须净"；《种瓜第十四》指出，种瓜"有蚁者，以牛羊骨带髓者，置瓜科左右，待蚁附，将弃之。弃二三，则无蚁矣"；另有"治瓜笼法：旦起，露未解，以杖举瓜蔓，散灰于根下。后一两日，复以土培其根。则迥无虫矣"。其三是果树越冬。例如，栗、椒、梧桐过冬时要用草裹，否则会冻死。此外，还提出果树的熏烟防霜冻法，《栽树第三十二》说："凡五果，花盛时遭霜，则无子。常预于园中，往往贮恶草生粪。天雨新晴，北风寒切，是夜必霜。此时放火作煴，少得烟气，则免于霜矣。"

5. 果木嫁接技术

《插梨第三十七》详细记述了梨树的嫁接。其方法是：用胳膊粗的棠梨或杜梨作砧木，用梨树苗作接穗；先用麻绳在树桩上缠十道左右，用锯将杜梨树截成离地面五六寸的树桩，将削尖的竹签刺入砧木上树皮与木质之间，至一寸深；然后，在好梨树上折取五六寸长的枝条作接穗，削成过心的斜尖；……最后，拔去竹签，插入梨枝，用丝棉将杜梨树桩裹严，封上熟泥，盖土，浇水，再盖土。整个梨树的嫁接过程，叙述得既科学合理，又十分细致具体。这是我国现存最早的关于果木嫁接的记录。

《齐民要术》是我国现存最早最完整的古代农学名著。它对当时以及后来农业的发展起到了重要的作用。同时，它的内容、所涉及范围以及编写体例对后世农书作者的影响很大，并因而推动农学研究的进一步发展。从世界范围看，《齐民要术》不仅代表中国当时最高的农学成就，而且在许多方面都居于世界领先地位，是当时欧洲中世纪的农学所无法比拟的。此外，该书及其所反映的精耕细作的中国农业传统很早就流传到国外，一直受到西方学者的高度重视和极力推崇。

（二）裴秀及其"制图六体"

我国有很久远的绘制地图的历史。春秋战国时期，出现专门论述地图的著作《管子·地图》。而裴秀提出的"制图六体"是我国现存最早的地图绘制理论。裴秀（223—271），字季彦，河东闻喜（今山西闻喜）人。相继在魏、晋朝廷做过官。晋武帝时，为司空，又兼任地官，负责管理户口、地图之类事务。他曾研究了大量古代的地图资料，并与当时的实际情况相对照，"上考《禹贡》山海川流，原隰陂泽，古之九州，及今之十六州郡国，县邑疆界乡陬，及古国盟会旧名，水陆径路"，编制成《禹贡地域图》十八篇。[①] 这是见于文字记载的最早的历史地图集。此外，裴秀还主持把一幅用缣80匹的《天下大图》以 1∶1，800，000 的比例，缩制成《方丈图》。裴秀不仅主持编制了许多地图，而且还提出了著名的"制图六体"这一制图理论，因而成为晋代杰出的地图学家。

所谓"制图六体"，就是绘制地图所必须遵循的六项基本原则。裴秀在《禹贡地域图》的序中说："一曰分率，所以辨广轮之度也；二曰准望，所以正彼此之体也；三曰道里，所以定所由之数也。四曰高下，五曰方邪，六曰迂直，此三者，各因地而制宜，所以校夷险之异也。"[②] 所谓"分率"，就是要有按比例关系反映实际地区大小的比例尺，以确定地图图幅的大小。所谓"准望"，就是要能够确定各地之间彼此的方位。所谓"道里"，就是要能够知道两地之间的路程距离；所谓"高下"、"方邪"、"迂直"，是指在实际中两地间的道路因地形的差异而有高低、方斜、迂直的不同，制图时两地间的距离应取其水平直线距离，这就是要逢"高"取"下"，逢"方"取"邪"，逢"迂"取"直"，这里的"下"、"邪"、"直"就是指两地间的水平直线距离；这就是要"因地而制宜"，校正因地形的夷险而造成的两地间距离上的差异。

裴秀的"制图六体"既指出了制图所必须遵循的六项原则，还进一步分析了在制图过程中这六项原则彼此之间的互相关联、互相制约、缺一不可的关系。裴秀说："有图象而无分率，则无以审远近之差；有分率而无准望，虽得

---

①②《晋书·裴秀传》。

之于一隅，必失之于他方；有准望而无道里，则施于山海绝隔之地，不能以相通；有道里而无高下、方邪、迂直之校，则径路之数，必与远近之实相违，失准望之正矣。故以此六者，参而考之。然远近之实，定于分率；彼此之实，定于道里；度数之实，定于高下、方邪、迂直之筭。故虽有峻山巨海之隔，绝域殊方之，登降诡曲之因，皆可得举而定者。准望之法既正，则曲直远近，无所隐其形也。"①

在中国历史上，裴秀的"制图六体"实际上最早提出了绘制平面地图的科学理论。除了经纬线和地图投影尚未涉及外，其他有关地图绘制的重要原则，都已扼要地提到。裴秀因而被称为中国传统地图学的奠基人。② 而且，在我国地图学的发展上，裴秀的"制图六体"始终是后世绘制地图的重要原则，一直指导着中国制图学的发展至清代，影响深远。从世界地图学史上看，在裴秀提出"制图六体"之前，古希腊科学家托勒密于公元 2 世纪提出使用投影的方法绘制地图，形成了较为完整的地图学理论，并影响着西方后来地图学的发展。然而，裴秀的"制图六体"同样也受到西方科学史家的重视，甚至有人认为，"裴秀是完全可以和托勒密相提并论的"③。

（三）郦道元的《水经注》

郦道元的《水经注》是这一时期重要的地理著作。郦道元（？—527），字善长，北魏范阳郡涿县（今河北涿县）人。曾任一些州郡的地方官吏，官至御史中尉。任官期间，他还广泛地进行地理研究，收集地理资料，进行实地考察，终于写成《水经注》，共四十卷，三十多万字。《水经注》以河道水系的干流或大支流为主题，记载的河流多达 1252 条，涉及河流流经地区的许多地理状况。其在地理学上的成就，主要表现在以下几个方面。

首先是对所记载的河流做了详细的描述，包括河流的发源、干流与支流、河床的宽度与深度、水量与水位的季节变化、含沙量、冰期等等，有些记载极

---

① 《晋书·裴秀传》。

② 中国科学院自然科学史研究所地学史组：《中国古代地理学史》，第 292 页，北京，科学出版社，1984。

③ 〔英〕李约瑟：《中国科学技术史》第五卷"地学"，第 115 页，北京，科学出版社，1976。

具地理学价值。例如，《水经·河水注》（以下只写篇名）对白鹿渊水的记述：
"南北三百步，东西千余步，深三丈余，其水冬清而夏浊，渟而不流，若夏水
洪泛，水深五丈，方可通注。"描述了河水流量以及含沙量的季节性变化。卷
二十二《颍水注》有山地河流在雨期径流量急剧变化的过程的记载：颍水"及
春夏雨泛，水自山顶而迭相灌澍。崿流相承，为二十八浦也。旸旱辍津。"又
如，《水经注》有古代洪水水位的记载。卷十五《伊水注》记述：伊水"阙左
壁有石铭云：黄初四年六月二十四日辛巳，大水出，举高四丈五尺，齐此以
下。盖记水之涨减也。"卷十六《穀水注》记述：穀水千金堨东首"石人东胁
下文云：太始七年六月二十三日，大水进瀑，出常流上三丈，荡坏二堨。"再
如，《水经注》记载了一些河流的清浊情况，并分析了河流清浊差异的成因。
卷一《河水注》记述："河色黄者，众川之流，盖浊之也。"卷三十七《夷水
注》记述：四川的"夷水又迳宜都北，东入大江，有泾渭之比。亦谓之很山北
溪水，所经皆石山，略无土岸"。

　　其次是对沿河所经的伏流、瀑布、泉水、湖泊等等做了详实的记载。卷十
一《易水注》记载："易水又东迳孔山北，山下有钟乳穴，穴出佳乳，采者篝
火寻沙，入穴里许，渡一水，潜流通注，其深可涉，于中众穴奇分，令出入者
疑迷不知所趣。"这是对石灰岩洞穴中的伏流所做的记述。关于瀑布的记载，
《水经注》中有许多处，其中卷九《清水注》记述，白鹿山"瀑布乘岩悬河，
注壑二十余丈"。《水经注》中记载了多处温泉，卷二十七《沔水注》记载：
"汉水又东，右会温泉水口，水发山北平地，方数十步，泉源沸涌，冬夏汤汤，
望之则白气浩然，言能差百病云，洗浴者皆有硫磺气，赴集者常有百数。"《水
经注》中还记载了许多湖泊，并对其进行了多方面的研究。卷六《涑水注》记
载："河东盐池出石盐，自然印成，朝夕复取，终无减损，唯山水暴至，雨横
奔洗，则盐池用耗，洪水之为害于盐池也明矣！"认为咸水湖泊的水质会因受
洪水的影响而发生变化；卷二十九《淯水注》记载："南阳郦县故城东……菊
水注之，水出西北石涧山芳菊溪……源旁悉生菊草，潭涧滋液极成甘美。云此
谷之水土，餐挹长年。"认为流域中的植被种类会对水质产生影响。此外，卷
三十八《漓水注》中有："塘一日再增再减，盈缩以时，未尝愆期，同于潮水，
因名此塘为潮汐塘矣。"记述了潮汐塘现象。《水经注》还分析和记述了许多河

湖演变的情况和原因，并且提出研究这类问题的方法。卷五《河水注》说道："虽千古茫昧，理世玄远，遗文逸句，容或可寻；沿途隐显，方土可验。"即主张查证资料与实际考察相结合。这一切对后世的研究都有着重要的影响，对于现代研究水系变化的历史也具有重要的科学参考价值。①

再次是对沿河的地质、地貌以及石油、化石等也都做了记载。在述及黄河孟门山地区的复杂地形时，卷四《河水注》说："河中漱广，夹岸崇深，倾崖返捍，巨石临危，若坠复倚。古之人有言：水非石凿而能入石，信哉！"这里提出了河水冲蚀河谷的问题。卷三十一《涓水注》记载："（大洪山）为诸岭之秀，山下有石门，夹嶂层峻崖高，皆数百许仞。入石门，又得钟乳穴，穴上素崖壁立，非人迹所及。穴中多钟乳，凝膏下垂，望齐冰雪，微津细液，滴沥不断。"这是对一石灰岩洞穴的详细记述。卷三《河水注》记载："高奴县有洧水，肥可燃，水上有肥，可接取用之。"这是对石油的描述。卷三十八《涟水注》记载：石鱼山"山高八十余丈，广十里，石色黑而理若云母，开发一重，辄有鱼形，鳞鳍首尾，宛若刻画，长数寸，鱼形备足"。这是对鱼类化石的记载。这些记载对于研究中国地学的发展都具有重要的价值。

以上只是对《水经注》的地学资料做一些粗浅的分析和整理。郦道元的《水经注》是中国古代极其重要的地学著作，其内容之丰富，还有待于更深入的分析和发掘；其价值之重要，尚需进一步的认识和确认。

（四）地记、方志与地理游记

这一时期的地理著作除了郦道元的《水经注》最为著名之外，还有其它许多记述各地以及全国地理状况的著作②，尤以《畿服经》、《地理书》、《地记》、《舆地志》较为重要。据《隋书·经籍志》载："晋世，挚虞依《禹贡》、《周官》作《畿服经》，其州郡及县分野封略事业，国邑山陵水泉，乡亭城道里土田，民物风俗，先贤旧好，靡不具悉，凡一百七十卷。今亡"；"齐时，陆澄聚一百六十家之说，依其前后远近，编而为部，谓之《地理书》（一百四十九卷并附录一卷）"；梁时，"任昉又增陆澄之书八十四家，谓之《地记》（二百五十

---

① 中国科学院自然科学史研究所地学史组：《中国古代地理学史》，第 137 页。
② 《隋书·经籍志》。

二卷)"；陈时，"顾野王抄撰众家之言，作《舆地志》(三十卷)"。这些著作大都失传。在这些著作中，所记述的内容范围很广，虽然其中有一些内容与地理并未有直接的关系，但所包括的有关地理方面的资料是相当丰富的。

晋常璩的《华阳国志》是流传至今最古老的由私人著述的地方志。全书十二卷，十多万字。卷一至卷五，分别为"巴志"、"汉中志"、"蜀志"、"南中志"，记述方式类似于今天的地方志，其中包括丰富的地理方面的内容。其中卷一"巴志"记载，东汉桓帝永兴二年（154），巴郡太守但望"上疏曰：谨按《巴郡图经》境界，南北四千，周万余里，属县十四，……"这里所记载的《巴郡图经》是现存见于著录的最早图经。[①] 据卷三"蜀志"记载，战国时的李冰主持修建都江堰时，"于玉女房下白沙邮作三石人，立三水中，与江神要，水竭不至足，深不没肩"，这是早期用水尺观测水位变化的记载。该卷又载，李冰"识齐水脉，穿广都盐井，诸陂池，蜀于是盛有养生之饶焉"，记载了四川盐井的最早开发。该卷还载"临邛县郡西南二百里，……有火井，夜时光映上昭，民欲其火，先以家火投之，顷许如雷声，火焰出，通耀数十里，以竹筒盛其光藏之，可拽行终日不灭也。井有二水，取井火煮之，一斛水得五斗盐，家火煮之，得无几也"，这是使用天然气煮盐的记载。这些都是很重要的地理史方面的资料。

东晋的名僧法显（约337—约422）所著《佛国记》（又名《法显传》），是我国现存最早的记述中亚以及印度等国的地理游记。399年，法显西行求法，从长安出发，途经甘肃、新疆至印度，后入斯里兰卡、苏门答腊，经南海、东海至山东，历时十五年。416年，法显撰《佛国记》，详细地记述了他亲身游历时的所见所闻。全书近万字，涉及三十多个国家和地区。该游记也包括许多地理方面的资料，其中有对白龙堆沙漠比较概略的记载，有从北向南穿行塔克拉玛干大沙漠的最早记载，有古代对帕米尔地区植物的最早纪录。[②] 此外，据《佛国记》记载，法显从印度到斯里兰卡，又回中国，都是乘坐商人的大帆船，依靠信风航行，这是我国利用信风航海的最早记载。这些资料对于我国古代边疆地理和域外地理的研究都具有重要的价值。

---

① 中国科学院自然科学史研究所地学史组：《中国古代地理学史》，第339页。
② 中国科学院自然科学史研究所地学史组：《中国古代地理学史》，第365页。

三、炼丹术与化学

中国的炼丹术有着悠久的历史，可以追溯到战国时期。随着东汉时期道教的产生，炼丹术与道教结合在一起，得到了进一步的发展。炼丹的目的在于求取令人长生不死的丹药，有其荒唐之处，但炼丹活动本身，包括其过程以及结果，与古代化学有一定的联系，包含许多古代化学的知识。东汉末的魏伯阳著《周易参同契》，初步奠定了道教炼丹术的理论基础。魏晋南北朝时期，道教炼丹术得到较大发展；这一时期炼丹家的最重要的代表当属东晋的葛洪和南朝的陶弘景。

（一）炼丹原理

葛洪（283—363），字稚川，自号抱朴子，丹阳句容（今江苏句容）人。少好神仙导养之法，并拜师学道，也曾任朝廷官僚，后隐居于罗浮山炼丹著述。其炼丹术方面的著作主要有《抱朴子内篇》二十卷，《抱朴子外篇》五十卷，《神仙传》十卷等等。其中《抱朴子内篇》二十卷着重阐述了炼丹术的基本理论、炼丹方法及过程、丹药的性质等。陶弘景（456—536），字通明，自号华阳隐居，丹阳秣陵（今江苏南京）人。自幼勤奋好学，受葛洪影响，兴趣于神仙养生之术，曾在朝廷任过官职，后弃官入道，隐居句曲山（茅山）潜心修炼，时人称"山中宰相"。

关于炼丹原理，葛洪在《抱朴子内篇》中做了详细论述，包括以下三个方面。

第一，对丹药的种类和功能做了阐述。葛洪在《抱朴子内篇·金丹》（以下只写篇名）中说："余考览养性之书，鸠集久视之方，曾所披涉篇卷，莫不皆以还丹金液为大要者焉。"《仙药》篇说："仙药之上者丹砂，次则黄金，次则白银，次则诸芝，……次则松柏脂、茯苓、地黄、麦门冬、木巨胜、重楼、黄连、石韦、褚石、象柴"；"上药令人身安命延，升为天神，……令人飞行长生"；该篇还对各种药物做了详细描述，并认为，炼丹主要是炼丹砂、黄金、白银，以便服食成仙。

白釉绿彩四系罐
北齐时期
高24厘米，口径8.7厘米
河南博物馆藏

青釉兽形尊
西晋时期
高27.9厘米，口径13.2厘米
南京博物院藏

掐丝镶嵌银铃
西晋时期
通高4厘米，径3.5厘米，重36克
首都博物馆藏

鎏金银壶
北周时期
通高37.5厘米
宁夏固原博物馆藏

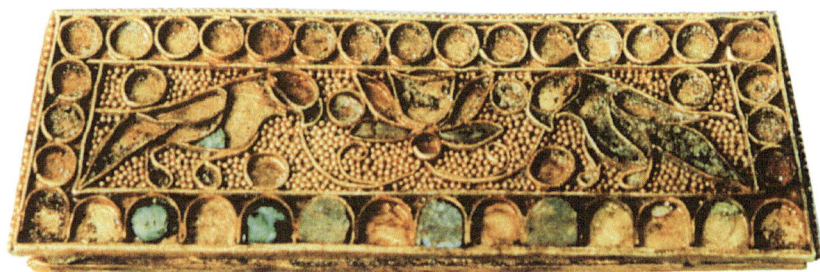

金梳背
北周时期
长5厘米，宽1.5厘米
陕西省考古研究所藏

瓯窑青釉牛形灯盏
东晋时期
高13.4厘米，底径17.5厘米
浙江省博物馆藏

云形玉珩
南朝时期
横宽6.8厘米，厚0.4厘米
江西省博物馆藏

神兽纹玉樽
西晋时期
高10.5厘米
安乡县文物管理所藏

镂雕双龙纹玉韘
西晋时期
长9厘米
安乡县文物管理所藏

第二，对丹药可令人长生做了论证。关于丹砂、黄金可令人长生，《金丹》篇说："夫五谷犹能活人，人得之则生，绝之则死，又况于上品之神药，其益人岂不万倍于五谷耶？夫金丹之为物，烧之愈久，变化愈妙。黄金入火，百炼不消，埋之，毕天不朽。服此二物，炼人身体，故能令人不老不死。此盖假求于外物以自坚固。……凡草木烧之即烬，而丹砂烧之成水银，积变又还成丹砂，其去凡草木亦远矣。故能令人长生。"从逻辑上讲，葛洪的论证是采用一种比附的思维方法，而从丹砂、黄金的药性上看，丹砂即硫化汞，丹砂与黄金对人体都有毒害作用。

第三，对人工可以炼成丹药做了论证。关于金银是否可人工炼成，葛洪也有一番论证。《黄白》篇说："夫变化之数，何所不为？……铅性白也，而赤之以为丹。丹性赤也，而白之而为铅。云雨霜雪，皆天地之气也，而以药作之，与真无异也。……至于高山为渊，深谷为陵，此亦大物之变化。变化者，乃天地之自然，何为嫌金银之不可以异物作乎？"事实上，葛洪以及后来的炼丹家并没有也不可能炼成黄金，他所谓的"金"、"银"实际上都是以贱金属制成的金色的或银色的合金，但是，他已经初步具有了物质可以改变的思想。这一思想对于古代化学以至整个古代科学的发展都具有重要意义，英国著名的中国科技史家李约瑟认为，"道家深刻地意识到变化和转化的普遍性，是他们最深刻的科学洞见之一"[①]。

（二）炼丹方法与古代化学的关系

关于炼丹方法，《黄白》篇有一段制取黄金（实际上是黄色铜砷合金）的记述："先取武都雄黄，丹色如鸡冠，而光明无夹石者，多少任意，不可令减五斤也。捣之如粉，以牛胆和之，煮之令燥。以赤土釜容一斗者，先以戎盐石胆末荐釜中，令厚三分，乃内雄黄末，令厚五分，复加戎盐于上。如此，相似至尽。又加碎碳火如枣核者，令厚二寸。以蚓蝼土及戎盐为泥，泥釜外，以一釜复之，皆泥令厚三寸，勿泄。阴干一月，乃以马粪火煴之，三日三夜，寒，

---

① 〔英〕李约瑟：《中国科学技术史》第二卷，第176页，科学出版社、上海古籍出版社，1990。

发出，鼓下其铜，铜流如冶铜铁也。乃令铸此铜以为筩，筩成以盛丹砂水。又以马屎火熅之，三十日发炉，鼓之得其金，即以为筩，又以盛丹砂水。又以马屎火熅三十日，发取捣治之。取其二分生丹砂，一分并汞，汞者，水银也，立凝成黄金矣。"这是一个非常详细的炼丹过程的描述。在这个过程中，既包括用于炼丹的药物，也有炼丹的器具与设备、方法、程序和步骤。

在炼丹所用的药物方面，据不完全统计，炼丹家使用过的药物，除植物性、动物性的药物之外，至少有六十多种。① 以《金丹》篇为例，炼丹所涉及的药物有：铜青、丹砂、水银、雄黄、矾石、戎盐、牡蛎、赤石脂、滑石、胡粉、赤盐、曾青、慈石、雌黄、石流黄、太乙余粮、黄铜、珊瑚、云母、铅丹、丹阳铜、淳苦酒等22种。②

在炼丹用的器具与设备方面据初步统计，炼丹家使用过的装置和器具主要有：丹房、坛、炉、灶、鼎、釜、锅、罐、瓷碗、瓷瓶、坩埚、华池、抽汞器、水海、研磨器、筛、罗、火钳、匙、杆秤，等等。③

在炼丹的方法方面，炼丹的方法可以归纳为两类：一类是火法炼丹，即主要依靠炉火，通过无水加热的方式制取丹药，这是炼丹家较为主要的炼丹方法，大致包括：煅、炼、炙、熔、抽、飞、伏等方法。另一类是水法炼丹，即让药物处在溶液状态下炼制丹药，大致包括：化、淋、封、煮、熬、养、酿、点、浇、渍，以及过滤、再结晶等。④

此外，炼丹家在炼丹时还必须遵循一定的操作程序和步骤，对用药量的多少、每一步骤所用的时间、操作要求等都有明确的规定。

与化学实验相比，炼丹活动的目的并不是为了揭示物质的性质、物质的化学反应过程，而是为了制取丹药，因此，炼丹活动本身并不等于化学实验。但在炼丹中，炼丹家通过一定的器具和方法，使物质发生变化，这一操作过程又与化学实验有许多相似之处，"制炼金丹的屋类似现在的实验室"⑤。而且，炼

---

① 参见王奎克：《古代炼丹术中的化学成就》，载自然科学史研究所编《中国古代科技成就》，北京，中国青年出版社，1978。

② 参见王明：《抱朴子内篇校释·序言》，北京，中华书局，1985。

③ 参见卿希泰、詹石窗：《道教文化新典》，第264～269页，上海，上海文艺出版社，1999。

④ 参见王奎克：《古代炼丹术中的化学成就》。

⑤ 王明：《抱朴子内篇校释·序言》。

丹家在炼丹中也发现了一些物质的性质和物质的化学反应过程，并且加以总结，形成为古代的化学知识。从这一意义上说，炼丹术可以称为化学的原始形式。

值得注意的是，中国的炼丹术很早就传到阿拉伯，甚至有人认为，阿拉伯语称炼丹术为 al-kimiya，这是汉语"金液"的古音，而作为西方近代化学基础的欧洲中世纪炼丹术又导源于阿拉伯的炼丹术。因此，中国的炼丹术实际上成为整个近代化学的重要根源之一。[①] 有化学史家认为，"炼丹术是近代化学的先驱，它所用的实验器具和药物则成为化学发展初期所需要的物质准备"[②]。

（三）炼丹术中的化学知识

葛洪在阐述炼丹术的基本原理和炼丹方法的同时，也涉及相当丰富的化学知识，其后的陶弘景在化学上也有所贡献。他们在化学上的成就主要有以下几个方面。

1. 制取汞和认识汞的性质方面

《金丹》篇说："丹砂烧之成水银，积变又还成丹砂"，这就是说，丹砂（硫化汞 HgS）经过煅烧，其中的硫被氧化而成二氧化硫（SO_2），分离出金属汞（水银 Hg）；若再使水银与硫磺（S）化合，便生成黑色的硫化汞（HgS），经升华即得红色硫化汞的结晶。其反应过程是：

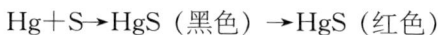

$$HgS + O_2 \rightarrow Hg + SO_2$$
$$Hg + S \rightarrow HgS（黑色）\rightarrow HgS（红色）$$

前者是讲汞的制备过程，后者是讲汞具有与硫黄化合生成丹砂（硫化汞）的性质。

汞的另一个重要特征是，它可以溶解多种金属，形成液态的汞齐。葛洪说："上黄金十二两，水银十二两。取金锡作屑，投水银中令和合。恐锡屑难煅铁质，煅金成薄如绢，铰刀剪之，令如韭菜许，以投水银中。此是世间以涂杖法。金及水银须臾皆化为泥，其金白，不复黄色。"[③] 之后的陶弘景也明确

---

① 参见王奎克：《古代炼丹术中的化学成就》。
② 袁翰青：《推进了炼丹术的葛洪和他的著作》，载《化学通报》1954 年 5 月号。
③《抱朴子·神仙金汋经》，《正统道藏》第 32 册，第 25502 页。

指出，水银"能消化金银，使成泥，人以镀物是也"①。他们都看到汞具有溶解金银的性质。

2. 探寻溶解黄金的方法方面

黄金是化学性质稳定、不易溶解的金属。《金丹》篇说："黄金入火，百炼不消。"但是，出于炼丹的需要，炼丹家致力于探寻溶解黄金的方法。除了用汞溶解黄金外，葛洪在《金丹》篇中还有溶解黄金的另一种方法。《金丹》篇说："合之用古秤黄金一斤，并用玄明龙膏、太乙旬首中石（雄黄）、冰石、紫游女、玄水液、金化石、丹砂，封之成水。"据唐人梅彪《石药尔雅》的记载，这里的"玄明龙膏"可以代表水银，也可以代表醋（玄明）和覆盆子（龙膏）。据现代分析，未成熟的覆盆子果实中含有氢氰酸，因此，玄明龙膏中含有氰离子，能够与其它药物中的钠、钾离子化合生成碱金属氰化物，而碱金属氰化物的溶液在氧气存在的条件下可以慢慢地溶解黄金。葛洪在《金丹》篇中提出的这种溶解黄金的方法，虽然其中的药物复杂，有些反应尚待研究，但毕竟是一种溶解黄金的方法，这在化学史上是一项巨大成就。②

3. 认识铅及其化合物的性质方面

铅及其化合物是炼丹的重要药物，引起炼丹家的重视。葛洪在《论仙》篇中说："黄丹及胡粉是化铅所作。"认为黄丹（红色的四氧化三铅）和胡粉（白色的碱性碳酸铅）都是可以由铅人工制成。陶弘景也指出，黄丹"即今熬铅所作"，胡粉"即今化铅所作"③。《黄白》篇说："铅性白也，而赤之以为丹。丹性赤也，而白之而为铅。"当今著名学者王明先生对此句的解释是："前一'白'字指铅能变做白色的胡粉而言，后一'白'字作漂白去色解释。'铅性白也'，是说铅经过化学变化可以变成铅白，即胡粉，也就是白色的碱性碳酸盐。铅白加热后经过化学变化，可以变成铅丹，即赤色的四氧化三铅，这就是所谓'赤之以为丹'。赤色的四氧化三铅再加热分解后，可以变成铅白，这叫做'丹性赤也，而白之而为铅'。"④

---

① 李时珍：《本草纲目》卷九"水银"条引。
② 参见王奎克：《古代炼丹术中的化学成就》。
③ 李时珍：《本草纲目》卷八"铅丹"条引。
④ 王明：《抱朴子内篇校释·序言》。

4. 单质砷和砷合金的制备方面

葛洪在《仙药》篇中说："雄黄……饵服之法：或以蒸煮之，或以酒饵，或先以硝石化为水乃凝之，或以玄胴肠裹蒸之于赤土下，或以松脂和之，或以三物炼之，引之如布，白如冰，……"有学者认为，"以三物炼之"的"三物"是指硝石、玄胴肠和松脂，据模拟实验，此三物分别与雄黄合炼，所得的生成物都是单质砷或氧化砷（俗称砒霜），由此可知，葛洪已有炼制单质砷的方法；而且，如果此三物与雄黄同时一起合炼，就有可能发生爆炸，这也许就是火药发明之源。[①] 另外，如前所述，《黄白》篇有一段用武都雄黄、戎盐、石胆、丹砂、汞等制取黄金的记述，这实际上是制备黄色铜砷合金的过程。

5. 发现了铁对铜盐的置换反映

葛洪在《黄白》篇中说："以曾青涂铁，铁赤色如铜。……外变而内不化也。"曾青即硫酸铜；用曾青涂铁，就会使铁的表面与硫酸铜里的铜发生置换反应，使铁的表面附上一层红色的铜。其反应过程是：

$$Fe + CuSO_4 \rightarrow FeSO_4 + Cu$$

这一发现为后世的水法炼铜奠定了技术基础。

6. 认识硝石的性质方面

如前所述，葛洪在《仙药》篇中已经提到硝石与雄黄合炼，实际上能生成氧化砷。《重修政和经史证类备用本草》卷三"消石"条引陶弘景说："先时有人得一种物，其色理与朴消大同小异，胐胐如握盐雪不冰。强烧之，紫青烟起，仍成灰，不停沸，如朴消，云是真消石也。""消石"即硝石，其主要成分是硝酸钾。有学者认为，陶弘景的这一记载，是世界化学史上钾盐鉴定的最早记载。[②] 值得注意的是，中国的硝石随着中国的炼丹术一起很早就传到阿拉伯，而被称为"中国雪"、"中国盐"。

这一时期的炼丹术在古代化学方面取得了许多成就，同时也为其后来的发展以及对于西方古代炼丹术的发展与后来近代化学的产生做出了重要贡献。

---

① 参见王奎克等：《砷的历史在中国》，载赵匡华编：《中国古代化学史研究》，北京，北京大学出版社，1985。

② 参见孟乃昌：《汉唐消石名实考辨》，载赵匡华编《中国古代化学史研究》。

四、机械与手工业技术

这一时期的机械制造与手工业技术也有一定的发展，取得一些重要的成就，出现了像马钧、祖冲之那样的发明家。在车、船的制造技术以及制瓷技术方面也有明显的进展，尤其是在炼钢方面出现了世界上所独有的灌钢技术。

（一）机械发明家马钧

马钧，字德衡，三国时魏国扶风（今陕西兴平东南）人，生卒年代已无法知晓。其事迹载于《三国志·魏书》卷二十九《方技传》的"注"中。他曾任魏国博士、给事中等官职。由于他不尚空谈，专注于机械发明，因而成为"巧思绝世"的"天下之名巧"。他在机械发明上的成就，主要有以下一些。

1. 对织机的改造

当时普遍使用的旧绫机是"五十综者五十蹑，六十综者六十蹑"，"综"是使经线分组一开一合上下运动以便穿梭的机件，"蹑"即为操作踏板。马钧感到这种绫机"丧功费日"，于是对旧绫机加以改进，把五十蹑、六十蹑的绫机都改造成十二蹑的，使得操作更为简便，提高了功效。经他改造的织机"其奇文异变，因感而作者，犹自然之成形，阴阳之无穷"。

2. 重新发明指南车

指南车是一种具有指南功能的双轮独辕车。车上有一木人手臂向前平伸，手指指向前方。车行进时，无论朝哪个方向，木人的手指始终指向南方。在中国历史上，指南车最初发明的确切年代已无从查考。《宋书》卷十八《礼志五》记载："指南车，其始周公所作。……至于秦汉，其制无闻。后汉张衡始复创造。"可以肯定的是，至少是在马钧之前就已经有了指南车。《三国志·魏书》记载："先生（指马钧）为给事中，与常侍高堂隆、骁骑将军秦朗争论于朝，言及指南车，二子谓古无指南车，记言之虚也。先生曰：'古有之，未之思耳，夫何远之有！'二子哂之曰：'先生名钧字德衡，钧者器之模，而衡者所以定物之轻重；轻重无准而莫不模哉！'先生曰：'虚争空言，不如试之易效也。'于是二子遂以白明帝，诏先生作之，而指南车成。"

值得一提的是，后来的祖冲之对指南车的研制也又过重要贡献。据《南齐书》卷五十二《祖冲之传》记载，指南车自马钧发明之后，因失传又有人进行制造，但其结构不精巧，功能尚有诸多欠缺。南朝宋顺帝昇明年间（477—479），祖冲之受命对一辆"有外形而无机巧"的指南车进行修复。经过他的改造，这辆指南车"圆转不穷而司方如一"，为马钧以来所没有过的。关于指南车内部的机械构造，直到宋代才有较详细的记载。今人对此进行研究，从而发现指南车采用的是一种能自动离合的齿轮传动系统。现已据此加以复原。①

3. 龙骨水车的制作

龙骨水车，古书上称翻车。据《后汉书·列传》卷七十八《张让传》载：东汉的毕岚"作翻车，渴乌，施于桥西，用洒南北郊路，以省百姓洒道之费"。但是，这里所谓的"翻车"是否就是龙骨水车，已无法得知。《三国志·魏书》记载：马钧"居京都，城内有地，可以为园，患无水以灌之，乃作翻车，令童儿转之，而灌水自复，更入更出，其巧百倍于常"。显然，马钧的翻车就是用作农业灌溉的龙骨水车，而且它操作起来非常轻便省力，能不断地提水，效率大大提高。在我国古代，龙骨水车沿用了一千多年。在近代水泵发明之前，龙骨水车也是世界上最先进的提水工具之一。②

4. 制作木人演戏的玩具

据《三国志·魏书》记载：马钧作翻车之后，"有上百戏者，能设而不能动也。帝（指魏明帝）以问先生（指马钧）：'可动否？'对曰：'可动。'帝曰：'其巧可益否？'对曰：'可益。'受诏作之。以大木雕构，使其形若轮，平地施之，潜以水发焉。设为女乐舞象，至令木人击鼓吹箫；作山岳，使木人跳丸掷剑，缘绳倒立，出入自在；百官行署，舂磨斗鸡，变巧百端"。该玩具的内部构造没有记载，但可以推知其内部具有一套复杂的齿轮、凸轮、连杆等传动机构，足以见得马钧的机械制造水平。

5. 改进连弩和发石车

《三国志·魏书》记载："先生（指马钧）见诸葛亮连弩，曰：'巧则巧矣，未尽善也。'言作之可令加五倍。"三国时，诸葛亮曾对连弩加以改造，"以铁

---

① 参见杜石然等：《中国科学技术史稿》（上），第 279～280 页。

② 参见杜石然等：《中国科学技术史稿》（上），第 278 页。

为矢，矢长八寸，一弩十矢俱发"①。马钧所设想的连弩"可令加五倍"，可见其技艺之高超。同时，马钧"又患发石车，敌人之于楼边县湿牛皮，中之则堕，石不能连属而至。欲作一轮，县大石数十，以机鼓轮为常，则以断县石飞击敌城，使首尾电至"。为此，马钧曾经用车轮悬挂数十块砖瓦做试验，砖瓦可以飞出数百步远。但是，马钧的这两个设想都没能得以具体实施。

（二）车、船的制造技术

如前所述，马钧重新发明指南车，后又有祖冲之加以修复和改造，这是当时车辆制造技术发展的重要标志。同时，汉代出现的记里鼓车在这一时期有所普及。记里鼓车又名记道车，它通过其内部的一种具有减速功能的齿轮传动系统，能够以击鼓方式表示车辆行进的里程。《晋书》卷二十五《舆服志上》记载："记里鼓车，驾四，形制如司南。其有木人执槌向鼓，行一里则打一槌。"与指南车一样，记里鼓车内部的机械构造，也是直到宋代才有较详细的记载。现也已复原。

除此之外，这一时期还出现了"木牛流马"。《三国志·蜀书》卷三十五《诸葛亮传》记载："（建兴）九年（231年），亮复出祁山，以木牛运，……十二年春，亮悉大众由斜谷出，以流马运。……亮性长于巧思。损益连弩，木牛流马皆出其意。""木牛流马"的具体结构并没有确切的记载，但据现代分析研究，不少学者认为，"木牛流马"实际上是一种用于运输的独轮车。古代独轮车的发明可以追溯到汉代，因此，"木牛流马"是一种改进的独轮车。

在祖冲之之前，船舶的行进离不开用浆划水，船的速度与浆的数量直接相关。据《南齐书》卷五十二《祖冲之传》记载，祖冲之造"千里船"，能"日行百余里"。有学者认为，若用间歇划动的浆，是不容易达到这样速度的，所以祖冲之所造的"千里船"很可能是用连续转动的轮形浆，这一发明因而可能是由祖冲之开始的。②

---

① 《三国志》卷三十五，《诸葛亮传》。
② 刘仙洲：《中国机械工程发明史》（第一编），第42页，北京，科学出版社，1962。

（三）制瓷技术

在现存的古代文献中，"瓷"字是到晋代才出现的。晋潘岳（247—300）的《笛赋》云："披黄苞以授甘，倾缥瓷以酌酾。"这一时期的制瓷技术较东汉更加成熟；东汉出现的烧制青瓷、黑瓷的技术得到了进一步的完善和推广，而且还在陶瓷史上最早出现了烧制白瓷的技术。

瓷器的颜色主要是受到釉中铁元素含量的影响，釉中的铁经过还原焰烧炼而产生氧化铁。就一般而言，当氧化铁含量在 0.8％左右时，釉呈影青色；随着氧化铁含量逐渐达 5％，青色由淡至深；当氧化铁含量增至 10％，或厚度达 1 毫米以上，便呈黑色。此外，釉中钛和锰的含量较高也会使釉呈暗褐色或黑色。因此，为了烧制成所需品种的瓷器，控制釉中铁、钛和锰的含量，精选釉料显得尤为重要。研究表明，当时南方青瓷釉的成分已有所变化，其中氧化钙比前期稍高，釉的呈色较浅；而北方的青瓷釉中钛的含量较高，呈色较深。南方的德清窑已能够利用含铁量很高的紫金土甚至掺入含锰粘土来配制黑釉，生产黑釉瓷，北方也出现了黑釉瓷。

瓷器的颜色、质量与瓷胎的成分也有很大关系。这一时期南方的青瓷以铁和钛含量较高的瓷石为胎料，或掺入少量紫金土，使瓷胎呈色较深，为灰色，这与呈色较浅的釉相互映衬，使色彩青中带灰，色调比较沉静；黑瓷则以含铁量较高的原料作瓷胎。南方的德清窑以烧黑瓷为主，兼烧青瓷，因此，各种原料需要分别粉碎、陶洗，精心搭配，表现了相当高的工艺。[①]

白瓷是在这一时期继青瓷之后出现的。白瓷的呈色剂主要是氧化钙，它要求铁的含量越少越好。因此，白瓷的烧制对瓷料的筛选与加工处理技术有更高的要求。这一时期的白瓷，仍含有少量铁的成分，其釉色呈淡青色，表明正处于从青瓷到白瓷的过渡。白瓷的出现标志了我国陶瓷技术的重大发展。

（四）灌钢技术

这一时期的炼钢技术，在汉代炒钢法和百炼钢的基础上又有新的发展，其

---

① 中国硅酸盐学会：《中国陶瓷史》，第 150 页，北京，文物出版社，1982。

重要标志是出现了灌钢冶炼法。

所谓灌钢冶炼法，就是根据适当比例把熔化的生铁水浇灌到未经锻打的熟铁上，使生铁中的碳又快又均匀地渗入熟铁，然后经反复锻打，炼成较好的钢铁。这是一种成本较低、工艺简便且能保证质量的炼钢方法。《重修政和经史证类备用本草》卷四《玉石部》引南朝梁的陶弘景所说："钢铁是杂炼生鍒作刀镰者"；"生"即指生铁，"鍒"就是指熟铁，"杂炼生鍒"就是把生铁和熟铁混杂起来冶炼，这是明确记载灌钢冶炼法的最早资料。另据《北史》卷八十九《艺术上》记载："（綦母）怀文造宿铁刀，其法，烧生铁精以重柔铤，数宿则成刚。以柔铁为刀脊，浴以五牲之溺，淬以五牲之脂，斩甲过三十札。"綦母（复姓）怀文是东魏、北齐间的道士。这里所谓的"宿铁"就是指灌钢，"柔铤"就是未经锻打的熟铁原料，即今之所谓"料铁"，"宿"是说生铁与熟铁如同动物的雄与雌宿在一起交配，也就是说，将含碳高的生铁熔化为铁水，然后把它浇灌到熟铁原料上，使生铁中的碳渗入熟铁，然后再经过反复锻打，使炼成好钢。与此同时，綦母怀文还分别用牲畜的尿液和油脂来淬火。牲畜的尿液含有盐分，淬火时的冷却速度比水快，淬火后的钢比用水淬火的刚硬。用牲畜的油脂淬火，冷却速度比水慢，淬火后的钢比用水淬火的坚韧。

灌钢冶炼法是中国人发明且独有的技术，也是当时世界上最先进的炼钢技术，仅次于 18 世纪初叶出现的坩埚炼钢法，因而受到包括李约瑟在内的世界科技史专家学者的重视。[①]

五、辉煌的医药学成果

这一时期最著名的医学家当属王叔和、皇甫谧、葛洪、陶弘景。王叔和的《脉经》是我国现存最早的脉学专著。皇甫谧的《针灸甲乙经》是我国现存最早的针灸学专著。葛洪和陶弘景既是当时最著名的炼丹家，也由于葛洪有当时最重要的方剂类著作《肘后备急方》，陶弘景有当时最重要的本草类著作《神农本草经集注》，而成为著名的医学家。

---

① 杨宽：《中国古代冶铁技术发展史》，第 4 页，上海，上海人民出版社，1982。

（一）王叔和及其《脉经》

王叔和，名熙，西晋高平人，曾任太医令。他在医学方面的贡献主要有二：对东汉张仲景的医方名著《伤寒杂病论》加以整理编次，使其得以流传；著《脉经》十卷，为我国也是世界上现存最早的脉学专著。

切脉是中医诊断疾病的重要方法之一。脉诊的产生可以追溯到春秋战国时期，可是在其后的一段时期里，诸多医家虽对脉诊有过精辟的论述，但都较为零散，未成体系，也未有脉学专著问世。王叔和集前人脉学之所论，"撰岐伯以来，逮于华佗，经论要诀，合为十卷"①，撰成《脉经》一书，从而建立了系统的脉学理论。

在《脉经》中，王叔和最早系统地总结出临床上常见的 24 种脉象，即浮脉、芤脉、洪脉、滑脉、数脉、促脉、弦脉、紧脉、沉脉、伏脉、革脉、实脉、微脉、涩脉、细脉、软脉、弱脉、虚脉、散脉、缓脉、迟脉、结脉、代脉、动脉，并对各种脉象在手指下的感觉形象做了细致的描述。例如，《脉经·脉形状指下秘诀》中指出，浮脉"举之有余，按之不足"，芤脉"浮大而软，按之，中央空，两边实"，如此等等。另外，书中还提出其中八对相类似的脉象，即浮与芤、弦与紧、滑与数、革与实、沉与伏、微与涩、软与弱、缓与迟，要求仔细加以区别。王叔和提出的脉象以及对脉象的界定和描述实际上成为后世脉学的基础，也是当今中医脉诊的依据。

《脉经》的另一个贡献是明确两手六脉的脏腑定位。关于中医切脉的部位，早期的《黄帝内经》采用的是"三部九候"，就是分别在人体的头部、手部和足部选取有关的动脉进行切脉。后来《难经》明确提出"独取寸口"，即食指、中指和无名指并拢按在手掌后突起（桡骨茎突）的桡动脉上，中指所按掌后高骨部位叫"关"，"关"前食指所按即"寸"，"关"后无名指所按即"尺"；然后以三种不同的指力按取脉象，称"浮取"、"中取"、"沉取"。《脉经》采纳《难经》的"独取寸口"，《脉经·分别三关境界脉候所主》指出，"寸口者，脉之大会……寸口也，即五脏六腑之所始终，故法取于寸口"。在此基础上，《脉

---

① 《脉经》序。

经》进一步把两手的"寸"、"关"、"尺"与五脏六腑（五脏：心、肝、脾、肺、肾；六腑：胆、胃、大肠、小肠、膀胱、三焦）相互配合起来。《脉经·两手六脉所主五脏六腑阴阳逆顺》指出，"心部在左手关前寸口是也……以小肠合为府，合于上焦"；"肝部在左手关上是也……以胆合为府，合于中焦"；"肾部在左手关后尺中是也……以膀胱合为府，合于下焦"；"肺部在右手关前寸口是也……以大肠合为府，合于上焦"；"脾部在右手关上是也……以胃合为府，合于中焦"；"肾部在右手关后尺中是也……以膀胱合为府，合于下焦"。这种"寸"、"关"、"尺"与脏腑相配的法则基本上为后世所采纳。

《脉经》还论述了寸、关、尺上各种脉象所反映的不同生理和病理状况。《脉经·辨三部九候脉证》指出，"三部者，寸、关、尺也。尺脉为阴，阴脉常沉而迟，寸、关为阳，阳脉俱浮而速"；"诸浮诸沉，诸滑诸涩，诸弦诸紧，若在寸口，膈以上病；若在关上，胃以下病；若在尺中，肾以下病"。《脉经·平脉视人大小长短男女逆顺法》指出，"当视其人大小长短，及性气缓急。脉之迟速大小长短，皆如其人形性者则吉，反之者则为逆也"。

《脉经》一书，与《黄帝内经》一起很早就传到国外。先是传到日本，后又传到阿拉伯。11 世纪的阿拉伯著名医学家阿维森纳（Avicenne）所著《医典》中有关脉学方面的内容，明显受到《脉经》的影响。14 世纪的波斯学者拉什德·阿尔丁·阿尔哈姆丹尼（Rashid al-Din al-Hamdāni）所编纂的一部有关中国医学的百科全书中，特别引述了《脉经》及其作者王叔和。17 世纪后，《脉经》被译成多种文字传到欧洲，受到重视和研究。①

（二）皇甫谧及其《针灸甲乙经》

皇甫谧（215—282），幼名静，字士安，晚年自号玄晏先生，安定朝那（今甘肃灵台朝那镇）人。二十岁时开始发愤读书，废寝忘食。朝廷多次征召，要他做官，均被回绝。中年时患了严重的风痹症，仍然手不释卷，勤于著述。在文史方面，他有《帝王世纪》、《玄晏春秋》等多部作品问世。在医学方面，他因中年患风痹症以及其后多种疾病缠身，而致力于研究医学，对古代医学典

---

① 参见马堪温：《中国古代医学的突出成就之一——脉诊》，载自然科学史研究所编《中国古代科技成就》。

籍多有评述。他说：《黄帝内经》中的《针经》（即《灵枢》）与《素问》以及《明堂孔穴针灸治要》"三部同归，文多重复，错互非一"，所以要"撰集三部，使事类相从，删其浮辞，除其重复，论其精要，至为十二卷"①，撰成《黄帝三部针灸甲乙经》，又称《针灸甲乙经》（简称《甲乙经》），为我国现存最早的针灸学经典著作。

《针灸甲乙经》的前半部分主要阐述中医学尤其是针灸学的基本理论和诊治方法，包括人体的生理和病理、腧穴的部位和数量、取穴和针法、适应症和禁忌症等；后半部分主要阐述内、外、妇、儿、五官等科疾病的病因、病机、症状和针灸疗法。《针灸甲乙经》共记有穴位总数六百五十多个，其中穴名三百四十多个，并对前人所记穴位的错误之处予以了纠正。尤为重要的是，《针灸甲乙经》不仅确定了腧穴的部位，而且创立了新的取穴法，即把全身的穴位按头、面、耳、颈、肩、胸、腹、背等部位重新划线排列，取穴时，只要按身体外表各部位的划线取穴。这种取穴方法既方便又准确，并对后世产生很大影响。

《针灸甲乙经》对我国针灸学的发展有着深远的影响，起到了承先启后的巨大作用。该书刊印后，一直受到极大重视和高度评价，成为后世针灸学家临床治病和编纂针灸学著作的参考文献。直至今天，它仍然是学习研究针灸学和进行针灸临床治病所必读的针灸学经典。此外，《针灸甲乙经》很早就随着针灸学一起传到国外，成为外国人学习针灸学的必读之书，日本、朝鲜等国还把他列为医学教育的教科书。

（三）葛洪的《肘后备急方》

葛洪在医学上的重要贡献是他编著了《玉函方》一百卷和《肘后备急方》三卷。据葛洪在《肘后备急方》自序中所说，他一生"穷览坟索，以著述余暇，兼综术数"。在研究以往近千卷的古籍药方的过程中，他"患其混杂烦重，有求难得"，所以"周流华夏九州之中，收拾奇异，捃拾遗逸，选而集之，使种类殊分，缓急易简"，写成《玉函方》一百卷。同时他又发现，当时各家所

---

① 《针灸甲乙经·自序》。

撰写的以备救急之用的药方书，"既不能穷诸病状，兼多珍贵之药"，非"贫家野店，所能立办"，而其中的针灸疗法，对于没有研习医方的人来说，根本无法操作，"虽有其方，犹不免残害之疾"。因此，他"特采其要约"，写成《肘后救卒方》三卷，其中多为"易得之药，其不获已须买之者，亦皆贱价草石，所在皆有"，而其中所述的灸法简易明了，"凡人览之，可了其所用"。《玉函方》一百卷已佚。《肘后救卒方》三卷后经陶弘景的增补改名为《肘后百一方》，又经金杨用道编入唐慎微《证类本草》的一些药方取名《附广肘后方》，即现存《肘后备急方》的定本。

《肘后备急方》简称《肘后方》，意即随身携带以备救急之用的药方。书中所述以急性病的治法为主，如猝心腹痛、伤寒、温病、疫病、疟疾、中风以及各种痈疽恶疮、蛇虫走兽咬伤等的治法，也包括部分脏腑慢性病的治法，另外还附有六畜病的治法。对于各种疾病的病因、病状以及治疗方法和药方都做了详细叙述。该书以其治疗方法和药方简便明了、价廉易得、疗效显著为特点，而一直为后世所重视。

从中国医学的发展看，《肘后备急方》也取得了一些重要的医学成就。

首先，形成了初步的免疫思想。《肘后备急方》记有"疗猘犬（狂犬）咬人方"，这就是当人被狂犬咬伤后，便把那只狂犬杀掉，取其脑外敷于被咬的伤口上以防狂犬病的发作。这一方法被认为蕴含着最早的免疫思想，是狂犬病预防接种的先驱。《肘后备急方》还记有天花和"沙虱"病（恙虫病）。葛洪对该病的病源、病症和预后都做了详细的描述，这在世界医学史上都是最早的。后来的西方医学家研究天花、狂犬病和恙虫病并相继研制出防治天花、狂犬病和恙虫病的疫苗，这表明《肘后备急方》对天花、狂犬病和恙虫病的最早研究在免疫学的发展史上具有重要的价值。

其次，在世界医学史上最早对一些疾病的病症做了描述，并提出了具有重要价值的医疗方法和医方。除上述狂犬病、天花和"沙虱"病之外，《肘后备急方》还对结核病、霍乱、脚气病、马鼻疽病等疾病做了较早的描述。在治疗方面，《肘后备急方》提出用青蒿治疗疟疾，用富含维生素 B_1 的大豆、松针等治疗脚气病，诸如此类，其中有许多医疗方法和医方一直流传于世，即使在今天也被认为是很有价值的，有些仍在被采用。

（四）陶弘景的《神农本草经集注》

陶弘景在医学上的主要贡献，除以上所述增补葛洪的《肘后救卒方》成《肘后百一方》外，更重要的是他编撰了《神农本草经集注》，亦称《本草经集注》。

成于东汉的《神农本草经》是我国药学史上对药物做第一次全面系统分类著录的本草学著作。该书根据药物的性能和功效将药物分成上、中、下三品：上品一百二十种，无毒，多服久服不伤人，大都是补养药物；中品一百二十种，或有毒或无毒，需要酌情合理使用，兼有治疗疾病与滋补虚弱的作用；下品药一百二十五种，多毒，不可久服，是专用于治疗疾病的药物。自《神农本草经》问世之后，经诸多医家的辗转传抄增补，造成不少错误和混乱，正如《神农本草经集注》自序所说："或三品混糅，冷热舛错，草石不分，虫兽无辨。且所主治，互有得失，医家不能备见，则识智有浅深。"陶弘景在认真整理和校订《神农本草经》三百六十五味药的基础上，又选了《名医别录》所载的三百六十五味药，共计七百三十味药，"精粗皆取，无复遗落，分别科条，区畛物类，兼注名时用土地所出"，写成《本草经集注》七卷。该书包括药物炮炙和配置方法、诸病通用药、服药后的宜忌等，是继《神农本草经》之后对药物学的又一次全面系统的总结。陶弘景对本草学的杰出贡献主要有以下三方面。

首先，陶弘景在《本草经集注》中，创立了新的药物分类法。《本草经集注》一改《神农本草经》按上、中、下三品进行药物分类的方法，而以药物的自然属性分类，把七百三十种药物分为玉石、草木、虫鱼、禽兽、果菜、米食及有名未用等七大类，并对药物的产地、采制和功效等做了描述。这一独创的分类方法后来成为我国古代药物分类的标准方法，一直被沿用了一千多年。与此同时，陶弘景还首创了"诸病通用药"的分类，以病症为纲，按照药物的治疗功效，把它们分别归入各种不同病症的名下，共有八十多类。这种划分方法十分便于医家临床选药和处方参考，为后世历代本草著作所沿用。

其次，陶弘景在药物学思想上提出了按病下药、辩证用药的主张。他指出，同一种疾病，有多种症状，在每一个人身上的症状及变化不尽相同，所以用药也应有所差别。而且，同一种药物会因各种病人的具体情况不同而产生相异的效果，所以医生对药方要细加斟酌。

再次，《本草经集注》在药物产地、采集时间、形态鉴别、加工炮炙等方面，提出了许多新见解。

此外，《本草经集注》还在本草学著作的写作体例上首创以朱点、墨点和无点来分别表示药性的热、冷、平，他还更细致地把药性区分为寒、微寒、大寒、平、温、微温、大温、大热八种，并在书写上分别用朱、墨点或无点来表示，这为后世本草著作提供了可借鉴的范本。

《本草经集注》问世后流传甚广，影响较大。此后虽有多部本草学著作的出现，但都不及陶弘景的《本草经集注》。唐朝所编撰的《新修本草》正是以此为蓝本，并吸取其中的大量资料，可见其在中国古代本草学发展中的地位之重要。

主要参考书目

王先谦. 汉书补注. 北京：中华书局影印本，1983.

王先谦. 后汉书集解. 北京：中华书局影印本，1984.

三国志. 北京：中华书局点校本，1959.

晋书. 北京：中华书局点校本，1974.

宋书. 北京：中华书局点校本，1974.

南齐书. 北京：中华书局点校本，1972.

梁书. 北京：中华书局点校本，1973.

陈书. 北京：中华书局点校本，1972.

南史. 北京：中华书局点校本，1975.

北史. 北京：中华书局点校本，1974.

魏书. 北京：中华书局点校本，1974.

北齐书. 北京：中华书局点校本，1972.

周书. 北京：中华书局点校本，1971.

隋书. 北京：中华书局点校本，1973.

资治通鉴. 北京：中华书局点校本，1956.

〔晋〕常璩撰，刘琳校注. 华阴国志. 成都：巴蜀书社，1984.

严可均辑. 全上古三代秦汉三国六朝文. 北京：中华书局影印本，1958.

王先谦撰，沈啸寰、王星贤点校. 荀子集解. 北京：中华书局，1988.

苏舆撰，钟哲点校. 春秋繁露义证. 北京：中华书局，1992.

曹操集. 北京：中华书局，1959.

诸葛亮集. 北京：中华书局. 1960.

陈伯君校注. 阮籍集校注. 北京：中华书局，1987.

戴明扬校注. 嵇康集校注. 北京：人民文学出版社，1962.

龚斌校笺. 陶渊明集校笺. 上海：上海古籍出版社，1996.

杨伯峻. 列子集释. 北京：中华书局，1979.

杨明照. 抱朴子外篇校笺. 北京：中华书局，1991.

余嘉锡. 世说新语笺疏. 上海：上海古籍出版社，1993.

王利器. 颜氏家训集解（增补本）. 北京：中华书局，1996.

范文澜. 文心雕龙注. 北京：人民文学出版社，1958.

曹旭. 诗品集注. 上海：上海古籍出版社，1994.

范祥雍校注. 洛阳伽蓝记校注. 上海：上海古籍出版社，1999.

陆游. 老学庵笔记. 北京：中华书局，1979.

曹道衡，沈玉成. 南北朝文学史. 北京：人民文学出版社，1991.

陈寅恪. 隋唐制度渊源略论稿. 上海：上海古籍出版社，1982.

陈遵妫. 中国天文学史（第一册至第三册）. 上海：上海人民出版社，1980～1984.

杜石然，等. 中国科学技术史稿（上）. 北京：科学出版社，1982.

范文澜. 中国通史简编（修订本）（第二编）. 北京：人民出版社，1964.

冯天瑜，何晓明，周积明. 中华文化史. 上海：上海人民出版社，1990.

冯友兰. 中国哲学史新编（第四册）. 北京：人民出版社，1986.

盖建民. 道教医学导论. 台北：中华道统出版社，1999.

韩国磐. 魏晋南北朝史纲. 北京：人民出版社，1983.

韩国磐. 中国古代法制史研究. 北京：人民出版社，1993.

韩昇. 隋文帝传. 北京：人民出版社，1998.

贺昌群. 魏晋清谈思想初论. 北京：商务印书馆，1999.

胡孚琛，等. 道教志. 上海：上海人民出版社，1998.

黄馥娟. 中华服装史. 北京：中国旅游出版社，1995.

刘大杰. 魏晋思想论. 上海：上海古籍出版社，1998.

刘岱. 中国文化新论·艺术篇·美感与造型. 北京：生活·读书·新知三联书店，1992.

刘仙洲. 中国机械工程发明史（第一编）. 北京：科学出版社，1962.

刘仲宇. 中国道教文化透视. 北京：学林出版社，1987.

刘泽华. 中国政治思想史（秦汉魏晋南北朝卷）. 杭州：浙江人民出版社，1996.

罗宏曾. 魏晋南北朝文化史. 成都：四川人民出版社，1989.

罗宗真. 六朝考古. 南京：南京大学出版社，1996.

鲁迅. 魏晋风度及文章与药及酒之关系. 而已集. 北京：人民文学出版社，1973.

吕思勉. 两晋南北朝史（上、下）. 上海：上海古籍出版社，1983.

吕一飞. 胡族习俗与隋唐风韵. 北京：书目文献出版社，1994.

牟钟鉴，张践. 中国宗教通史（上册）. 北京：社会科学文献出版社，2000.

钱宝琮. 中国数学史. 北京：科学出版社，1964.

钱穆. 国史大纲. 台北："商务印书馆"，1990.

卿希泰. 中国道教思想史纲（第一卷）. 成都：四川人民出版社，1980.

卿希泰. 中国道教（第四卷）. 北京：东方出版中心，1994.

卿希泰. 中国道教史. 成都：四川人民出版社，1996.

卿希泰，詹石窗. 道教义化新典. 上海：上海文艺出版社，1999.

任继愈. 中国哲学发展史（魏晋南北朝卷）. 北京：人民出版社，1988.

任继愈. 中国佛教史（第三卷）. 北京：中国社会科学出版社，1988.

任继愈. 中国道教史. 上海：上海人民出版社，1990.

汤一介. 郭象与魏晋玄学. 武汉：湖北人民出版社，1983.

汤一介. 魏晋南北朝时期的道教. 台北：东大出版社，1988.

汤用彤. 汤用彤学术论文集. 北京：中华书局，1983.

唐长孺. 魏晋南北朝史论丛. 北京：生活、读书、新知三联书店，1955.

唐长孺. 魏晋南北朝史论拾遗. 北京：中华书局，1983.

童教英. 中国古代绘画简史. 上海：复旦大学出版社，1991.

万绳楠. 魏晋南北朝文化史. 合肥：黄山书社，1989.

万绳楠整理. 陈寅恪魏晋南北朝史讲演录. 合肥：黄山书社，1987.

王葆玹. 正始玄学. 济南：齐鲁书社，1987.

王克芬. 中国舞蹈发展史. 上海：上海人民出版社，1989.

王仲荦. 魏晋南北朝史. 上海：上海人民出版社，1979.

《文史知识》编辑部编. 道教与传统文化. 北京：中华书局，1992.

夏野. 中国古代音乐史简编. 上海：上海音乐出版社，1989.

萧涤非. 汉魏六朝乐府文学史. 北京：人民文学出版社，1984.

萧默. 文化纪念碑的风采——建筑艺术的历史与审美. 北京：中国人民大学出版社，1999.

杨宽. 中国古代冶铁技术发展史. 上海：上海人民出版社，1982.

杨荫济. 中国古代音乐史稿. 北京：人民音乐出版社，1981.

游国恩，等. 中国文学史. 北京：人民文学出版社，1963.

张亮采. 中国风俗史. 上海：三联书店，1988.

章培恒，骆玉明. 中国文学史. 上海：复旦大学出版社，1996.

赵明. 道教思想与中国文化. 长春：吉林大学出版社，1986.

中国科学院自然科学史研究所地学史组. 中国古代地理学史. 北京：科学出版社，1984.

中央美术学院美术史系，中国美术史教研室. 中国美术简史. 北京：高等教育出版社，1992.

周锡保. 中国古代服饰史. 北京：中国戏剧出版社，1984.

周振鹤. 中国历史文化区域研究. 上海：复旦大学出版社，1997.

周一良学术论著自选集. 北京：首都师范大学出版社，1995.

朱大渭. 魏晋南北朝社会生活史. 北京：中国社会科学出版社，1998.

朱伯崑. 易学哲学史（上）. 北京：北京大学出版社，1986.

曾召南，石衍丰. 道教基础知识. 成都：四川大学出版社，1988.

自然科学史研究所. 中国古代科技成就. 北京：中国青年出版社，1978.

宗白华. 艺境. 北京：北京大学出版社，1989.

后记

承蒙山东教育出版社的热情邀请，我们根据出版社拟定的篇章结构，撰写了这本小书。

魏晋南北朝文化极其复杂，接连不断的政权更替，时局纷扰，民族冲突，文化交杂，很不容易理出文化发展的清晰脉络。而且，出版社给予的撰写时间十分紧迫。在这种情况下，为了按时保质地完成编撰任务，我们商定，根据魏晋南北朝是一个思想解放、个性发展，变秦汉而启隋唐的文化变革与转型的时代，因此，在撰写上紧紧把握这一时代特点，着重阐述文化变革的主流，介绍对后世具有重要影响的新生事物、重要发展，写出自己的特点。

为了达到这一目标，我们聘请学有专长的青年学者撰写各个篇章，要求他们写出自己的研究心得，言之成理，论说有据，不囿于成论，勇于提出新见。本书的分工如下：

韩昇　撰写导论，第一、二章；

杨胜良　撰写第三章；

吴洲　撰写第四章；

黄永锋　撰写第五章；

韩昇、张倩、吴洲和黄永锋　撰写第六章；

吴小平、韩昇　撰写第七章；

许云和　撰写第八章；

乐爱国　撰写第九章。

书中的叙述，还有不尽人意的地方，错误和疏漏在所难免，希望专家学者给予批评指正，以便将来再做修订。

韩昇　谨识

图书在版编目（CIP）数据

中国文化发展史. 魏晋南北朝卷 / 龚书铎主编；韩昇分
册主编 . － 济南：山东教育出版社，2013.6（2022.7 重印）
ISBN 978-7-5328-7932-8

Ⅰ. ①中… Ⅱ. ①龚… ②韩… Ⅲ. ①文化史－
中国－魏晋南北朝时代 Ⅳ. ①K203

中国版本图书馆 CIP 数据核字（2013）第 168013 号

总 策 划/陆 炎
责任编辑/白汉坤
装帧设计/石 径

ZHONGGUO WENHUA FAZHAN SHI
WEI-JIN-NAN BEI CHAO JUAN

中国文化发展史

魏晋南北朝卷

龚书铎 总主编

韩 昇 主 编

主 管：山东出版传媒股份有限公司

出版者：山东教育出版社

地址：济南市市中区二环南路 2066 号 4 区 1 号 邮编：250003

电话：(0531)82092660 网址：www. sjs. com. cn

发行者：山东教育出版社

印 刷：山东临沂新华印刷物流集团有限责任公司

版 次：2013 年 6 月第 1 版

印 次：2022 年 7 月第 2 次印刷

规 格：787 mm×1092 mm 1/16

印 张：27.75

字 数：480 千

书 号：ISBN 978-7-5328-7932-8

定 价：69.00 元